中国古代女性婚姻家庭

【插图本】

常建华 著

中国工人出版社

前　言

性别与婚姻家庭，是人们生活的一部分，也是构成社会的最基本因素。不同的文化对于性别与婚姻家庭的态度有别，在漫长的中国古代社会，形成了特有的性别与婚姻家庭文化，它体现在礼法制度、社会风俗、日常生活等诸多方面。

我对社会史、生活史、风俗史有兴趣，社会史、生活史、风俗史涉及婚姻家庭、女性问题。近30年来我在女性与婚姻家庭的学术方面不断涉猎，写了一些各色文字，今将其编为一书，与读者交流。

本书分为三编，上编论述婚姻，内容完整。我综合了学术界已有的学术成果，并加上了自己阅读史料的一些收获，对于古代婚姻作了比较全面系统的叙述。将古代有关婚姻思想、政策、制度与社会实际状况结合起来考察，从风俗入手，或许是这一写作的特色。

中编讨论女性，收录我写的有关文章。女性作为“半边天”，在古代社会生活中也是非常重要的。现代女性在社会中的地位不断提高，女性自身以及人们对女性的认识也发生了重大的变化。

人们常常提起东方女性、传统女性的特点，我们要认识今天的女性，也需要了解她们过去的历史。

下编探讨家庭，将我的书稿与文章中的相关篇章集合而成，重点论述累世同居的大家庭与族规家训，也以清中叶河南、江苏为例，分析了人口、婚姻家庭的基本情况，以便读者对于传统社会有所了解。

附录两篇实为我的用心之作。《改革开放以来中国女性与婚姻家庭史研究概述》一文，是为想扩大阅读的读者专门写的。《态度与立场：关于中国古代婚姻家庭的若干看法》是应《中国妇女报》之约而写，探讨传统文化与现代社会文明的关系问题，直击当下，回应现实。我建议读者，阅读本书不妨从读此文开始。

本书配有较多的插图，主要采自《清代报刊图画集成》《清末民初报刊图画集成》《清殿版画汇刊》《清史图典》《中国民间木刻版画》《中国民俗剪纸图集》《中国历代压胜钱收藏与鉴赏》《民间劝善书》等，在此谨向拙著所采图片的原编著者表示谢意！

2020 年 1 月 23 日（农历腊月二十九日）

目 录

中编 女性

下编 家庭

上编　婚姻

河南剪纸“喜字花”

包办婚姻

古代的婚姻，是基本上排除了婚姻当事者的意志而由父母尊长及其他人包办的婚姻。在古人看来，婚姻的目的是“合二姓之好，上以事宗庙，下以继后世”。即为了两个家族结交和传宗接代，而非男女当事者的爱情。包办婚姻很早就已产生，反映西周社会的《诗经·齐风·南山》说：娶妻“必告父母”和“匪媒不

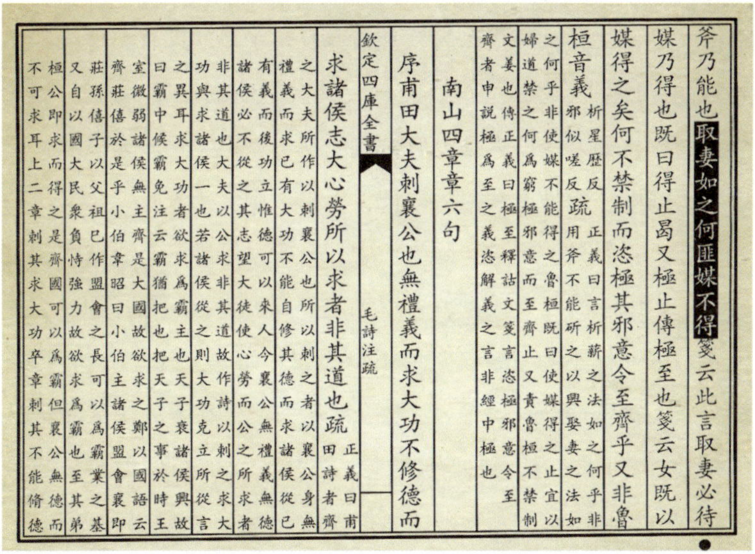
斧乃能也取妻如之何匪媒不得箋云此言取妻必待
媒乃得也既曰得止曷又極止傳極至也箋云女既以
媒得之矣何不禁制而恣極其邪意令至齊乎又非魯
桓音義析星歷反邪似嗟反疏正義曰言析薪之法如之何乎非用斧不能斫之以興娶妻之法如
之何乎非使媒不能得之魯桓既曰使媒得之止宜以
婦道禁之何爲窮極邪意而至齊止又責魯桓不禁制
文姜也傳正義曰極至釋詁文箋言恣極邪意令至
齊者申說極爲至之義恣解義之言非經中極也
南山四章章六句
序甫田大夫刺襄公也無禮義而求大功不修德而
欽定四庫全書　毛詩注疏
求諸侯志大心勞所以求者非其道也疏正義曰甫田詩者齊
之大夫所作以刺襄公也所以刺之者以襄公身無
禮義而求已有大功不能自修其德而求諸侯從已
有義而後功立惟德可以來人今襄公無禮義無德
諸侯必不從之其志望大徒使心勞而公之所求者
非其道也大夫以公求非其道故作詩以刺之求大
功與求諸侯一也若諸侯從之則大功克立所從言
之異耳求大功者欲求爲霸主也天子衰諸侯興故
曰霸中候霸免注云霸猶把也把天子之事於時王
室微弱諸侯無主齊是大國故欲求之鄭以國語云
齊莊僖於是乎小伯韋昭曰小伯主諸侯盟會襄即
莊孫僖子以父祖已作盟會之長可以爲霸業之基
又自以國大民衆負恃強力故欲求爲霸也至其弟
桓公即求而得之是齊國可以爲霸但襄公無德而
不可求耳上二章刺其求大功卒章刺其不能脩德

《诗经·南山》关于媒妁的记载

得”，只有父母同意，再经媒人联络，才能成婚，当事人难以做主，否则，为社会所不容。战国时《孟子·滕文公》记载：如果婚姻不待父母之命，媒妁之言，男女私下相从，则被父母和国人都看不起。所以，包办婚姻概括起来，就是“父母之命，媒妁之言”。这种情形直到清朝也是如此。清乾隆时修河北《鸡泽县志》说当地婚礼首先是遵父母之命，请媒妁二人到女家提亲，可见其持续性和普遍性。

父母之命

婚姻必须征得尊长的同意才能进行，这是古代的法律规定，法律把尊长决定子女的婚姻，叫作主婚。唐代以前，主婚人仅限于祖父母、父母，唐代以后，凡是尊长对于卑幼都有主婚权，主婚权的顺序首先是祖父母、父母，其次是伯叔父母、姑、兄姊、外祖父母，如果这些人都没有，则听从伯叔祖父母等余亲尊长主婚。家庭里一般是祖在祖为家长，无祖，则父为家长，祖父母的主婚权不容忽视，不过实际生活中，对子女婚姻最有决定权的是父母。南宋时的《袁氏世范》就规定：嫁娶当由父母择配偶。并说凡嫁因非偶不和者，是父母不审之罪。而“父母之命”，严格说是“父命”而非“母命”。妻子是从夫的，在家庭中居于辅从的地位，她的权力，得之于丈夫，虽然子女的婚姻母亲参与最多，但最后决定于父亲，即由家长决定。

祖父母、父母的主婚权是神圣的，不仅婚姻当事者远在外地，要听从主婚人的意见，而且主婚人犯罪囚禁，子孙的婚姻仍当听从其安排，否则，便会受到法律的惩处。

在聚族而居宗族制盛行的地区，祠堂族长维护尊长的主婚权并对族人的婚姻有最后决定权。如清代江苏宜兴筱里任氏宗族，要求家长为子女议婚将成时，必须征得祠堂的负责人同意，婚事才能定下来。宗族之所以这样做，是为了维护家长制和宗族的荣誉。

青年男女如果自由恋爱，受到的阻力是巨大的。《诗经·郑风·将仲子》就描写了一个少女由于父母诸兄的干涉，人言之可畏，使她不敢爱所爱的人，连情人主动来相会也不敢去的痛苦心情。

《醉翁谈录》记载：南宋时，福建延平有个姑娘连静女，与邻居书生陈彦臣相好，被母亲发觉，对她加以限制。一天夜里，彦臣总算找到一个机会，潜往静女家里，静女向他表达了夜夜相思之情，结果被静女的母亲发现并捉获，解官囚禁。

清代曾有这样一件事情。嘉庆二年（1797年）四川灌县民人李世楷的女儿二姐和一位名叫周俸瀧的男子相爱，由于得不到家长的支持，二人出走，追求幸福，二姐被其父抓获，当场活活打死。案发后，清朝司法机构以李二姐和周俸瀧属于“奸拐同逃”，依据法律判周俸瀧绞刑，李世楷只判杖刑。但嘉庆帝认为对李世楷处理太重，说李二姐是有罪之人，其父将她殴毙，系出于义愤，不应以杖罪科断。以后如遇有这类事情，做父母的不必科以罪名，并令刑部删去这方面惩罚家长的规定。要求结合的一对情人，一人被法律处死，一人死于父亲的淫威之下，作为杀人犯的家长无罪获释，而且由此事，家长得到了更大的干涉子女婚姻的权力。

历史上也有个别婚姻是男女当事者冲破家长的束缚自由结合的，但属于凤毛麟角。而且一般都要受到来自他方的强烈干涉。所以，在古代，婚姻当事人没有选择配偶的权力，不管他（她）是否愿意，只能服从家长的安排。如果没有家长的许诺，是难以结发的。

以上只是就平民百姓的婚姻而言，如果是奴仆、奴婢，虽有父母或其他尊长，但其婚姻的主婚权，法律却规定由主人行使。这是因为奴仆、奴婢属于贱民，不同于良人，血缘关系应服从于等级关系。如果奴婢将所生女儿私嫁与人，法律则对其加以惩罚。

媒妁之言

《诗经》除记载娶妻“匪媒不得”之外，还有媒人是婚姻必备条件的具体事例。卫风《氓》中说，有一个小伙子喜滋滋地抱着布匹去换丝，实际上他是要和意中人相会，催促早日成婚，姑娘不同意，小伙子生了气。姑娘把他送了很远，反复表示，不是我故意拖延，而是你没有找到好媒人，并许以秋天为期。该诗表明，当时私下相爱的男女，仍然需要经过媒人成婚。《战国策·齐策》说：“处女无媒，老且不嫁。”《管子·入国》讲：“自媒之女，丑而不信。”都说明了媒人的必要性。

《周礼》的成书晚于《诗经》，在《地官·媒氏》一节里，讲了若干媒氏的职责。说凡男女出生，在三个月时都要将姓名和出生时间告诉媒氏，由媒氏督促适龄男女成婚。在仲春二月，男女可自由择偶，若婚礼不齐备，也可成婚，但违反规定的要受处罚。实际上，春天自由择配的风俗，在一些少数民族中一直保留下来了。如清代辰州（今湖南沅陵）苗族，俗以三月三日举行跳月活动。未婚者皆穿上漂亮的衣服到野外，男女各成列，轮流唱歌，有好感者，互相以情歌表达爱慕之意，并结成伴侣。第二天男子便可向女方家长求婚。我们可以推测，大约在西周时期，正式结婚是“匪媒不得”，但男女还有一定自由相爱的权利，媒人在婚姻中的作用远不如后代重要。上述《周礼》的记载还表明，当时的媒人，是一种官媒。在后代，实际上媒人有官媒和私媒之分，官媒是由地方政府设置的。

婚姻需有媒妁牵线，在唐代以前仅是礼制上的要求，唐朝将其移入法律之中。《唐律·户婚》规定：“为婚之法，必有行媒”，《唐律·名例》又说“嫁娶有媒”，如同“买卖有保”一样，可见其必不可少。如果嫁娶过程中有违反法律的行为，《唐律》还规定了媒人像主婚人一样也要负法律责任。唐以后，历代都程度不同地在法律中规定了媒人在婚姻中的作用。

古代婚姻从议亲到成婚的整个过程，基本上都是媒人代表主婚人进行的，婚姻当事者不能直接表达自己的意愿，只得由家长和媒人包办。很多婚姻当事人在结婚以前，甚至从来没有见过面，这种情形在宋代以后因受礼教影响更普遍了。

媒妁是一种职业，有的媒人为赚钱，千方百计促成婚姻，甚至不惜牺牲当事人的利益。宋人话本《志诚张主管》说，北宋时期，汴梁（今河南开封）有个年过六旬的张员外，尽管他鬓发已白，而且腰痛耳聋，眼泪鼻涕，浑身是病，但是却要张、李两位媒人替他找一位人才出众、模样好看的妻子。两位媒人明知此事难办，但想到若把亲事说成可赚百十贯钱，便答应下来。她们昧着良心，采取隐瞒岁数的手段，欺骗一位年轻妇女，说小员外三四十岁，硬是促成了婚事。花烛之夜，揭开盖头，年轻妇女才看见员外须发皆白，暗暗叫苦，两行眼泪扑簌簌地流下。她埋怨两个媒人"将我误了"。话本作者气愤地指责这两个媒人是"开言成匹配，举口合姻缘"的人，她们可以"调唆织女害相思，引得嫦娥离月殿"。当然，这样的事例毕竟是特殊的。

河北剪纸"说媒"

不过媒人的确名声不佳，南宋人袁采在其《世范·睦亲》中讲：媒人往往到女家说男家如何富裕，到男家则说女子如何美貌。近来虚夸更甚，到女家则说男家不求陪嫁礼品齐备，而且助女方以出嫁费用；到男家又说女方嫁奁之厚，且瞎编数目。如果轻信其言而成婚，则受欺骗和被人指责，夫妻反目，甚至有离婚者。大抵嫁娶不可无媒，而媒人的话不可尽信，如此应当在开始就认真分析。他把这些话归结为“媒妁之言不可轻信”，来告诫世人。

媒人由妇女特别是中老年妇女充当，称为“媒婆”，媒人给人们的印象不佳，至迟从元明代起将其列入“三姑六婆”之中，很多人家平时厌恶与这样的人往来。不过，在古代农业社会中，人们的生活非常封闭，人际交流很少，“媒妁之言”起到在男女双方之间穿针引线、铺路搭桥、传递信息的作用，对她们不能一概否定。

婚龄构成

古代各种身份的人何时结婚，议婚、定婚年龄如何，婚姻的男女双方年龄是否相同，礼法又是怎样规定婚龄的？下面我们将分别回答这些问题。

礼法婚龄

婚姻是人生的一件大事，古代礼制对结婚的年龄论述很多，国家的政策、法令也对婚龄加以规定。古代是以礼入法、礼法合一的时代，礼、法的婚龄规定基本一致。

先秦礼制多处涉及婚龄。《周礼·地官·媒氏》说周代“令男三十而娶，女二十而嫁”。《礼记·内则》也说：男子二十举行冠礼，开始学礼，三十而成家。女子十五举行笄礼，二十而嫁；如有特殊原因比方丧期等推迟，也要在二十三岁而嫁。这些说法表明，周代礼制要求未婚的人，男子在三十岁、女子在二十岁或二十三岁时必须成婚。冠礼、笄礼是表示男女已成年的礼仪。《墨子·节用》说：古代圣王立法，男子二十岁不敢不有家庭，女子十五不敢不有配偶。这是说规定男女达到成年的年龄时必须结婚。许多学者认为：先秦的礼制所反映的婚龄，实际是主张男女最低要在达到成年的年龄时结婚，最晚男子不要超过三十岁、女子不要超过二十岁或二十三岁结婚。《国语·越语》载，春秋时越王勾践为报吴国之仇，想迅速增加兵员，下令凡男子二十岁不娶、女子十七岁不嫁罪其父母。该令与礼制是符合的。

两汉魏晋南北朝时期的婚龄根据一些记载可知。汉惠帝为了增加户口税收入，曾下令：女子十五岁以上不嫁者，加征五倍课税。晋武帝时规定：女子年十七岁父母不将其出嫁者，地方官吏为之择偶。北朝的魏在文成帝以前，诸王于十五岁赐婚，以后更低。北齐后主规定：女子二十岁以下十四岁以上未嫁者要加以征集，隐匿者家长处死，要求人民按照所定婚龄结婚。北周建德三

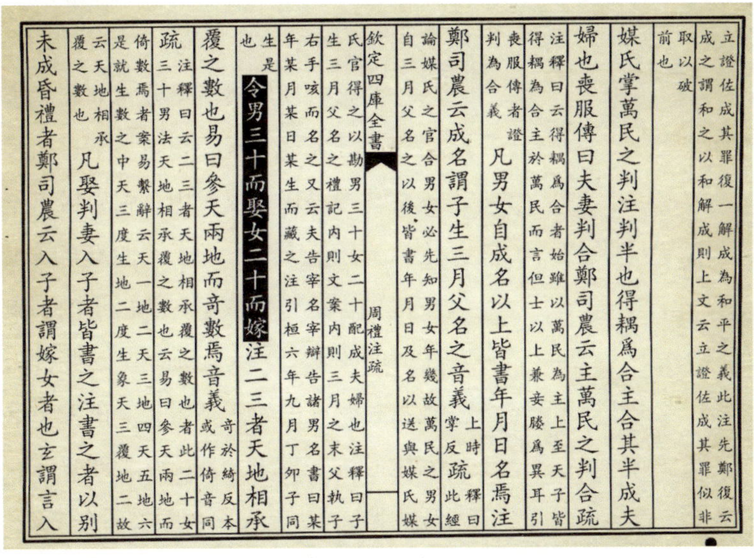
立證佐成其罪復一解成為和平之義此注先鄭復云成之謂和之以和解成則上文云立證佐成其罪似非
取以破前也
媒氏掌萬民之判注判半也得耦爲合主合其半成夫
婦也喪服傳曰夫妻判合鄭司農云主萬民之判合疏
注釋曰云得耦爲合者始雖以萬民為主上至天子皆得耦為合主於萬民而言但士以上兼妾媵為異耳引
喪服傳者證判為合義凡男女自成名以上皆書年月日名焉注
鄭司農云成名謂子生三月父名之音義上時掌反疏釋曰此經
論媒氏之官合男女必先知男女年幾故萬民之男女自三月父名之以後皆書年月日及名以送與媒氏媒
欽定四庫全書　周禮注疏
氏官得之以勘男三十女二十配成夫婦也注釋曰子生三月父名之禮記內則文案內則三月之末父執子
右手咳而名之又云夫告宰名宰辯告諸男名書曰某年某月某日某生而藏之注引桓六年九月丁卯子同
生是也令男三十而娶女二十而嫁注二三者天地相承
覆之數也易曰參天兩地而奇數焉音義奇於綺反本或作倚音同
疏注釋曰云二三者天地相承覆之數也者此二十女三十男法天地相承覆之數也云易曰參天兩地而
倚數焉者案易繫辭云天一地二天三地四天五地六是就生數之中天三度生地二度生象天三覆地二故
云天地相承覆之數也凡娶判妻入子者皆書之注書之者以別
未成昏禮者鄭司農云入子者謂嫁女者也玄謂言入

《周礼》关于婚龄的记载

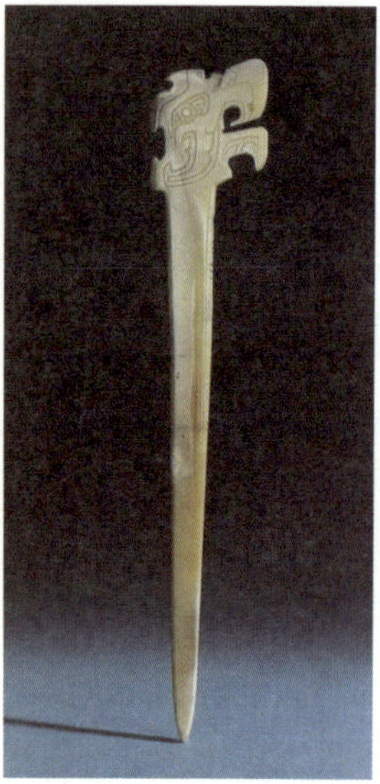

玉笄（殷商）

年（574 年）颁布诏书：自今以后，男十五岁、女十三岁以上，所在军民依时嫁娶。这些规定多是针对女子的，分别要求女子在十五、十七、十四、十三岁以上必须结婚，北齐还规定婚龄的上限为二十岁。对男子婚龄的要求是十五岁。

唐宋时代的婚龄趋向稳定。唐太宗贞观元年（627 年）下诏：男二十岁、女十五岁以上无夫家者，州县以礼聘娶。婚龄规定有所提高。到唐玄宗开元二十二年（734 年）下诏又将婚龄降为男十五岁、女十三岁。

北宋时期婚龄沿唐开元立制。宋仁宗天圣年间曾经重申过。不过司马光在《司马氏书仪》中主张：男子年十六岁至三十岁，女子十四岁至二十岁成婚。这是他依据古礼提出的。南宋时的《家礼》一书据说是朱熹所作，也持司马光的婚龄下限说。南宋宁宗嘉定时下令男十六岁、女十四岁属嫁娶之期。

明清时期的礼法婚龄沿袭南宋时

纺车图（北宋）

的礼法婚龄。

由上可知，中国古代礼法婚龄，男子一般在十五岁至二十岁之间，以十六岁为多，女子一般在十三岁至十七岁之间，以十四岁为多。

男十六岁、女十四岁的礼法婚龄，实际是以祖国医学对人体发育成熟的认识为基础的。早在反映战国医学水平的《内经·素问》一书中，就提出女子十四岁、男子十六岁已具有生育能力的看法。古人是把初步具备生育能力的年龄作为可以结婚年龄看待的。从现在看古代礼法婚龄显然属于早婚，政府鼓励早婚，一般出于增加劳动人口和兵员的目的，特别是在战乱时候和灾荒以后更是如此。不过也有另外的原因。司马光在《书仪》中说政府的婚龄定得较低，是因为世俗有早婚之弊不能一下子革除，或家庭里孤弱无人依靠需要帮助，否则触犯刑律的人就太多了。他的说法大概是符合北宋时期的情形的。

实际婚龄

礼法婚龄对社会生活具有导向作用，不过人们实际结婚的年龄与此并不完全相同，各种身份的人结婚年龄有区别，各种人在不同的时代婚龄也有差异。

汉代是较多记载实际婚龄最早的朝代。据彭卫著《汉代婚姻形态》（三秦出版社 1988 年版）的研究，汉代男子的普遍初婚年龄在 14 至 18 岁之间，各种身份的人无明显差别。女子的初婚年龄稍有不同，平民女子平均初婚年龄是 15.1 岁；地主和官吏阶层的女子平均初婚年龄是 14.7 岁，略低于平民；皇族女子及皇帝后妃平均初婚年龄在 13 至 17 岁之间，婚龄集中的趋势是 13 岁，又低于地主和官吏。汉代女子的婚龄是随着社会地位的提高而降低，而且她们的实际婚龄符合政府的要求，看来，女子年十五岁以上不嫁者加倍征税的规定，对社会影响很大，促使人们尽早地完婚，以避免多交赋税。

值得注意的是宋代士大夫家庭的平均初婚年龄。方建新在《宋代婚姻礼俗考述》（载《文史》第二十四辑）一文中，根据宋人文集中的资料统计：61 名女性的初婚年龄，最大的是 27 岁，最小的是14岁，平均年龄为18岁。其中17至19岁结婚的有32人，占总人数的50%以上。34名男性的初婚年龄，最大的36岁，最小的17岁，平均婚龄为24岁，其中20岁以上的有30人，占总数近90%。宋代士大夫的结婚年龄，不像人们想象的那样早。前面曾提到，司马光说宋代世俗有早婚之弊，士大夫与“世俗”相比确实算是晚婚了。晚婚的原因同宋代普遍推行科举制有关，由于政府选拔人才的主要渠道是文化考试，许多人发愤读书，推迟结婚，特别家境比较贫寒的人更是这样。而士大夫家庭的女子有文化，家庭生活有保障，加上择配要选择男方的地位，所以结婚也不太早。只有那些家中经济困难，孤弱无依的下层人家才早婚，以增加劳动力和求得帮助。

伏羲、女娲（西汉）

清朝是中国古代最后一个朝代，我们看一看这一时期的实际婚龄。民间下层人民早婚的现象仍是比较普遍的，特别是北方的山西、陕西一带，多有十三四岁出嫁的，这样的年龄娶亲的也有。但是，晚婚者也大有人在，就男子来说，主要是为了科举功名以及因为家贫而推迟的；就女子而言，往往是因择配条件定得太高，或者要求的聘礼丰厚，婿家一时难以措办而晚婚。甚至有年龄三十岁尚未出嫁者，因为当时一般人认为女子婚龄当在20岁以内，所以人们说这些晚婚女子过着十年幽怨的生活。为准确地了解清人普遍的实际婚龄，我统计过河南仪封县（今河南兰考东）康熙和乾隆两次所修地方志中七十八位女性的结婚年龄，其中14岁、22岁、39岁结婚各一人，一般是在十六岁至十九岁之间，以十七八岁为多，平均初婚年龄是18岁。至于男子的结婚年龄有的学者根据族谱资料的记载，得出平均初婚年龄通常在二十一二至二十四五岁之间的结果。不过似乎这一统计更适合于经济条件较好、文化水平较高的宗族，一般男子的平均初婚年龄应略低些。综合清代很多的资料，我认为当在二十岁到二十一二岁较为普遍。《大清通礼》规定官员士庶结婚要等到男十六岁、女十四岁以上方可进行，只是规定了一个最低婚龄，一般人结婚晚于这个婚龄。

无论是礼法婚龄，还是实际婚龄，都有一个夫妇婚龄差的问题，这是由于男性和女性身体发育、衰老的快慢不同反映在婚龄上而形成的。婚龄通常是男大于女，就礼法婚龄而言，古代多是男十六岁、女十四岁成婚，所以婚龄差为两岁，但也有如唐朝为五岁的情况，而先秦礼制的说法，甚至婚龄相差十岁。从实际婚龄来说，仍以汉、宋、清三朝为例，汉清两代的婚龄差一般丈夫比妻子大一至四岁，平均差为两三岁，宋、清两代的士大夫家庭婚龄差大约是五六岁，比普通人大，这是由于这些晚婚者科举成功享有较高的社会地位，择配范围较大，可以选择年轻女性为妻。

普通人中婚龄差也有较大的。有幼女配老夫的情形，这一般是贫苦之家生活所迫，将幼女嫁于富家，而富家正是利用此点，贪图女子年轻美貌而要幼女。特别是女大于男的情形也有，如清代博兴（今山东博兴）有幼男娶长女之俗。每以十二三岁的幼童，娶十八九岁长成之女，女大于男六岁。这是由于男家娶长女以照顾幼婿和公婆，女家贪图男方财礼的原因所致。

上面所讲的婚龄，是正式举行婚礼时的年龄，实际上在此之前还有议婚年龄和定婚年龄。

议婚年龄是指双方约定为婚的年龄，议婚时间跨度很大，有指腹为婚和割襟为亲的，前者是子女尚未出世时，由父母议订婚约，后者是子女在襁褓或童幼时割衣为订亲之证。多数是在成婚前几年议婚的。指腹婚早在汉代已有，《后汉书·贾复传》记载，贾复在战斗中负了重伤，光武帝为表彰他的功绩宣布：听说贾复的妻子有孕，如果生女我儿子娶她，如果生男我女儿嫁给他。这是君臣之间的指腹为婚。民间指腹为婚的也有，在南北朝时期，据《南史·韦放传》记载：韦放与张率皆有妾怀孕，二人指腹为婚。后来两家多生男女，没有待其成人张率就死了。当时有贵族

圖畫新聞
老夫得其女妻
無錫竇姓宧游甘肅連署要缺宧囊頗豐年過七旬挾貲歸里以斷弦已久膝下猶虛故忽興續娶之念本邑某姓涎其多金竟以二十餘歲之少女許之本月初八日為迎娶之期新郎鬚髮皓然腰背傴僂新人則艷妝華服嬌艷非常一時喧傳街市見者莫不捧腹稱奇
三月十七日
《图画新闻》老夫少妻图像

与韦家结亲，韦放说我不能失信于老朋友而加以谢绝，于是以己子娶了率女，又以己女嫁率子，当时人称赞韦放重视与旧友的交情。到了宋代，指腹为婚和童幼时轻许为婚非常普遍。北宋时司马光曾批评说：由于议婚早，等子女长大，或品行不端、或身有恶疾、或家庭贫穷、或丧事不断、或远方做官，于是背信负约，这类的诉讼案件很多。南宋时袁采也有类似的议论。元代以后，法律对指腹为婚和割襟为亲加以禁止。不过在实际生活中，这些现象并未禁绝，如清代南北方都大量存在着。滦州（今河北滦县）地方志说：当地“自出生以至冠笄皆议婚”。议婚属于私约。

定婚年龄是指举行定聘之礼的婚龄。这主要是收受聘财或交换婚书的年龄，《唐律疏议》已将此作为婚姻成立的标志。宋代规定，定婚后须于三年内成婚，明清法律则规定为五年，所以定婚年龄一般当在成婚年龄的三五年内。实际生活中定婚年龄也有较早的，如广东遂溪，男女定婚多在十岁内外。

总而言之，古人以早婚为主，这样可以早生子嗣，一是为了传宗接代，二是农民家庭为了增加劳动力，促进农业生产。

婚配范围

古代婚姻在配偶的等级、民族、血亲等方面，不论是民俗还是礼法上都划分了一定的范围。这里，我们对婚配的范围做一下考察。

同姓不婚

同姓不婚是中国古老的传统，古人对血族方面婚配范围的这一认识，有一个发展的过程。

早期的人类曾经有过一个两性关系无禁忌、混杂交配的杂婚时期。杂婚之后，曾有过姊妹和兄弟之间的血亲婚制。古代传说，伏羲和女娲是兄妹，由于他俩的婚配，才产生了人类。在山东嘉祥县出土的汉代画像砖上，还有反映这一传说的图像：人面蛇身的伏羲和女娲，两只尾巴缠绕在一起，中间稍上是一个大头娃娃。

古代还经历过知母不知父的母系氏族社会。古人追述先祖的传说，只知其女先祖，就说明了此点。如关于殷商始祖的起源，《诗经》商颂中《玄鸟》篇说是“天命玄鸟，降而生商”。把商的始祖契看作受天意而出生的。《史记·殷本纪》具体讲，契的母

汉代画像砖“伏羲与女娲”图

亲是简狄，有一次到水边沐浴，看到有只燕子生了一个卵，便捡起来吃了，因而怀孕生下契。再如周人始祖后稷的起源，《诗经》大雅中的《生民》篇说：后稷是由于母亲姜嫄踩了天帝的脚印怀孕而诞生的。契、后稷只知有母，不知有父，都说明商、周早期曾经历过母权制社会，而到契、后稷时，向父权制社会过渡。

母权制社会的存在，还可以从“姓”得到证实。“姓”这个字本身是女字旁，说明姓来自女性。最早的姓一般是从女的，如姜嫄的姜姓、夏的姒姓、周的姬姓、秦的嬴姓等。商是子姓，虽没有女字旁，但它是由燕卵（子）而孕，也和吞燕卵的女性简狄有关。

母系氏族社会的婚姻是群婚制，即同辈众男子与同辈众女子群婚，丈夫与妻子都是共同的，所以他们生出来的孩子知其母，

光绪刊本《钦定书经图说》之“后稷图”

不知其父。姓只能从母，这种婚配关系的不确定性，不同于后世的家庭。所以，人死后是男女分别埋葬。距今五六千年属于仰韶文化的西安半坡遗址发掘的二百五十多座墓葬，都是这种情况，没发现一对成年男女（夫妻）的合葬。群婚一般是在不同氏族之间进行的，也有可能是族内婚。

远古华夏民族曾广泛实行过族外婚，也可从古代社会称丈夫的父亲为舅，称丈夫的母亲为姑中得到证明。之所以把公婆称为舅姑，其原理是：乙族的姐妹们和甲族的兄弟们结婚，我作为他们的女儿，称母亲们的兄弟为舅，称父亲们的姐妹为姑。姑姑们按例都要和乙族的舅舅们结婚，将来我和我的姐妹按例也和乙族舅姑们的儿子们结婚。所以不论舅舅们、姑姑们结婚没结婚，也不论我和我的姐妹们结婚没结婚，我对他们和她们的称谓是前后一致、固定不变的。姑娘们如此，小伙子们也没有例外。只是到了一夫多妻对偶婚时代，小伙子们才分别在舅、姑前面加上个“外”字，以示区分。

在仰韶文化的墓葬中，也发现了一些男女分别的单人葬，这可能表明“对偶婚”出现了，即一个男子在公妻中有一个比较固定的主妻，一个女子在公夫中也有一个比较固定的主夫。这种婚配关系一方面有了较明确的对偶，另一方面又不稳固，所以便分别单葬。《诗经》大雅中的《韩奕》篇讲：韩侯娶妻，妻子的许多妹妹也一起陪嫁而来。卫风《硕人》篇也说，齐国女子庄姜嫁到卫国，有很多打扮得美丽的姜姓女子陪嫁。这就是古老的对偶婚的遗迹，只不过是由娶男的从妻居变为嫁女的从夫居罢了。对

石雕生育女神

偶婚是群婚向一夫一妻的个体婚制的过渡。随着这种过渡，人类进入了父权制时代，并由父系氏族社会演化为家族社会。

中国上古史具有可信资料以供研究的是商代。商代的王位传授，在盘庚把商都迁到殷以前是“兄终弟及”，以后则大多实行“父死子继”，也有一定的“兄终弟及”。之所以“兄终弟及”是因为商代社会是建立在辈分组织基础上的，这可以从商人的姓名来证实。不同辈分的商人以天干地支中的“干”来表明，甲骨文上的记载非常清楚，如祖父辈的为祖甲、祖乙、祖丁等，父辈的称呼也是父甲、父乙、父丁等。商人祖一辈皆为祖，父一辈都是父，同辈年长的则为兄。由此推测，商代可能曾有过辈分相当的男女始可通婚的族内婚制。而后来的记载又说：夏殷是五世之后通婚（《太平御览》引《礼记·外传》），说明商代族内婚的范围逐渐缩小，曾有过由辈分婚发展到必须在五代以外的人中去婚配的历史。

光绪刊本《钦定书经图说》之“禹娶涂山图”

实行同姓不婚的是周代，这是与商代根本不同的婚制。周代的同姓不婚是古老的族外婚的演进，早在周朝建立前，太王古公亶父娶于姜姓，其子季历娶于任姓，其孙文王娶于姒姓，其曾孙武王娶姜太公之女，也是姜姓，都是异姓联姻。周朝建立后，分封了大批同姓诸侯国和异姓诸侯国。从西周建立到春秋时期，周天子及同姓诸侯，基本上是与异姓诸侯国之间通婚。

事实上，周代的同姓不婚制度，已不是简单地延续古代族外婚，而有基于遗传的原因。春秋时人对此做过解释，如："男女同姓，其生不蕃。"（《左传·僖公二十五年》）又如："同姓不婚，惧不殖也。"（《国语·晋语》）这是对同姓婚造成后代畸形或不育不良后果的进一步认识。以此为基础而禁止同姓结婚，在婚姻制度史上具有重大历史意义。

此外，基于维护宗法等级制度是同姓不婚的政治原因。同姓为婚，只能是本姓内嫡、长、亲者与庶、幼、疏者通婚，婚姻关系便把同姓内部原来的嫡庶、长幼、亲疏等尊卑等级秩序打乱了，宗法制就无法维持。反之，异姓通婚，则不破坏本姓内的嫡庶、长幼、亲疏秩序。《国语·晋语》中晋国司空季子就曾讲了这个道理，而且，异姓通婚还可"结二姓之好"，加强异姓间的依托。

出于伦理的理由，是古代同姓不婚的第三个原因。《礼记·曲礼》认为同姓不婚是最根本的礼法，它可以起到维系人伦的作用。《白虎通义·通姓名章》也说，人之有姓，是与禽兽的区别，同姓不得相娶，是重视人伦。

周代同姓不婚的制度，在春秋、战国时期随着周天子的衰弱和诸侯之间的兼并战争，在宗法制和分封制破坏的同时也受到了冲击。如晋平公把女子嫁给同姓的吴国，他本人则强纳同姓的卫姬。又如齐国棠公逝世，崔杼前往吊唁，看见棠公的妻子棠姜美丽，就叫棠姜的弟弟也是给自己驾车的东郭偃替他求婚。东郭偃说，婚姻要辨姓，你我是同姓，不可以替你向姐姐求婚。崔杼最后还是坚决娶了棠姜。这样的事例，当时还有不少。战国以后，以氏为姓，到了汉代，姓与氏混淆，加上功臣赐姓，义子袭姓，避乱改姓，少数民族改从汉姓等情况，同姓不再是同一血统。所以，直至魏晋南北朝，社会上正统的伦理道德提倡同姓不婚，并对婚姻习俗产生了很大的影响，不过人们对此并不严格遵循，政府一般也不禁止。

但是，从唐朝开始，又恢复了同姓不婚的限制，并做了法律要求。唐律规定，同姓为婚的处徒刑二年，如果是五服亲以内，以奸论罪。宋朝法律与唐朝相同。明清法律均规定，同姓为婚的各杖六十，勒令离婚，同姓又同亲的，若是无服亲，杖一百，若是有服亲，判徒刑三年直至绞、斩。这些法律规定，除了禁止同宗有服亲婚姻之外，还禁同宗无服亲和同姓婚姻，已失去了遗传学的科学意义。从清代的法律实践看，同姓不婚重在同宗，如果不是同宗，官府一般不闻不问。

从实际生活看，在有的地区同姓不婚已成为风俗，如清光绪时吴桥（今河北吴桥）婚姻忌同姓；而在有的地区，则并不拘泥于同姓不婚，如清乾隆时山西宁河间有同姓联姻的，陕西咸阳也有

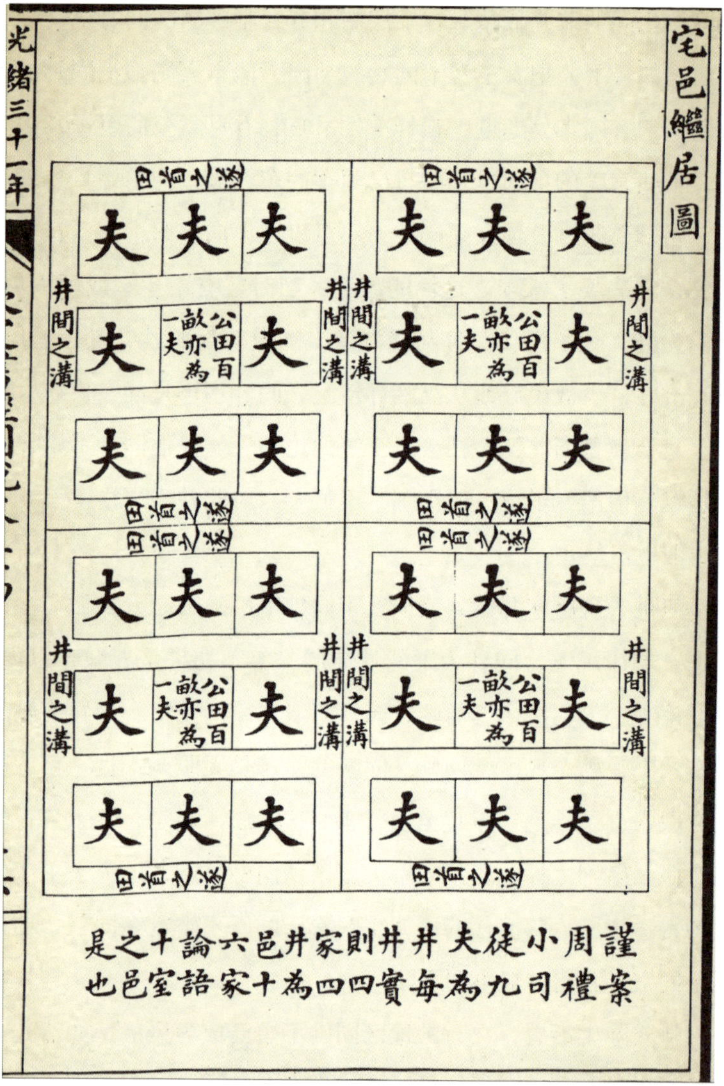

光绪刊本《钦定书经图说》之“宅邑继居图”

汉代画像砖“桑林野合”图

同姓为婚者。对同姓不婚相信和不相信的人都有，因此才会发生这样的事情：清人龚炜在《巢林笔谈》中说，朱韫斯误娶同姓，欲去其妇，名流多劝止之。

异族婚姻

古代各民族之间的婚姻特别是汉族与少数民族之间的婚姻情况怎样？我们分民间和上层两大方面予以介绍。

汉族与少数民族上层的联姻以汉、唐两代为盛，主要体现在“和亲”政策上，就是汉族王朝将公主或宗室女、宫女嫁给少数民族首领，建立婚姻关系，以笼络少数民族，换取边境的安全。西汉时，北方的匈奴族强盛，屡次犯边，高祖刘邦把亲侄女嫁给匈奴首领单于，开“和亲”政策之先河。以后惠、文、景三帝都曾将公主嫁给单于，武帝时，又将公主嫁给强盛的乌孙。元帝时匈奴呼韩邪单于向汉朝自请为婿，元帝将宫女王昭君嫁给他，这就是历史上流传甚广的“昭君出塞”。唐朝也是大力推行和亲政策的，据统计，和亲次数多达二十七起，如太宗时文成公主嫁给吐蕃首领松赞干布便是众所周知的事例。唐朝和亲的对象除吐蕃外，还有吐谷浑、突厥、契丹、奚、于阗、回纥、南诏等少数民族，非常广泛。

宋朝则反对和亲政策，强调“华夷之辨”，甚至认为和亲是自取羞辱。

汉族皇帝也有娶少数民族为妻的，如隋文帝的独孤皇后、唐太宗的长孙皇后都是鲜卑族。

少数民族上层联姻，最典型的要算清朝，清朝是少数民族的满族作为统治民族，联合蒙古等民族建立起来的国家。为加强满蒙联盟，清朝采取了两个民族贵族间通婚的基本国策，规定适婚的近支宗室之女，将年岁相当的蒙古世族子嗣选指额驸。这就是所谓公主下嫁或备指额驸制度。

以上是社会上层的异族婚姻，我们再看看民间的情形。魏晋南北朝、隋唐时期，大致可以说不禁止民间异族通婚。南北朝时，匈奴、鲜卑、氐、羌、羯与汉族互相融合，民族间通婚的很多，北魏孝文帝实行改革，公开提倡鲜卑人按门第与汉族通婚，唐朝也允许族际通婚，只是禁止其他民族的男子将其汉族妻妾带走。

明妃出塞图（金）

位于呼和浩特北郊的康熙帝第六女和静公主府

宋、辽、金、元时期汉族政权与少数民族政权对待异族为婚的态度正相反。宋朝在西北沿边施行族际不得通婚的禁令，而且还原则上适用于东南沿海。而辽、夏、金、元等朝则几乎无不允许族际通婚。辽太宗曾下诏：授汉官的契丹人，可与汉人婚姻，只是后来辽道宗为了对付境内的人民起义，才改变了这一政策。金朝则提倡契丹人与女真人、迁移到中原地区的女真屯田户与当地汉族通婚。元代承认异族通婚，还规定凡与蒙古族男女结婚的，都算蒙古族籍；其他民族互为婚姻的从男子族籍。元代汉人与非汉人通婚是普遍现象，明朝建立后，为了削弱蒙古人和色目人，法律规定他们与汉族通婚，不许在本民族内自相嫁娶。

清代异族通婚政策，因时因地有所不同。满汉之间的婚姻，在入关初期，为了表示民族友好和平等，曾允许通婚，但不久后又改变政策，规定满汉不许通婚。由于满汉民族间的融合很快，到了清朝后期，在人民的反对下，清朝政府于光绪二十七年（1901 年）取消旗民通婚禁令。满汉通婚进一步在民间实行。蒙汉之间的婚姻也有变化，清朝最初不准内地汉族民人娶蒙古族妇女为妻，又规定如私行嫁娶者离异，汉民治罪，蒙古人罚牲畜。汉人到蒙古地区进行贸易的人不少，特别是清代人口激增，内地耕地严重不足，所以汉人赴内蒙古垦荒，解决生计，便同蒙古妇女结婚。乾隆皇帝晚年鉴于这种情况势难禁止，于是删除了汉族民人不得婚娶蒙古妇女的旧例。南方汉苗之间的婚姻清朝也有规定，湖南、贵州一些地区的苗族与汉族杂处，起初清朝禁止汉、苗结亲，这是出于为了苗族地区的安全起见，乾隆中期汉苗结亲弛禁，不过要求汉苗结婚不许采取苗族跳月歌唱之俗，而用汉族的婚姻制度。

良贱不婚

良贱不婚，是指良民和贱民不通婚姻。良民，又称平人，齐民，凡人，包括士农工商四民，即通常所谈的老百姓。贱民，一般是指奴仆及倡（娼）优、隶卒等，还包括某一时代的一些特殊人口，如浙江绍兴有惰民，是宋代罪人的后代，籍属丐户。山西、陕西的乐户贱民是明成祖朱棣打击政敌造成。宋元时期广东沿海有乌蛋户，靠采集珍珠向政府纳贡，明代称“龙户”，清代称“疍户”，他们以船为家，以捕鱼为业，也是一种贱民，在古代良民和贱民是两个不同的等级，社会上轻视贱民，良民一般不与其通婚，而国家的法律则禁止良贱为婚。

良贱禁婚的法令至唐朝时完备。官户和杂户是唐代官定的贱民，法律规定他们“当色为婚”，杂户违律与良人为婚者杖一百，官户娶良人女者同罪，良人娶官户女者罪加二等。私家奴仆的地位更低，奴娶良人为妻者处徒刑一年半，女家减一等，判离。太常音声人是因罪被罚入官署充当演出等职业的人，这些人即使原来是仕宦子孙，也不得与士、民通婚，后来提高了太常音声人的地位，婚姻与百姓相同。

宋、元、明、清时期的法律受唐律影响，仍实行良贱不婚的规定。宋代法律基本承袭唐律，只是规定奴与良家女为婚，良女不知其夫是奴的，所生子女从良，女知其夫为奴者，子女从奴。元代除规定奴婢不许嫁良人外，还规定良人与贱民中的“驱”不得为婚。明、清的法律也禁止奴仆、奴婢与良人通婚。规定，家长与奴娶良人为妻或奴自娶者，杖八十，女家减一等；如果奴婢冒充良人，而与良人为夫妻者杖九十，各离异改正。还禁止官吏及其子孙与贱民中的乐人通婚。

在实际生活中，良民通常不与贱民通婚，即使通婚，也被人看不起。秦汉时期，奴婢与良人结婚生下的子女叫作“臧获”，受世人的鄙视。许多贵族的族规家训还规定不准与贱民通婚，如果发生此类事情，宗族必加以制止。清朝康熙、雍正年间，江苏无锡华姓家族的一个族人把女儿许配给奴仆的儿子，该族士人华

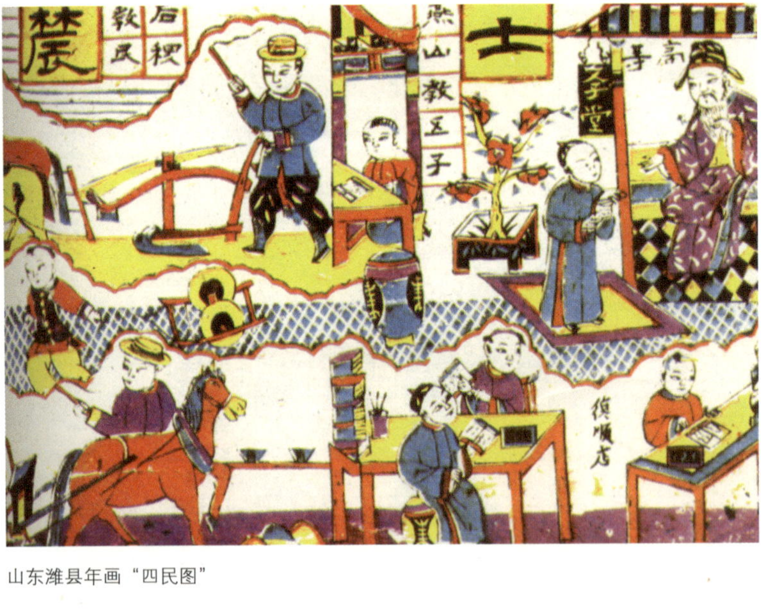

山东潍县年画“四民图”

泰认为有辱宗党，出面干涉，男方对此没有办法，就找其他理由告他，打了几年官司，婚姻终被拆散。清朝雍正皇帝曾将山陕乐户、浙江惰民、安徽世仆与伴当、广东疍民、江苏丐户的贱民籍削除，以良民视之。但法律并不能彻底改变其实际的社会地位，民间仍看不起贱民。清光绪年间修的江苏《崇明县志》就说当地婚姻论良贱，不论贫富。

良贱不婚是社会等级制度的反映，法律规定是为了维护社会等级秩序，民间则把与贱民为婚看作破坏伦常、有辱祖宗、混淆血统的行为，良贱不婚是古代普遍存在的社会现象，贱民只有在自己内部通婚。

择配标准

选择什么样的家庭与个人为对象缔结婚姻关系，这是婚姻当事者及其家庭必然要考虑的问题。对此不同的家庭和个人各有自己的想法，同时受所处时代的制约，择配标准又表现出普遍的社会性，各时期的择配观具有自己的特征。就古代最普遍的择配观来说，主要有门当户对、婚姻论财、郎才女貌三种类型。

门当户对

中国古代社会是以家族为基础的，婚姻显示出是家庭行为而非个人行为的特征。择配标准注重考察双方家庭的情况，要求双方家庭的政治、经济、社会以及文化的地位一致，特别是政治上处于相同的等级，这就是门当户对。

周代实行宗法制，等级森严，不同等级的人不能缔结婚姻，只能在本等级内婚配。这种情形在春秋、战国之际随着宗法制的破坏而有所改变。到了秦汉时代，周代那种严格的等级内婚已不复存在，不过基本上，人们的择配仍是建立在大致相当的家庭条件基础之上。如西汉丞相陈平年轻时家境贫寒，他向富人求婚屡

清“夫妇偕老钱”

遭拒绝，由于在经济地位差距较大的家庭之间缔亲，所以拖延很久也无法完婚。婚姻关系一般是家庭状况相当者之间建立的，《汉书·赵广汉传》说颍川（今河南禹县）地区的富民大姓相互通婚。西汉人朱买臣家贫，常靠砍卖柴糊口，他的妻子也因家境贫寒而不能帮助丈夫。后来朱买臣的妻子离婚别嫁，与后夫修整清扫道路，他们均属于经济困难的普通平民。东汉人王充在其著作《论衡·骨相篇》谈到当时普遍的婚姻状况时说，富贵之男娶得高贵之女。富，指家庭经济条件好，贵，是家庭政治地位高。富和贵往往联系在一起，有较高的社会地位，他们一般不会同贫贱家庭联姻。

门当户对观念最强烈的是魏晋南北朝、隋唐时期，以致形成士庶不婚的门第婚，也可称为门阀等级婚。所谓士庶不婚，是指士大夫与庶民百姓之间的家族不缔结婚姻关系。士族门阀从东汉中叶以后渐次形成，一般世代为官，拥有较强的经济实力，并且对儒学有较深的造诣。魏晋南北朝官吏选拔采用九品中正制，即政府选择官员按照各自的籍贯，兼任州、郡的中正，负责推举本地区的士人，将人分为九等，按品授官。因官员本身就是士族，因此，官吏的选拔和升降单凭门第的高低。形成“上品无寒门，下品无士族”的官员结构。士族把持了政治，他们看不起庶族，为了保持其尊严，不与庶族往来。特别是政治地位、社会地位的获得依靠家世决定，因此为了保持家世血统的高贵，避免低门血统混入，士族便在内部通婚，互相扶植，以门第作为择配的标准。如东晋南朝时吴郡的顾、陆、朱、张四大姓互相通婚，或与会稽大姓孔、魏、吴、谢结亲。北魏高宗时甚至制定法律，不许士庶通婚，认为婚姻应当区别尊卑高下，要求皇族、师傅、王公、侯伯及士民之家不得与百工、技巧、卑姓为婚，犯者加罪。而且选官从政也以婚姻为考虑条件，所谓“朝廷每选举人士，则校其一婚一官，以为升降”（《魏书·韩麒麟传》）。婚姻状况与资历同样重要，结亲的门第低了有可能不利仕途。如果士族偶与庶族通婚，则必为士族所不齿，受到社会上层的非议，婚姻当事者及其家属名誉扫地，甚至被摈弃于士族之外。东晋大姓王源嫁女于门第不高的满氏庶族，满朝议论纷纷，王、满两个家族之外的人士沈约认为是骇人听闻、蔑祖辱亲、污及士族全体的事情，要求朝廷免去王源的职务，并永远不许其做官。可见，门第观念之深，这种事情在中国历史上是空前绝后的。高门与低门联姻毕竟不多，有一个故事可以证明。《魏书·崔武传》说，士族崔巨伦的姐姐明惠瞎了一只眼，名门世族没有向她求婚的，她姑姑不愿侄女下嫁低门之家，便娶来作了自己的儿媳妇。又据《陈书·儒林传》载：出身高门太原王氏的王元规，幼年丧父，家中贫困，与兄弟三人一同随母亲居舅舅家中，当地一个土豪愿以巨大资财作为陪嫁，将女儿嫁给王元规，同名门攀亲。母亲想应允，元规却哭着说，我们正是由于一直保持婚姻门第，才受人敬重，怎能因为家贫无依而与非贵族成婚呢？此事只能作罢。

由于婚姻讲门第，研究姓氏关系、了解家世就非常重要了，所以有人说这一时期世家之婚姻，必由谱系，事实的确如此。

到了唐代，魏晋南北朝时期婚姻论门第的遗风余绪继续存在，社会上最著名的士族北朝山东地区的太原王氏、范阳卢氏、荥阳郑氏、清河和博陵二崔、陇西与赵郡二李，仍以先世门第自矜，自为婚姻，甚至不愿与其他当朝的贵族官僚通婚。唐太宗认为七姓妄自尊大，禁止他们相通婚，但是大臣魏徵、房玄龄、李勣等人皆与七姓通婚，以此为荣，崇尚旧族的风气并未改变。唐文宗时又严禁七姓自相婚配，而七姓阳奉阴违，还自称“禁婚家”，耻与诸姓为婚。他们不敢举行婚礼，偷偷将女儿送到夫家，甚至有的氏族宁愿女儿老死于家，也不与七姓之外者联姻。到唐文宗时，民间婚姻仍不计官品而尚阀阅，文宗欲以公主下嫁七族，竟遭拒绝。遂使文宗不禁叹道：我朝二百年天下，反不如崔、卢吗？门阀世族在唐代受到了很大抑制，门第婚远不如魏晋南北朝时期兴盛，但婚姻尚阀阅，直到五代之后才随着七族的衰微而消失。

实际上，从唐朝中期以后，人们的择配观念已发生了一些变化。由于商品经济的发展，人们对于经商的兴趣浓烈起来，加上科举制的实行，政治地位由考试决定，而且取决于个人的努力，社会地位并非一成不变。因此，择配便从家世门第转向经济和政治的状况。宋代以后，科举制、租佃制确立，于是择配综合考虑经济、政治、社会、文化地位的原则取代了昔日论家世社会地位的观念，形成了新的门当户对的择配原则。这个原则元、明、清一脉相承，也与汉代的情形很相像。只要我们看一看保存下来的地方志便可知道，各地婚配风俗一般都是综合考虑双方家庭各方面状况的“论门第”，而且这是被政府和舆论认可的风俗。而婚姻最讲究门第的，又是绅士阶层，特别表现在嫁女方面，绅士往

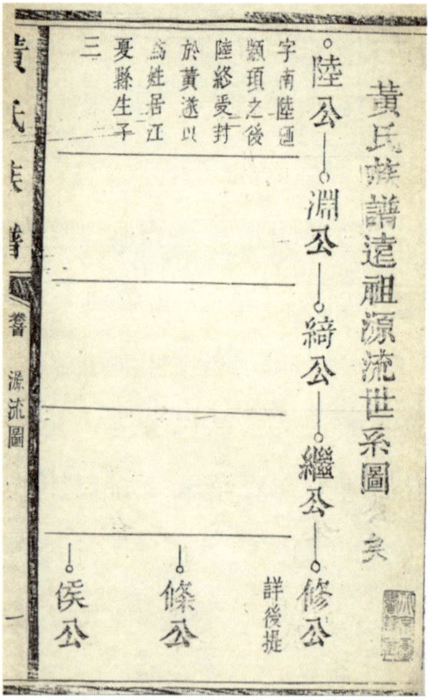

光绪修《黄氏族谱》源流图

往把婚姻论门第作为婚姻论财的对立物看待。论门第最主要的内容是不计资财，强调对方的家庭修养，以对方的家风为尚。如江苏无锡郑氏宗族规定：娶妇、娶女，不论大家、小家，必细访其门户清白，祖、父正直诚谨之人，其子女必多贤良。切勿只贪财物，不问家风，以后妇或悍妒，婿多奢侈，其害非小。婚姻论门第包含了对择配对象道德品质的要求，当然绅士之家婚姻论门第，也强调良贱不婚，特别是注重选择家庭教育好、文化背景一致的人家，一般来说这样的家庭经济富裕，有较高的社会地位，其实质仍然有等级性，注重门第的结果是把婚姻目的放在双方家庭上，而非当事者身上，用今天的眼光看不符合社会的发展趋势。但在古代社会中，当事人根本没有婚姻自主权，因此，门当

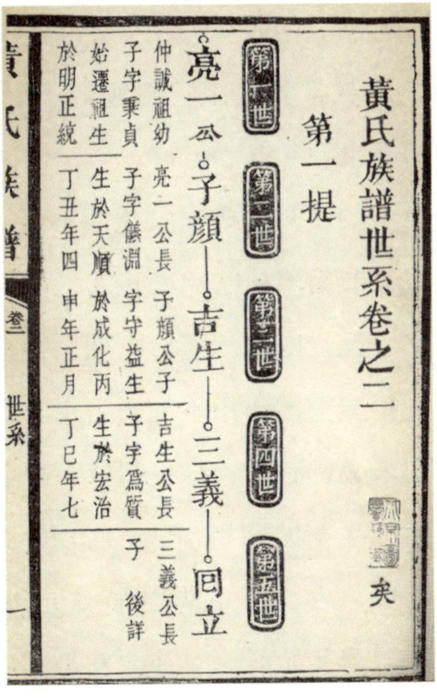
黃氏族譜世系卷之二

第一提

第一世 第二世 第三世 第四世 第五世

亮一公—子顔—吉生—三義—曰立

仲誠祖幼子字秉貞始遷祖生於明正統丁丑年四

亮一公長子字儀淵生於天順申年正月

子顔公子字守益生於成化丙

吉生公長子字爲質生於宏治丁巳年七

三義公長子後詳

黃氏族譜 卷三 世系 一

光绪修《黄氏族谱》世系图

户对可使双方的生活方式一致，家庭和谐，婚姻较为美满，有它的合理性。

婚姻论财

婚姻论财，就是指通过婚姻追求资财的数量，把对方经济上是否富裕当作考虑婚姻的前提条件。婚姻论财突出表现在讲究聘礼和嫁妆上，尤其是聘金的多寡，成为婚姻是否成功的重要因素。

婚姻论财是中国古代社会普遍存在的现象，在汉代婚姻注重双方的综合因素，婚姻论财不如宋代以后严重，但这类现象是存在的。据记载长安城（今陕西西安）下层群众嫁娶，尤尚财货。《潜夫论》说：有的人家为了多得聘财，一女许数家；还有家庭中的叔叔和兄弟贪得聘钱、财物，逼令亲属再嫁他人。东汉初年，九真（今越南清化西北）地区的十几万人中就有很多人到了结婚年龄，只因聘财缺少而不能完婚，任延在该地任太守后，令地方官节约俸禄赠助这些人，使二千余人娶亲。

魏晋南北朝隋唐时期婚姻论门第是择配最基本的原则，资财在婚配中的作用不如门第重要。但是，过分讲究门第，而门第高的未必皆有财，往往造成高门看重卑姓钱财，卑姓以钱财寻求和高门平衡的联姻形式。《北史·封述传》说：封述为儿子娶名门李氏之女，许下聘财很多，到了成亲时仍然差得不少，封述就当着李父的面，对神像发誓，以后一定补足。封述的另一个儿子娶了名门卢氏，送去聘财虽多，但对方仍嫌不足，以致打了场官司。北朝这种情况严重，人们把这种婚姻叫作“财婚”，魏文成帝曾出面干涉财婚，要求贵族之家改变贪利钱财、贵贱不分的婚配情况。婚姻论财并不限于高门大姓，《抱朴子·弭讼篇》指出，当时由于婚嫁争论财聘，往往许婚者反悔，成婚者离异再婚，官府单为处理此类事情，就忙得不可开交。财婚现象在唐代也有，还产生了“赔门财”的说法，即女家门望素高，而议婚之家门望不能与之相比，于是令其多给资妆以赔门望。这种婚姻也叫作“卖婚”。早在唐初，太宗李世民就说，新官之辈、丰财之家往往与大姓旧族婚配，多纳财货，有如贩鬻，下令禁止卖婚。婚姻论财现象渐趋严重，高宗于显庆四年（659 年）规定了官员聘礼数目，三品以上之家，绢不许超过三百匹；四品、五品不许超过二百匹；六品、七品，不许超过一百匹；八品以下，不许超过五十匹，皆充所嫁女资妆等用。唐代上层社会婚姻论财还影响到社会下层风气的改变，唐朝中后期，形成了以资财的多寡决定婚姻成败的现象，诗人邵谒在《寒女行》里写道：“寒女命自薄，生来多微贱。家贫人不聘，一身无所归……青楼富家女，才生便有主。”大诗人白居易也在《议婚诗》中说：“颜色非相远，贫富则有殊。贫为时所弃，富为时所趋。红楼富家女，金缕绣罗襦。见人不敛手，娇痴二八初。母兄未开口，言嫁不须臾。绿窗贫家女，寂寞二十余。荆钗不值钱，衣上无真珠。几回人欲聘，临日又踟蹰。”这些诗句是贫女难以出嫁现实生活的真实写照。

从中唐开始的婚姻论财现象，在宋代随着“婚姻不问阀阅”

的确立，而蔚然成风。北宋时担任福州地方官的蔡襄曾说：观今之俗，娶妻不顾门户，直求资财。政治家、学问家司马光也指出：今世俗贪鄙者，将娶妇，先问资妆之厚薄；将嫁女，先问聘财之多少。这种事例是很多的，例如仁宗时，吏部侍郎孙祖德娶富人妻，以图谋其财。据说连大学者朱熹家中，男女婚嫁，也必选择奁聘多的富民。更有甚者，身为政府官员而争娶寡妇，或私下同居，或充当赘婿。如神宗时，屯田郎中刘宗吉图李寡妇的财产，便与之同居。哲宗时官员王蘧贪图钱财，做了一个有巨万家财寡妇的赘婿。宋代新中进士娶妻论财也很严重，由于不少出身贫穷的读书人考中进士后，便可跨入仕途，因此身价百倍，令

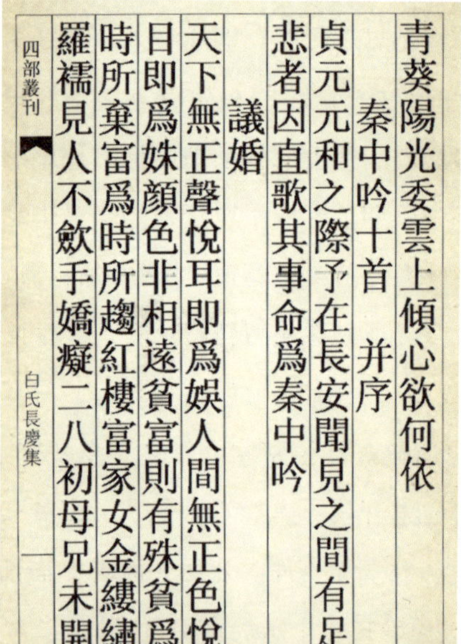
青葵陽光委雲上傾心欲何依
秦中吟十首　并序
貞元元和之際予在長安聞見之間有足
悲者因直歌其事命爲秦中吟
議婚
天下無正聲悅耳即爲娛人間無正色悅
目即爲姝顏色非相遠貧富則有殊貧爲
時所棄富爲時所趨紅樓富家女金縷繡
羅襦見人不斂手嬌癡二八初母兄未開
四部叢刊
白氏長慶集
一

白居易《白氏长庆集》“议婚诗”

人羡慕不已。富贵之家便竞相嫁女于进士，多在公布名次之时进行，因此人称为“榜下择婿”。又因争抢激烈，甚至有“榜下捉婿”之语。富人引诱进士的是钱财，时人把考进士的钱叫作“系捉钱”。而有的进士就以女方钱财多寡决定婚配。民间婚姻论财之风也很严重，四川有的地方娶妇向女方多索取资财，有的贫女至老不能出嫁，正因为婚姻论财是普遍现象，所以宋代议婚时，在交换的帖子上，男家详细标明聘礼数目，女家要列上随嫁资妆田产，供双方参考，以决定婚否。据说神宗时福建平均嫁女的资妆费用上万贯，对于有田百亩左右的人家已是一个不小的负担。而官户随嫁资妆以十万、数十万贯的不在少数。嫁娶费用的确不是一笔小数字。由于婚姻论财，筹措嫁妆就成为人们的一大负担。不堪重负的人家便婚嫁失时，并导致早婚、童婚的出现，以节约婚费。

元、明、清同宋代一样，普遍存在着婚姻论财的择配原则。元朝初年曾对聘礼数目进行限制。大德八年（1304年）规定：上户金一两、银五两、彩缎六表里，杂用绢四十匹；中户金五钱、银四两、彩缎四表里、杂田绢四十匹；下户银三两，彩缎二表里，杂用绢十五匹。如果我们把这个规定同前面提到过的六百四十五年前的唐朝规定比较，就会发现，元初聘礼数目大大超过唐代，如元初庶民上户的聘礼，就比唐代八品官多；再有，金钱财物在聘礼中所占比重增大，非唐朝聘礼主要用绢而已。看来婚姻论财越来越严重。难怪到了明初，太祖朱元璋说：近世以来，婚姻专论聘财，要求人民务从节俭，以厚风俗。时至清代，婚姻论财也是广泛存在的择配原则。地方志对各地风俗的记载多有这方面内容。道光时地方官吴荣光讲到婚俗不淳时说：择妇必问资妆之厚薄，如厚，女虽不淑，也姑且就乎；嫁女必计聘资之丰俭，如丰，婿虽不佳，也利其钱财而不管其他。需要指出的是，据资料记载，婚姻论财者一般多是“市井细民”“负贩小民”“下户”“编户之家”“无知山民”即经济贫穷、文化缺乏的下层劳动群众。他们谋生艰难，为子女缔结婚姻时，多考虑未来的生活，重视对方的经济状况。绅士之家重视门第，也是经济有保障，才那样做。而婚姻论财的也有士大夫，他们对资财的追求，有时又往往超过下层群众，切不可一概而论。

婚姻论财，同样不是把爱情放在首位，与现代精神不一致，那种追求资财多多益善的择配观是应当摈弃的。在古代，婚姻论财又同商品经济的繁荣有一定的联系，对等级制有一定的冲击作用，这也是需要我们看到的。

郎才女貌

古代婚配尽管以家族为主，但毕竟未来的家庭是由当事者在一起生活，因此自然要考虑当事者的愿望和维持家庭生活所需的基本条件，一般来说，在古代社会里，社会分工受性别差别的影响很大，养家主要靠男子，选择有才能的男子做丈夫，是未来家庭生活的一个保证。另一方面，对于男性来说，女子身体魅力对他的吸引在家庭生活中绝不比品德和家世差。郎才女貌是男女婚

光绪刊本《钦定书经图说》“敬寡属妇图”

姻的基本原则之一。

汉代是婚姻论财、讲门第远逊于后代的时期，因此，郎才女貌也就表现得比较明显。当时不同阶层和职业的人对郎才有不同的要求，士大夫重视的是学识和从政能力，如西汉时有个人叫隽不疑，担任京兆尹一职，因办理一个案子表现出干练的才能，在朝廷名声很大，众多的官员都不如他，大司马大将军霍光看上了他的才能，主动提出与之结亲。杜陵（今陕西长安县东北）人鲁秋胡通《尚书》，善写古隶字，被翟公重视，想把侄女给他做妻子。东汉人马融少从儒士挚恂学经，挚恂对马融的才华惊奇，把女儿嫁给他做了妻子。至于一般的农、工、商人，所重的才是从事务农、技术、经商的本事。女貌，一般要求女子有较高的身材、白皙的皮肤和五官端正、清秀的容颜。如晋武帝为太子纳妃，想要卫瓘的女儿，说此女有五个优点：种贤、多子、端正、长、白。除第一点是说柔顺，第二点是说她的家族人口繁衍很盛外，其余便是容貌方面。汉代皇帝的后妃有些出身微贱，但都有着丽容秀貌。叙事长诗《孔雀东南飞》描述焦仲卿之母为他所定妻子，相貌无比，十分理想。反之，如果妻子体貌丑陋，则被人看不起。像诸葛亮所娶黄承彦之女“黄头黑面”，时人以为笑乐，形成“莫仿孔明择妇，正得阿承丑女”的谚语。

魏晋南北朝隋唐时期婚配门第观念最重，但郎才女貌的择配原则还是存在的。北魏大士族崔巨伦的姐姐因瞎了一双眼，破了相，尽管家门很高，但其他士族便不向他家求婚。相反，《幽明录》讲唐朝某少年见卖胡粉的女子美丽而喜欢她，因无法表达爱慕之情，便每天赴市买粉。时间长了，女子问他：你买这些粉想干什么呢？少年回答说：我喜欢你，不敢说明，又常常想见面，因此，借买粉以看你的姿容。女子很受感动，以情相许，终成眷属。这是女子的美貌吸引男子求爱而结亲。唐朝甚至有人对女子的追求达到喜新厌旧的地步，如玄宗时文人崔颢，娶妻择有貌者，稍不惬意，即离弃，前后四次。晋朝，富有家财的张宣子，相中才识超世的同郡书生刘商，认为他前途无量，可为名公，就将其年仅十四岁、姿识俱佳的女儿嫁给了他。据说，隋朝时窦毅为女选婿，在屏上画了两只孔雀，许能射中眼睛者当选。李渊一举射中双目，于是娶窦女为妻。窦家看中的是李渊的武艺，这是郎才的一种。

门阀制衰落、科举制兴盛后，读书为人们改善自己的职业、等级、提高社会地位提供了更大的可能性。社会也把科举考试作为衡量人才的一个重要尺度。前面曾提到的“榜下择婿”之风就是这一情形的集中反映。选择新中进士为婿，是因为这些人有才，马上就可以做官。而那些志存高远、专心苦学之士，其才学为人所重。如宋朝的杜衍的父亲早死，继父又不容他，青年时很贫穷，靠教书维生，富豪相里氏，对其才志惊奇，将女儿许他为妻。不久杜衍中了进士。清代文学家赵翼曾评价宋代婚姻的风尚说：当时妇人女子皆知爱才。实际上清人也是如此，康熙时所修江西《赣县志·风俗》说当地择婿“首重儒生”。至于择妇重貌。宋代民间还有“相媳妇”或称“相亲”的习俗，媒人在双方提亲互相了解各自生辰及家庭情况后，男家约定时间，选择园圃、酒

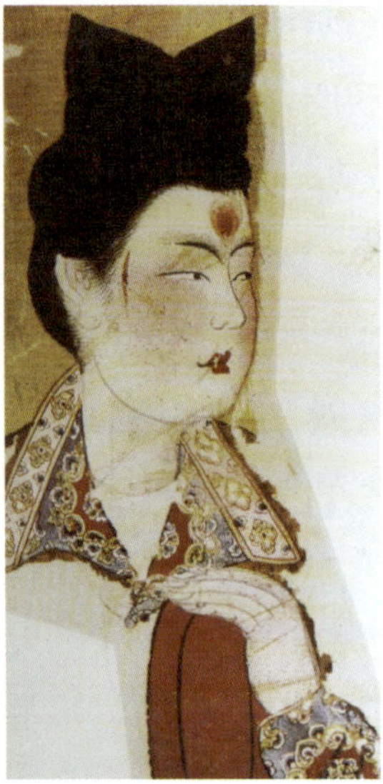
唐代胡服美人像

楼等地相媳妇，也有的备酒席到女家的。双方见面后，如果男方中意，就用一根金钗插于女发中，叫作“插金钗”，反之，则送给彩缎二匹，称为“压惊”，表示婚事不成功。这一风俗在《东京梦华录》和《梦粱录》中都有记载。这种风俗元代也有，《元典章》记载，延祐三年（1316年），江苏省句容县寡妇阿姜在媒人徐寿家与唐二官相亲，吃茶说话，阿姜满意，主动给唐二官白罗帕一条，并于第二年成婚。

尽管通常男女双方当事人不一定会面，但女子是否貌美还是可以通过一些人了解到的。女子貌美是男性普遍追求的，清代嘉庆时浙江慈溪章氏宗族所定族规规定：求媳不论美艳，以其闺门严肃女德夙优者，才对家庭最好。显然，当时有些人是把女子是否美艳当作择配原则的。

郎才女貌是古代社会的基本择配原则之一，但婚配对于男女的要求也不是绝对这样的，也有郎貌女才作为择配标准的。西汉时有一女子叫阳姬，出身寒微，她的父亲因事下狱，同乡尚书部杨涣回老家，阳姬在路上拦杨涣的乘驾向他申辩父罪，言辞慷慨，涕泣满面。杨涣将情况告诉地方官，终于释放其父。因杨涣佩服阳姬的才能，为自己儿子聘她为妻。郎貌女才是个别的现象，不过男子的相貌、女子的才德也是婚姻择配中的一些因素。

此外，由于中国古代社会注重人的道德修养，品德是衡量人才的标准之一，因此，品德也是婚配择婿的特别原则之一。如唐代杭州老翁萧悦家中极贫，与女儿相依为命，他在病重临终之际，依据传闻，欲选品德高尚的刘从事为婚，因此立下遗嘱，将女儿扦附付给刘氏。再如宋仁宗时人孙复考进士不中，无一官半

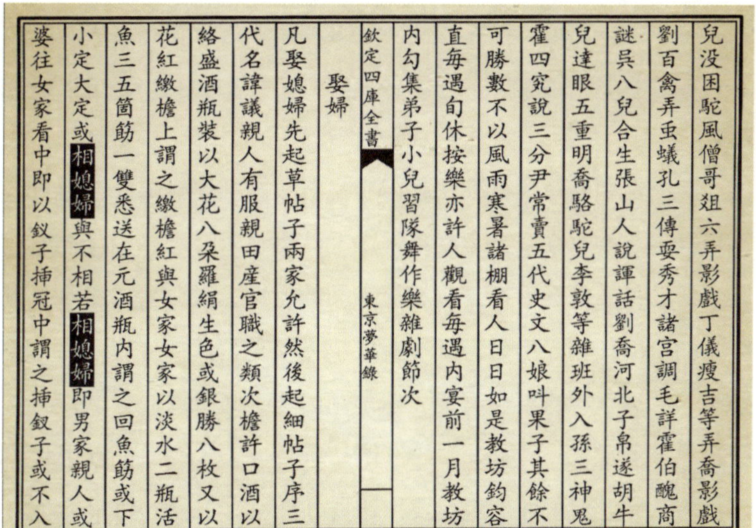
兒沒困駝風僧哥俎六弄影戲丁儀瘦吉等弄喬影戲
劉百禽弄蟲蟻孔三傳耍秀才諸宮調毛詳霍伯醜商
謎吳八兒合生張山人說諢話劉喬河北子帛遂胡牛
兒達眼五重明喬駱駝兒李敦等雜班外入孫三神鬼
霍四究說三分尹常賣五代史文八娘叫果子其餘不
可勝數不以風雨寒暑諸棚看人日日如是教坊鈞容
直每遇旬休按樂亦許人觀看每遇內宴前一月教坊
內勾集弟子小兒習隊舞作樂雜劇節次
欽定四庫全書　東京夢華錄
娶婦
凡娶媳婦先起草帖子兩家允許然後起細帖子序三
代名諱議親人有服親田產官職之類次檐許口酒以
絡盛酒瓶裝以大花八朵羅絹生色或銀勝八枚又以
花紅繳檐上謂之繳檐紅與女家女家以淡水二瓶活
魚三五箇筯一雙悉送在元酒瓶內謂之回魚筯或下
小定大定或相媳婦與不相若相媳婦即男家親人或
婆往女家看中即以釵子插冠中謂之插釵子或不入

宋孟元老《东京梦华录》关于“相媳妇”的记载

捣衣图（南宋）

职，从事教育，宰相李迪非要把侄女嫁给孙复，孙复感到奇怪，认为该女应当选择公侯贵戚而不是他这样的人，李迪解释说：吾女嫁给别人，不过一个官员的妻子，而先生德高天下，如做李家女婿，是我们最大的光荣。这些事例是比较特殊的，一般情况下，品德往往同才能、门第结合在一起，成为择配综合考虑的因素。

郎才女貌的择配标准比起门当户对和婚姻论财来说，把当事人自身的条件放在双方家庭条件之上，更具有合理性，与未来家庭生活的关系更为密切，更符合人类的天性，且对金钱和等级制有些冲击的作用。但是，郎才女貌毕竟又是古代社会的产物，特别是“郎才”本身就会有尚官追求高门第、高等级的意思，而过分追求“女貌”，不顾对方的道德品质，也失之片面，不切合实际生活，因此对郎才女貌也要作认真分析。

婚姻程序

婚姻程序，是讲婚姻成立的过程和仪式，也就是婚礼。中国古代婚姻的程序受“六礼”的影响很大，成亲又有一系列的婚俗，下面我们对其分别加以介绍。

婚礼六仪和三个阶段

古代中国堪称礼仪之邦，自然对于婚礼也有规范，早在二千多年前成书的《礼记·婚议》和《仪礼·士婚礼》中就已有了“六礼”的说法。六礼是婚姻所应当遵行的六种仪节，具体情况如下：

1. 纳采。男家请媒人向女家说明愿与通婚之意，征求女家意见，并带去雁作为拜见礼。

2. 问名。男家问女子的姓氏，以便回家占卜吉凶。

3. 纳吉。在家庙卜得吉兆以后，派人通知女家。

4. 纳征。又称纳币。男家向女家赠送玄纁、束帛、俪皮定婚。

5. 请期。男家择定完婚吉日，向女家征求意见。

6. 亲迎。新郎于黄昏时，到女家迎娶新娘回家。

六礼，据说是周朝人制定的，但它一直影响着古代婚姻，后代婚礼或繁或简，一般都以此为参考。到了宋代，据《宋史·礼志》记载，士庶婚礼，把问名并于纳采，将请期合于纳征。这样，六礼只存有纳采、纳吉、纳征、亲迎四礼。而在朱熹所作的《家礼》中，又删去了纳吉，理由是得吉后即送礼币，不必在纳征之前再有纳吉的程序，于是剩下三礼。《家礼》对当时及后世影响很大，被许多人视为婚礼规范。明朝洪武元年（1368 年）定制，婚礼依朱子《家礼》。嘉靖十年（1531 年）又因士庶婚礼问名、纳吉久已不行，应仿照《家礼》内容进行，重申洪武之令。

婚姻程序从六礼到四礼、三礼的变化，反映出婚礼更加切合实际社会生活。因为按照六礼行事，确实有些烦琐。

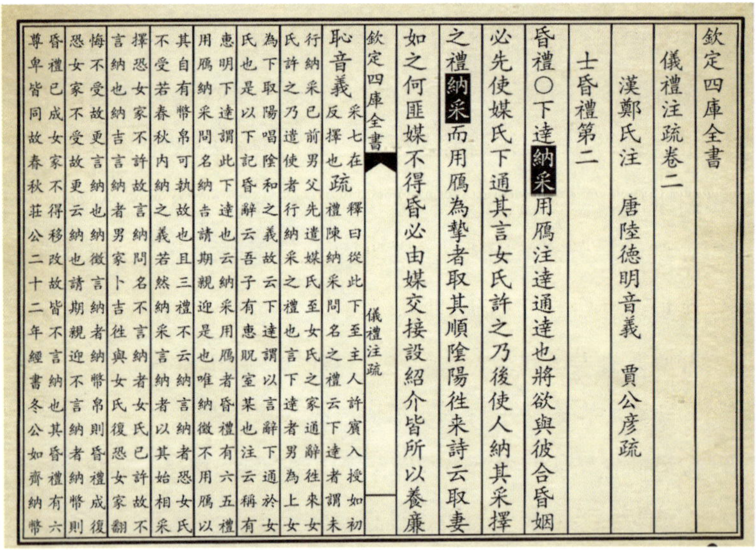
欽定四庫全書
儀禮注疏卷二
漢鄭氏注　唐陸德明音義　賈公彥疏
士昏禮第二
昏禮○下達納采用鴈注達通達也將欲與彼合昏姻
必先使媒氏下通其言女氏許之乃後使人納其采擇
之禮納采而用鴈為摯者取其順陰陽往来詩云取妻
如之何匪媒不得昏必由媒交接設紹介皆所以養廉
欽定四庫全書　儀禮注疏
恥音義采七在反擇也疏釋曰從此下至主人許賓入授如初禮陳納采問名之禮云下達者謂未
行納采已前男父先遣媒氏至女氏之家通辭往來女氏許之乃遣使者行納采之禮也言下達者男為上女
為下取陽唱陰和之義故云下達謂以言辭下通於女氏也是以下記昏辭云吾子有惠貺室某也注云稱有
惠明下達謂此下達也云納采用鴈者昏禮有六五禮用鴈納采問名納吉請期親迎是也唯納徵不用鴈以
其自有幣帛可執故也且三禮不云納言納者恐女氏不受若春秋內納之義若然納采言納者以其始相采
擇恐女家不許故言納問名不言納者女氏已許故不言納也納吉言納者男家卜吉往與女氏復恐女家翻
悔不受故更言納也納徵言納者納幣帛則昏禮成復恐女家不受故更云納也請期親迎不言納者納幣則
昏禮已成女家不得移改故皆不言納也其昏禮有六尊卑皆同故春秋莊公二十二年經書冬公如齊納幣

《仪礼·士婚礼》关于“六礼”的有关记载

六礼实际上反映了婚仪的三个阶段：纳采、问名的议婚阶段，纳吉、纳征的定婚阶段和请期、亲迎的成婚阶段。宋、明婚礼的变化，更突出了婚仪中的关键，即议婚为纳采，定婚为纳征，成婚为亲迎，而把另外的三礼融合进去了。一般来说，从秦汉到明清，民间婚姻程序就是这样的三个阶段：

1. 议婚。是婚姻的第一阶段，欲缔亲者或先议婚。两汉时期，婚姻双方的联系一般要经过媒人的中介，女子因媒而嫁已是当时普遍流行的观念。议婚或由夫家向女家提出，或由女方先请于男家，个别情况下，也有由女子自作主张者。男女双方根据自己的择配标准进行，通常是以门当户对为标准的。

宋代的议婚，一般是男家通过媒人口头或书面向女家求婚，如果女家有意，用草帖子通于男家，男家以草帖问卜或祷签，吉祥不相克的话，向女家回帖。草帖用来介绍男女双方各自的生辰及家庭情况。女家的草帖子上，还写明随嫁田舍资产及奁具数目。此后还要交换“细帖”，这是定帖。交换次序同草帖相反，先由男家出具定帖，由媒人交于女家，表示正式请求与对方缔婚；接着女家向男家回定帖，表示愿意结亲。男家的定帖上除标明年龄、生辰、父母官职封号外，还要详列聘礼数目，而女家定帖上则要详具陪嫁资妆奁物。互换定帖之后，民间还有“相媳妇”的习俗，主要是由男方决定是否确立婚事。

议婚阶段交换帖子是一项主要内容，宋代以后一直流行，在清代，男女交换写有双方出生年、月、日、时的帖子一般叫作“庚帖”，即写明年庚的帖子，又因帖上所写出生年、月、日、

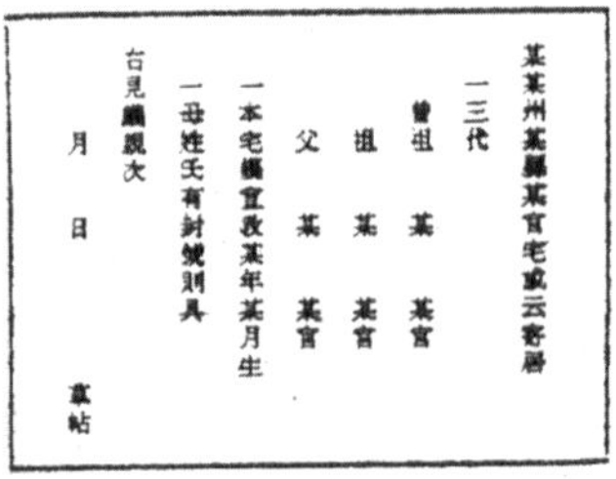

某某州某縣某官宅或云寄居
一三代
曾祖 某 某官
祖 某 某官
父 某 某官
一本宅[illegible][illegible][illegible]某年某月生
一母姓氏有封號則具
右見[illegible]親次
月 日 草帖

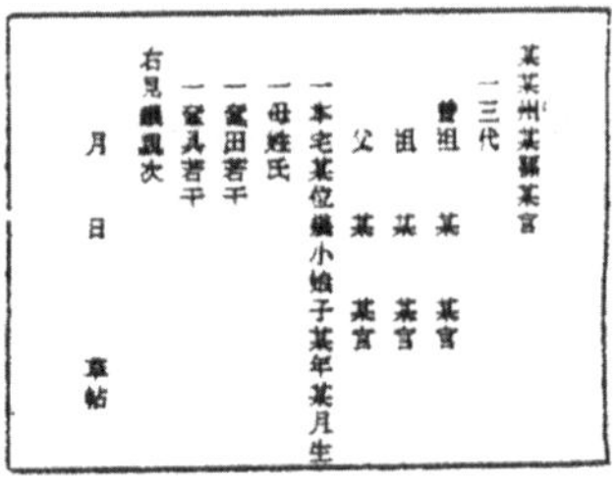

某某州某縣某官
一三代
曾祖 某 某官
祖 某 某官
父 某 某官
一本宅某位[illegible]小娘子某年某月生
一母姓氏
一[illegible]田若干
一[illegible]具若干
右見[illegible]親次
月 日 草帖

宋代男家（左）女家（右）草帖

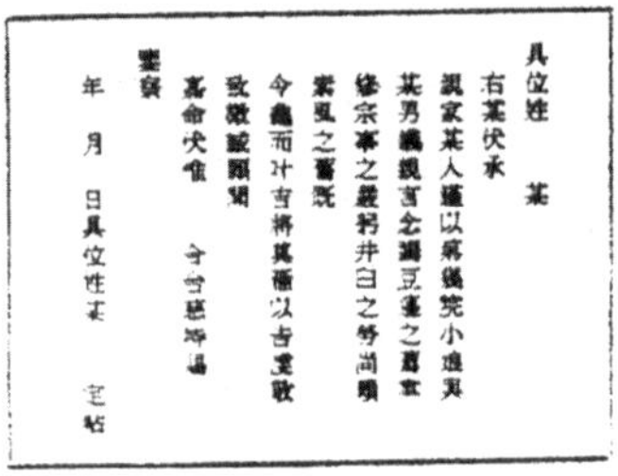

具位姓 某
右某伏承
親家某人[illegible]以[illegible][illegible][illegible]小[illegible][illegible]
某男[illegible]親言念[illegible]豆[illegible]之[illegible][illegible]
修宗事之[illegible][illegible]井臼之[illegible]尚[illegible]
[illegible][illegible]之[illegible]既
今[illegible]而叶吉將[illegible][illegible]以吉[illegible]敢
致[illegible][illegible][illegible]
[illegible]命伏惟 [illegible][illegible]慈[illegible][illegible]
[illegible][illegible]
年 月 日具位姓某 定帖

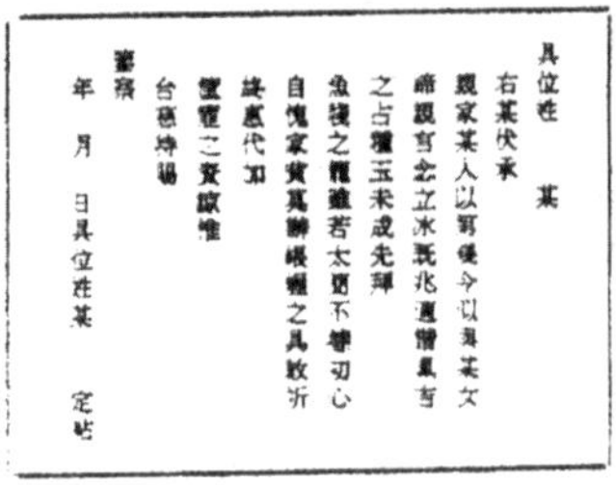

具位姓 某
右某伏承
親家某人以[illegible][illegible]今以[illegible]某女
[illegible]親言念立冰既兆[illegible][illegible][illegible]言
之占[illegible]玉未成先[illegible]
[illegible][illegible]之[illegible][illegible]若太[illegible]不[illegible]切心
自愧家貧[illegible][illegible][illegible]之具敢祈
[illegible]惠代[illegible]
[illegible][illegible][illegible][illegible]惟
台慈[illegible][illegible]
[illegible][illegible]
年 月 日具位姓某 定帖

宋代男家（左）女家（右）定帖

时的干支是八个字，又称“八字”。交换帖子的程序叫作“出八字”“传庚帖”等。在山西等地，由于帖上写出生的年、月、日、时四项，还有“取四柱”的说法。换帖最主要的是为了看男女双方的属相和八字生辰是否相合。有特色的是江西等地，有“押样”的风俗，如年庚相合，即交换花簪和鞋样，作为订婚的表示。换鞋样又称“较鞋样”，因“鞋”与“谐”同音，取和谐永好之意。

2. 定婚。定婚又称“定聘”，主要特征是男方向女方赠送聘礼，双方正式确立婚姻关系。根据《周礼·地官·媒氏》的记载，周代定婚，要赠礼物，当时是赠送十匹布帛。见于实际生活的，有《左传》记载昭公二年（公元前 540 年）晋平公派韩宣子到齐国纳币，聘娶齐景公的女儿。

汉代定婚的聘金数量是很大的。史籍记载，皇帝聘后用钱，一般是黄金二万斤，折合钱二万万，如惠帝、平帝、桓帝聘后都是如此。诸侯王聘妻花费也不小，赵共王刘充打算用聘金二百斤，即折合二万万钱娶妻。官员娶妻的聘财，东汉官员展允聘妻，据说是二三万钱足以成婚。不过展允是经济状况较差的人，这个数字当是普通官员聘金的下限。官员一般还要向女方赠送礼物，东汉人郑重说这些礼物有三十种，其中社会上较为流行的有玄丝、羊、雁、五色丝等。至于平民百姓，史籍没有留下他们所用聘金的数量，但也需要依据家庭经济状况进行支付。

唐代在议婚既定之后还要通婚书。存世的敦煌遗书保留了婚书，共两幅，一幅是男方家长送给女方家长的通问候的客套短函；另附别纸，这是婚书的主体，讲男家正式向女方请求定婚。婚书用精心工楷缮写，卷好纳入用樟木、黄杨木或楠木做成的木函。函外以五色线分三道缠绕，函盖上写明受函及致函者的官衔、姓名，在亲族中选择体面伶俐的青年送婚书，叫作函使，有正副二人。函使还肩负解送聘礼的使命。聘礼有五色丝、彩帛、钱舆、猪羊、须面、果子、油盐、酱醋、椒姜、葱蒜等。到达女家之后，聘礼须陈列中庭，使人观看品评；婚书要当众朗读，婚书交接礼毕，女家主人即设宴款待函使以下人等，然后以衣服缎匹为赠。女家也要向男家答婚书。议婚需要交换婚书，作为凭证，至迟在唐代已有这种形式。大诗人白居易做官时在一个判文上就曾提到过“婚书”，唐代法律称之为“报婚书”，规定诸许嫁女已

陕西神木版画“新绘十二属”

江西剪纸“嫁妆鞋内剪花”

报婚书及有私约受聘财而悔婚者，杖六十，婚仍如约。若女方悔约更许他人，则杖一百，已成者徒一年半，女归前夫等，以后历代法律沿袭了唐律的精神。

宋代的定婚礼大致要经过下定礼、下聘礼、下财礼三个过程。定礼就是相亲后男家向女家送礼物正式定婚的仪式，要用四幅销金有色纸写成三份婚启，一份礼物清单，称“礼物状”，封作两封，名为“双缄”，用红绿销金鱼袋盛之，连同礼物一起装入绘有五男二女的木盒子内，五男二女，表示子息繁衍。这种礼盒一般有八个或十个，用彩色包袱包好，送往女家。女家接受定礼盒子时，要放在正屋厅堂上，备香烛酒果，告祝天地祖宗，然后请夫妇双全者挑巾开启。接受定礼后，当日回预先备好的定礼。一般是各色缎匹及女工巧作之类，同时将男家所送酒肴菜果的一半回送。回送定礼时，女家有对男家定礼婚启及礼物状的答式，前者表示同意定婚，后者是回定礼品的清单。格式与男家送定礼婚启及定礼礼物状相同。另据《梦粱录》记载，在女家向男家回送定礼时，还有“回鱼箸”的风俗：用盛有清水的酒樽一双，放上四条金鱼，以箸一双、葱两株投入酒樽内。这是比喻夫妇欢谐，如鱼得水，取吉利的意思。聘礼，富贵之家要用金钏、金镯、金帔坠“三金”，无力置办者，以银器镀金代替。官宦还送以昂贵的销金衣饰。财礼，一般给少量的银锭、彩缎及酒果菜饼之类。

上述定礼、聘礼、财礼通称定聘礼，是比较讲究的礼节。民间百姓娶亲，在财力和时间不允许的情况下，赠送的礼物不一定相同，时间上也不一定分三次进行，或者并行一次，当天成定聘礼。但是无论怎样，习惯上礼物中都要有酒担活羊，俗称牵羊担酒之礼。甚至牵羊担酒也成了行聘礼的代称。

宋代定聘礼物，还必有茶果，所以民间又把女子受聘叫作“吃茶”，也有把求婚征聘称为“讨茶吃”。定婚用茶，是取种茶树必下子，如果移植则不复生子的含义，即不可反悔。

元、明、清民间定婚风俗承袭宋代，大致相同。如清同治修江西《会昌县志》记载，当地交换庚帖后，男家备长庚（帖子）、钱二千并仪物、首饰、衣服、香茗等送女方，名曰“下茶”，实际上它包含了宋代定礼、聘礼、财礼的主要内容。

3. 成婚。就是确定成婚日子，届时将迎新娘到夫家。“六礼”要求亲迎，《左传》中就有亲迎的记载。请期需要占卜，云

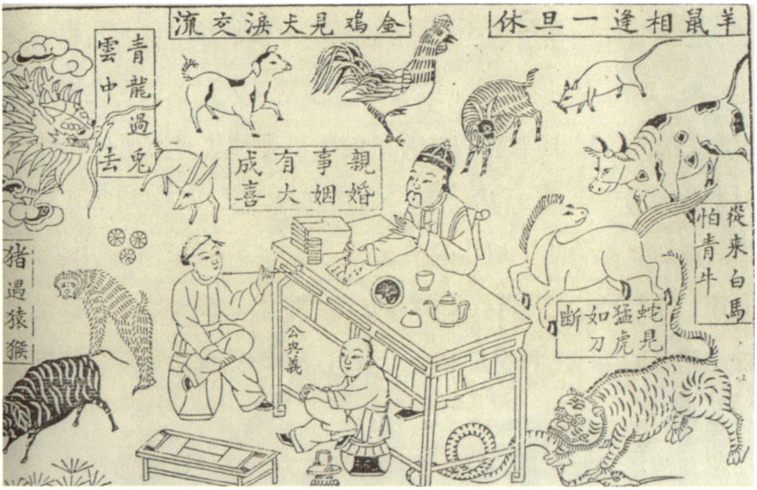

山东平度“亲事有成 婚姻大喜”

梦泽出土的秦简《日书》已有占卜以决定是否婚娶的简文。在汉代，仍然实行请期、亲迎礼。在定亲之后，男女双方家庭都要找占者确定吉日。汉代占卜吉日的方法有五行、堪舆、建除、丛辰、历家、天人、太一七家。汉武帝曾问他们某日可娶妇的问题，结果众说纷纭、莫衷一是，最终由武帝裁决，以五行家的为主。此后，五行占卜吉日成为主要的方法。古诗《孔雀东南飞》也有确立成婚日期的记载，说到由媒人介绍，府君欲娶刘兰芝时说："府君得闻之，心中大欢喜；视历复开书，便利此月内，六合正相应；良吉三十日；今已二十七，卿可去成婚。"汉人深信如果不选择吉日贸然成亲，就会给家族带来不利。汉人多行亲迎，《孔雀东南飞》又说："阿母谓阿女：适得府君书，明日来迎汝。何不作衣裳，莫令事不举。"正是这一风俗的写照。亲迎前，

河北剪纸"送彩礼"

女家为女儿还要陪送嫁妆。妆奁丰俭不一，东汉名士马融嫁女袁隗，据说嫁妆丰盛。而隐士戴良之女的嫁妆只是衣裳、布被、竹笥、木屐而已。

北朝时民间有了婚礼用乐的风俗，《周书·崔猷传》说当时婚礼废弃，嫁娶之辰，多举音乐，崔猷请求禁止。

这时又有了催新妇的风俗。唐朝段成式所著《酉阳杂俎》说，北朝时，夫家领百余人或十数人，到女家门口俱呼“新妇子，催出来”，直至新妇登车乃止。

到了唐朝，催新妇还要咏诗，称为“催妆诗”，有的是新郎自己唱，有的由傧相代劳。唐顺宗时，女儿云安公主出嫁，百官公卿推举陆畅为傧相，奉诏作了催妆诗：“云安公主贵，出嫁

清人绘《清明上河图卷·娶亲》

五侯家。天母亲调粉，日兄怜赐花。催铺百子帐，待障七香车。借问妆未成，东方欲晓霞。”诗中还讲了唐朝成婚的另一个风俗“铺房”，不过这里说的是铺百子帐。《酉阳杂俎·贬误》记载唐代婚俗中有“铺母吾童”，铺母当是指这种铺百子帐的人，大约是成婚前女家派妇女到男家去铺设房卧。唐代迎娶仍是用车，一般是新郎亲迎，礼制要求在晚间进行，不过民间未能严格遵守，多行礼于早晨。

宋代是中国古代成婚风俗承前启后的重要时期。“催妆”和“铺房”，成为普遍流行的婚俗。催妆，是在迎娶的前三天之内，男家向女家送催妆品。宋人认为此俗相当于古礼的请期，形式上是通知女家成亲的日子，让新妇早作装扮。铺房，是迎娶前一日或是日早，女家往男家挂帐幔，铺设房卧，即女家到男家布置新房。本来只是张挂帐幔，陈设衾褥，但到后来，铺房所用东西华美精致，还把原不该陈列的箱笼中的物品也全陈列出来，而且愈演愈烈，而宋代后期更有开列铺房细数，称为“嫁妆具状”，预先送给男家。上面标列随嫁物品，大至金银首饰、衣衫、钗钏之属，小至鸡鸭禽畜之类，成了当时固定的仪节。可见，铺房已是女家炫耀嫁妆的手段。

宋代亲迎之礼逐渐松弛，新郎不一定亲自前往女家迎新妇，可由媒人代替。这时的迎娶婚俗有两个新的变化，即开始使用轿子和正式普遍举乐。自古娶亲用车，而北宋迎娶则用檐子。檐子，又叫担子，与肩舆、兜笼等都是用人抬代替牲畜拉的交通工具，在唐代已有明确记载。起初女性乘坐较多，唐咸亨二年

敦煌壁画唐代婚礼图

（671 年）朝廷曾经敕禁乘坐檐子，但是禁而不止。唐后期由于檐子的使用逐渐普遍，对妇女乘坐檐子的禁令有所放宽。太和六年（832 年）准许品官之妻依照朝廷颁布的等级标准乘坐檐子。至宋初，仍禁止一般士庶乘坐檐子，但由于檐子、肩舆一类人抬的工具已相当普遍，禁不胜禁，终于成为当时人们主要的载乘工具。而且随着椅子的出现和被使用，檐子、肩舆也逐渐演变为轿子。北宋末年张择端所绘《清明上河图》中已画有轿子，其相状与后世的相同。南宋初年，宋高宗准许百官上朝坐轿，轿子的使用更加普遍，婚嫁迎娶也可以轿代车了。《东京梦华录》《梦粱录》曾讲过迎娶用“花檐子”“花檐子藤轿”，当是新妇坐花轿的开始。

古代婚礼曾有不道贺、不作乐的规定，不贺之制在西汉宣帝时已被废止，不作乐之制也在南唐末有了改变，朝廷第一次明文

河北剪纸“送嫁妆”

《清俗纪闻》“送嫁妆”图

规定婚礼可以用乐。北宋前期，沿袭旧制，皇帝、太子成婚都不举乐。哲宗大婚时，宣仁太后认为：寻常人家新妇，尚点几个乐人，为何官家却不能用？于是便举乐纳亲，这是皇室婚礼正式开始举乐。太后的话也反映出民间婚礼用乐已成风俗，事实的确如此，以致宋代出现了专门从事以助人婚丧奏乐为职业的乐官、吹鼓手等。

宋以后，成婚风俗变化不大。明吕坤在《四礼疑》中记载了明代催妆和铺房的风俗，他说催妆用果酒二席，大红衣裳一套，脂粉一包，巾栉二面，迎娶的前一天早上，女傧二人用车送到女家，然后回来，傍晚新郎前往女家亲娶。看来催妆是亲迎的信号，新郎要在新娘家住一晚上，第二天早上新娘随新郎到夫家去。至于铺房，明代有女家送男家床的，不过吕坤认为不雅，女方有自降身价之嫌。到了清代“铺房”多被“铺床”代替，不过铺床并不一定是送女家床，一般是一些衾被之类的床上用品而已。催妆同铺床一样也是普遍流行的风俗。清代江西学者还将请期称作“报日”“报期”等，具体情形如同治时所修《会昌县志》说，迎娶之年，先期择吉备柬，并备仪物送女家。

清代的迎娶婚俗呈现出多样化，迎娶日子在正式成婚前两天、前一天和成婚日的都有。一般只在白天进行，但也有一些地区是在傍晚的。白天迎娶还有张灯举火的习俗，这可能是古礼黄昏娶亲的遗留。迎娶有婿亲迎的，不过这是少数，一般是夫家家

《光绪帝大婚图》之一

人亲迎，也有媒人迎娶的。甚至还有女家送亲，男家在中途迎亲的。迎亲都用花轿和吹鼓手，这已成为中国婚俗的特色之一。

夫家迎娶新妇告别妇家到夫家完婚，这期间还有很多成婚的礼俗，限于本篇内容已经很多，我们将在下面另外分别介绍。

下婿·障车·拦门

下婿，就是新郎到女家，要受到对方亲友们的一番戏弄。早在北朝时，已经流行这一风俗，当时称为"弄女婿"。所谓"弄"，包括口头的调笑甚至杖打。弄女婿常常引起不快，《北史》记载，北齐文宣帝娶段昭仪时，段昭仪的嫂嫂元氏用弄女婿的风俗戏弄文宣帝，文宣帝非常不高兴，以至于发怒对段昭仪的哥哥说："我会杀你妻子的！"元氏非常害怕，藏在娄太后家，在文宣帝当政期间始终不敢出来。"弄女婿"在唐代称作"下婿"，下婿的恶作剧，还有闹出人命官司的。《酉阳杂俎》记载了这样一个案子：有某人娶亲，戏弄者将之放入柜中盖好，比喻下狱，没想到将新郎闷死在柜里。从下婿风俗还蜕变出新郎与新娘互用吉祥话问答的"下女夫词"。

前引唐人陆畅的催妆诗中，有"催铺百子帐，待障七香车"之句，其中谈到了唐代的"障车"婚俗。障车，就是新娘登车离家之时，女方本家及邻里、亲人不让新娘车子行进。最初，障车原意是表示女家对女儿出嫁的挽留，送亲和迎亲的人在一起饮酒取乐，后来则成为乡里无赖勒索男家钱财的手段。唐睿宗时，唐绍于太极元年（712年）上疏请禁障车。他说障车本是社会下层邀酒食以为戏乐的行为，近来此风转盛，上及王公，乃广奏音乐，聚集多人在路上拦截，使车子停留很长时间，所获男家的财物，动辄逾万，障车得到的财物超过了聘财。

障车不限于乡里的浮薄少年，连地方官也有从中敲诈的。据《朝野佥载》说，裴惟岳当地方官时很贪暴，有人娶亲，裴氏要障车绫，勒索一千匹，得八百匹，仍不肯放，捉新妇归，戏之三天才放还。障车还要朗诵障车文，唐人司空图的障车文就保留下来了，其内容是贺词，极为通俗，因文字较长，这里就不照录了。

障车的风俗在宋元时代仍有。宋朝初年宋太祖曾予以禁止，以后则逐渐被在女家门面起檐子（花轿）时求取利钱代替。不过直到元代，一些游手好闲的人，遇到民间婚嫁，以障车为名，刁难婚主，索取酒食财物，以致延误婚礼，甚至引起斗殴，受到政府的严禁。

宋代还有“拦门”的风俗。是说迎娶的队伍回到男家门首，乐官、妓女、抬轿、鼓吹等人，照例要乞讨利市钱，不让新娘立即下轿进门的仪式。拦门时，乐官、妓女等要念拦门诗，辞句都是吉利的话；同时又有答拦门诗。这些诗的内容在《事林广记》中有记载。拦门诗是：“仙娥缥缈下人寰，咫尺荣归洞府间。今日门栏多喜色，花箱利市不须悭。”“拦门礼物多为贵，岂比寻常市道交。十万缠腰应满足，三千五索莫轻抛。”答拦门诗为：“从来君子不怀金，此意追寻意转深。欲望诸亲聊阔略，毋烦介绍久

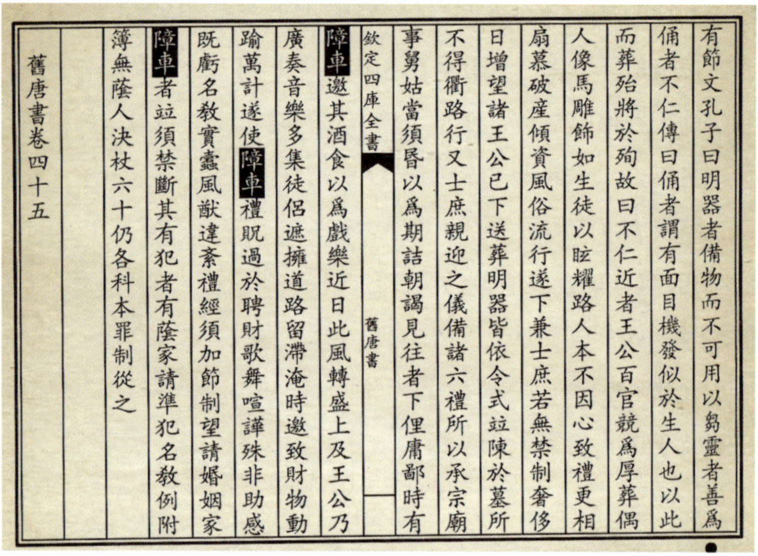

有節文孔子曰明器者備物而不可用以芻靈者善爲
俑者不仁傳曰俑者謂有面目機發似於生人也以此
而葬殆將於殉故曰不仁近者王公百官競爲厚葬偶
人像馬雕飾如生徒以眩耀路人本不因心致禮更相
扇慕破產傾資風俗流行遂下兼士庶若無禁制奢侈
日增望諸王公已下送葬明器皆依令式竝陳於墓所
不得衢路行又士庶親迎之儀備諸六禮所以承宗廟
事舅姑當須昏以爲期詰朝謁見往者下俚庸鄙時有

欽定四庫全書　舊唐書

障車邀其酒食以爲戲樂近日此風轉盛上及王公乃
廣奏音樂多集徒侶遮擁道路留滯淹時邀致財物動
踰萬計遂使障車禮貺過於聘財歌舞喧譁殊非助感
既虧名教實蠹風猷違紊禮經須加節制望請婚姻家
障車者竝須禁斷其有犯者有蔭家請準犯名教例附
簿無蔭人決杖六十仍各科本罪制從之

舊唐書卷四十五

《旧唐书》关于制止“障车”不良习俗的记载

劳心。”“洞府都来咫尺间，门前无事苦遮拦。愧无利市堪抛掷，欲退无因进又难。”由此可见，拦门是一种有既定程序的仪式，虽然也求索钱钞，但充满了欢乐喜谑的气氛。

撒谷豆·转毡褥·跨鞍

新娘下轿之后未入门时，有撒谷豆、转毡褥、跨鞍的风俗。

撒谷豆，在描写宋代城市生活的笔记《东京梦华录》和《梦粱录》里均有记载，基本情形为：新妇到男家门首下车前，阴阳人执斗，内盛谷、豆、钱、果、草节等，望门而撒，小儿辈争捡之。民间认为这是厌青阳（青羊）煞（杀神）。实际上，这一风俗起源很早，据宋代高承《事物纪原》一书记载，西汉时有个叫京房的人，他的女儿嫁给了翼奉的儿子。翼奉择日迎新，京房以为其日不吉，因有青羊、乌鸡、青牛三煞在门，新人不得入，否则，不仅有损于尊长，而且将来新妇无子。翼奉不以为然，新娘将至门，只以谷豆与草禳之，则三煞自避，新娘可入。此后，凡嫁娶者，皆置草于门里，新娘下车则撒谷豆，入门则紧靠着草侧入内。撒谷豆这一风俗是否的确起源于汉代的京房、翼奉二人，仍有待于进一步考证，不过从高承所说这一风俗的意义同宋代风俗的一致性来看，西汉时已有撒谷豆的风俗还是可信的。撒谷豆的风俗在宋以后仍有遗留，明人周祈所撰《名义考》说京师有新娘跨草堆之俗。清同治时所修江西《崇江县志》记载，当地迎娶的花轿至婿家门首，新郎诣车前拱迎。巫祝当车礼拜，以米撒之，名曰“退煞”。清光绪修山西《平遥县志》也讲新娘至婿门，司礼者撒以五谷，门旁设草束，覆之以红帛，燃火以袚除不祥。只是这里将撒谷豆的风俗误称为“撒帐”。撒谷豆的风俗，可以说是源远流长。

转毡褥，又称转席、传席、传代等。唐代大诗人白居易在《和春深诗》曾讲娶妇之事，有“青衣转毡褥，锦绣一条斜”之句。青衣，是指当时的仆婢，毡褥就是铺地的红毡子。娶亲的人们认为不能让新娘直接走在地上，所以要在地上铺毡，而毡子数量少不够长，所以需把新妇走过的毡子由后面不断转移到前面铺上，直至新房。有仆婢传递锦绣毡褥，这只能是当时的富贵人家

江苏无锡版画“神煞”（纸马）

才办得到。

可是为什么新妇不能履地呢？段成式《酉阳杂俎》记述唐代婚俗时曾说，迎娶之前，男家要以粟三升填臼，席一枚覆井，不结子的大麻三斤塞窗，箭三支置门上。安放这些东西，都是为了镇压鬼魅，辟除不祥。因此，新娘不能踏地当同此有关，可能是害怕新娘踩在地上会触犯鬼神吧。

至宋代，转毡褥的风俗据龚颐正《芥隐笔记》说叫作“转席”。其具体情形，《东京梦华录》记载：新人下车檐，踏青布条或毡席，不得踏地。《梦粱录》的记载也类似，只是说所踏之物为“青锦褥”或“青毡、花席”。所踏之物不同，可能是根据家庭经济情况而定，同时说明这一风俗的普遍，各种阶层的人都流行。宋庄季裕《鸡肋篇》还记载宋代江南人娶亲，新娘至夫家，由女之亲人抱女登床，估计这也是不让新娘的脚踏地的用意。

元人陶宗仪在《南村辍耕录》一书中曾说：今人家娶妇，舆轿迎至大门，则传席以入，不使其履地。并说唐人已是如此，还举出白居易的诗为证，可见传席同转毡褥、转席是一脉相承的。

清代转毡褥的风俗依然流行。光绪时修甘肃《洮州厅志》记载当地新妇下车夫家要以毡贴地。光绪时山西《平遥县志》记载当地是铺红布或生绢。同时所修河北《涞水县志》则说新妇在娘家由门内至舆所皆铺红毡，新妇到婿家也相同。有的地区从娘家上轿的一段路并不铺毡子之类的东西，而是由亲人抱入轿内。如江西《乐平县志》记当地择伯叔行有福者抱新娘上轿的。而光绪时修河北《唐县志》说当地则是新妇进轿，是先坐椅上，让伯叔、兄弟辈二人，舁至轿前，然后进去。清人对铺毡的意义也认识不一。嘉庆修河北《束鹿县志》说，平与贫音近，新婚不踩平地，义取不践贫地，即祝福新娘的家庭生活富裕。而金埴所撰《不下带编》卷二则记载，花轿到了门口，新郎将新娘抱出，于是行礼毕，传席以入，不令履地。在杭州用米袋承毡，称为“传代”，又曰“袋袋相传”。袋，隐喻代。看来是以“传代”之名取“传宗接代”之意。

唐代有坐鞍和跨鞍的风俗。《酉阳杂俎》说：今士大夫家婚礼新妇乘马鞍，是北朝的余风。唐人苏鹗所撰《苏氏演义》认为，当时坐鞍还有坐于马鞍之侧的。并说当时娶亲，新娘至男家入门骑马鞍，这是受坐鞍的影响所致。因“鞍”与“安”同音，是欲安稳同载的含意。五代时刘岳曾著《书仪》，根据该书的记载，坐鞍，似乎是新娘出阁时，坐在前来迎亲的新郎的马鞍上。

到了宋代，坐鞍和跨鞍两种风俗同时并存。坐鞍在北宋演变为“上高座”，大文学家欧阳修的《归田录》说当时人们把坐鞍误为成婚的晚上，以两椅相背，置一马鞍，反令婿坐在上面，让他饮三杯酒，女家派人请求三次之后下来，乃成婚礼，称作“上高座”，这是很可笑的。《东京梦华录》的记载略有出入，是说在中堂的一个榻上放置椅子，叫作“高座”，新郎坐在上面，先媒人，后姨或妗为他各斟一杯酒饮后，再由丈母请示，才下座。不过坐鞍的习俗到了南宋初年就废止不用了。

跨鞍的风俗，自宋以后一直在北方流传下来。以清代直隶（今河北省）为例，普遍存在着跨鞍风俗。如束鹿县的新娘到夫家，

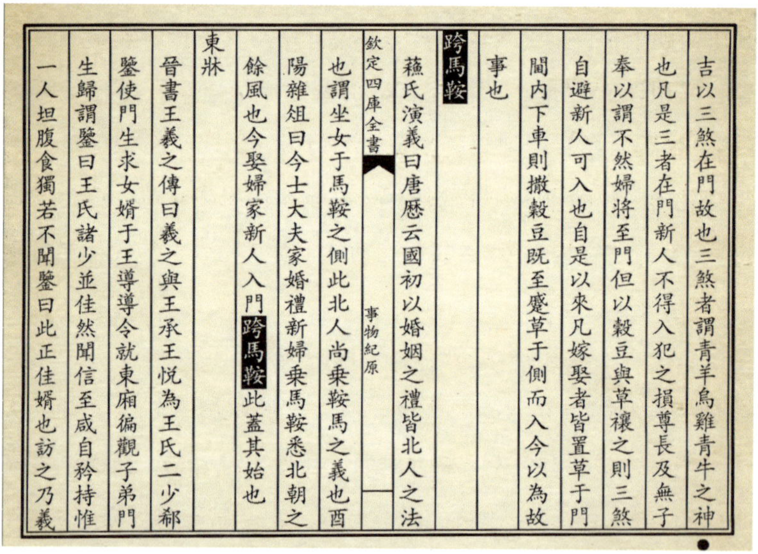
吉以三煞在門故也三煞者謂青羊烏雞青牛之神
也凡是三者在門新人不得入犯之損尊長及無子
奉以謂不然婦將至門但以穀豆與草禳之則三煞
自避新人可入也自是以來凡嫁娶者皆置草于門
閫内下車則撒穀豆既至蹙草于側而入今以為故
事也
跨馬鞍
蘇氏演義曰唐歷云國初以婚姻之禮皆北人之法
欽定四庫全書　事物紀原
也謂坐女于馬鞍之側此北人尚乘鞍馬之義也酉
陽雜俎曰今士大夫家婚禮新婦乘馬鞍悉北朝之
餘風也今娶婦家新人入門跨馬鞍此蓋其始也
東牀
晉書王羲之傳曰羲之與王承王悦為王氏二少郗
鑒使門生求女婿于王導導令就東廂徧覲子弟門
生歸謂鑒曰王氏諸少並佳然聞信至咸自矜持惟
一人坦腹食獨若不聞鑒曰此正佳婿也訪之乃羲

宋高承撰《事物纪原》关于“跨马鞍”习俗的考察

要跨过横在中间的马鞍；定兴县则是把马鞍放在地上，扶新娘跨过。人们普遍认为跨鞍是取平安的意思。

在新娘下轿入门之前，还有一些其他风俗。《东京梦华录》说宋代新妇下轿后一人捧镜倒行，引新人跨鞍。因为民间认为镜子能够照出妖魔鬼怪，这一风俗如当日撒谷豆一样是防止鬼魅的行为。到了清代也有类似的风俗，如用镜子和蜡烛在轿内照射，防备妖魔加害新娘，称为“搜轿”。不过镜子也有其他作用，清光绪时修河北《涞水县志》说当地新郎行亲迎礼，女家把镜子放在新郎腰上，取与新娘两心相照之意。杭州婚俗，新娘是由两个掌灯者和两个持筛者引出上轿，是照妖和网罗罩住妖魔的意思。清代新娘下轿后，往往要怀抱宝瓶，也是取平安之意。有趣的是河北束鹿县的婚俗，新郎至女家亲迎，要用铜或锡瓶装入水，塞其口而朝下，使水滴下，名曰“长流水”，取亲戚往来不绝的意思。又用四五色柳斗放上酒酵、麦麸、枣、栗、石子，上糊红

歌乐图（南宋）

《清俗纪闻》亲迎图像

纸，放入轿内。新娘到夫家，抱之进门，取发夫（使丈夫发财，以酒酵、麦麸比喻）、早生子（即枣、栗、石子的谐音）意以此祈愿多生男孩。

揭盖头

古代婚姻程序中，自宋至清都有揭盖头的风俗，就是新娘出嫁时，将用丝、棉所织方巾——盖头，蒙头盖面，到夫家将其揭去。

《梦粱录》记载，南宋临安府（今浙江杭州）结婚前三天，由男家送给新娘的催妆礼物中，包括销金盖头。成婚时，新娘戴上盖头，在拜堂、拜家庙、交拜之前，由男家夫妇双全的女亲，用秤或机杼挑下盖头，露出新娘的花容。揭盖头的风俗流传至清，更加丰富多彩，有的地方是在女家戴盖头、揭盖头的。在江西雩都新郎出女家亲迎，新娘子先蒙上盖头，由其母亲送女儿上轿，至轿前新郎亲揭其巾，与新娘乘轿至夫家成婚。有的地方是在女家戴盖头，至夫家揭去的。在江西乐平迎娶花轿到女家，新娘用绣帕蒙面，选择伯叔辈有福者，将之抱上花轿，至夫家入新房后，挑去绣帕，行合卺礼。江西南城也是在迎亲时，给新娘蒙上青帕或绣帕，叫作“羞巾”，与乐平在合卺前挑去绣帕不同的是，这里在男女饮完交杯酒并交拜后，才由婆婆或婆婆的母亲揭去头帕。有的地方是迎亲花轿到夫家后才戴上盖头，江西新淦新娘一下轿，即以帕或绫纱蒙其头。在河北涞水，则是新娘入门以罗帕蒙首，同夫拜堂之后入新房去掉罗帕，与夫饮交杯酒。盖头所用材料各地不同，有绣帕、罗帕、青帕、绫纱、红巾种种名称，一般是用红绸做成，或在其上绣上花的图案。揭盖头的人也不同，前面例子中或新郎亲自揭的，或婆婆等人揭去，在河北怀来则是新郎用秤杆挑去。盖头的用意，诚如“羞巾”的名称所反映，是为了新娘遮羞而设。

尽管戴盖头是宋代以后古代婚姻中很有特色的风俗，但它的来源却是一个有争议的问题。《仪礼·士婚礼》说新妇登车之前要加“景”，景，即幜，指用轻纱所制巾类的东西。隋朝皇帝娶皇后时头和身上要加幜，至拜堂时去幜。有的人因此认为新娘蒙首的婚礼起自先秦时代。不过也有人指出，幜是起披风、风衣的

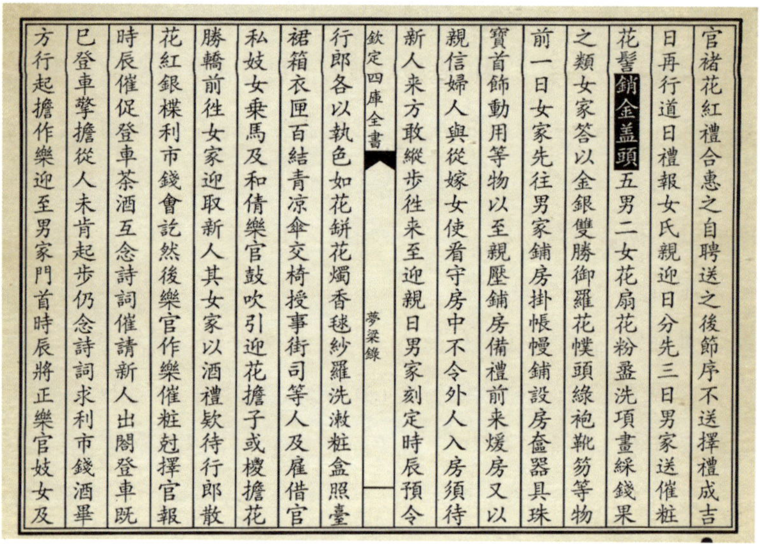
官褚花紅禮合恵之自聘送之後節序不送擇禮成吉
日再行道日禮報女氏親迎日分先三日男家送催粧
花髻銷金盖頭五男二女花扇花粉盝洗項畫綵錢果
之類女家答以金銀雙勝御羅花幞頭綠袍靴笏等物
前一日女家先往男家鋪房掛帳幔鋪設房奩器具珠
寶首飾動用等物以至親壓鋪房備禮前来煖房又以
親信婦人與從嫁女使看守房中不令外人入房須待
新人来方敢縱步往来至迎親日男家刻定時辰預令
欽定四庫全書　夢粱錄
行郎各以執色如花缾花燭香毬紗羅洗漱粧盒照臺
裙箱衣匣百結青凉傘交椅授事街司等人及雇借官
私妓女乘馬及和倩樂官鼓吹引迎花擔子或樓擔花
勝轎前往女家迎取新人其女家以酒禮欵待行郎散
花紅銀楪利市錢會訖然後樂官作樂催粧尅擇官報
時辰催促登車茶酒互念詩詞催請新人出閤登車既
巳登車擎擔從人未肯起步仍念詩詞求利市錢酒畢
方行起擔作樂迎至男家門首時辰將正樂官妓女及

宋吴自牧《梦粱录》关于“销金盖头”的有关记载

作用，把幞作为后代的盖头恐怕不确。

盖头还起源于东汉魏晋“拜时”习俗所兴起的新妇蒙头。拜时是一种婚礼，指东汉魏晋时，由于战争不断，兵荒马乱，社会动荡不安，因而很多人家急于嫁女而仓促成婚，不择吉辰，不备六礼，不按照礼法所定的步骤，所谓婚礼，只是用一种轻纱罩在新娘头上，新郎把它掀开，新娘拜见公婆便成婚，这在当时成为一种社会风气。不少人认为后世的戴盖头可能就起源于此。有的学者还指出，新娘蒙首用的东西叫作“蔽膝”，是妇女随身佩戴的一幅大巾子，既可以用来遮膝，又可蒙头。蔽膝就是后世的“盖头”。

还有很多人认为盖头继承汉代面衣和唐代的几种服饰而来。

面衣又称面帽，是前后用紫罗为幅下垂，杂以他色为四带垂于背。汉代赵飞燕为皇后，其妹给她就上过“金花紫罗面衣”。唐朝初年，骑马的宫女多依南齐隋朝旧制，身着“羃䍦”，可以将全身障蔽，不使路人看见。羃䍦可合可开，欲窥人和视物时可用手张开。据说羃䍦传自北方少数民族，王公之家都使用。唐高宗时使用帷帽，是帽子的一种，比羃䍦浅露。武则天时羃䍦废弃不用，帷帽盛行。再后又戴皂罽，方五尺，是一种轻纱头巾，皂罽又称“幞头”。到了宋代把“幞头”叫作“盖头”。宋代讲究礼仪的妇女上街，要戴上盖头，以后用于婚礼。总之，盖头大约起源于最初为妇女骑马远行而防止风沙、保护面部制作的一种饰物，后来作为宫廷妇女的装饰品，逐渐向民间普及，并成为婚礼用品。

古代婚礼除了用盖头遮羞外，魏晋南北朝隋唐时期还有用扇子遮羞的。新娘出阁，或由侍娘执扇或自持一把扇子，见人即用以遮面，洞房成亲亲友退走之后，才将扇子放下，叫作“却扇”。传世的不少诗篇是反映这一婚俗的，在南朝，梁的何逊有《看新婚诗》，其中说：“如何花烛夜，轻扇掩红妆。”陈的周弘正也在《看新妇诗》中留下了“暂却轻纨扇，倾城判不赊”之句。在唐朝，诗人杨师道《初宵看婚诗》说：“隐扇羞应惯，含情愁已多。”从这些诗句来看，婚礼交拜前新娘周围有扇为障，用以遮羞。

拜礼种种

婚姻是人伦之首，无论对当事人，还是对男方的家族都是大事，在讲究礼仪的古代，拜即下跪叩头或打躬作揖是重要的礼节，因此婚姻程序中有各种拜礼。

1. 交拜。就是新郎和新娘相互行礼，表示敬意，是男女二人合为一体的成婚标志之一。是新娘进入男家后首先举行的礼节。

交拜的婚俗起源于何时呢？据唐人段成式《酉阳杂俎》记载，北朝婚礼，在门内外以青布幔为屋，于此交拜迎妇。段氏这句话是想说明北朝行婚礼的地点，而所谓“交拜”不过是唐朝人按照自己的婚俗进行的推测罢了，但我们由此得知交拜婚俗至少在唐代已经出现。我们知道，后世许多地方把新娘拜见公婆称为拜堂。然而在唐人封演《封氏闻见记》中提到唐代婚俗有拜堂之仪后，继而又说大臣颜真卿、于邵等奏“并请依古礼见舅姑于堂上，荐枣栗腶修，无拜堂之仪”。所以，唐代的“拜堂”不同于后世的拜公婆，当是指夫妇相互为礼，即《酉阳杂俎》中所说的“交拜”。

宋代直接记载交拜婚俗的资料多起来了。大文学家、史学家司马光在《书仪》中说，古无婿妇交拜之仪，今世俗新郎与新娘始相见交拜，双方非常恭敬，也是符合事理的，不可将之废弃。可见宋代“交拜”，已是普遍流行的“世俗”了。例如《东京梦华录》就说北宋首都汴梁（今河南开封）婚俗，新娘先拜家庙，然后夫妇回房交拜。宋以后，“交拜”成为婚俗中的必备内容，一直流传下来。至清代，大江南北流行交拜风俗，如江西省《雩都县志》《峡江县志》《东乡县志》都有在新房或中堂夫妇交拜的记载。再如直隶（今河北省）乾隆修《沙河县志》也说，新娘入门，

清徐扬绘《姑苏繁华图卷·拜堂》

山东平度版画“白金哥拜花堂”

夫妇在庭中交拜。

2. 拜天地。男女婚姻是人伦之首，因此要告知天神地祇，这也是婚礼不可缺的。根据《事林广记》《事文类聚翰墨全书》记载，宋代新郎新娘在拜家庙的同时，还要拜天神地祇。在堂中所设的香案下，习礼者高喊：“请新人拜，天神地祇东王公西王母，再拜，又拜！请新人拜，本家禁忌龙神井灶门官，再拜，又拜！请新人拜，本家伏事香火一切神祇，再拜，又拜！”新人随着喊声下拜，实际上每类神祇都三叩首，共九次。

至清代，拜天地更加流行。在陕西，乾隆所修的《白水县志》《陇州续志》二书都记载当地婚姻，新娘进夫家后，与夫同拜天地。在河北，光绪时所修的《唐县志》《大城县志》均说当

河北剪纸“拜天地”

地在院中设置香案，夫妇同拜天地。光绪修《遵化通志》记载的拜天地风俗是，设天地纸马于庭，上香及化纸马，都由家长行礼，新人并拜。河北还有其他“拜天地”的风俗，乾隆时修《延庆州志》说，当地婚俗，在中堂设香案，置斗粟，插弓矢于中，由丈夫独拜，叫作“拜天地”，新娘立于旁，丈夫拜完后双双入新房行合卺礼。类似的情况在乾隆《赤城县志》、嘉庆《滦州志》、光绪《怀来县志》也有记载。这些地方的拜天地是拜一些象征物，而且男拜女不下拜，风俗别具一格。拜天地一般是在成婚当天，而天津则要在成婚第三天才拜天地。

3. 拜家庙。又称“庙见”，即新娘拜见祖庙，祭祀先祖。按照古礼，新娘在入门后第三个月，行庙见礼，这样新娘就算夫家家族中的正式成员了。如汉平帝时，王莽女儿与皇帝成婚，婚后三个月，王莽女儿以礼庙见。不过这种严格按照礼制进行庙见的，也只是少数上层人物才做，后人多不进行。《东京梦华录》《梦粱录》记载，新妇进门，即于当日先拜家庙。《事林广记》《事文类聚翰墨全书》说拜家庙时，先拜天地神祇后，司礼接着高喊“请新人拜，高祖曾祖公婆祖公祖婆，再拜，又拜！”宋代成婚当天拜家庙已成风俗，以致司马光在编写礼书《书仪》时，也将拜祖庙一节定在成婚当日新妇入门时。不过朱熹却不以为然，认为乡俗入门即庙见，不合古礼，但又考虑到三月庙见太晚，于是主张三日庙见。《家礼》一书中亦是如此。

宋以后民间庙见风俗在元明时代以入门庙见为多，至清代各地不统一，有当日的，也有转天的，但最多的是三日庙见。庙见的具体情形，据江西同治修《新喻县志》记载，新娘三日庙见，在家庙前行四次跪拜礼，习礼者读庙见文，再两拜而退。

4. 拜舅姑。即新娘拜见公婆，古礼定在新婚三日。据《南史·徐摛传》记载：晋宋以来，初婚三日，新妇见舅姑。可见，南北朝及在此之前，妇拜舅姑依古礼进行。

在唐代，拜舅姑改在成婚的第二天。朱庆馀《近试上张水部》一诗中，有“洞房昨夜停红烛，待晓堂前拜舅姑”之句，正是实际生活的写照。李涪《刊误》也说，婚期之来日于庭拜舅姑。

北宋时，拜见舅姑仍然沿袭唐代，在成婚次日早上进行，如《东京梦华录》中的记载即是如此。在司马光的《书仪》中，仍然主张在成婚次日早上拜舅姑。不仅是民间，朝廷的太常寺为纳皇后制定的仪注，也定于次日见太皇太后、皇太后等人。不过到

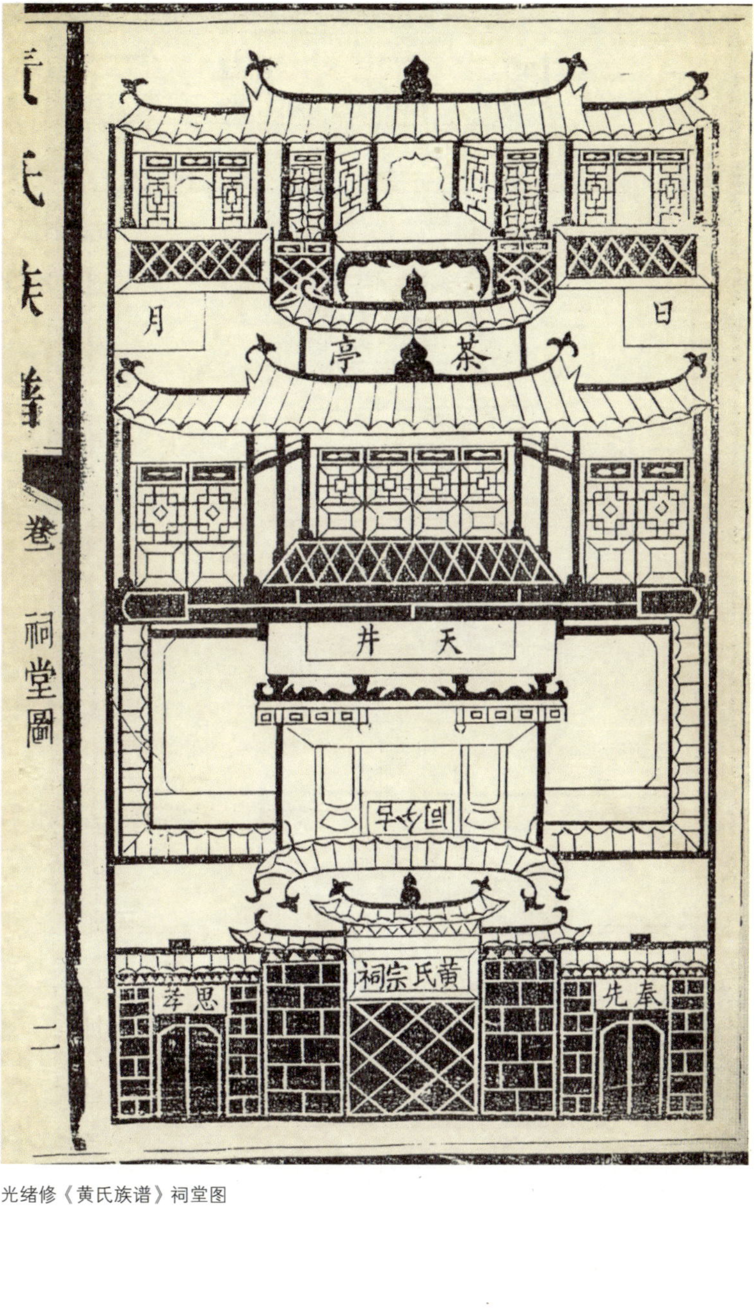

光绪修《黄氏族谱》祠堂图

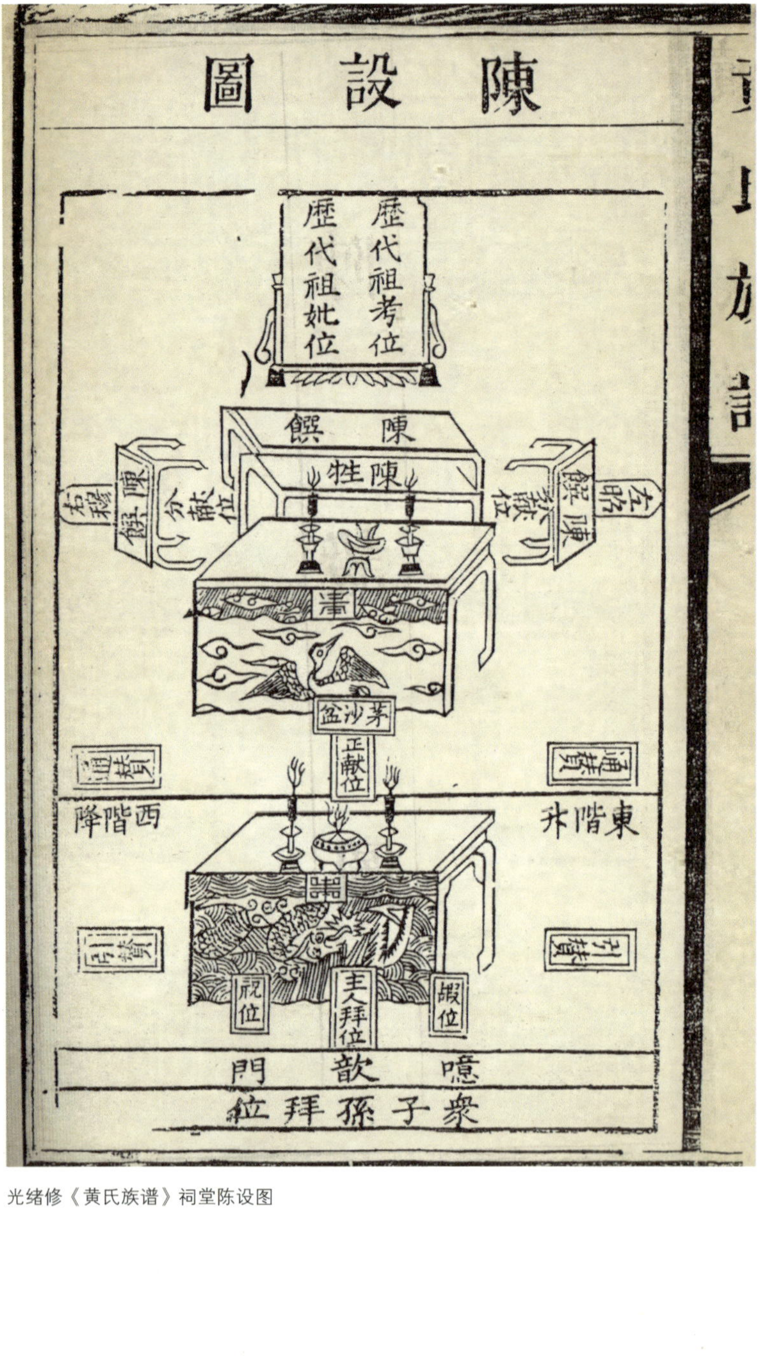

光绪修《黄氏族谱》祠堂陈设图

了南宋，拜舅姑的风俗发生了变化。《事文类聚翰墨全书》说，现在世俗于新娘入门，便拜公婆等，是拜舅姑改在成婚当天举行。此外，《梦粱录》也记载在成婚日当夜拜完家庙后拜舅姑。

到了清代，拜舅姑的风俗各地不一样。有的地方拜舅姑同庙见是在同一天进行，或在成婚的当天，或在次日，或在第三天；有的地方拜舅姑同庙见则不是同一天，有成婚日庙见转天拜舅姑的，也有成婚的次日拜舅姑，而在第三天庙见。还有其他情况，可以说是千姿百态。

新娘拜见公婆，古礼主张要敬献两双鞋作为见面礼，大概是表示新娘的心灵手巧，会做针线活，夫家得了个好媳妇的意思吧。这种情形在姑娘中一直保留下来，以清代直隶（今河北省）为

《清俗纪闻》拜天地、拜高堂图像

例，涞水成婚第三天拜舅姑，新妇送公婆枕头罩、鞋、袜之类。舅姑也多答之以礼。抚宁的风俗，舅姑以仪物为赠，叫作“拜钱”。

5. 拜尊亲。新娘进入夫家，就是夫家的人了，因此她要与丈夫的尊长亲戚相识，婚礼为此安排了一个程序。拜尊亲是自古以来就有的风俗，在唐代拜见丈夫的尊长亲属及故旧有“拜客”的说法，拜客是在成婚的第二天拜舅姑后举行。《梦粱录》记载，南宋时拜尊长是在拜家庙之后。如以上两例所示，拜尊长都是在拜舅姑、拜家庙之后进行。

直至清代，拜尊亲也多是紧接拜舅姑或拜家庙一日进行。不过各地的叫法则各有不同，我们在前面曾提到，唐朝把夫妇交拜叫作“拜堂”，而清代史学家赵翼则说，新娘拜见舅姑称作“拜堂”。江西雩都把庙见与拜见舅姑人等，称为“拜堂”。拜堂的含义很宽泛，包括拜尊亲在内。在宁河（今天津宁河）因拜先祖、拜舅姑及伯长等辈都在成婚后第三天，所以称为“拜三”。而河北怀来也在成婚第三天拜见翁姑、亲族，叫“分大小”。河北清河则把成婚第三天拜见亲族尊长说成是“上拜”。

新娘拜尊亲的仪式，江西新喻是在庙见拜完祖先之后，接着见家族的大小族人，尊者四拜，兄长两拜，同行者四揖。宗族向新人祝贺，并以茶、果、酒答谢。新娘拜尊亲，一般也要赠送伯叔、婶嫂等人以鞋袜、枕套等针线活，而这些人以钱、物回赠。

撒 帐

撒帐是指新娘进入新房之际，人们将钱、彩果、谷豆等物撒向床内，向新人祝福，故名“撒帐”。这是不同于“撒谷豆”“避三煞”的一种婚俗。

关于撒帐的起源，很多人认为始于汉武帝，当时李夫人初至，武帝将她迎入帐中，宫人遥撒五色同心花果，武帝与李夫人以衣服的大襟盛之，说是可以多得子。不过这一说法的依据是宋代以后的史料，而不见于汉魏两晋南北朝的记载，有人表示怀疑，认为该说法不可信。

有确切史料依据的撒帐风俗最早见于唐代。唐中宗嫁睿宗公主，铸撒帐钱，重六铢，上刻“长命守富贵”五字，每十文钱即系一彩绦。唐代撒帐钱所铸字的内容除“长命守富贵”外，还有“夫妻偕老”“五男二女”“福寿延长”“长命百岁”“早生贵子”等。从撒帐钱的文字可以反映出撒帐祝福的内容。撒帐必须诵祝词，祝词有大致的套子，可随着新郎新娘家庭的具体情况增减词句。

宋代的撒帐风俗也很盛行。北宋汴梁（今河南开封）和南京临安（今浙江杭州）新郎新娘行交拜礼之后坐在床上，礼官或妇女以金银钱、彩果撒掷。不过宋元之际的话本《快嘴李翠莲记》中的撒帐情形，却是撒五谷。宋朝撒帐所用金钱，都用鎏金的唐朝开元通宝、乾封通宝等。宋代撒帐仍有致语与祝词，洋溢着欢乐的

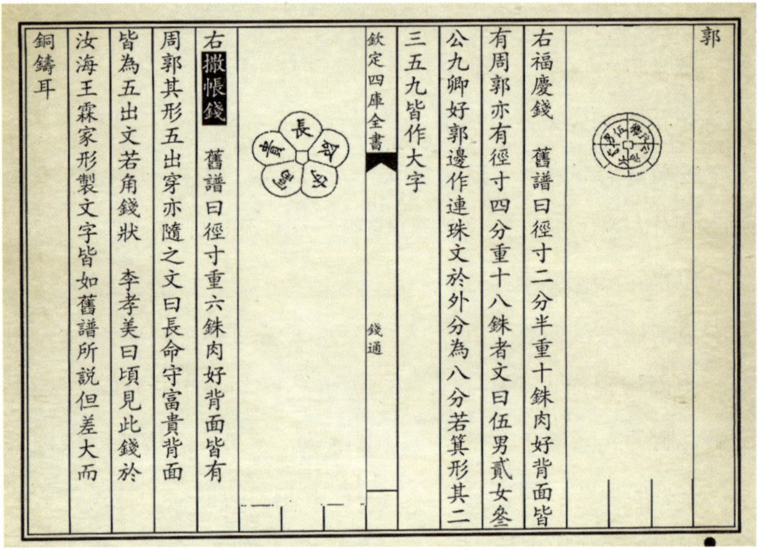

郭

右福慶錢　舊譜曰徑寸二分半重十銖肉好背面皆有周郭亦有徑寸四分重十八銖者文曰伍男貳女叄公九卿好郭邊作連珠文於外分為八分若箕形其二三五九皆作大字

欽定四庫全書　錢通

右撒帳錢　舊譜曰徑寸重六銖肉好背面皆有周郭其形五出穿亦隨之文曰長命守富貴背面皆為五出文若角錢狀　李孝美曰頃見此錢於汝海王霖家形製文字皆如舊譜所説但差大而銅鑄耳

明胡我琨撰《钱通》有关“撒帐钱”的记载

气氛。请看一首撒帐祝词：

撒帐东，宛如神女下巫峰，簇拥仙郎来凤帐，红云揭起一重重。

撒帐西，锦带流苏四角垂，揭开便见姮娥面，好与仙郎折一枝。

撒帐南，好合情怀乐且耽，凉月好风庭户爽，双双丝带佩宜男。

撒帐北，津津一点眉间色，芙蓉帐暖度春宵，月娥喜遇蟾宫客。

明清时期也流行撒帐风俗。在明朝宫廷，撒帐用果，有“撒帐果”的名称，果为称，与谷豆含义相同，用意是祝新娘多得子。撒帐也是在交拜、合卺之后。撒帐时人们还要轻声歌唱，祝愿新妇新婚多福多男。在清代民间，据江西同治时所修《南城县志》记载，新郎新娘饮完交杯酒后进入新房，司仪致辞，以果四撒，叫作“撒帐”。在江苏常州，新娘进入洞房，皆坐在床沿，傧相以果盘所盛之果撒帐中，并念吉祥的话祝愿他们。清代还有撒谷豆与撒帐混合起来的风俗，光绪修直隶（今河北）《怀来县志》说：自新娘至门至入房，俱有一人在旁唱喜歌，手提盛着胡桃、铜钱、碎草的篮子乱撒之，叫作“下亲”。无论是撒的地点还是撒的东西，都将撒谷豆与撒帐的风俗合而为一了。

宋“五男二女”钱

合髻·上头·结发

古代婚姻程序中，还有些成婚时发式上的变化。

反映先秦礼仪的书中曾对婚礼中发式的变化有所记载。《礼记·曲礼》说："女子许嫁，缨。"缨是女子成年许嫁时所系的带子。又据《仪礼·士婚礼》记载，婚礼中婿要亲脱妇之缨，由此可知，先秦时代女子出嫁时，新郎为新娘"脱缨"，即解下女子许嫁时系的带子。

唐末五代时，据刘岳《书仪》讲，婚礼中婿到女家亲迎，"女坐婿之马鞍，父母为之合髻"。合髻，又据段成式《酉阳杂俎》说就是脱缨。唐代敦煌遗书中的《下女夫词》里有合发诗："本是楚王宫，今夜得相逢。头上盘龙髻，面上贴花红。"结合这些记载，看来上古的脱缨风俗是唐代称为"合发"或"合髻"，内容是女儿出阁时，父母为女儿"脱缨"，把头发梳成髻，盘在头顶（所谓盘龙髻）表示已经成婚。

到了宋代，婚礼中的合髻礼已不同于前代，具有了新的内容。北宋汴梁的风俗，男女入新房交拜、撒帐后，行合卺礼之前合髻。南宋临安的合髻则是在行合卺礼之后。二者的合髻内容是一致的，都是新郎与新娘并坐，男左女右，各以头发少许合梳为髻。表示合二姓为一体，荣辱与共，白头偕老。

宋代的合髻也称为"结发"，这样便同上古以来束发举行冠笄礼表示成年的"结发"一词相混。汉朝飞将军李广曾说："结

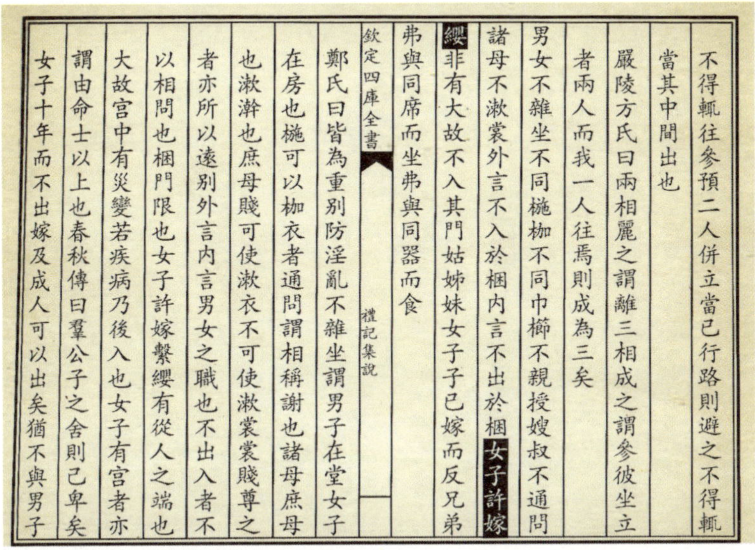
不得輒往參預二人併立當已行路則避之不得輒
當其中間出也
嚴陵方氏曰兩相麗之謂離三相成之謂參彼坐立
者兩人而我一人往焉則成為三矣
男女不雜坐不同椸枷不同巾櫛不親授嫂叔不通問
諸母不漱裳外言不入於梱內言不出於梱女子許嫁
纓非有大故不入其門姑姊妹女子子已嫁而反兄弟
弗與同席而坐弗與同器而食
欽定四庫全書　禮記集說
鄭氏曰皆為重別防淫亂不雜坐謂男子在堂女子
在房也椸可以枷衣者通問謂相稱謝也諸母庶母
也漱澣也庶母賤可使漱衣不可使漱裳裳賤尊之
者亦所以遠別外言內言男女之職也不出入者不
以相問也梱門限也女子許嫁繫纓有從人之端也
大故宮中有災變若疾病乃後入也女子有宮者亦
謂由命士以上也春秋傳曰羣公子之舍則已卑矣
女子十年而不出嫁及成人可以出矣猶不與男子

宋朝卫湜撰《礼记集说》解释“女子许嫁缨”

发与匈奴战”，是指把头发结为髻，盘于头顶或脑后，不使头发披散，以利于作战行动。或是说他年少时即参加与匈奴的战争。唐代大诗人杜甫的《新婚别》则有“结发为君妇”之句。是说冠笄之年结为夫妇。但是宋代以后的一些人把李广和杜甫讲的“结发”理解为宋代的“合髻”（即结发），这是错误的。宋代以来的结发婚俗是古代婚姻中的新仪节。以致“结发”一词成了后世婚姻和夫妻的代称。

上面提到古礼男妇成年的冠笄礼也叫作“结发”，冠、笄都是结发的饰物，用其将头发结为髻。古礼要求男子二十而冠，女子十五而笄。结发表示成年，以后便从事成年人的事情，像前面提到的李广作战。又如汉代有个叫主父偃的人，结发后游学四十

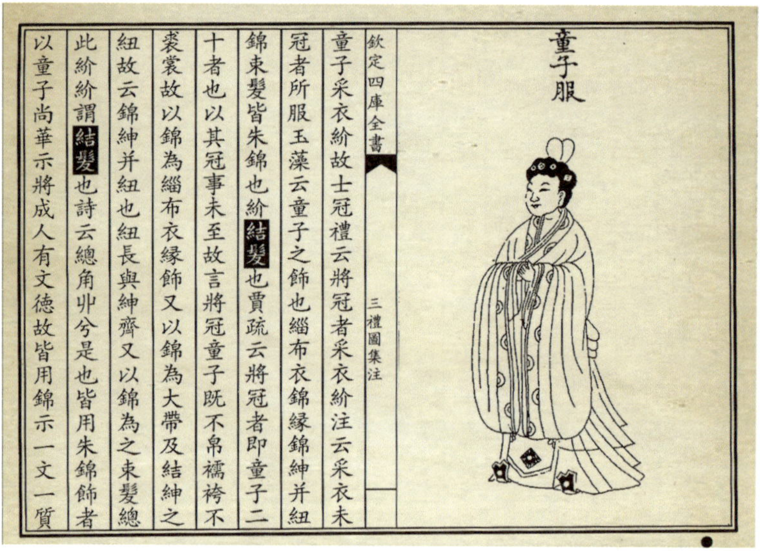

欽定四庫全書　　三禮圖集注

童子服

童子采衣紒故士冠禮云將冠者采衣紒注云采衣未冠者所服玉藻云童子之飾也緇布衣錦緣錦紳并紐錦束髮皆朱錦也紒結髮也賈疏云將冠者即童子二十者也以其冠事未至故言將冠童子既不帛襦袴不裘裳故以錦為緇布衣緣飾又以錦為大帶及結紳之紐故云錦紳并紐也紐長與紳齊又以錦為之束髮總此紒紒謂結髮也詩云總角丱兮是也皆用朱錦飾者以童子尚華示將成人有文德故皆用錦示一文一質

宋聂崇义撰《三礼图集注》有关“结发”的记载

余年。当然，结发后也可以结婚了，汉朝人苏武“结发为夫妻，恩爱两不疑”以及前举杜甫的诗都反映的是这种情况。因此，结发与成婚便有了密切的联系。在宋代这种表示成年礼的结发，又叫作“上头”。司马光在《书仪》中就说：古代的冠礼久已废弃，但农村里的人还有类似的礼节，称为“上头”。程颐也讲古代的结发是说“上头”的意思。在宋以后，因为成年结发而可结婚，人们往往把成年礼俗安排在结婚时进行，又因结发俗称上头，所以“上头”便成了婚俗中的一个程序。

让我们看看清代的上头婚俗吧。在陕西府谷，新郎新娘拜天地之后，新郎将新娘头发梳通，挽成髻，簪以冠，取结发之意。在河北曲周，新娘进入新房后，则是由姻亲中的一位妇女为新妇加笄。河北遵化的婚俗在交拜、合卺之后，也要为新妇加笄。江西的上头又称“尚头”，其进行时间不同于前，是在出嫁时加笄。在江西安远，女子将嫁，必请老或有福妇女行礼告祖，为女加饰冠于髻。在江西东乡，女家在临嫁前一天行加笄礼。在江西南城，临嫁而笄，还要宴请亲邻，以示祝贺。

无论是宋代以后的“上头”还是“合髻”都是成婚礼俗的一部分，都同宋代以前的“结发”一词有密切的关系。因此，后代多把“结发”作为婚姻和夫妻的代称。

合　卺

合卺，是指新郎新娘在新房内共饮合欢酒，后来世俗称之为饮“交杯酒”。

《礼记·婚议》说新娘上门后，新夫妇要共牢合卺。共牢是新郎新娘举行婚礼时，共吃祭祀后的同一肉食。合卺是一瓢剖成两半，夫妇各饮其一，合起来还原成一瓢，而称合卺。它象征婚礼把男女连成一体，一分为二，合二为一。瓢由匏瓜所制，据说瓠苦不可食，用它盛酒，酒也就变成苦的了，饮这样的酒，表示新郎新娘在将来的生活中要同甘共苦。

唐代民间婚姻还保留着同牢合卺的古礼。敦煌遗书所记载的仪式是：夫妻男左女右坐在帐中，将同牢盘的食物各吃三口，然后饮合卺酒。酒盛在一分为二的小瓢中，小瓢放在托子里。如无，用小的金银杯盏代替，杯盏以五色锦丝系上杯脚。由童子捧卺送给新人，口中念着："一盏奉上新婿，一盏奉上新妇"送给新人。新郎新娘各饮三杯。卺，又称"合欢杯"，合卺酒所以又称为合欢酒。唐诗中有吟诵饮合欢酒的诗句，如张说"双童连缕合欢杯"，黄滔"彩童交捧合欢杯"。卺或杯用绳连起来的风俗并非唐代才有，而是沿袭六朝以来的习俗。如南齐永元元年（499 年）尚书令徐孝嗣曾说："连卺以锁"，出于近俗，是最好的证明。

宋代的合卺，称"交卺""交杯酒"。北宋汴梁新婚合卺后，用两杯以彩结连之，夫妇互饮一杯。饮罢，将酒杯掷于床下，使其一仰一合，此俗的意义是象征男俯女仰、阴阳和谐、大吉大利。也有人认为是占卜生子男女多寡。南宋临安的饮交杯酒与此

《清俗纪闻》合卺图像

相同，只是连接酒杯的彩结叫作“红绿同心结”。

饮交杯酒是富有情趣的事情。一首请合卺诗说得好：“玉女朱唇饮数分，盏边微见有环痕。仙郎故意留残酒，为惜馨香不忍吞。”交换杯盏的同时，也把男女双方情意传达了。

宋以后婚礼饮交杯酒的风俗一直流传下来，一般都是行交拜礼之后在新房进行，酒杯以红丝系之，男女互饮。交杯同交拜一样也成为结婚的代称。由于交杯是成婚仪式的最后一个环节，所以它也是成婚的高潮。交杯之后，有的地方有闹新房风俗，而在没有此习俗的地方，一对新人便卸去新装，夫妇就寝了。

看新妇·闹新房·听房

娶亲成婚是人生大事，也是邻里亲朋间的大事，自古以来，人们都有成婚日观看新妇以及闹新房和听房的风俗。

看新妇在古代是很普遍的，不仅民间如此，连天子、大臣也概莫能外。如南朝齐武帝给河东王娶了大臣柳世隆的女儿，成婚之日，特地带领群臣去看新妇。又如谢石娶了诸葛恢的女儿，王羲之特地去看新妇。他发现新娘虽已死去父亲，但有大家风范，不禁感慨道，只有我们王家嫁女儿，才会如此。据说两晋南朝时，初婚之日，妇见舅姑，众宾皆列观，成为婚俗的一个组成部分。唐代也有看新妇的风俗，非亲非故，皆列坐而目睹妇容。至清代有新婚三日内不问亲故，皆可看新娘的说法。

看新妇的喜庆场合，甚至还发生过抢劫新娘的事情。如曹操和袁绍少年时是好友，喜欢侠游。有一次一起去看新妇，趁人不注意，藏在主人园中，大喊有贼，骗出在帐中办喜事的人们，然后曹操潜入帐中，用刀劫持新妇和袁绍一起逃走。不过这样的事情毕竟是极少数的。

成婚之夜，还有闹新房的风俗，就是众人以新郎新娘取乐开心。闹新房的风俗早在汉代就有了。据《汉书·地理志》记载，燕地（今河北北部）风俗，嫁娶的晚上，男女无别，人们以此为耀。这时虽没有出现“闹新房”之类的词汇，但其风俗与后代是很相似的。如嫁娶时或用捶杖逼迫新人戏谑，或借饮酒逗趣。有的地方闹房还出了人命。如汝南（今河南上蔡县西南）人张妙，碰上杜士家娶新娘，酒后相戏，绑缚杜士，并捶打二十下，又吊其足趾，遂将杜士致死。

喜烛

清坤宁宫大婚洞房

清坤宁宫喜字门

魏晋南北朝时期闹房风俗更盛。晋朝人葛洪在《抱朴子·疾谬篇》述说了当时的情形：世俗有戏妇之法，于大庭广众之中，亲属之前，问一些男女之间难以启齿的问题，让新娘慢慢地回答。遇有新人推辞，闹房的人或用鞭、棍打人，或系足倒悬，或酗酒闹事。以至于发生流血、骨折等事。葛洪批评这些做法违背婚礼要求，是一种弊俗。

宋代吴人戏弄新妇的风俗亦有特色。据庄季裕《鸡肋篇》说，不论初嫁或再嫁的新娘，都任人纵观、品评，甚至一些男子有爱抚的行为，新娘也不以为非。

明代闹新房的风俗也不比前代差。明人杨慎在《丹铅续录》中说，社会上多有闹新房的习俗，娶妇之家，夫婿与至亲回避，

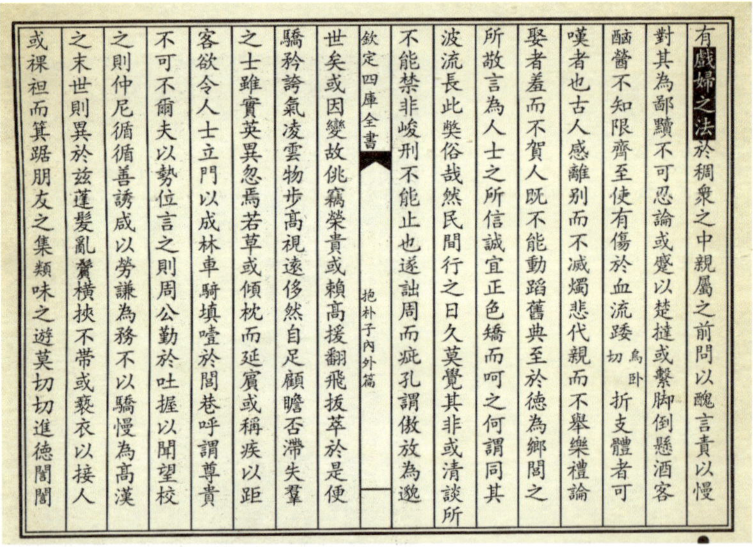
有戲婦之法於稠衆之中親屬之前問以醜言責以慢
對其為鄙黷不可忍論或蹙以楚撻或繫脚倒懸酒客
酗醬不知限齊至使有傷於血流踒烏卧切折支體者可
嘆者也古人感離别而不滅燭悲代親而不舉樂禮論
娶者羞而不賀人既不能動蹈舊典至於德為鄉閭之
所敬言為人士之所信誠宜正色矯而呵之何謂同其
波流長此弊俗哉然民間行之日久莫覺其非或清談所
不能禁非峻刑不能止也遂詘周而疵孔謂傲放為邈
欽定四庫全書　抱朴子內外篇
世矣或因變故佻竊榮貴或賴高援翻飛拔萃於是便
驕矜誇氣淩雲物步高視遠傪然自足顧瞻否滯失輩
之士雖實英異忽焉若草或傾枕而延賓或稱疾以距
客欲令人士立門以成林車騎填噎於閭巷呼謂尊貴
不可不爾夫以勢位言之則周公勤於吐握以聞望校
之則仲尼循循善誘咸以勞謙為務不以驕慢為高漢
之末世則異於玆蓬髮亂鬢横挾不帶或褻衣以接人
或裸袒而箕踞朋友之集類味之遊莫切切進德閭閻

晋朝葛洪《抱朴子》有关“戏妇之法”的记载

群男子戏弄新娘，称作“谑亲”。有的提起新娘的衣服用针刺她的皮肤，有的脱掉新娘的鞋而丈量她的脚有多大，杨氏批评这种做法是把新娘等同于倚门之妇。我们再以一个地区为例，看看闹房的情形。安徽徽州等地娶新妇入门，众亲戚都要百般戏弄，叫作“弄新妇”。新妇担心太“乱”，把衣裙鞋袜用线连缀缝牢，免得在众客戏弄时被人剥掉，露出身体来。看来如果新娘不这样，一旦疏脱，还不知被人们“乱”成何等状况呢。而在越地（今浙江），还有闹新房亲友必将新婿灌醉新房之中的风俗。

有关闹房风俗的记载，到了清代就更多了。刚才说过，明代闹房曾有脱去新娘绣鞋丈量小脚的事例，这对于时人来说，实在是难以接受的事情。中国古代自宋以后，女子流行缠足的风俗，脚缠得越小，女子身价便越高，三寸金莲成了女子美貌的一项内容。就女子而言，小脚是为了夫婿的喜欢才缠的，因此有害羞的心理，一般人是不许看的。闹房是喜庆的事情，人们同新娘开这样的玩笑，通常还是认可的，但有些人则不堪忍受，这样就会产生矛盾。清代就有这种事例，如北方河南某家娶亲闹房，有人脱新人的鞋以为笑谑，婿家付之一笑，不以为然。但是没想到过了半个月，女归宁告诉她的母亲，她的兄弟们得知后认为受到了奇耻大辱，便邀集多人立即到了脱鞋者之家，直入内室，无论老少妇女，将其鞋全部脱下扔到街上。据说这些鞋子有纤如锥者，有弯如弓者，有五寸多长还绣有彩珠者，甚至有尺余大者，纵横满路，市人为之惊然。

清代各地闹房风俗多有不同。江苏淮安闹房，预从男客中择一能说者为招待员，另将闹者分孩童与成年人二组。孩童闹房，目的是得到安思香的奖品。先自齐集三五儿童一起到男家，告诉招待员想参与闹房，由招待员引至新房，孩童则各唱一支歌词多不堪入耳的闹房歌。唱完，由招待员分给各童安息香若干而散。成年人的闹房，其目的则在侮弄新娘及伴房之女，淫词戏语信口而出，或评新娘头足，或以新娘脂粉涂饰他人之面，任意调笑，尽兴而止。男家听其所为，无可奈何。在衡州（今湖南衡阳）闹房有“合合茶”的习俗。新郎新娘同坐一凳，新郎以左脚放在新娘右腿上，新娘亦然，新郎左手与新娘右手相互放在肩上，其余多的拇指及食指合成正方形，置茶杯于中，戚友从中饮水。此外还有“打传堂卦”的名目，公举戚友中之滑稽者作堂官，以墨涂面如丑角，外穿褂，以荷叶为饰，并用算盘珠串成串挂在头上，头上戴个大帽子，用红萝卜为顶，大蒜为翎，旁立数人装成差役，拘新郎新娘及公婆跪堂下，命公婆教新郎新娘房中术，新郎新娘听罢，必须重述一遍，不然以鞭笞强迫，被拘之人也不敢出怨言。在广东顺德，闹新房之前少年数人结为小团体，叫作“会友”，届时让新郎离开，专门调笑新娘，强迫新娘做不能做的事情，新娘稍不从命，则多放爆竹，新娘的面目手足衣脚常被火所伤。

清代闹房不仅戏弄新娘、新郎，还有戏弄伴娘的风俗。为了避免过分羞辱新娘，不使成婚的双方难堪，又不违背闹房的传统，戏弄伴娘也就成了清代闹房普遍存在的一个内容。特别是如果伴娘美丽，闹房者更把注意力集中到伴娘身上。在上述提到的

圖畫新聞 卷七
鬧房受驚
從崎尾某甲完娶
後親友要求看
新甲訂以某夜届
時客至新婦靚
奉茶菓儐停如常
客方各逞詼諧
爭博一笑詎新婦
忽蹶然委地衆
大驚喊舅姑嫂叔
聞聲奔集諸客
皆奪門去蓋新婦
宿患羊癇婦家
未聞知是以有此
惶恐云
十二時事報館印行

“闹房受惊”图像

衡州，男家在未婚之前，必由媒人传话女家，聘伴娘一二，以容貌清丽善于歌唱者充当。到了迎亲日，伴娘与宾客任意调笑，甚至苟合，少则三五日，多或一两月，视男家之贫富而定。伴娘因多获金钱而乐为应酬，虽声名狼藉，也在所不惜。一些专门充当伴娘的人，以此为职业，见过世面，富有经验，人们对她们开玩笑的胆子也越来越大，甚至成为调戏。晚清扬州有这样的风俗，新婚之家选择伴娘，喜欢用伶牙俐齿的俊俏女子，以期婚礼中增添欢笑。某家公子成亲，有两名非常俏丽的伴娘，其中一个刚二十四岁，异常聪慧。不料来宾中有一个人竟问她敢不敢当众脱下裤子，更没想到她笑着说，只要有赏，有何不敢？于是她收

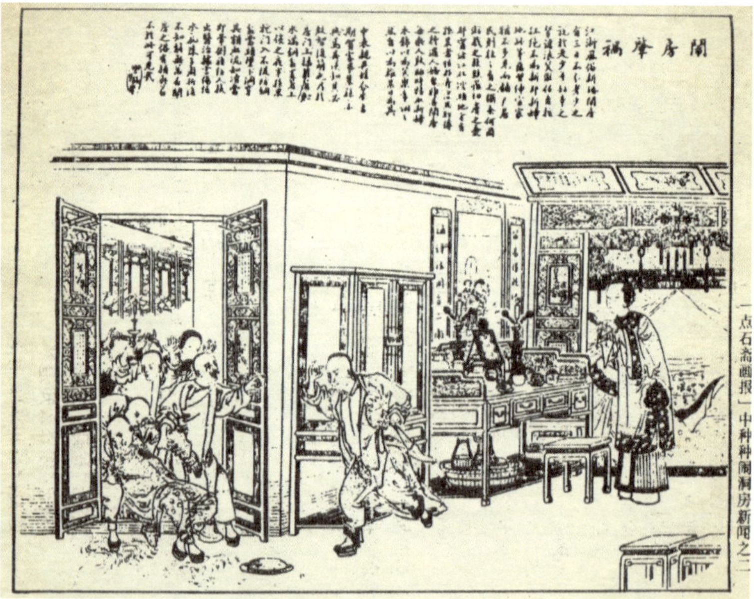

清《点石斋画报》之“闹房肇祸”图

了四块赏钱，在众目睽睽之下，脱下了长裤。别急，里头还有长裤呢！众人不过瘾，问她还敢不敢脱，她把赏钱提高了一倍，大家凑足了八块赏钱，她脱下了长裤。嘿，里头还有裤子。众人还要她再脱，伴娘又增加了赏钱。如此赏了脱，再赏再脱，她总共脱下了七件薄如蝉蜕的长裤，人们还没有看到她的腿，而她的赏钱早已赚足了。这位伴娘有备无患，即使闹房妙趣横生，又不失体面。

古代婚俗，在不闹房或闹房完了夫妇就寝以后，还有“听房”的习俗。这一风俗在汉代已有。人们在新房的窗外窃听新郎新娘的言语及行为，作为笑乐，不过有时也有令听者失望的。东汉袁隗与妻子入洞房后，朋友躲在帐外偷听，结果新郎和新娘竟谈起学问来了，偷听的人听到的不是亲昵的情话，而是新娘惊人的学识，于是无不感到惭愧。听房的风俗直到清代仍很流行，由于听者多是潜伏新房外面靠床铺的墙壁之下，所以又叫作“听壁脚”。由于人们对听房兴趣浓厚以致发生了这样的事情：晚清在浙江宁波，陈家新婚，有邵某为了听房而事先藏在洞房屋梁之上，结果在晚上不慎从屋梁上失足掉下来，鼻孔正好插在烛台上的扦子上，肚皮则被小烟筒嘴穿了一个洞，鲜血直流，自找一场横祸。

看新妇、闹新房、听房本来的民俗意义，一是增加婚礼的喜庆欢乐气氛，二是为陌生的男女新人打破拘谨增进亲近关系，三是向未婚的青年男女传授男女婚姻方面的知识。

餪女·回门

餪女与回门一般都是在婚后第三天举行的，所以我们将其安排在这一部分一起介绍。

餪女，就是女嫁三日，女家送食物给女儿吃，以安慰女儿。餪女也称作馂女、暖女，意思相同。这一风俗很早就有，至宋代已十分普遍，如《侯鲭录》说，世之嫁女，三日送食，俗谓之餪女。在北宋都城汴梁，女嫁后三日，女家送彩缎、油蜜蒸饼，女家还要在男家作会庆祝。南宋时的临安，女家则送冠花、彩缎、鹅蛋，以金银缸盛油蜜，放在盘中，并以茶饼鹅羊果等物送女婿家，叫作“送三朝礼”。或者在九日内，移厨往婿家致酒，称为“餪女会”。

清代餪女风俗仍很流行，类似南宋临安的叫法。江西的一些地区称餪女为“送三朝果”。北方的广大地区则一般称“餪饭”，也有“下车饭”“送饭”“完饭”“贺喜”“饭仪”“餪房”“追三”等名称。所送食物或果品，或筵席、或蒸食；送食物者，有的是女家派人送，有的是女方亲戚，有的是新娘的母亲及姑、姨、妹，有的是两家婚友。古代女子成婚，意味着到一个完全陌生的家庭生活，而且是生活在这个家庭的最底层，餪女风俗的意义，在于送去母亲及其亲戚的温暖，以减轻新娘心灵上的孤单。

回门，是指新郎与新娘回娘家做客。宋以后多是在婚后第三天，实际上婚后回娘家是若干次，大约一个月后婚姻大礼才真正

河北剪纸“回娘家”

完毕。在宋代，回门一般称作“拜门”，《东京梦华录》记载，成婚后婿进见女家，谓之“拜门”，有能力马上办的，次日即往，叫作“复面拜门”，不然，三日、七日皆可。婿在女家饮酒之后，女家具鼓吹送婿还家。七日，女家则迎女归，盛送彩缎头面与之，叫作“洗头”。到一个月的时候则大会相庆，谓之“满月”。《梦粱录》婚俗的记载与此大致相同，但也有差异。如“拜门”礼是两新人于三日或七日或九日往女家，女亲家则广设盛宴，款待新婿，名曰“会郎”。而“洗头”没有说具体的时间，至于“满月”则称为“贺满月会亲”，是在婿家开宴，请亲家及亲眷，女家送礼物于男家。这些记载反映了两宋时期的婚俗。

后世“回门”风俗大致类似宋代，但各地也有自己的特色，我们看看清代的情况。在河北，很多地方在婚后第九日和第十八日迎新郎新娘至女家，叫作“回九”和“回双九”，如果第十八天是女家亲戚到婿家，则称为“作双九”。及一月，女家又迎婿与女至家，称作“住对月”。有的地方新人是婚后第六天和第九天去女家，称为“住六”和“住九”。有的地方“回门”或第二天、或第四天、或第八天、或第九天、或第十二天。有的地方“住对月”又叫“住正月”，是在次年正月进行。有的地方“回门”，又称“回面”，第三、六、九天三次到女家。也有的地方把“回门”称作“认亲”。总之，有的地方餪女和回门同在第三天进行，而有的地方则在第三天餪女，将回门延至六、九等日。同宋代比较，婚后第三天、第九天回门一脉相承。清代的“住对月”即宋代的“满月”，只是清代“回门”的次数多些，有“单九”“双九”等名目而已。在江西，“回门”多在婚后第三天，也有不少地方是第二天，“回门”又称为“送爷娘饭”。在广东，三朝回门同重视贞操联系在一起。这里成婚之夕，喜娘为新郎脱靴，给他一条白毛巾，以备交合后擦拭秽物之用。如有血迹，证明为处女，可吃烧猪。三朝回门，即以烧猪送母家。富贵之家，有的用烧猪至数十头。所以嫁女之家往往惴惴不安，唯恐烧猪不

山东剪纸“走亲戚图”

至。如待烧猪不来，举家愁眉锁眼，以为大辱。烧猪既至，则阖家相庆，迎烧猪于门，认为我家姑娘，果能不辱门户，于是重赏来使，立即把烧猪分送亲戚朋友。有时因为洞房之夜没有“落红”，致使女子终身抬不起头来，男家则往往同女家交涉要求赔偿，不是追回聘财，就是要求退婚。其实其他地区也很重视女子的贞操，只是广东以送回门烧猪来表示罢了。

文明结婚

晚清时期，由于中西文化的接触，西方婚姻文化冲击了传统婚姻文化。于是在光绪、宣统之交，一部分青年知识分子带头树立新风，操办具有西方文化色彩的新式婚礼，当时称之为“文明结婚”。新式婚礼首倡于都会商埠，以后内地亦渐渐仿行开来。

文明结婚，不再只是传统的父母之命、媒妁之言决定婚姻大事，而把男女当事人对婚姻的意见放在了重要位置，父母、媒妁只起监督的作用。其办理程序一般是先由男子向父母陈说自己的择偶标准，得父母允准，即延请介绍人向女子的父母求婚，得其允准，再由介绍人约期邀请男女会晤，男女同意，婚约始定。定婚后，一般男女双方要立约，先以求学自立为重。成婚之礼则务求节俭，结婚日男女父母一般要给新人金戒指和礼服，以资纪念。

文明结婚须备有证书，上面有新娘、新郎、证婚人、介绍人、主婚人姓名。婚礼由证婚人宣读证书。证婚人、男女宾代表皆有祝词。也有的是由主婚人宣读训词，来宾唱文明结婚歌的。

还是让我们从光绪三十三年（1907年）《上海女子世界》刊登的三则新式婚礼消息中，采择两例具体看看文明结婚吧。其一，是闰四月初五日，男学生王雅光与女学生吴震举行婚礼，新郎新娘，皆服西服，首行婚礼，次见家族，次受贺。由一些女学生和女青年合唱自由结婚歌，歌毕而散。其二的消息原文是：九月十二日为上海郑端甫君与上海张瑞娥女士结婚之期……次序如下：（1）司仪员入席，北面立。（2）男宾入席，西面坐，奏琴。（3）女宾入席，东面坐，奏琴……（6）新娘新郎入席，北面并立，奏琴。（7）主婚人展读证书。（8）新郎新娘用印。（9）主婚人用印。（10）介绍人用印。（11）主婚人为新郎新娘交换饰物。（12）新郎新娘对立，行鞠躬礼。（13）主婚人颂词，新郎新娘谢主婚人及介绍人。（14）主婚人、介绍人退，奏琴。（15）贺客拍手。

文明结婚反映的时代精神是父母主婚权削弱，婚姻当事人自由平等的独立性增强。当时青年男女交往出现在学校和社会上，冲击着传统的婚姻六礼。清政府对此采取了压制的政策，光绪三十三年清朝学部颁布了《札饬各省提学司严禁自由结婚文》，严令各地学堂分别禁止，以维风化。但是具有近代意识的文明结婚之水一旦冲破传统礼教的大堤，便一泻千里而不可阻挡。文明结婚被越来越多的人所接受，直接演变成近代中国的婚俗。

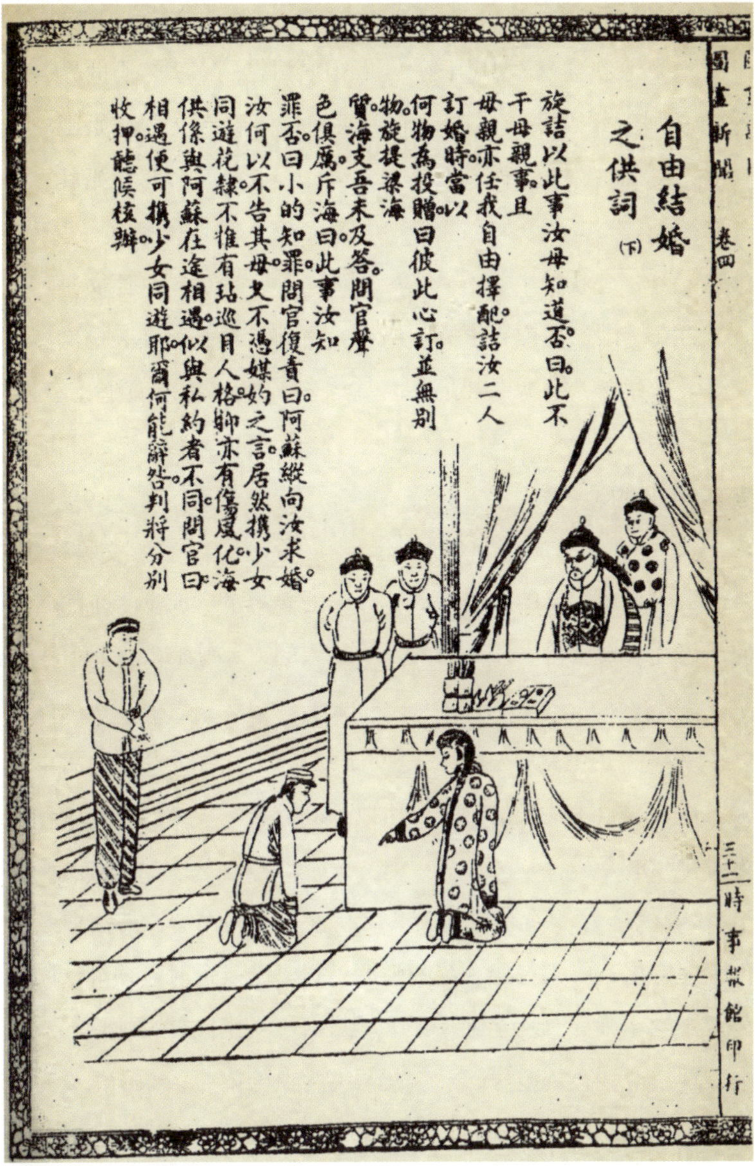
圖畫新聞 卷四
自由結婚之供詞（下）
旋詰以此事汝母知道否。曰。此不干母親事。且母親亦任我自由擇配。詰汝二人訂婚時。當以何物為投贈。曰彼此心訂。並無別物。旋提梁海質。海支吾未及答。問官聲色俱厲。斥海曰。此事汝知罪否。曰小的知罪。問官復責曰。阿蘇縱向汝求婚。汝何以不告其母。又不憑媒妁之言。居然攜少女同遊花隸。不惟有玷巡目人格。卿亦有傷風化。海供係與阿蘇在途相遇。似與私約者不同。問官曰。相遇便可攜少女同遊耶。爾何能辭咎。判將分別收押。聽候核辦。
三十二
時事報館印行

清末自由结婚受到阻力

夫妻关系

男女结婚，标志着家庭的成立，由此产生了夫妻关系。只要夫妻关系存在，婚姻也就存在，夫妻关系是婚姻的一部分。

夫为妻纲的礼教

中国古代社会的礼制奉“礼经”为总规范，成书于东周时代的《仪礼·丧服传》认为妇女是服从人的人，她们的人生有“三从”：未嫁从父，既嫁从夫，夫死从子。妇女一生中从生到死都处于从属男子的地位。特别是女子结婚时，便同丈夫生活在一起，这是人生中最长的时间，所以“既嫁从夫”对妇女来说，就显得尤为重要了。

“既嫁从夫”的准则，在汉代经过一些文人的发挥，而系统化、理论化，成为古代正统的婚姻思想。汉武帝时董仲舒从阴阳五行观念出发，认为各种事物都有上下、阴阳，在君臣、父子、夫妇这三对社会规范中，君、父、夫为上为阳，臣、子、妻为下为阴。下和阴受上与阳的支配，臣、子、妻分别服从于君、父、夫。夫尊妻卑是由“天道”决定的，是万世不变的永恒规则。要求妻子唯夫命是从，如果妻不奉夫之命，则夫妻关系就断绝了，这是因为不顺天的人，其罪如此。先秦儒家和董仲舒所倡导的夫尊妻卑的思想，到了西汉末年，由刘向继承和发展，提出了女子不事二夫、从一而终的观点。刘向在《列女传》中，特别强调“贞”“顺”，“贞”的基本标识是夫死不改嫁，“顺”的含义是丈夫虐待妻子，妻子要忍辱负重。

东汉初年，由于学者们对于儒家经典理解不一，分歧很大，章帝为了统一认识，于建初四年（79年），在白虎观开会讨论，章帝亲自裁决，最后由班固总结成《白虎通义》一书。该书将董仲舒的思想进一步理论化，明确提出君为臣纲、父为子纲、夫为妻纲的“三纲”学说。“夫为妻纲”是古代夫妻关系的高度概括，要求妻子在任何时候都要服从和受命于丈夫。该书甚至认为丈夫有恶行，妻子也不能离开，这是因为地没有离开天的道理。班固执笔撰成的《白虎通义》影响了她的妹妹班昭，班昭用一千六百多字分七部分写了一本《女诫》，堪称中国古代第一部女学著作。主要内容是女儿对父亲、妻子对丈夫、女子对男人的规范。就夫妻关系而言，首先她认为丈夫与妻子是“御”和“事”的关系：丈夫不贤，则不能御妇；妻子不贤，则威仪废缺；妻子不事夫，则义理不讲。其次，夫妻关系的人伦大义与阴阳天地的道理一样，男以强为贵，女以弱为美。妻子要“敬顺”丈夫。敬，就是要对丈夫有规矩，顺是指对丈夫要谦恭低下。夫妻生活切忌过分亲昵，打情骂俏，否则便会随随便便而无拘束，妻子也就产生了欺侮丈夫的想法。再次，丈夫可以再娶，妻子不能二嫁，丈

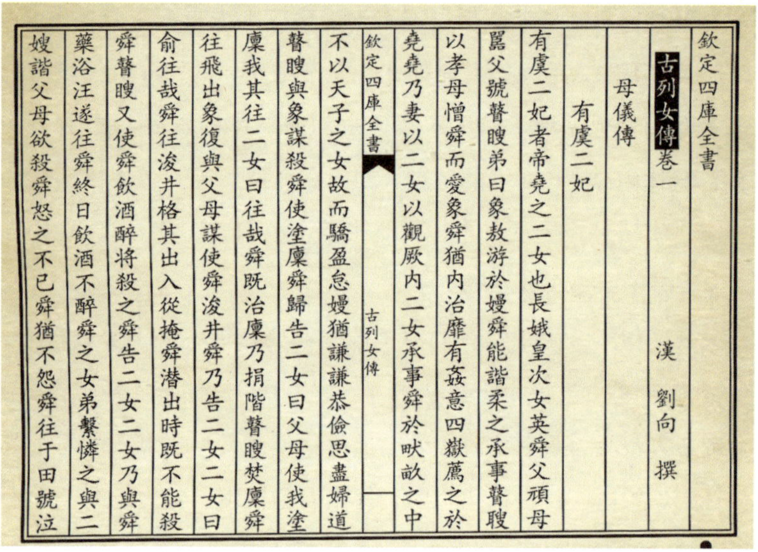

欽定四庫全書

古列女傳卷一　漢　劉向　撰

母儀傳

有虞二妃

有虞二妃者帝堯之二女也長娥皇次女英舜父頑母嚚父號瞽瞍弟曰象敖游於嫚舜能諧柔之承事瞽瞍以孝母憎舜而愛象舜猶内治靡有姦意四嶽薦之於堯堯乃妻以二女以觀厥内二女承事舜於畎畝之中不以天子之女故而驕盈怠嫚猶謙謙恭儉思盡婦道瞽瞍與象謀殺舜使塗廩舜歸告二女曰父母使我塗廩我其往二女曰往哉舜既治廩乃捐階瞽瞍焚廩舜往飛出象復與父母謀使舜浚井舜乃告二女二女曰俞往哉舜往浚井格其出入從掩舜潛出時既不能殺舜瞽瞍又使舜飲酒醉將殺之舜告二女二女乃與舜藥浴汪遂往舜終日飲酒不醉舜之女弟繫憐之與二嫂諧父母欲殺舜怒之不已舜猶不怨舜往于田號泣

欽定四庫全書　古列女傳

刘向《列女传》书影

夫如同天一样，人不能离开天，所以妻子也不能离开丈夫，妻子事夫如同事天，是与子孝父、臣忠君一样的道理。如果妻子不这样，就会招致丈夫和天的惩罚。最后，妻子应当遵守德、言、容、功四方面的妇行，这就是所谓“四德”。就具体内容来看：妇德指女子不必过分讲才，行为要规规矩矩；妇言指谈话和气有礼，不出口伤人，听他人讲话不要厌烦；妇容指不必追求容貌的美丽而打扮修饰，服饰干净，定时清洗，讲究卫生；妇功指不必比别人精细、灵敏，只要专心纺织，不喜欢开玩笑，做好饭菜，侍候好宾客。班昭的婚姻思想对后世产生了很大的影响，她的“四德”说，同以前的“三从”说合称“三从四德”，成为古代女子的基本道德规范，班昭也被古代正统学者戴上了“女圣人”的桂冠。

到了唐代，出现了仿照《女诫》而作的《女论语》，由女子宋若华写成。全文十二章，列有专章论述“事夫”，文字浅显押韵，具体内容有以下几个方面：

第一是夫妻关系的原则：

女子出嫁，夫主为亲。

前生缘分，今世婚姻。

将夫比天，其义非轻。

夫刚妻柔，恩爱相因。

第二是妻子要敬重丈夫并听他的话，同时要劝戒丈夫莫

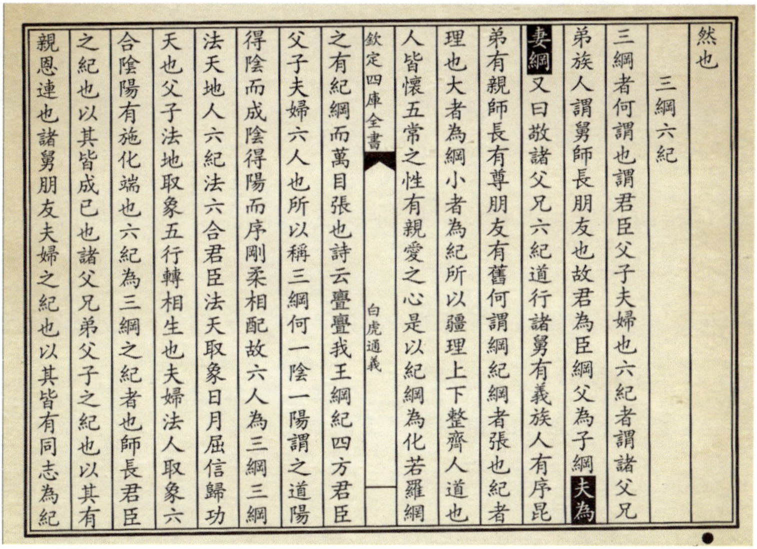
然也

三綱六紀

三綱者何謂也謂君臣父子夫婦也六紀者謂諸父兄弟族人諸舅師長朋友也故君為臣綱父為子綱夫為妻綱又曰敬諸父兄六紀道行諸舅有義族人有序昆弟有親師長有尊朋友有舊何謂綱紀綱者張也紀者理也大者為綱小者為紀所以彊理上下整齊人道也人皆懷五常之性有親愛之心是以紀綱為化若羅網

欽定四庫全書　白虎通義

之有紀綱而萬目張也詩云亹亹我王綱紀四方君臣父子夫婦六人也所以稱三綱何一陰一陽謂之道陽得陰而成陰得陽而序剛柔相配故六人為三綱三綱法天地人六紀法六合君臣法天取象日月屈信歸功天也父子法地取象五行轉相生也夫婦法人取象六合陰陽有施化端也六紀為三綱之紀者也師長君臣之紀也以其皆成己也諸父兄弟父子之紀也以其有親恩連也諸舅朋友夫婦之紀也以其皆有同志為紀

班固《白虎通义》关于“夫为妻纲”的记载

做坏事：

居家相待，敬重如宾。

夫有言语，侧耳详听。

夫有恶事，劝谏谆谆。

莫学愚妇，惹祸临身。

第三是丈夫外出未归对妻子的要求：

夫若出外，须记途程。

黄昏未返，瞻望相寻。

停灯温饭，等候敲门。

莫学懒妇，先自安身。

第四是丈夫有病时妻子的规范：

夫如有病，终日劳心。

多方问药，遍处求神。

百般治疗，愿得长生。

莫学蠢妇，全不忧心。

第五是丈夫发火时妻子的做法：

夫若发怒，不可生嗔。

退身相让，忍气低声。

莫学泼妇，斗闹频频。

第六是妻子要照顾好丈夫的穿衣吃饭：

粗丝细葛，熨帖缝纴。

莫教寒冷，冷损夫身。

家常饭菜，供侍殷勤。

莫教饥渴，瘦瘠苦辛。

第七是妻子对待婚姻的态度：

同甘共苦，同富同贫。

死葬同穴，生共衣衾。

宋若华认为如果能够按照上面的要求去做，夫妻的家庭生活就会和睦，妻子便会以贤德而扬名在外。《女论语》是继《女诫》之后又一影响深远的书，由于是白话写成的顺口溜，所以几乎达到家喻户晓的地步。

宋以后对于夫妻关系进行的规范就更多了，不过其思想基本上是继承汉代以来的，这在族规家训中有大量的反映。如宋代司马光制定的《家范》卷八《妻上》，规定了作媳妇的六条标准：柔顺、清洁、不妒、俭约、恭谨、勤劳，称为“六德”。

专门论述妻子规范的书也有，清代陆圻所著《新妇谱》对妻

蚕织图（南宋）

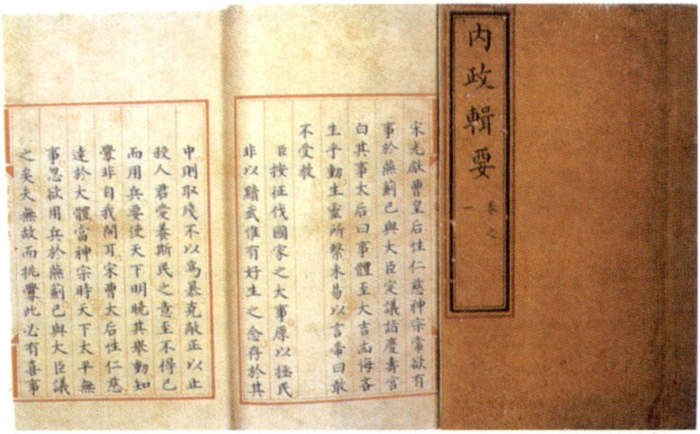

顺治帝辑注《内政辑要》

子要求十分严苛。如认为妻子一见丈夫，远远便须站起，稍缓与丈夫说话，要用尊称，如“相公”“官人”之类，不可用“你”这样的字眼。如丈夫吃饭饮茶，妻子必双手恭敬地举起。丈夫出远门回来，如隔夜以上，都要用加倍的礼节欢迎他。

总之，古代的礼教要求女子既嫁从夫，夫尊妻卑，即夫为妻纲。

夫妻不平等的法律

中国古代法律的特点是以礼入法、礼法一体，所以法律也贯穿着夫为妻纲的礼制精神。

首先，法律把妻子作为丈夫的附属物看待，妻子不存在独立的人格。如株连罪的规定，丈夫如果犯罪，自然株连妻子，或是与丈夫一样被处死，或是没收归官，充当官妓、奴婢。秦代连坐之法，丈夫犯死罪，妻子一块处死。晋明帝时族株刑才不及妻子，以后犯谋反大逆罪，虽株连妻子但不至死，或没收为官奴婢，或发遣边疆为驻军的官妓。唐宋时期，谋反大逆罪，妻妾没收归官。如罪轻，则将妻妾流三千里。明清时期丈夫犯罪发配充军，妻妾也一起去。再如诉讼权，明代规定妇女因婚姻、田土、家财等事不许告官，如果夫亡无子方许。规定妇女没有诉讼权。又如女子收监问题，明清法律规定，妇人除犯奸罪和死罪收监执行外，其他罪一概不收监，责成其丈夫收管，丈夫拥有对妻子的监护权。

其次，告首罪上的夫尊妻卑。夫或妻各自犯法，对方能否告发，古代法律规定有过变化。秦律鼓励妻子告发丈夫，把妻的地位看作是与夫相等的。汉宣帝本始四年（公元前70年）以前，丈夫有罪，妻与子女皆须告发，不得隐匿。否则要受到株连，但此后则藏匿不告无罪。唐律则规定，妻告发丈夫与子孙告发父祖同罪，判处二年徒刑，这是因为法律强调“亲属容隐”，即法律不允许告发自己亲属的犯罪行为。唐律认为妻虽非卑幼，但她与丈夫的关系又比同卑幼看待。卑幼是不可告发尊长的，否则干名犯义，要受到法律的制裁，妻子告发丈夫与此道理相同。到了明清时期，法律对此规定更严，妻子告夫与子孙告父母、祖父母同罪，杖一百并判三年徒刑，诬告者判处绞刑。反过来夫告妻则与尊长告卑幼同样对待。唐律减所诬罪二等，明清时期又改为减三等。

再次，杀伤罪的夫妻不平等。如果夫妻间相互侵犯人身权利，法律对夫妻的量刑不一致。从故意犯罪来看，唐律规定，妻殴夫者判一年徒刑，殴夫致死者杀头；而夫杀妻者比平民间杀人罪减二等，殴妻，法无明文，不算犯罪。明清律则明白规定，夫殴妻殴伤以下勿论，折伤以上减平民二等，且须妻子告乃论罪。从过失犯罪来看，唐以前如果夫因疯癫或过失杀妻必须抵命，唐代则规定，夫过失杀伤妻子勿论；妻子过失杀伤丈夫处以比故意杀伤减二等的刑罚。此外，夫妻因矛盾有一方不堪忍受而自杀，法律的处理极为不平等，如丈夫虐待妻子，导致妻子自杀，被认为是自寻短见，不追究法律责任；反过来如果丈夫因与妻子生气而自杀的，妻子须承担威逼致死的罪名，明代规定可处以绞刑，而清代则处以斩刑。

又次，奸情案的夫妻不平等。妻子通奸，属于罪大恶极，丈夫可以当场杀死奸夫奸妇。而丈夫与人通奸，妻子无告发权。

最后，财产权上的既嫁从夫。从嫁奁看，妻从母家带来的财产，在汉代如果丈夫提出离婚，随嫁财产归还给母家。唐宋时代规定妻子随嫁来的财产，夫家分家时不应算为应分的财产，但分家之后，丈夫分好的财产和妻的随嫁财产则合二为一，原则上归丈夫所有和支配。如果妻子死亡或离开夫家，随嫁财产则归前夫之家。宋元明清的法律都是如此。从出嫁女对母家的财产继承来看，如母家无男子并无同宗继承人的户绝情况下，在室女子可继承，而出嫁女从唐至清，只能得三分之一。不过这部分财产实际归属了丈夫。从寡妇的财产继承权看，由于唐代的法律在谈到夫死后，媵妾无权分得财产而未讲妻子，估计丈夫死后，夫家分家时，妻是可以分得财产的。宋代规定，夫死无子，寡妻可继承丈

寡婦含冤
蘇城石宕橋向充差
役之顧阿壽。近將妻
嫂某氏所寄銀錢
衣物。希圖吞沒。並
誣指氏有曖昧情
事。氏以守志多年。
忽被污蔑。心不能
甘。向之理論。詎顧
竟偕妻女將氏凶
毆。致氏受重傷。鄰
右代抱不平。舁赴
長洲縣請驗。未幾
即因傷斃命。趙大
令當即飭提凶手
到案究辦。
三月初七日

“寡妇含冤”图像

夫那份财产，明代又增加了妻子必须守寡的条件，而清代更增加了须凭族长择人继嗣的条件，这是因为寡妇不嫁，择继嗣者是为了财产不出宗族，所谓寡妻继承夫份的财产，实质是在没有嗣子之前临时管理而已。财产权是对于妻子的不平等法律规定，反映了礼教中女子“既嫁从夫”的精神。

此外，法律还规定丈夫拥有单方面的离婚权力，并准许丈夫纳妾，这表现出夫妻法律地位的极端不平等，这些内容我们将在以后的部分介绍，这里就不展开了。

实际生活中的夫与妻

礼法倡导的夫尊妻卑、夫为妻纲的夫妻关系准则，对古代夫妻家庭生活影响很大。体现了夫妻关系的基本倾向。不过实际生

墓主人对坐（元）

活要比法律条文复杂得多，夫妻关系呈现出多样化，我们可以将其大致划分以下几种类型。

1. 惧内型。即怕老婆，因妻子有“内人”之称，故叫作“惧内”。惧内的丈夫很早就有，春秋时吴国堂邑（今江苏六合县北）人专诸大概是最早的一位。当时吴国公子光（阖闾）欲杀吴王僚自立为王，有万夫莫当之勇的专诸被伍子胥推荐为刺客。于公元前515年刺杀吴王僚成功，自己也当场被杀。据说专诸无论做什么事，只要听到妻子一呼，立即回家，所以有人说“惧内”始于

清焦秉贞绘《耕织图·簸扬图》册页

专诸。

记载“惧内”事例最多的大概要算是唐代了（牛志平《说唐代的惧内之风》，《史学月刊》1988年第2期）。太宗时，管国公任瑰非常怕妻，被杜正伦讥讽，任瑰解释说：妇当怕者有三：初娶之时，端居若菩萨，岂有人不怕菩萨吗？时间长了，生儿育女，如养儿的老虎，岂有人不怕老虎吗？年老满面皱纹，像一个鬼，岂有人不怕鬼吗？因为这些原因怕老婆，有何奇怪的呢？这是因惧内，被人取笑，而自我嘲解默认者。舒州（今河南新蔡县）军卒李廷壁，因连日宴会三宵未回家中，他的妻子传话说：回来以后一定用刀杀了他。吓得李廷壁一边哭泣一边告诉州里的地方官请想办法，于是徙居到佛寺。这是因为饮宴迟归，惧妻猜妒，不敢回家者。掌管兵部的高官司戎少常伯杨弘武将一官职授予某人，高宗问他：某人因为什么理由得到此职？杨弘武回答说：臣妻韦氏性刚悍，昨天以此人嘱托我。臣若不从，恐有后患。这是因惧内，而将官职轻授他人者。中书令王铎带兵御敌，忽然有人报告，夫人要来，现在离开京城，正在途中。王铎十分慌张地对旁边的人说：黄巢的敌军正从南来，夫人又自北至，不知如何是好？幕僚同他开玩笑说：不如投降黄巢吧。这是带兵作战的将军，听到夫人将至，吓得无所适从者。唐中宗李显宠爱韦皇后，一日宴会，另一位有名的惧内大臣中书令裴谈也赴宴，擅长戏谑的优人见此情景，灵机一动便唱道：怕妇也是大好，外边只有裴谈，内里无如李老。韦后很高兴，还赏赐给优人布帛。可见除了常人之外，连皇帝也有惧内的。

虢国夫人游春图（宋人摹）

宋代的“惧内”现象也屡见不鲜，北宋黄州（今湖北黄冈）人陈慥，字季常，自称“龙丘先生”，好宾客，喜声伎，然而他的妻子柳氏特别凶悍忌妒，常把季常骂得丧魂落魄，不知所措。大诗人苏轼为季常曾有一首诗：

龙丘居士亦可怜，谈空说有夜不眠，

忽闻河东狮子吼，拄杖落手心茫然。

诗中的河东狮子是指柳氏，把河东柳氏发怒撒泼及季常“惧内”的形象，刻画得惟妙惟肖。所以后人常把怕妻子称作“季常之惧”。宋代还有一个“四畏”的故事，仁宗时身居一品的名相王旦，也很惧内。王旦住宅的后面有“三畏堂”，语出孔子所说的畏天命、畏大人、畏圣人之言，以此自励。朋友杨亿对他说，此堂可改为“四畏”，王旦问：“怎么叫四畏？”杨亿回答说“兼畏夫人”，开了王旦的玩笑。有些妻悍夫懦的事例听起来让人难以置信。朱彧《萍洲可谈》载，著名学者沈括晚年娶下的妻子张氏强悍异常，对沈括不好，时常打骂他，有时甚至把沈括的胡须拔下来扔到地上，儿女们捡起来，见胡须上还带有血肉，痛哭起来，然而张氏不肯改悔。沈括的长子沈毅，是前妻的儿子，张氏把他撵走。后来张氏因急病而死，大家都去祝贺沈括，可是沈括自张氏死后，精神恍惚，不久也死了。

明代惧内的例子也不少，据说许多有名的大臣都是怕老婆的。文臣如王阳明，对待妻子十分规矩，唯恐礼节不周。武臣像戚继光，被妻子所制服。明代还有两件“惧内”的典型事例，一是蒲州（今山西永济西南）人杨元祥，与妻子罗氏争吵，气愤之极，于是以刀自杀。二是华亭（今上海松江）的一位翰林以怕老婆著名，一天，朋友去看望他，便与朋友在家吃中饭，可是坐到中午，什么吃的东西也没有见到，而且翰林也被妻子叫到里边，过了很久，朋友饿得难以抵挡，便立即赶回家去吃饭。过了几天以后问翰林那天是怎么回事，翰林说：“妻子问我来客是何人，我说了你的名字，不料她大怒，说你原本贫穷，考中进士即娶一妾，就是饿死也不给糠秕，所以什么食物也不让拿出。”翰林之妻的妒忌不必说，翰林因惧妻而愧对朋友又无可奈何的情状则暴露无遗。

在夫为妻纲的时代，“惧内”是引人注目的事情。明朝人注重对这种现象原因的探讨。谢肇淛在其《五杂俎》一书中，认为惧内者有三个原因：一是夫妻贫贱时结婚，遍尝艰难，后来富贵，丈夫难以控制妻子；二是夫妻感情深厚，彼此难舍难分，丈夫转爱成畏，积溺成迷；三是夫妻年龄或贫富相差悬殊，所以妻子有恃无恐，在家里有发言权，丈夫不能做主。谢氏的分析基本上概括了“惧内”的主要原因，还是有道理的。例如前面曾提到的唐代任瑰惧内，原因是他与妻子年轻时结成夫妻。双方出身微贱，正是由于相濡以沫，才使任瑰出人头地，成为显宦。再如唐初宰相房玄龄惧内，是因为他在地位低微时曾因患病危在旦夕，于是对妻子卢氏说，我已病危，你年纪还轻，不可守寡，要好好对待未来的丈夫。卢氏哭泣着进入帐中挖下一只眼球出帐让房玄龄看，表明除他之外，绝不再嫁。后来房玄龄病体痊愈，终身对妻子待之以礼。这些事例说明丈夫惧内，同妻子对丈夫、家庭的功劳与贡献分不开，也就是谢氏所讲的第一点以及第二点。谢氏还讲了“惧内”表现的几种情况，即不贤者畏妇，是恐惧妻子的威风；贤智者畏妇，是沉溺于对妻子的爱；贫贱者畏妇，是受到了妻子的好处；富贵者畏妇，是怕家庭矛盾而苟且偷安；畏惧丑妇，是因为她主持了家中的大权；畏惧少妇，是因为迷恋于性生活；有儿子而畏妇，是因为妻子以此要挟；无子而畏妇，是因为

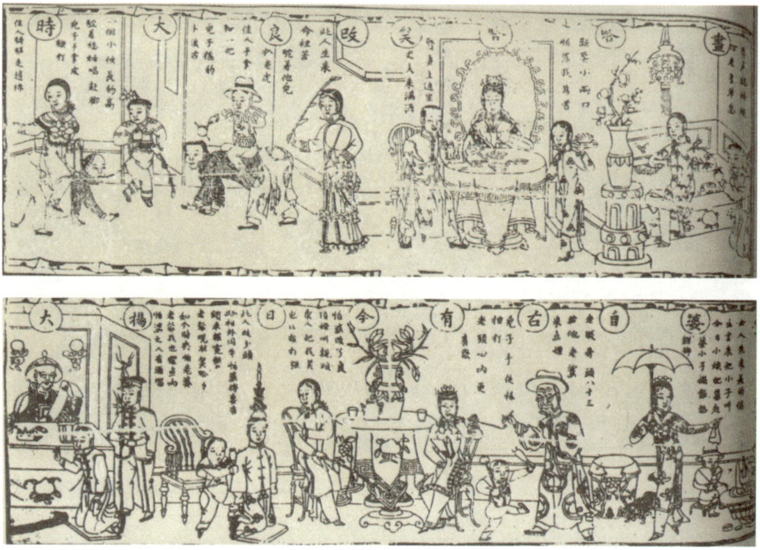

河北武强版画“怕老婆图”

妻子的威逼。如此详细地剖析“惧内”的情形，这在古人中是少有的。

2. 和谐型。古代夫妻和睦的家庭也是很多的，这类家庭一般以丈夫为主，丈夫通情达理，妻子顺从丈大，人们往往将这类夫妻关系称为“夫唱妇随”。

夫妻互相尊敬的事例很早就有。春秋时期，晋国人臼季外出路过冀邑（今山西河津），看见一个叫郤缺的农人锄草，他的妻子把饭送到田间，夫妻互相尊敬，如同对待宾客一样。臼季以为郤缺是有德的人，便把他推荐给晋文公。此后他们夫妻互相尊敬的事迹便流传下来，还形成了“相敬如宾”的成语呢。

很多学者指出，汉代妇女的社会地位较高，反映在夫妻关系方面的确如此。不少夫妻和睦、恩爱的故事流传至今，历两千年而不衰。比如张敞画眉的故事。张敞是汉宣帝时负责首都治安保卫的官员，当时称“京兆尹”。他的妻子很美丽，张敞非常喜欢，在家中亲自为妻子画眉，夫妻两人生活也很和谐。结果长安（今陕西西安）城流传张京兆爱怜妻子眉毛的说法，有的官员便以此参奏张敞，认为他的举动很轻浮，违反了礼法。皇帝获知后便责问张敞，他巧妙地回答，臣闻闺房之内，夫妇之间有比画眉过分的事情。皇帝被他逗乐，于是一笑了之。后来皇帝还让他当了丞相。人们便以“张敞画眉”来比喻夫妻感情深厚。再如举案齐眉的故事。说的是东汉人梁鸿与妻子互相佩服对方的贤德，丈夫为人干活，每次回家，妻子孟光送饭时，总是把端饭的盘子举到与眉毛一样齐。后人便用“举案齐眉”形容夫妻相互敬爱。又如共挽鹿车的故事，也发生在东汉。有一个叫鲍宣的人，曾从师学习，老师喜欢他清苦为学的精神，就把自己的女儿许配给他，而且嫁妆丰盛。鲍宣不高兴，对妻子说：你出身富裕，习惯漂亮的装饰，而我的确贫贱，实在不敢当。妻子言道：正是因为先生的贤德，我才嫁给您，既然侍奉您，您说什么我就做什么。鲍宣笑着说，果能如此，是我的志向啊。于是妻子把漂亮的服饰归还家里，换上适宜干活的短布衣与鲍宣一起拉着小车（鹿车）回到鲍宣的乡下老家。这种夫妻同心、安贫乐道的家庭生活便以“共挽鹿车”流传下来。

实际上夫妻恩爱和谐美满的事例历代都有。晋朝有这样一个故事，司徒王戎的妻子很爱丈夫，常常用“卿”这样的爱称来称呼他。王戎说，妻子以“卿”称呼丈夫，用礼教衡量是不尊敬的行为，以后不要再这样了。妻子答道：因为我爱你，才以“卿”称呼你，我不以“卿”称呼你，谁应当以“卿”称呼你呢？于是王戎便习以为常了。王戎因受礼教影响较深，起初对妻子的亲昵不习惯，当了解了妻子一片挚爱之心后，也就接受了，王戎的妻子在家里大胆地表示对丈夫的爱，是因为有深厚的感情基础，夫妻卿卿我我，家庭生活很美满。在清代，乾隆时进士孙渊如夫妻

吴友如画“共挽鹿车”的故事

情深，妻子王采薇能诗词音乐，谱曲吹奏供丈夫欣赏，渊如每每动情，妻子死后，绘其奏乐图像，表示纪念。孙渊如的妹妹嫁给吴鼒，帮助丈夫学习，希望能与哥哥一样考中进士，吴鼒不负妻子的厚望，实现了理想。人们羡慕他们的夫妻生活，誉之为“唱随佳话”。

3. 反目型。这类夫妻不和睦，经常吵架，夫妻生活不睦甚至紧张到仇杀，导致家庭破裂。俗话说“家丑不可外扬”，夫妻生活不和通常是不愿意让外人知道的，这属于隐私，所以几乎看不到这方面的历史记载。不过一旦夫妻因矛盾发生刑事案件诉诸法庭时，政府对其审理便会留下一些记录，我们可以借此了解一些

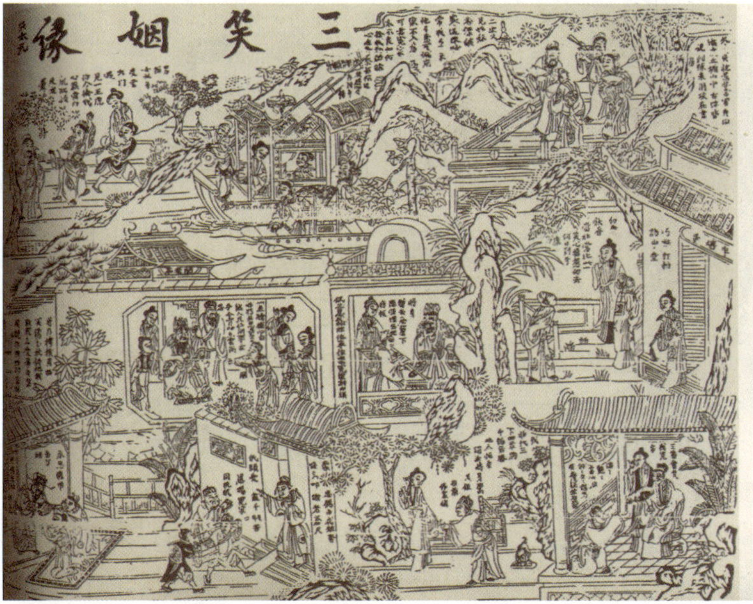

江苏桃花坞版画“三笑姻缘”

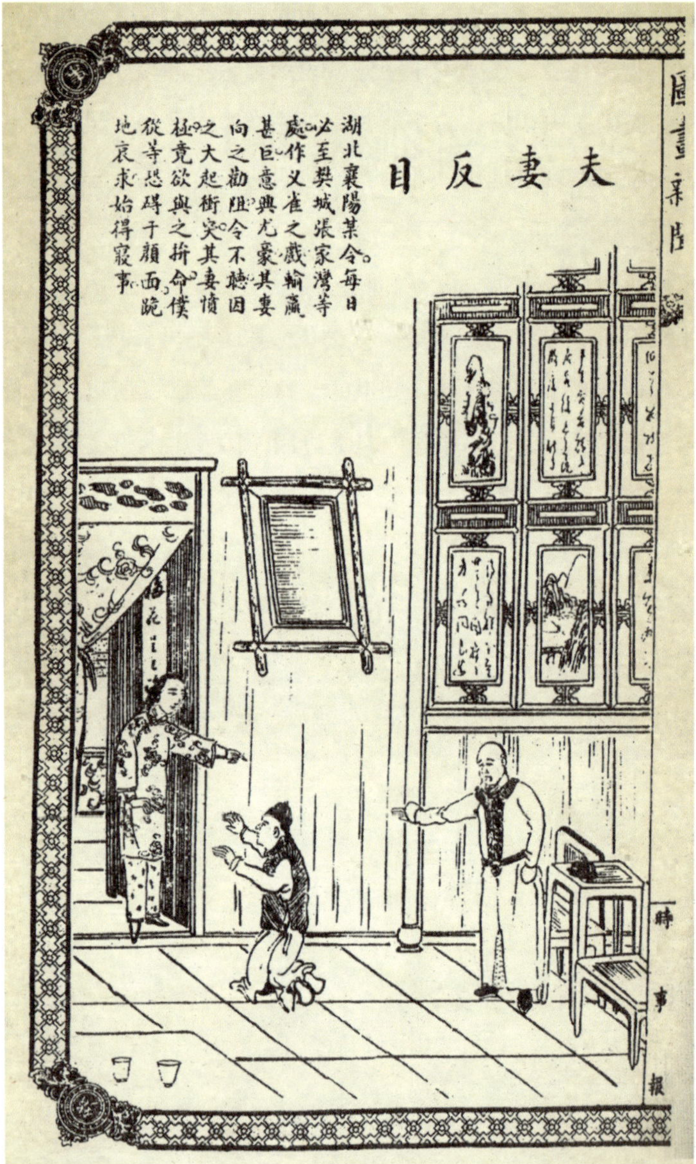
圖畫新聞
夫妻反目
湖北襄陽某令。每日必至樊城張家灣等處。作叉雀之戲。輸贏甚巨。意興尤豪。其妻向之勸阻。令不聽。因之大起衝突。其妻憤極。竟欲與之拚命。僕從等恐碍于顔面。跪地哀求。始得寢事。
時事報

《图画新闻》“夫妻反目”图

情况。就清朝刑部的案例来说，福建长汀人钟学友妻郭氏，八岁到婆家做童养媳，备受丈夫虐待，生有一女，被丈夫乱花钱卖掉，郭氏的夫妻生活如此不幸，一气之下，在嘉庆初年将丈夫毒害。官府把她凌迟处死。四川郫县人刘潮俸，外出归来叫妻子张氏做饭，张氏因其贫穷，平时看不起他，不予理睬，刘潮俸就把张氏打死，结果被判处死刑。这些夫妻原来就没有什么爱情，夫妻关系不和谐，以致发展到互相残杀的程度。

古代还有很多丈夫休妻、卖妻的事情，它也反映出夫妻生活不美满，这些方面的例子我们将在下一部分“婚姻解除”中介绍。

总而言之，古代夫妻生活基本状况是夫尊妻卑下平安相处的家庭关系。

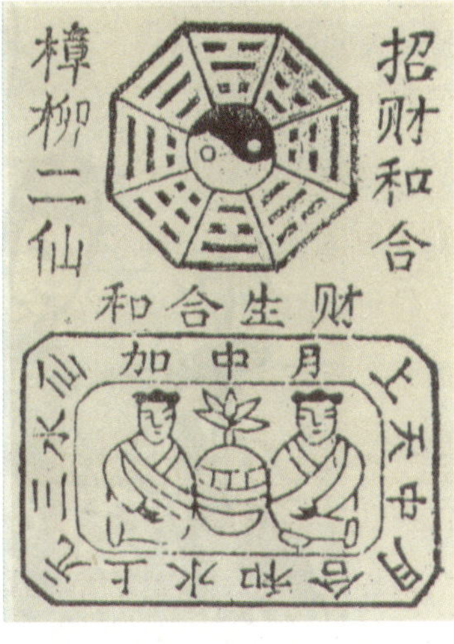

广东喜帖“和合生财”

婚姻解除

婚姻解除，是指男女双方解除由结婚而产生的权利和义务，即通常所说的离婚，这里介绍几种主要的离婚形式。

七　出

在上一节里我们讲到，夫为妻纲的礼教是汉代形成的。汉儒还将男尊女卑的思想贯彻到离婚问题上，片面地强调男子拥有离婚权，提出了男子离婚权的“七出”和“三不去”理论。“七出”反映在《大戴礼记·本命篇》里，认为如果妻子存在不顺父母、无子、淫、妒、有恶疾、多言、窃盗七种情况，丈夫可以和她离婚。理由是：不顺父母是违背道德，无子则不能传宗接代，淫可以混乱宗族，妒可混乱家庭，有恶疾则不能供奉宗祀，多言可以离间亲人的关系，窃盗指偷东西和私藏财货，总之，上述七种情况对家族不利，犯“七出”丈夫可把她送归母家，实际上是抛弃妻子。不过何休在《公羊传》的注文中又说，如有以下三种情况，男子则不可以提出离婚，即妻子曾经给公婆守丧过了三年的，或者是夫家娶妇时家贫后变富贵的，或者是妇女被弃无亲人投靠的。其原因分别是不忘恩、不忘穷、不背德。

汉代社会生活中，已有以“七出”中的理由与妻子离婚的。如东汉时，姜诗的妻子没有及时给姜母打水，姜母表示不满意，姜诗便指责妻子并将她送回母家，这是因妻子对婆婆不顺。西汉人王吉的妻子摘取邻人树上的枣子，王吉即将妻子逐去，这是因妻子偷窃之故。东汉时，李充家境贫苦，兄弟六人共食，换穿新服，其妻子主张分居，被李充训斥后逐出家门，这是妻子多言所致。东汉人冯衍以妻子“妒”而和她离婚，并认为自己有道理，还给妻弟写了一封信加以申辩，这是妻子嫉妒的结果。东汉明帝的老师大儒桓荣婚后无子，何昌帮助他去妻另娶，这是无子离妻。反映汉代生活的古诗《孔雀东南飞》中刘兰芝与焦仲卿结婚

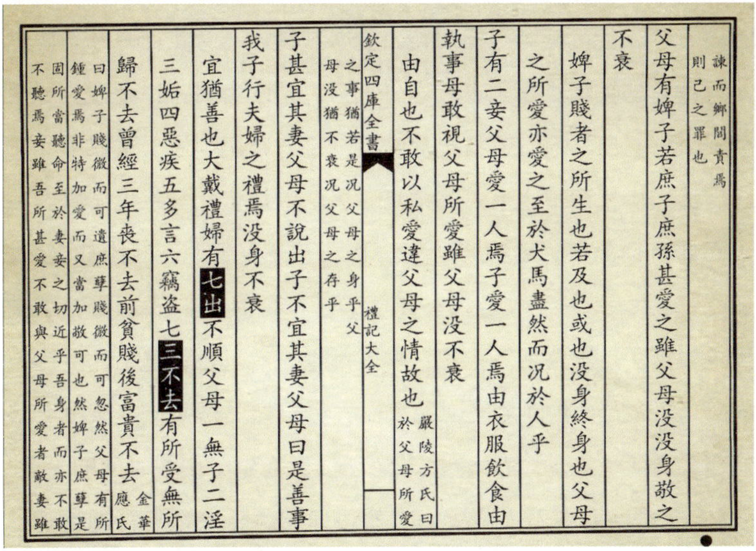
諫而鄉閭責焉則己之罪也
父母有婢子若庶子庶孫甚愛之雖父母没没身敬之不衰
婢子賤者之所生也若及也或也没身終身也父母之所愛亦愛之至於犬馬盡然而况於人乎
子有二妾父母愛一人焉子愛一人焉由衣服飲食由執事毋敢視父母所愛雖父母没不衰
由自也不敢以私愛違父母之情故也嚴陵方氏曰於父母所愛之事猶若是况父母之身乎父母没猶不衰况父母之存乎
欽定四庫全書　禮記大全
子甚宜其妻父母不説出子不宜其妻父母曰是善事我子行夫婦之禮焉没身不衰
宜猶善也大戴禮婦有七出不順父母一無子二淫三妒四惡疾五多言六竊盜七三不去有所受無所歸不去曾經三年喪不去前貧賤後富貴不去金華應氏曰婢子賤微而可遺庶孽賤微而可忽然父母有所鍾愛焉非特加愛而又當加敬可也然婢子庶孽是固所當聽命至於妻妾之切近乎吾身者而亦不敢不聽焉妾雖吾所甚愛不敢與父母所愛者敵妻雖

有关“七出”“三不去”的礼书记载

二三年而无子，焦母以儿媳妇“无礼”而驱逐她。“无礼”是指不顺父母，无论是无子还是无礼，都可导致离婚。这里仅仅列举了因有不顺父母、无子、嫉妒、多言而逐妻的事例，其他原因逐妻的还很多。“三不去”的看法也有所流行，东汉的光武帝刘秀，见姐姐湖阳公主寡居，就主动帮她选择新夫，想让她嫁给品貌俱佳的大司马宋弘。刘秀便以贵易交、富易妻的俗谚劝说宋弘，不料宋弘以贫贱之交不可忘、糟糠之妻不下堂为由，不愿休弃贫贱时共患难的妻子。光武帝只好作罢。不过，这个故事也告诉我们“富易妻”同样也是汉代流行的婚姻观念。

“七出”与“三不去”的礼教，至唐代被正式纳入法律之中，从《唐律疏议·户婚》可以看到，妇女具备“七出”条件，可不经过官府，由丈夫亲自写成休书，邀集男女双方亲、邻及见证人一同署名，就可弃妻。但唐代出妻必须理由充分，而且须给女方一定数量的钱物。否则妻族即可上诉，请求官府予以解决。如果妻子无“七出”应有的情况而弃妻的，法律仍要求丈夫和妻子一起生活。唐代法律也有严守“三不去”的规定，如果妻子符合三不去而将她离弃，要杖责丈夫一百，并令复婚。同时唐律又说，如果妇女身有恶疾或与人有奸情的，即使具备“三不去”的情况也要弃去。这说明“七出”中实际上只有五种情况适用“三不去”。唐律虽然准许丈夫因无子而去妻，但又做了一些限制，只有当妻子年齿在50岁以上既未生子又无妾生子代替时方准出妻，如在49岁以下则不准出妻。唐朝法律在离婚问题上总的精神是反对丈夫轻易休妻，主张夫妻最好白头偕老，不得已才发生离婚

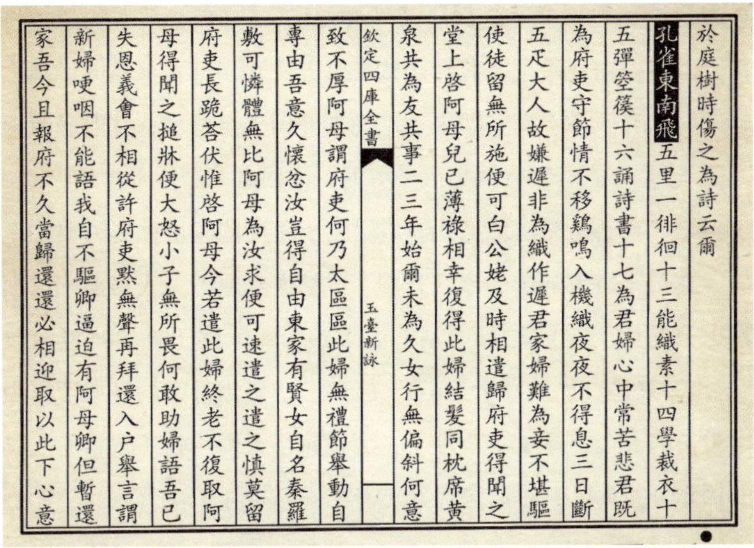

於庭樹時傷之為詩云爾
孔雀東南飛五里一徘徊十三能織素十四學裁衣十
五彈箜篌十六誦詩書十七為君婦心中常苦悲君既
為府吏守節情不移鷄鳴入機織夜夜不得息三日斷
五疋大人故嫌遲非為織作遲君家婦難為妾不堪驅
使徒留無所施便可白公姥及時相遣歸府吏得聞之
堂上啓阿母兒已薄祿相幸復得此婦結髮同枕席黃
泉共為友共事二三年始爾未為久女行無偏斜何意

欽定四庫全書　玉臺新詠

致不厚阿母謂府吏何乃太區區此婦無禮節舉動自
專由吾意久懷忿汝豈得自由東家有賢女自名秦羅
敷可憐體無比阿母為汝求便可速遣之遣之慎莫留
府吏長跪荅伏惟啓阿母今若遣此婦終老不復取阿
母得聞之搥牀便大怒小子無所畏何敢助婦語吾已
失恩義會不相從許府吏默無聲再拜還入户舉言謂
新婦哽咽不能語我自不驅卿逼迫有阿母卿但暫還
家吾今且報府不久當歸還還必相迎取以此下心意

《玉台新咏》所载长诗“孔雀东南飞”

的悲剧。

尽管法律有如上的精神，但现实生活中出妻的事例很多。大诗人白居易当地方官时经手过不少出妻案件，出妻的理由或因父母不爱，或因三年无子，或因妻子在婆婆面前呵斥狗，或因妻子织布不合样式等，不一而足。一些“出妻”理由对妇女太不公平了，诗人张籍便对因无子弃妻而感慨万端：“十载来夫家，闺门无瑕疵，薄命不生子，古制有分离。”特别是有的男子喜新厌旧给弃妇带来极大的痛苦，诗人杜甫《佳人》一诗写出了弃妇的心声：“夫婿轻薄儿，新人美如玉……但见新人笑，哪闻旧人哭。”喜新厌旧多因丈夫变得富贵所致，但也不尽然。《大唐新语》说：种田人多收十斛麦子，就想换掉原来的妻子。当然至于显贵者就更是如此了。白居易《母别子》诗曰：“关西骠骑大将军，去年破虏新策勋，敕赐金钱二百万，洛阳迎得如花人。新人迎来旧人弃，掌上莲花眼中刺。迎新弃旧未足悲，悲在君家留两儿。”这位弃妇忍痛将两个孩子留下而怆然离去。

宋代离婚法律一如唐代。以“七出”中的理由休妻的典型事例，莫过于诗人陆游的家庭悲剧了。陆游和原配夫人唐婉感情很深，只是因为陆游的母亲不喜欢唐婉，二人终于被迫离婚。以“七出”来说，唐婉属于“不顺父母”。仅仅因母亲的好恶便可决定爱情的命运，这太不公平了，所以每当人们读到陆游脍炙人口的词作《钗头凤》时，常常不禁为之一洒同情之泪。

元明清的法律也都规定了“七出”与“三不去”，基本内容和唐宋时代一致，只是“三不去”的例外规定不同。唐宋规定恶疾和犯奸不拘此例，而元明清仅规定犯奸者必去。就是说，妻子虽有恶疾，如具备“三不去”理由的也可以不去，唯独对犯奸者，无论如何也得弃去。可见，这一时期法律对妇女的贞操问题看得最为严重。这一时期政府轻易不判离婚，强调家庭的稳定，以免家庭破裂而发生社会问题。明人谢肇淛在《五杂俎》中就指出：当今非重大原因及受公婆之命告到官府，一般不得出其妻。一些宗族也有类似的主张，清道光时所修湖南《匡氏续修族谱》所定家规：凡族内子孙，妻妾如果没有“七出”和“义绝”的表现而擅自出妻者，杖八十，虽犯有“七出”而有“三不去”而出妻者，仍将原妇配归本夫。限制男子随意休妻。

义 绝

“义绝”，是指夫妻因为某种事情的发生已经情义断绝。法律规定夫妻义绝，必须解除婚姻关系。如果不自动解除这种婚姻，国家就要强迫解除，并给予惩罚。

法律对义绝的规定最早见于唐律，《唐律疏议》中的义绝包括下列情况：

（1）夫殴妻子祖父母、父母，及杀妻之外祖父母、伯叔父母、兄弟、姑、姊妹。

（2）夫妻的祖父母、外祖父母、伯叔父母、兄弟、姑、姊妹自相杀。

（3）妻殴、骂夫之祖父母、父母，杀伤夫外祖父母、伯叔父母、兄弟、姑、姊妹。

（4）妻与夫缌麻以上亲戚有奸情，或夫与岳母有奸情。

（5）妻想害夫。

（6）夫将妻嫁出（卖妻）。

这六种情况中，前五种情况都是为杜绝亲属间互相侵犯以及维护伦常观念和家庭的秩序。第二种情况对夫妻双方是平等的，第六种情况是保护妻子，其余四种都表现出男尊女卑，特别是妻想害夫为“义绝”，而律文中却见不到夫想害妻的规定。

“义绝”的法律规定到明清时期更为详细。《清律集解》对“义绝”的解释有两条：

（1）如丈夫在远方，妻子的父母要她改嫁；或上门女婿被岳父母赶出，另招新婿；及纵容妻子与外人通奸。

（2）丈夫殴妻造成折伤；强迫妻通奸，有妻诈称无妻，行骗将妻嫁出；以妻为妾，受财将妻典雇，把妾装作姊妹嫁人之类。

前面说过，《唐律疏议》把丈夫嫁妻视为义绝，我们对丈夫嫁妻的情况略作介绍。社会下层往往因贫穷无法生活，不通过官府而将妻子“嫁卖”，这类事情在宋代以后是很多的。宋代《名公书判清明集》一书中记载了这样一个案例，民人叶四有妻阿邵，因不能供养，便自立休书，将阿邵嫁给吕元五。此案告到官

清《点石斋画报》“当妻谈新”图

府后，地方官判定叶四、吕元五皆不得妻，阿邵另行改嫁。明代福建《寿宁待志》说当地有的人因急，需典当其妻，毫无顾忌。清代此风更甚，称为“卖休”，尤以江西省严重。贫穷不知造成了多少人间悲剧!

和离与弃夫

除了“七出”和“义绝”外，还有夫妻都愿意离婚的情形，这就是“和离”。《唐律》规定：如果夫妻不相安谐而和离者，允许离婚并不定罪。敦煌文书中有唐代三件放妻书，证明此种协议离婚是存在的。这些文书认为既然夫妻不和，必是前世冤家，双方一起生活不快乐，家业不兴旺，不如分离，各自另觅佳偶为好。离婚对双方来说都是情愿的。有意思的是，离婚书里还有对妻子再嫁的祝词：“愿妻娘子相离之后，重梳蝉鬓，美裙娥媚，巧逞窈窕之姿，选聘高官之主。解怨释结，更莫相憎，一别两宽，各生欢喜。”唐人对离婚的态度是比较开明的。

明清律将“和离”改称“两相愿离”。在清代，社会下层因贫穷无以维身而导致家庭破裂的很多，据反映江西历史的《西江政要》记载，民间有确因贫病交加、夫妻两相愿离各图活命的情况，准予离婚。

“和离”是以婚姻当事人的意愿为基础的，但事实上都要经过父母的同意，而且多以夫家的意愿决定，妻子的意愿在离婚中处于次要地位。

然而，“和离”毕竟部分地承认了女子的离婚权，实际生活中的确也有女子首先提出离婚的，这是种“弃夫”的行为。

女子提出离婚的事例历史上也还是有一些的。在汉代，武帝的姐姐平阳公主，本来嫁给了曹参的后人曹寿，因曹寿有恶疾而离婚。西汉人朱买臣家中很贫，他的妻子便以此为借口提出离婚，买臣不能留，于是便同意了。在唐代，敦煌变文中讲到一种泼悍妇人，与婆婆争吵，索要离婚书，要求“废我别嫁”。可见民间存在女方主动要求离婚的情形。具体来说，唐太宗时刘寂妻夏侯氏因父亲失明，便自请离婚，奉养老父。秀才杨志坚嗜学而家贫，其妻王氏到官府请求离婚改嫁，州官颜真卿认为伤风败俗，尽管杖她二十，但还是判她离婚，任其改嫁。据说通过杖责王氏，当地风俗大正，无弃夫之人。但证明原来弃夫之事是不少的。到了宋代，如果妻子对丈夫不满，感情疏远，仍可提出离婚。仁宗时，外戚吴氏携其女儿回娘家，与女婿脱离关系。哲宗时，章元弼娶表妹陈氏为妻，陈氏长得十分秀丽，而元弼外貌丑陋，并且嗜书如命，有时读书甚至忘记了睡觉，陈氏对元弼不满意，于是提出离婚。

但是宋代不准妻子主动要求离婚的观念抬头并且有所流行。据《名公书判清明集》记载，阿张嫁朱四为妻八年，后以丈夫“痴愚”和公公对她有不礼行为提出离婚，地方官判了离婚，但理由是阿张欲弃夫，已失夫妇之义，对丈夫是不适合了，又诬蔑公公，则公公不痛快，因此不能强合，将阿张杖六十，允许离婚。在地方官看来，女子当从一而终，要求离婚不应当，尽管准

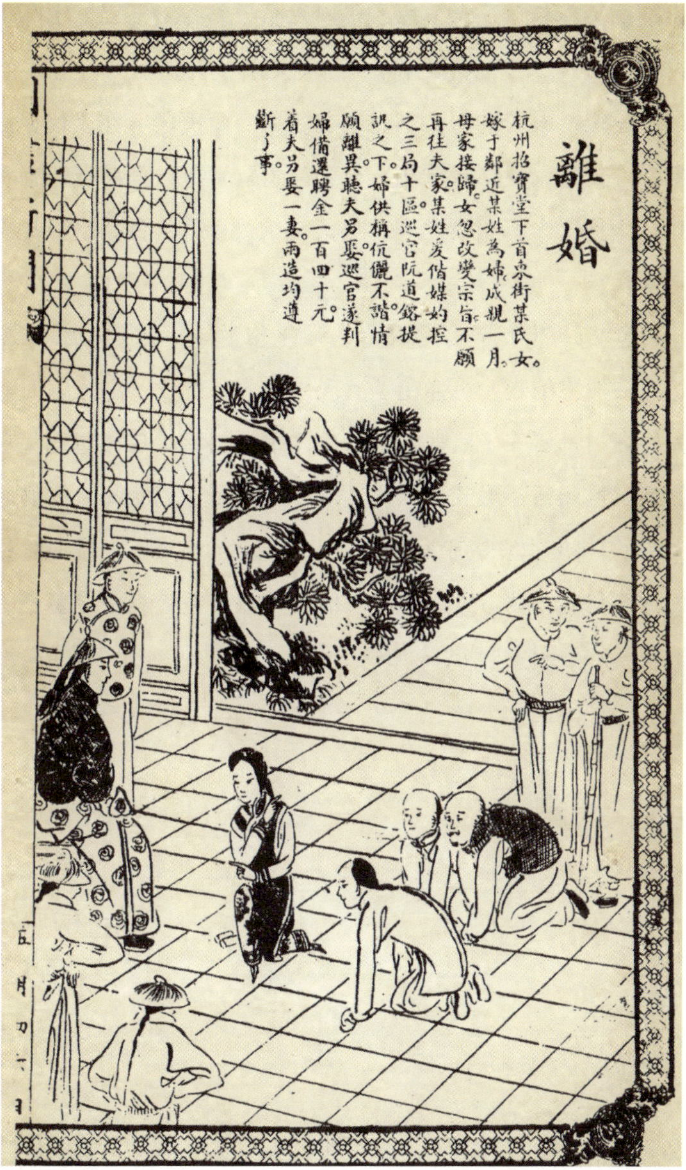
離婚
杭州招寳堂下首枲街某氏女。
嫁于鄰近某姓為婦。成親一月。
母家接歸。女忽改變宗旨。不願
再往夫家。某姓爰偕媒妁控
之三局十區。巡官阮道鎔提
訊之下。婦供稱伉儷不諧。情
願離異。聽夫另娶。巡官遂判
婦備還聘金一百四十元。
着夫另娶一妻。兩造均遵
斷了事。

“离婚”图像

子离婚也不能承认这种离婚权的合法性。同书还记载丘教授（负责教育的官吏）未中进士之前，把妹妹嫁给了黄桂，生了五个女儿，后丘教授中了进士，家庭地位提高，而黄桂不善于经营，家道凋零。丘教授便要回妹妹，与黄桂离婚。地方官在审理这一案件时，声称“夫有出妻之理，妻无弃夫之条”，否定妇女要求离婚的权利。

与官方不准妻子离婚政策的强化相适应，宋代妇女既嫁从夫、从一而终的观念也强化了。现代成语有把女子出嫁后，不论丈夫好坏，都要安于所遇的情况用“嫁鸡随鸡，嫁狗随狗”来比喻。其实这句话正形成于宋代，宋人庄季裕《鸡肋篇》中就记载了当时的谚语“嫁得鸡逐鸡飞，嫁得狗逐狗走”，正是妇女对婚姻无可奈何的写照。宋以后妇女的离婚权日益被剥夺，妻子主动提出离婚的事例更少了。

妇女再婚

妇女在离婚、丈夫死亡或已定婚尚未成亲而配偶亡故的情况下，有一个再婚的问题。古代妇女的再婚，并不像男性再婚一样随便，了解古代婚姻，应当对妇女再婚给予注意。

贞节观念的衍变

贞节，一般是指妇女不改嫁或不失身，古代儒家礼教提倡妇女保持贞节。不过在最早的礼书《仪礼》中，认为无子的寡妇，自然应当改嫁。只是在后来的《礼记》中，提出妻子与丈夫的关系终身不改，丈夫死后不应当再嫁。这大概是古人反对妇女再嫁最早的记载了，它成为后代鼓吹并推行限制妇女改嫁的理论依据。

从历史实际看，早在秦代就已重视贞节，反对妇女再嫁。秦始皇喜欢巡游，在过往地区经常刻石，对人民提出一些要求，在会稽（今浙江绍兴）的刻石上便说，妇女有子再嫁，是不贞的行为。不过秦始皇同时对男子也有禁止淫逸的要求。

妇女的贞节观在两汉有一个发展的过程。我们知道，两汉前期的董仲舒提倡男尊女卑，但是他也认为妇女夫死改嫁是合乎情理的正常行为，不主张从一而终。董仲舒曾在一件婚事案件的审理中，力排众议，把丈夫死后而改嫁的女子定为无罪。主张女子恪守贞节的是西汉后期的刘向，他第一次系统而明确地提出女子不事二夫、从一而终的观点，并在《列女传》一书中褒扬从一而终的贞节烈女十余人。《列女传》故事性强，加上政府的肯定和提倡，在西汉末和东汉初流传很广。继刘向之后，班昭在《女诫》也说按照礼教，丈夫有再娶之义，妻子无再嫁之文，宣扬妻子对丈夫从一而终。东汉时期的王符著有《潜夫论》，他认为女子要讲"鲜洁"，既"一许不改"，指责改嫁过的女子不贞洁、无廉耻，把贞节看作女子的行为规范。

汉代在上述思想的影响下，也确实出现了一些断肢毁容、誓不再嫁的妇女。例如东汉刘长卿的妻子桓氏丧夫折子，她怕父母逼她再嫁，便预先割耳毁容，以示决不再婚。荀爽的女儿荀采丧夫，荀爽骗女儿回家逼她改嫁，结果荀采在婚礼上自杀，进行反抗。

贞节观念在唐代宋若华的《女论语》得到了新的体现，宋氏专列"守节章"，要求女子第一守节，第二清贞。认为夫妻一旦结合，便义重千金，如果丈夫中途死去，妻子当守志坚心，保持家业。唐朝人反对妇女再嫁的其他言论也不少，如诗人孟郊《去妇诗》中便有"一女事一夫，安可再移天（即不能再嫁人）"之语。白居易《妇人苦》一诗也说："妇人一丧夫，终身守孤孑，有如林中竹，忽被风吹折。一折不重生，枯死犹抱节。"看来妇女守节舆论也是比较流行的。

到了宋代，贞节观念发展到一个新的阶段。一些政治家和学者极力提倡寡妇守节，反对妇女改嫁。最著名的学者是宋仁宗时期的程颐，他认为男子娶孀妇为妻，是娶失节者，因此自己也不免失节。有人问他：如果有孤孀贫穷没有依托的人，是否可以再嫁？他答道："这只是后世害怕寒冷饿死，才有这样的说法。然而饿死事极小，失节事极大。"于是"饿死事极小，失节事极大"便成为提倡贞节、反对再嫁的名言，对后世的影响极为深远。另一位学者张载则声称，夫妇初婚时不曾相约再婚，所以妻子在丈夫死后，不可以再嫁，这好比天经地义。大学者司马光、朱熹也都反对妇女再嫁。

值得注意的还有，宋代民间传统的迷信观念中，谴责妇女改嫁的内容多起来。洪迈的《夷坚志》中就有这方面的故事。有的描写寡妇改嫁而受到阴间的报应。据说浙江衢州郑某，娶会稽（今浙江绍兴）陆氏女，郑某死后丧期刚过，陆氏携带全部财产改嫁苏州官员曾姓。一天晚上，有人送给陆氏一信，宛如前夫的笔迹。信中指责陆氏无德，不义不慈，做妻子、母亲都不够格。我已向上苍和冥府控告。陆氏读罢感叹不已，非常遗憾，三天后她即死去。还有的描写男子娶寡妇也受到了报应。江西鄱阳县医生赵珪死后，按照礼俗的要求，其妻成氏当守丧三年。但是不到一年，成氏便准备改嫁，这时成氏梦见赵珪前来指责，要求她到丧期满后再嫁人。到了第三年，成氏嫁给一个姓魏的胥吏。次年六月，成氏又梦见赵珪指责她不该下嫁如同奴仆一样的胥吏，玷辱

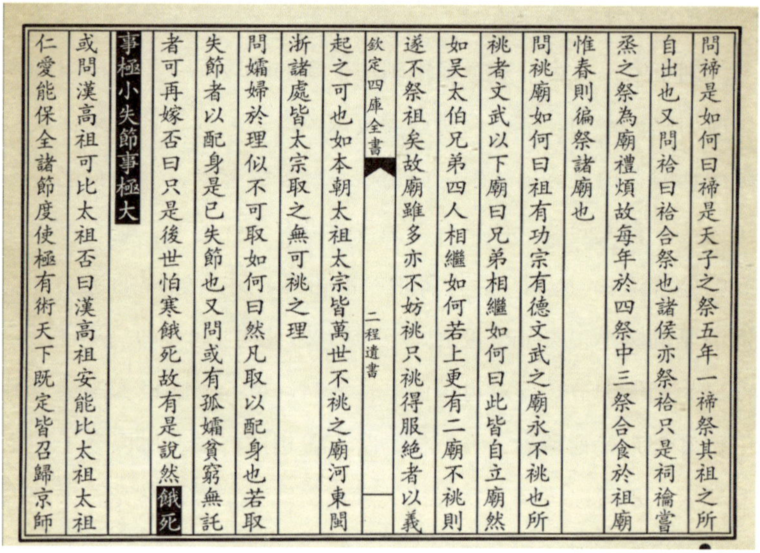
問禘是如何曰禘是天子之祭五年一禘祭其祖之所自出也又問祫曰祫合祭也諸侯亦祭祫只是祠禴嘗烝之祭為廟禮煩故每年於四祭中三祭合食於祖廟惟春則徧祭諸廟也

問祧廟如何曰祖有功宗有德文武之廟永不祧也所祧者文武以下廟曰兄弟相繼如何曰此皆自立廟然如吳太伯兄弟四人相繼如何若上更有二廟不祧則遂不祭祖矣故廟雖多亦不妨祧只祧得服絶者以義

欽定四庫全書　　二程遺書

起之可也如本朝太祖太宗皆萬世不祧之廟河東閩浙諸處皆太宗取之無可祧之理

問孀婦於理似不可取如何曰然凡取以配身也若取失節者以配身是已失節也又問或有孤孀貧窮無託者可再嫁否曰只是後世怕寒餓死故有是說然餓死事極小失節事極大

或問漢高祖可比太祖否曰漢高祖安能比太祖太祖仁愛能保全諸節度使極有術天下既定皆召歸京師

《二程遗书》记载程颐有关妇女守节的主张

了门风，说他已向阴间控告，在49天内一定要姓魏的命。果然，后夫在一个月内染病，七月中死去。此后在夜间，成氏经常听到室内有赵、魏二鬼互相打斗的声音。反对寡妇再嫁一旦同民间迷信相结合，它对人民的影响就更大了。

宋以后贞节观念进一步普及和深入民间。安徽徽州地区的贞节观念很强，据明万历时修《休宁县志》说：当地妇女在丈夫死后称未亡人，常常抚养孤儿，寡居数十年而终。甚至丈夫一死，便以身殉命，自缢、自刎、饮毒、绝食的事情也屡见不鲜。社会上把贞节看作妇女的基本道德品质加以要求，否则便被看不起。据清代同治时所修徽州《祁门县志》记载，当地风俗，再嫁者必受侮辱，出去不能走正门，许多人家不让接近寡妇所居的房子，以至于寡妇在院墙上开洞做门出外，乞求人们让她通过，还要光着脚用布蒙上头，一群孩子常跟随在她们的后面鼓掌掷瓦。寡妇生前如此，死后还受到人们的歧视，族谱的写法就有意地贬低和蔑视她们。如丹徒县（今江苏）的《京江郭氏家乘》对族人妻室写法规定：正室曰“配”“继配”，如果娶了寡妇，则书“纳”，族人的妻子改嫁出去了则写“曾娶”，说这是为了贱视失节。以再嫁为耻的贞节观念对一些人的确发挥着作用，如武进（今江苏常州）郑马氏二十九岁丧夫，身边有三男一女，夫家、娘家非常贫穷，好心人劝她改嫁，马氏表示“宁饿死，不改节”，终于把孤儿养大，可算是守寡者的典型了。这时为了使寡妇能生活下去，不至于再嫁，一些地方的绅士还捐资组织了恤嫠堂、清节堂等慈善机构，置有一定田产，给贫穷寡妇一点资助，帮助她们生活。

明刊本《列女传》割臂疗姑的汪氏

《劝善图说》“矜恤孤寡”图

许多地方宗族还从族田收入中给寡妇一部分口粮、衣物或抚恤金。这些事物的出现和发展都同贞节观念的强化有关。

旌表贞节

儒家礼教是古代官方正统的思想，贞节观念也备受政府的倡导。旌表贞节，就是用立牌坊、赐匾额等方式表扬保持贞节的人。

政府表扬寡妇，提倡贞节的事情出现得很早，秦代已有了褒奖四川清寡妇的事。西汉效法秦的做法，神爵四年（前58年）宣帝颁诏，赐予贞妇、顺女帛。到了东汉，类似的做法有五次，其中元初六年（119年）安帝又颁诏，除赐予贞妇谷十斛外，还由朝廷官府赐给匾额，悬挂门上，这大概是最早的旌表贞节了。以后各个朝代都继承了这种做法。

到了元代，《元典章》详细记载了旌表贞节的具体规定：民间寡妇，如果三十岁以前丈夫死了立志守寡，至五十岁以后没有改变，事迹著明，邻佑和农村负责人要做证明并上报政府，由政府旌表。明代继承了元代的这项旌节规定，又强调免除寡女家庭的差役。

清代非常重视旌表贞节，所设立的制度是历史上最完备的。清代旌表贞节妇女实际上分为三项：即节妇、贞女和烈妇。节妇，是指年轻妇女成为寡妇后守节不再嫁人。康熙六年（1667年）旌表节妇规定同于元明两代，寡妇守节二十年，她可受到旌表；

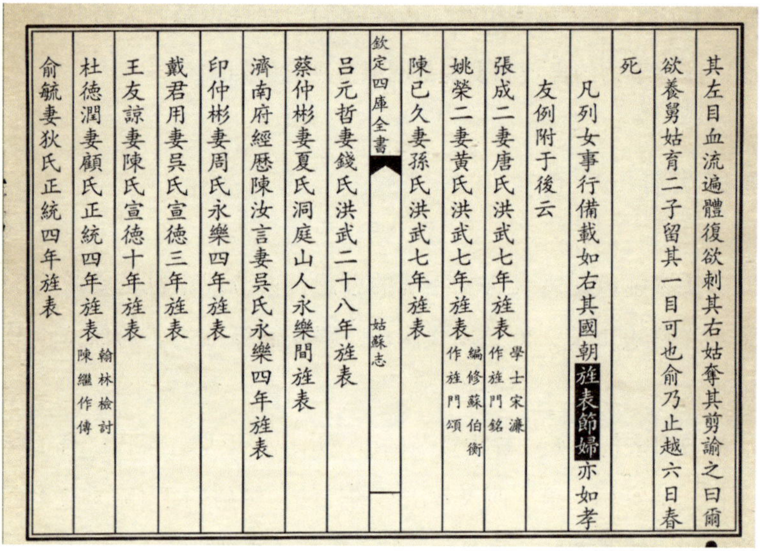
其左目血流遍體復欲刺其右姑奪其剪諭之曰爾
欲養舅姑育二子留其一目可也俞乃止越六日春
死
凡列女事行備載如右其國朝旌表節婦亦如孝
友例附于後云
張成二妻唐氏洪武七年旌表 學士宋濂作旌門銘
姚榮二妻黃氏洪武七年旌表 編修蘇伯衡作旌門頌
陳已久妻孫氏洪武七年旌表
欽定四庫全書 姑蘇志
吕元哲妻錢氏洪武二十八年旌表
蔡仲彬妻夏氏洞庭山人永樂間旌表
濟南府經歷陳汝言妻吳氏永樂四年旌表
印仲彬妻周氏永樂四年旌表
戴君用妻吳氏宣德三年旌表
王友諒妻陳氏宣德十年旌表
杜德潤妻顧氏正統四年旌表 翰林檢討陳繼作傳
俞毓妻狄氏正統四年旌表

明朝王鏊撰《姑苏志》记载苏州受旌表节妇的情况

雍正元年（1723年）补充规定，如果守节过了四十岁未到五十岁而去世，守节十五年以上的人也一块受旌表；道光四年（1824年）又改为寡妇守节十年去世，加以旌表；同治七年（1868年）进一步把死去寡妇的守节年限缩短为六年。贞女，指女子许婚后夫死，矢志守节，实际上是未婚守节。贞女守节的年限与节妇相同。不过乾隆年间曾规定，守节贞女在娘家或到夫家守寡，如果在夫家守寡病故不符合年限，也可旌表。未婚守志除夫死外，还有丈夫外出未归的情况。有的贞女甚至殉情自尽，则称为“贞烈”，不过这类贞烈女子不一定获得旌表。也有的贞烈是拒奸致死的。烈妇，是指妇女或在夫死时殉死，或殉难，或拒奸致死的人。烈妇为了丈夫竟一同去死，这在清代基本是禁止的，但有时也恢复旌表，这取决于皇帝的意志和当时是否以此移风易俗。

能够享受以上旌表资格的是普通人民。如果是受了册封的官员妻子，在丈夫死后则不能受旌表，因为政府认为这些妇女本来就应当守节，没有必要专门表扬。再一个是身份低下的贱民如奴婢等也不能旌表，这是由于政府认为她们低人一等，没有资格获此殊荣。

旌表的手续方法一般是由地方官上报，中央的礼部批准后，由地方官给银三十两，允许本家建立牌坊。雍正元年（1723年）清朝曾规定各地要修建节孝祠，在祠门外建大的牌坊一座，上面刻上贞孝妇女的名字，死亡的节妇要在祠中设牌位。每年春秋时节，地方官来节孝祠祭祀节妇。嘉庆、道光年间针对很多妇女同时蒙难而守节的情况，建立总牌坊。以后又由于节妇众多，而废除了为一个节妇赏银三十两建坊的先例。当时能够获得旌表被视为家族的荣誉，牌坊或在住所或在墓地建立。被旌表者一般可得到受表扬的匾额，上面的题字有“清标彤管”“巾帼完人”等。

旌表贞节是妇女的不幸，有的地方竟以获得旌表来光宗耀祖，其中烈女尤为不幸。福建殉夫甚至有逼迫妇女的风俗，一首民歌控诉了这种迫害妇女的行径：

闽风生女半不举，长大期之作烈女。
婿死无端女亦亡，鸩酒在樽绳在梁。
女儿贪生奈逼迫，断肠幽怨填胸臆。
族人欢笑女儿死，请旌藉以传姓氏。

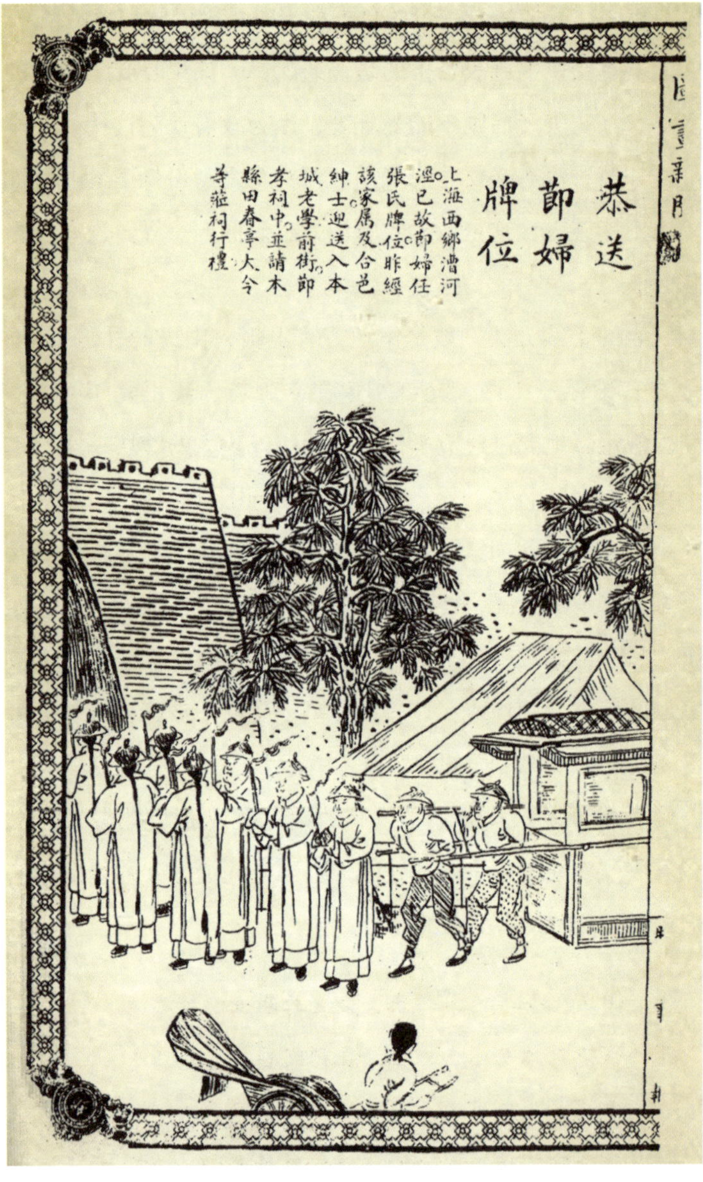

《图画新闻》“恭送节妇牌位”图

三尺华表朝树门，夜闻新鬼求还魂。

这真是骇人听闻！

在士大夫和政府的倡导下，节妇、烈女越来越多。董家遵先生曾利用清朝编的《古今图书集成》一书，统计了从东周到清朝康熙年间节妇、烈女数量的变化情况，我们不妨移植此处，供大家参考。

东周至清初节妇、妇女数量变化表

朝代	节妇人数	烈女人数
周	6	7
秦	1	
汉	22	19
两晋南北朝	29	35
隋唐	32	29
五代	2	
辽		5
宋	152	122
金		28
元	359	383
明	27141	8688
清	9482	2841
统计	37226	12157

由上表可以看出，节妇、烈女呈现增长的趋势，宋以后，特别是明清时代增长最快，这说明贞节观念的强化正好与旌表制度的完

《图画新闻》“尼姑庵改为节妇堂”图

善相一致。

改嫁的法规

士大夫宣扬贞节观念，政府旌表贞节妇女，那么古代是否也有禁止妇女改嫁的法规呢？

禁止妇女改嫁的法规是有的，不过一般限于社会上层妇女。就皇室而言，唐代规定公主如丈夫死后有子，不得再嫁。看来寡妇公主如无子，还可以再嫁。宋代曾有过禁止宗室女再嫁由施行到废止的法律。北宋仁宗庆历四年（1044 年）规定宗室大功以内皇亲的妇女年少丧夫，不许改嫁，即使无子也是如此。但由于一些人的反对，到英宗便予以撤销，公开下令宗室女再嫁。神宗时甚至规定，五服以内亲的宗室女如果与丈夫离婚而再嫁，其新夫如果是官员可以提升一级。用加官的办法对愿意娶再嫁宗室女为妻的官员加以优待。就官员的母亲、妻子享有朝廷封号的命妇来说，隋唐时期朝廷明令五品以上官员的妻妾和九品以上官员的妻子不得再嫁。但是宋朝却没有命妇守寡的禁令。至元代武宗至大四年（1311 年），才恢复了中断数百年之久的命妇夫死不许改嫁的制度，规定如果不遵守，即将所受诰敕收还，并以犯法而判处她与新夫离婚。明清时期命妇不许改嫁的规定也与此相同。根据大量清代族谱记载，命妇确实不乏守寡者。

至于普通妇女的再嫁历史上曾有过提倡的时代。据《管子》记载，春秋战国都设置媒官，任务是合鳏寡，称作“合独”。这种措施的实行，主要目的是为战争而增加人口。显然，这时再娶再嫁的事是普遍存在的。西汉时期，曾有朝廷出钱，用行政命令安排寡妇再嫁给迁徙到北方边界地区屯垦守边的百姓，以让他们安心在边地生活。三国时曹魏、南北朝时的北齐曾要求地方官呈报本地寡妇，将之配给立过战功的士兵，还往往滥及有夫之妇。这是为了稳定军心而造成的。唐朝贞观元年（627 年），太宗颁诏，要求男女丧偶者在丧期满后，都要重新婚配，公开提倡寡妇再嫁，这大概因战争之后人口稀少，要求寡妇再婚是为了增加人口，带有临时性。

唐朝以后朝代，一般只要丧服期满，法律是不干涉妇女再婚的。《唐律·户婚》规定在父母及丈夫的丧期改嫁者，妻子要判处三年徒刑，并与新夫离婚。丧期之后未说，显然是允许的。《宋刑统》也有类似规定，丧期的时间是 27 个月。哲宗时，于元祐八年（1093 年）又将此期限缩短到百天。规定寡妇在夫或父母丧百日之外，因贫穷不能谋生者，允许告知地方官后改嫁。宋代法律还规定夫亡子幼，无人主家，寡妇可招后夫，称作“接脚”。寡妇的确有再婚的法律权力。川陕地区的富家对于作为佃户的客户有非常大的干涉权利，夔州路地方官于南宋宁宗开禧元年（1205 年）上书，请求凡是客户死亡，而其妻愿改嫁者，听其自便。这一建议被政府作为一路专法批准。放松对客户的控制，使他们同普通农民一样。显然，一般农民的妻子改嫁是自由的。南宋末年，李孝德告发其嫂子阿区三次改嫁。身为地方官的胡颖审理此案时，认为阿区三易其夫，失节固然过分，但是她在丈夫死后或嫁或不嫁，唯阿区自己选择，替阿区辩护，并以李孝德不守本分，专好诉讼，而杖责他一百下。

如果丈夫死后无子，寡妇要改嫁更是理所当然。元末刻本《事林广记》收有一份寡妇呈交地方官要求改嫁的文书格式，叫作《妇人夫亡无子告据改嫁状式》，内容是：注明姓氏、年龄，有无疾孕，是何地何人的妻子，未曾养育儿子，某年某月某日，丈夫因病死亡，丧期已过，安葬之处办理妥当，目前没有儿子和财产可以养赡，确实贫穷难以为生，因此上告，请求改嫁。刊行这样的文书是为给人们使用时提供样本，可见法律允许因贫家或无子的寡妇再嫁。普通妇女失去丈夫，一般来说都是难以生活下去的，所以因贫穷而准寡妇再嫁，实际上就等于准予命妇之外所有妇女不必守节。

法律还有在一些特殊情况下允许妇女再嫁的规定。如唐代与宋初规定，丈夫失踪六年的情况下，妻子可以改嫁。如果丈夫骗取妻财逃亡，可不受此年限的限制。宋代又曾规定丈夫出外三年不归，也允许妻子改嫁。元代延长到五年，明清两代规定：订婚后丈夫无故五年不娶，或丈夫逃亡三年不归者，妻子可以改嫁。尽管上述情况是比较特殊的，但也可看出法律认为普通妇女再嫁是自然的事情。

妇女再婚的普遍

古代寡妇再嫁的社会现象有一个越来越少的发展趋势，然而

《清代报刊图画集成》第八册
“欺寡行凶”图

寡妇再婚始终是普遍存在的。

春秋时期，寡妇再婚在人们心目中是一件相当平常的事情。就连儒家的创始人孔子的儿子伯鱼死后，其妻虽然已生有儿子子思，仍然再嫁于卫国人。齐桓公和蔡姬乘船游玩，蔡姬故意晃船，桓公很害怕，叫蔡姬不要晃，蔡姬照旧摇晃。桓公发怒，便将蔡姬送回了国。蔡国针锋相对，把蔡姬改嫁了。人们对再嫁之女，没有什么偏见，娶再嫁之女视为自然。如秦穆公把已嫁子圉的辰嬴再嫁重耳，孔文子夺回已嫁大叔疾的女儿另嫁卫君等，都是著名的例子。到了战国，为了增加人口，扩充兵源，更是鼓励寡妇再嫁。

两汉是倡导妇女保持贞节的时期，不过贞节观念对人们的影响并不大，各种社会层次普遍存在妇女再婚的现象。皇族中，西汉武帝的姐姐平阳公主因丈夫曹寿有恶疾而离婚，后在武帝支持下与卫青结了婚。东汉光武帝刘秀见姐姐湖阳公主寡居，就为她寻觅新夫。官吏中，西汉中期苏武出使匈奴长期被扣押，他的妻子误以为苏武死去，于是再嫁他人。孙权的两个女儿，在前夫死后，都再嫁他人。文人学者中，名士蔡邕的女儿文姬，最初嫁给卫仲道，卫仲道死后，蔡文姬回到家中。后来文姬被匈奴所掳，成为左贤王的妻子，并生了两个孩子。文姬后从匈奴返回内地，再嫁为董祀妻。富商大户中，武帝时大官人卓王孙的寡妇女儿卓文君，再嫁司马相如。平民中的事例也不少，景帝王皇后的母亲原本是老百姓，先嫁王仲，再嫁田氏。陈平的妻子原来就嫁过五次，嫁给陈平时已是第六家。人们也不以娶再嫁女为耻，即使是皇族也是如此，像景帝刘启的王皇后，先嫁给金王孙，已生过女儿，又同金王孙离婚，改嫁文帝太子刘启，王氏生了武帝，即被立为皇后。

魏晋南北朝处于战争频繁的时期，对人口的需求以及礼教的衰微，妇女再婚是普遍的。即使到了隋、唐、五代，妇女再婚的事例也不胜枚举。就唐而言，从高宗到肃宗共有公主98人，改嫁者竟有27人，其中还有4人三嫁。公主之外，其他妇女再婚的也很多，大学者韩愈的女儿，先嫁其门人李汉，离婚后又嫁樊仲懿；独孤郁娶相国权文公女儿，连天子都很羡慕，实际上权文公的女儿是个寡妇；宰相宋璟之子娶了美貌的寡妇薛氏。唐明皇与杨贵妃的爱情故事脍炙人口，而杨贵妃原是寿王的妃子，为玄宗的媳妇，后来出去做了一段时间的道姑，便被玄宗娶了过来。类似的事情，唐代发生了好几起。以家法自矜的士族也有改嫁之事。如山东名门郑远的女儿嫁给魏元忠之子，魏氏遭难，郑家便要求离婚，第二天就改嫁他人。有人统计，《太平广记》中，唐代妇女改嫁的事有四十一例，其中再嫁者三十八人，三嫁者三人。妇女改嫁很普遍。就五代来说，身贵称王的郭威，先后娶了四个妻子，竟然都是再嫁的妇女。可见这一时期妇女的贞节观念仍是很淡薄的。

有些人认为两宋时代世俗以改嫁为奇耻大辱，事实上，理学家们的倡导远远没有深入民间。张邦炜先生还统计，反映社会的笔记小说《夷坚志》，记载宋代妇女再婚的事有六十一例之多，其中再嫁者五十五人，三嫁者六人。知道改嫁时间的四十一例，属于北宋的仅仅四例，而属于南宋的多达三十七例（《宋代妇女再嫁问题探讨》）。如果认为《夷坚志》有一定的文学色彩，证据尚不是最有说服力的话，笔者粗略阅读《名公书判清明集》就发现妇女改嫁的案例十六件，其中三嫁的就有四件，是总数的1/4，不少改嫁妇女往往还带子，这就说明妇女再婚特别是普通妇女再

文姬归汉图（南宋）

婚是相当普遍的。事实上社会上层的再婚也有一定的普遍性。北宋初宰相薛居正的儿媳柴氏，早寡无子，柴氏准备改嫁官员张齐贤，另一官员向敏中也曾向柴氏求婚。范仲淹母亲谢氏，曾改嫁朱家；范仲淹的儿子纯祐早死，由他做主，将儿媳嫁给自己的弟子王陶。王安石的儿子王雱精神失常，儿媳庞氏非常痛苦，王安石代她择婿而嫁。陆游表妹唐婉改嫁他人。士大夫们几乎没有要求寡女必须保持贞节的观念，甚至连皇帝也娶寡妇为妻。如北宋真宗的刘皇后，始嫁四川人龚美，因龚氏家贫而另嫁。皇帝的贞节观念如此，人民可想而知。值得注意的还有，尽管宋代的理学家非难寡妇再嫁，然而在自己家族中也难以做到，如程颐就默许其侄儿媳妇改嫁，并未让她“饿死”，还称赞其父程珦操持外甥女再嫁是抚育晚辈的慈祥行为。所以宋代虽有很多人提倡贞节观念反对妇女再嫁，但并没有一下子就深入生活、普及全社会。

也有人认为节贞观念经宋儒宣扬后，元明清特别是明清时期便深入民间，于是妇女再婚便极少发生，这种看法也是不准确的。不错，这时士大夫家庭妇女再嫁的事例的确凤毛麟角，普通妇女改嫁的事例比前代大为减少，但是妇女改嫁仍是普遍存在的。据《元典案》记载，元中期武宗时，妇女夫亡守节者仍然甚少，而改嫁者到处有之。明代冯梦龙所修福建《寿宁待志》也说，孀妇迫于贫，丈夫丧期之中便再嫁。甚至有很多双鬓已白的老年妇女也觅老翁为伴，当地称之为“帮老”。即使是清代，同治时所修《上海县志》仍说当地社会下层因贫饿改嫁的妇女占到寡妇的百分之八九十。寡妇普遍再婚是确凿的事实。

宋仁宗皇后像

清代妇女再婚的普遍存在是有原因的。当时社会舆论并不是笼统地谴责妇女。普通人民间存在着允许、同情妇女再嫁的思想。有的丈夫在弥留之际劝妻子在他死后改嫁；也有父母劝女儿改嫁的；还有公婆劝寡媳改嫁的；更有亲朋邻里劝再婚的。文人中也有些人具有寡妇再婚的思想，俞正燮认为不应当非难再嫁者。钱泳指出阻挠孀妇再嫁是讲道学之误，妇女是否再婚应该看

《清代报刊图画集成》第八册“强抢孀妇之宜惩”图

她的门户大小，贫富如何，不可一概而论。此外，政府规定改嫁妇女不但不能拥有丈夫遗留的财产，连嫁妆也不一定属于本人。所以丈夫的族人为了继承财产，就逼迫孀妇改嫁，江苏这种情况非常严重。最关键的原因是，许多失去丈夫的妇女如不改嫁，便难以生活，而社会溺女婴现象严重，人口比例男多女少，男子娶妻难，所以寡妇再婚的存在势所必然。

特殊嫁娶

古代婚姻的正统形式，是婚姻双方排除亲属关系，依据父母之命、媒妁之言，订有聘约，按照“六礼”进行的从夫居一夫一妻制。除此之外，还有一些特殊类型的嫁娶形式。

收继婚

收继婚，是指丧夫妇女在家族内重新婚配。它有两种婚姻形式：一是异辈收继，即子娶庶母、叔伯母等为妻；二是同辈收继，即兄娶弟媳为妻和弟娶兄嫂为妻。收继婚是原始群婚的遗留，异辈收继已排除了上下直系血亲之间的婚姻关系，只是允许间接的上下辈分的婚姻关系；同辈收继，则是辈行婚习俗的残存。

收继婚是越古越盛的风俗。传说舜的弟弟象，想要杀害舜，并准备娶嫂子为妻。到了春秋时期，收继婚仍普遍统行。《左传》中就有不少这方面的记载，该书把下辈或幼辈男子淫长辈女子称作“烝”，这种记载有五次，四次是儿子烝庶母，一次是庶弟烝嫂。这些“烝”的活动都是长期公开的，主动者都是男子，却没有一个受到惩处，甚至没有遭到谴责，说明符合当时的习俗和伦理观念认可。先秦时期与“烝”含义相同的还有“报”字。另外，春秋时期通奸的事情很多，《左传》中就有叔嫂同奸、叔父和侄媳私通的例子，都是已婚男子与寡妇之间发生性关系。我们从这类事情的背后也可看出收继婚的影子。

汉朝人对收继婚的看法发生了变化。《礼记·曲礼》认为叔嫂之间不能直接接触，汉代法律明文禁止收继婚，并把嫂与侄之间的性关系称作“报”而加以禁止。倘若违反，便以禽兽的行为定罪诛杀。但在实际生活中，收继婚并未停止，皇室宗亲间此类事情就不少。如燕王刘定国与父亲的姬妾通奸，又夺弟妻占为己有；赵王的太子刘丹与同父异母姐姐通奸；梁王刘立与姑母园子通奸；江都王刘建与其父所爱淖姬通奸；南利侯刘宝与其父宠姬左修通奸；等等。特别是汉代边城的少数民族还存在原始习俗，收继婚是其正常的形态。昭君出塞嫁给匈奴族呼韩邪单于（王），呼韩邪死后，他前妻的儿子继任单于，便想将昭君收为妻子。昭君上书汉朝，请求回来，汉成帝命令她服从匈奴习俗，于是昭君嫁给了新单于。汉同乌孙族也数次和亲，曾将江都王刘建的女儿细君嫁给乌孙王昆莫，细君后来被莫昆的孙子收娶，这是收庶祖母为妻。此外，羌族、乌桓、鲜卑也流行收继婚。

北朝是由少数民族建立的，收继婚自然很普遍。后赵的建立者石勒为了改变风俗曾下令国人，弟弟不能报嫂，这条命令反证出收继婚的流行。至于北齐的皇帝，几乎个个都有烝母报嫂的行为。

《闺媛丛录》王昭君像

占代最负烝母臭名的要算隋炀帝了，在父亲文帝病死的当天晚上，他便将文帝的爱姬宣华夫人陈氏、容华夫人蔡氏收归己有。

唐代皇帝收继婚的事例也不少，唐太宗同父异母弟李元吉图谋作乱，被太宗所杀，太宗便收继了元吉的妃子杨氏，生下十四子曹王李明，并打算把杨氏立为皇后，因大臣魏徵的反对，才作罢，这是兄收弟妻。太宗有个四品的妃妾武则天，死后被太宗的儿子高宗立为皇后，这是子收庶母为妻。中宗女安乐公主的驸马是武崇训，崇训死，公主嫁给了崇训的堂弟武延秀，这是弟收兄嫂。然而成亲的那天，中宗与韦后亲临，还实行大赦，赏赐群臣，非常隆重，全无禁忌。如果依照唐朝法律的话，上述婚姻都是非法的，因为唐律规定娶伯叔祖父、堂伯、堂叔、再从兄弟小功亲以内亲人的妻子，以奸罪论处。特别是奸父、祖的妾，要处以绞刑，即使是奸与父、祖有性关系的婢女，也要被流放二千五百里。可见这样的法律规定对于唐皇室来说，犹如一纸空文。皇室如此，大概在民间的效果也不会太好。

五代十国时期，许多政权系少数民族所建，也流行收继婚。如出自西突厥的后晋，出帝石重贵娶叔母冯氏为妻，臣下不加劝谏，反而在居丧期间举行了隆重的庆贺仪式，可见当时朝中将此事视为寻常。

唐代有关禁止收继婚的法律规定，在宋代法律《宋刑统》中得到承袭，与唐代形成鲜明对照的是，社会舆论强烈地谴责收继婚。北宋的程颐指斥唐皇室娶妻不正，以致天下无纲纪。南宋时朱熹进而贬斥唐朝之所以如此，是因为其源流出于少数民族。在这种社会舆论之下，禁止收继婚的法律是会有一定效果的。宋代皇室中没有收继婚的事例，宋代个别收继婚出现所遇到的阻力，也迥然不同。如孝宗时徽宗郑后的侄子、节度使郑藻“娶嫂”，满朝大臣得知这一新闻后，惊异万分，纷纷上书弹劾。做了太上皇的高宗看在郑藻是他表弟，向孝宗为他开脱，此事才大事化小，被掩盖过去。

和宋朝并存的辽、夏、金等少数民族政权则与宋朝不同，都盛行收继婚。契丹族建立的辽朝一直保存着东胡民族收继婚的遗风，如贵族耶律滑哥便烝其父妾。建立西夏的党项族，自唐朝以来一直实行收继婚。女真族也不例外，宋人文惟简曾亲眼看到，女真族在家族内部娶妻，妇女在丈夫死后，不令归宗，即不是回到父母家，兄、弟、侄都可以娶她，也有娶继母的。女真人建国后，收继婚由盛而衰，有个别寡居的妇女，不肯叫人收继，只好削发为尼，如金睿宗死后妻子李氏便是如此。至金世宗时，则规定愿收继者，要等丧期归宗后以礼娶之，并且仅限于同辈间进行。金朝也允许汉人这样做，看来金朝统治下的汉族也有实行收继婚的。不过到了金章宗时，进一步接受汉人礼法，严格限制非女真人实行收继婚。

蒙古族建立的元朝，是收继婚变化较大的一个朝代。蒙古人盛行收继婚，《元史》记载蒙古人父死则妻其从母，兄弟死则收其妻，并将之称为“国俗”。蒙古人占领北方后，对金朝故地部分汉族人实行的收继婚仍采纳金朝的婚姻律令加以禁止。但是到了元世祖至元八年（1271 年）政府则公开颁行准许汉族弟收兄嫂的收继令，以蒙古族婚姻观衡量汉族，此后汉族中的收继婚开始倡行。元代汉族的收继婚，在一定程度上要征得父母亲和伯叔亲属的同意，以便确定收继的子、侄。除兄亡收嫂外，如果兄长定婚未婚而亡，弟弟也可收其未过门的嫂子，女方没有悔婚的权利。收继婚也要有媒妁和主婚人，举行一定的婚姻仪式。但是，至元十年（1273 年）以后，元政府逐渐对收继婚加以限制。比如丧夫妇女表示守志不嫁，政府则不准收继。这是由于受汉族中原婚姻

元世祖像（元）

元世祖后像（元）

礼制、伦理规范、贞节观念的影响所致，用汉族的礼法婚姻规范来要求汉族人。元朝的法令也不断调整，仁宗延祐二年（1315年）明令“兄元嫂嫁，小叔不得收”。据《元史·刑法志》记载，政府禁止非蒙古人的收继婚，规定姑表兄弟叔嫂不相收，收者以奸论罪；兄收弟妇，男杖一百零七，女杖九十七，并且离异。所以元代中后期政府审理案件时，指斥收继婚是“浊乱典礼”“废绝人伦，实伤风化”。但是由于金朝以来汉族叔嫂相继风俗的流行，加上统治民族蒙古人本身就实行收继婚，所以元政府的法令便不能消除汉族收继婚，汉族收继婚在北方较盛。需要说明的是，蒙古族虽在元代一直实行收继婚，但是也在中原纲常伦理道德观念的影响下发生了一些变化。比如鲁国大长公主在丈夫死后守节，不从诸叔继娶，结果文宗以朝廷的名义对她旌表，宣扬汉族的贞节观念。又如普通蒙古妇女脱脱尼，在二十六岁时丧夫，其夫前妻的二子皆壮而无妻，便想以本民族的婚制收继她。脱脱尼誓死不从，大骂这二人是禽兽行为，想以母为妻，有何面目再见黄泉之下的父亲。结果脱脱尼守寡三十年，以贞节而闻名。

明清时期，法律规定严禁收继婚，如果收伯叔母，斩头处死，如兄亡收嫂、弟亡收弟妇，绞死。但是，平辈间的收继婚仍在下层人民群众之间一直流行着，这一时期，一般将收继婚称为“转房”。以清代为例，不断有时人强调禁止收继婚。如陈宏谋在雍正年间任云南布政使时规定，当地不许兄亡即收嫂为妻，弟亡即收弟妇为妻，更不许婶侄成婚，认为这不符合人伦纲常。很多宗族也反对“转房”，《中湘下砂陈氏族谱》记载湖南陈氏宗族

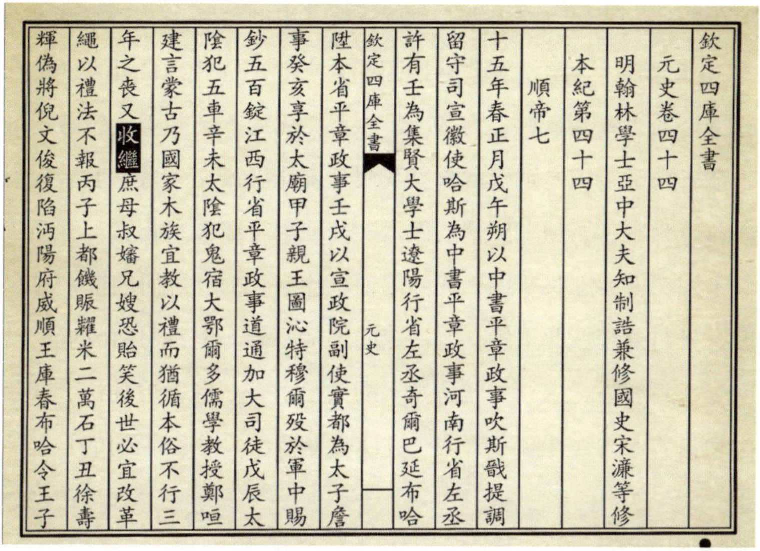
欽定四庫全書
元史卷四十四
明翰林學士亞中大夫知制誥兼修國史宋濂等修
本紀第四十四
順帝七
十五年春正月戊午朔以中書平章政事吹斯戩提調
留守司宣徽使哈斯為中書平章政事河南行省左丞
許有壬為集賢大學士遼陽行省左丞奇爾巴延布哈
欽定四庫全書 元史
陞本省平章政事壬戌以宣政院副使實都為太子詹
事癸亥享於太廟甲子親王圖沁特穆爾歿於軍中賜
鈔五百錠江西行省平章政事道通加大司徒戊辰太
陰犯五車辛未太陰犯鬼宿大鄂爾多儒學教授鄭咺
建言蒙古乃國家本族宜教以禮而猶循本俗不行三
年之喪又收繼庶母叔嬸兄嫂恐貽笑後世必宜改革
繩以禮法不報丙子上都饑賑糶米二萬石丁丑徐壽
輝偽將倪文俊復陷沔陽府威順王庫春布哈令王子

《元史》记载禁止“收继”婚的有关内容

《家规》，有“婚姻无转房”的规定。《安居乡周氏族谱》记载四川铜梁周氏宗族《训规》，要求“戒嫁媳转房”。地方官与宗族申禁收继婚，说明了收继婚在乡村具有一定的普遍性。以上是南方的情形，北方的事例也有。陈宏谋还于乾隆初年任过陕西巡抚，他说陕西省有兄亡弟续、弟故兄聘这类蔑伦伤化的风俗。于是宣布有阻止村邻，不致兄亡收嫂、弟亡收弟妇者可获得奖励，以此杜绝收继婚。但是据光绪九年（1883 年）修陕西《孝义厅志》记载，当地在清末仍有“转房”的习俗。看来陈宏谋并未将陕西的“转房”风俗彻底改变过来。与陕西相邻的甘肃，收继婚也很盛行。乾隆年间赵翼所作《檐曝杂记》说，甘肃多男少女，婚姻禁忌疏阔。兄死妻嫂或弟死妻弟媳者，比比皆是。除以上夫死收继的情形外，清代也有未婚夫死后改嫁其弟的风俗，《切问斋文钞》中就有记载。收继婚屡禁不止，普遍流行，是有其原因的：实行收继婚的主要是乡村较为贫困、没有文化的下层群众，他们既出于节省结婚费用、婚姻省事以及便于抚养小孩，又为了生活，不以再嫁为耻；再加上感情的因素，往往因婆婆喜欢儿媳，不忍使其别嫁，女方家长赞同，兄或弟便不违家长的意思而继婚，或叔嫂、兄与弟媳彼此了解，有一定的感情基础，本身愿意成亲。民间娶亲不容易，实行"转房婚"的人很多，一旦成婚有利于社会的稳定，因此往往法不责众，遂使收继婚在古代一直流传着。

赘婿与招夫

赘婿与招夫都是指男子从妻居婚姻，不同的是，赘婿是成亲于姑娘之门，而招夫则是就婚于寡妇之家。

我们先说赘婿。古代通常的婚姻形式是从夫居，男到妇家则被视为反常。赘，指附生于人体的肉瘤，就是说男子在妻家成为赘婿，不是应当有的多余之物，含有轻视的意思。

赘婿出现得很早，战国时期较为普遍，其社会地位在各国高低不同。东方的齐国流行一种巫儿制度，即长女不外嫁而留在家中。汉代的班固认为这是因为齐襄公淫乱姑姊妹不嫁，于是下令齐国的民家不得出嫁长女而形成的。当代有的研究者则认为班固可能是误解，像这样重大的婚俗，绝不是一个昏君一纸命令就能禁止的，或许是原始母系氏族婚姻的余痕。似乎后一种见解更有说服力。巫儿不外嫁，则要赘婿，所以赘婿制在齐国盛行。据《史记》记载，淳于髡是齐国的赘婿，他数次出使其他诸侯国，未曾使齐国的荣誉受到屈辱，深得齐王重用，政治地位不低。据此推断，齐国的赘婿可能没有丧失公民权。在魏国，法律规定赘婿不许入普通人的户籍，也不分给他们土地；三世之后，虽然允许其子孙入仕，但仍要在其户籍中注明，他是某赘婿的曾孙，以示其出身卑贱。法律还规定，赘婿如表现不好，本来是可以将他们杀掉的，因不愿牵连其宗族，才强迫他们从军。到军旅后，将军不必怜惜他们，军士杀牛吃肉，只赐给他们三顿便饭，不给他们肉吃。攻城时，哪里人手不足，即用他们填补，还要强迫他们从事最繁重的填壕沟劳动。魏国赘婿的处境是非常糟的，秦国对待赘婿也同样苛刻。秦律抄录魏律，说明秦国赘婿的境遇也与魏国相同。秦在商鞅变法时规定：民有二男以上不分家者，加倍征收赋税。迫于国家的法令，秦人家富子壮则分家，家贫子壮则出赘，可见赘婿是达到成婚年龄的男子，因贫穷无钱娶妻，入赘女家为婿，从事劳动生活，成为女方家庭中的成员之一。商鞅还认为贫穷者都是从事末利或懒惰所致，必须严加惩罚，所以将赘婿贬为低人一等的贱民，列入罪人之列。

秦始皇统一中国后，沿承了秦国对待赘婿的政策，有时还征发他们到战场上送命，如始皇三十三年（前 214 年）打仗就曾征发过逃亡之人和赘婿。到了汉代，赘婿的地位也未见提高，属于“七科谪”之一。指用犯罪官吏、有市籍的商人等七种人出边塞作战。如汉武帝天汉四年（前 87 年）征发天下“七科谪”等人攻击匈奴人。赘婿在七种人被排在第三，可见其地位是很低的。不过“七科谪”是国家的一种临时性措施，赘婿作为家庭成员并不是奴婢，不能作为家庭财产计算。

汉以后赘婿的地位逐渐提高，到唐宋时期与秦汉时期相比已发生了重大的变化。唐代男子到女家成婚的事例很多，敦煌写本唐代书仪讲，中唐以后男子多到妇家成婚，而且丈夫住在妻家，多年不回夫家。甚至生了几个儿女，仍与夫家人不相识。《太平广记》中收的不少唐代传奇讲，男子投到女家结为夫妇，女为神仙，终因人神难以长久而不能白头偕老，男子往往忏悔不已。作者对他们的婚事流露着欣赏的情感，这些传奇故事从侧面反映出唐代赘婿的社会地位并不低人一等。宋代赘婿又有“舍居婿”“入舍女婿”等称谓。如《夷坚志》记载，南宋孝宗淳熙初年，江西饶州隗伯在王小三家作入舍女婿。在川陕地区有富人招赘婿的风俗，赘婿与亲生儿子地位相等，富人死后，同样享有财产继承权，所以贫穷的人多出赘。显然这是种贫富通婚的形式，远非秦汉时代的赘婿可比。

元代的赘婿又称“招女婿”，共分为四等：一曰养老，是指终身在妻家生活者；二曰年限，指婚前商议好婿在妻家的年限，年限到了，夫妻回到丈夫的父母家中；三曰出舍，指虽是赘婿，但与妻家分居者；四曰归亲，指年限已满或者妻子死亡或离婚，而回到丈夫父母家中者。无论何种形式，入赘对于男女双方家庭来说，都各有所图。对于招婿的女家来说，或无儿子，招婿生孙，以继承香火和家业；或儿子幼小、痴呆等原因难以维持家计。而且，这两种情况都需要有男子作为劳动力以及支撑门户，于是女家多出钱财招婿。就入赘的男家而言，多因家贫无钱财为子娶妻，也有贪图女家富贵而让子入赘的。元代法律文书《通制条格》规定，独子一般不准出赘，如果贫家只有一子就出赘，则只许做“年限”赘婿。

明清时期法律将赘婚分为两种：一种是“养老”女婿，一种是规定一定年限，至期仍回男家，称“出舍”女婿。规定凡招婿，必须有媒妁，还要写立婚书，标明是哪一种赘婚形式方可。也规定独子不许出赘。这一时期入赘婚仍较流行，尤以西北为最。清乾隆陕西《府谷县志》记载贫穷之家有入赘的，当地称为“招婿”。甘肃的合水、古浪等地也有赘婚的存在。

再说招夫，丈夫死后，寡妇往往因无力养家，而再招一夫共

执镜提鞋女俑（东汉）

同生活。据东晋干宝撰《搜神记》说，后魏洛阳韦英死后，其妻梁氏改嫁向子集，但新夫居韦英的房子。可见孀妇招后夫来居孀家，古已有之。不过这一婚俗宋代最为流行，当时称招夫为“接脚”或“接脚夫”。宋代法律规定，夫亡子幼，无人主家，可以招“接脚夫”。被招之夫一般不改原姓，而且有自己的财产，同寡妇仅是同居的关系，寡妇与“接脚夫”的财产不得相混。“接脚夫”的名称相沿至元代。明清时期除夫死招夫外，也有因本夫患疾病无力养活家小，妻子经丈夫同意再招一夫的，叫作“拉帮套”，顾名思义，是请后夫帮忙的。

多妻与多夫

礼制和法律正式承认的婚姻为一夫一妻制，但是允许男子纳妾，不过妾与妻的身份不同，正妻只许有一人。《左传》说诸侯无“二嫡”（两个正妻），又说并后（妾如后）、匹嫡（庶如嫡）是乱之根源。秦汉以后的法律都禁止重婚，唐代的法律明文规定禁止有妻再娶妻，如果违反，男家判一年徒刑，女家减一等；若系欺骗而娶者，判一年半徒刑，女家不追究刑事责任，双方离异。这一法律精神为以后的王朝所继承，只是各代对违反者的惩处有所不同。

然而事实上，古代也例外地承认一个男子可以有两个以上的妻子，一夫多妻是存在的。

首先，古代有姊妹同嫁一夫的多妻情况。春秋时期这一现象比较普遍，如晋献公娶大小狐戎姐妹，又娶骊姬及其妹妹。齐桓公的长卫姬和少卫姬是姊妹同嫁。鲁庄公娶齐女哀姜及叔姜姐妹二人。鲁襄公的敬归和胡归也都是姊妹。除以上国君外，大夫也有娶姊兼妹的，如鲁国声伯在莒国娶的戴己和声己，就是姊妹二人。这些女人都是正娶，姊妹同嫁一夫如此之多，说明当时残存着古老的辈分婚习俗。

上述姊妹同嫁的原始婚俗，在汉代宫廷中仍有存留。西汉时，景帝王皇后与其妹共入后宫。赵飞燕姊妹也同为成帝后、妃。东汉时，章帝窦皇后与妹俱选入长乐宫，章帝梁贵人也与姊俱选入宫中封为贵人。

辽、金两个由少数民族建立的政权，常有姊妹同嫁为后妃的。辽道宗时，惠妃肖氏无子，强迫其妹与原夫离婚入宫为妃。金宣宗王皇后，在宣宗未继位以前先收入宫，后见其姊貌美又纳入宫封为明宣皇后。

除帝王贵族之外，民间也有姊妹同嫁的事例。在元末明初，江苏苏州富商薛氏有二女兰英和惠英。姐妹俩天生丽质，能诗善赋，父亲于是在后宅建造了一个书楼，专供两位小姐居住，取名"兰惠联芳"。两位小姐在这小楼上吟诵不绝，珠联璧合，共同创作成了《联芳集》。当时文人杨维祯在杭州作了九首"西湖竹枝词"七言绝句，蜚声远近，两位小姐仿效杨氏体裁，创作了十首"苏台竹枝词"，紧步后尘。她们的诗词清新俊逸，杨维祯读后赞赏不已。从此，姐妹二人才名远播。一些风雅文人深受她们的吸引，据说昆山有一位姓郑的书生，是世家贵族子弟，其家同薛家为世交。有一次郑生得到机会来到苏州薛家，与薛家的人往来无间。两位小姐见他仪表不俗，气韵清雅，就主动表示好感。郑生对她们慕名已久，这时便倾心相爱。不久薛富商发现了她们的秘密，但很通情达理，索性将郑生入赘为婿，成全了他们。又据《绍兴府志》记载，孟桓初有二女，一并嫁给名叫潜夫的人为妻，是同一天举行的婚礼。当然，民间以姊妹同嫁一夫还是稀见的。

其次，古代还有并非姊妹同嫁的一夫多妻婚姻。帝王以及大贵族官僚此类事情较多。春秋时齐桓公同时有三姬，徐、嬴、蔡三夫人。晋文公重耳，早年逃亡至狄，狄人送给他季隗为妻；以后到了齐国，齐桓公又送给他一个妻子；到了秦国，秦伯也送

辽代大贵族墓壁画中的女性

给他五个女子。后来重耳将这些女子以第一妃、第二妃……的名称，排列了顺序，皆为妻子。陈哀公有三个妃子都生有儿子，只以元妃、二妃、下妃称之，并没有分谁是妻谁是妾。三国时的吴国孙皓宫中有许多女人配有皇后的印绶。北周时有五后并立，称为天元大皇后、天大皇后、天左大皇后、天右大皇后、天中大皇后。元代一直实行并后制度，皇帝的几个妻子都称为皇后，明宪宗时也有两太后并尊的故事。

除上述国君之外，贵族官僚多妻的事例也不少。魏晋时的郑子群、王毖、陈诜、程谅、温峤、贾充等人都娶了两个妻子，并得到皇帝的认可。不过这些人多是因为离乱等原因而失妻再娶，其后又与原妻重新团聚。如贾充原娶李丰之女，丰被诛，亲属坐死，原妻遂与之离婚，随家人从边，后来遇赦得还。这时贾充已娶郭配的女儿，晋武帝特允许贾充置左右二夫人。魏国功臣陆丽有杜氏、张氏二妻，杜氏生子陆定国，先娶河东柳氏，后纳范阳卢氏，也是双妻。明代懿文太子的常、吕两氏并册为妃，秦王樉先纳王氏为妃，又纳邓女为妃，他们都是双娶。清朝初年，有三个藩王反清发生战争，战乱的阻隔，难通音讯，遂造成了一些双娶婚姻。如李孚青幼年时，曾聘王进士女，于顺治十五年（1658年）定婚未娶，后值三藩兵变，王氏在四川任官，阻绝多年，李氏便又聘了兵部尚书宋德宜的女儿。康熙十九年（1680年）临娶，清朝平叛取得决定性胜利，王氏也回京。宋氏得知非常遗憾，后来听从毛奇龄等人的建议，李孚青双娶，宋氏为长，王氏为次。又如翰林孟亮揆，先聘张守戎之女，张守戎在云南任官，

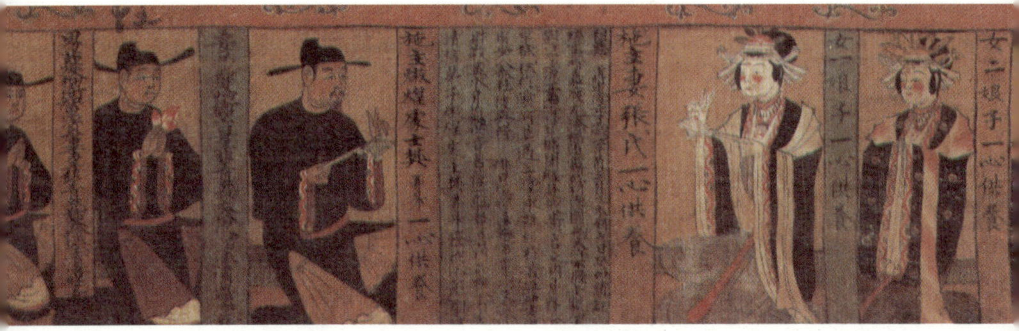

北宋菩萨之供养人像

因兵戈阻隔，音信全无。孟亮揆于是与一世族女结婚。但清朝很快收复云南，先前所聘之女又至，不能推却。孟亮揆便将张女一并娶为妻，将她们分宅而居。据说孟亮揆对世族女好，而对张氏几个月才去她住的地方一次，为此张氏还写下秋闺怨诗八首，其诗遍传。但是孟亮揆一点也无改悔之意，后来他因行为不端被革职，时人都很高兴。

普通官吏及民间一夫多妻的事例也有。早在战国时期，据《战国策·秦策》记载，楚国人中就有两妻者。唐代捐建庙宇的刻文中，落款的署名一夫多妻之家不乏其例，如仪凤四年（679 年）马思泰与妻国氏、妻张氏起造石浮图。武则天时代开元寺之门楼题刻中，有儿子仁明与妻靳氏、妻魏氏；陵州司马赵行满与妻陈氏、妻周氏，儿远庆与妻张氏、妻刘氏等字样，一夫双妻写得明明白白。另外，从敦煌发现的唐天宝年间的户籍册中，可以发现许多二妻、三妻之家。宋朝人盛如梓在《庶斋老学丛谈》卷下讲到，当时都吏王琳有两个妻子。金代的净山寺钟石刻

“皇后之玺”玉印（西汉早期）

字中，也有一夫多妻之家的落款署名。如胡德元妻陈氏、梁氏，王强村张绂妻侯氏、颜氏。另外在刘千墓幢上，刻有刘朝妻李氏、辛氏，六男刘庆妻苏氏、武氏。

古代继承制度中兼祧两房的情形，就是一个男子兼承两房以传宗接代，他便有可能娶两个妻子，分别生子作为各房的后嗣。法律承认这种事实上的双妻家庭，但在名义上却分别以妻、妾为名。如清代《刑案汇览》所载刑部说帖讲：人性莫不爱恤其女，明知有妻而许配者罕有。承祧两房，民间多误认为两房所娶皆属

清代《图画新闻》“大小争风”图

嫡妻，所以将女儿许配。按照礼，应当正名分，不使嫡庶混淆。此种事情可不必照有妻而更娶妻，使其离异，只是后娶之妻，应以妾论。从后娶者为妾合于礼法精神，但民间双娶本是为了继承，实际上是以双妻对待两位女性的。

古代除一夫多妻之外，作为特例，还有一妻多夫的婚姻。

西汉宣帝时，范延寿任廷尉，负责刑罚。得知当时燕、赵（今河北省）之间，有三男共娶一妻，生了四个儿子，儿子们长大后，各求离别，争分家财而不能公平。于是便请县官评判，而县官不能裁决。这是中原地区残存的原始社会的婚姻习俗。

一妻多夫的原始婚俗，在少数民族中保留更多。《周书·异城传》记载，嚈哒国位于于阗的两边，兄弟共娶一妻，夫无兄弟者，其妻戴一个角的帽子，如果有兄弟者，共妻依其丈夫多少之数各加几个帽角。《隋书·西域传》也说，挹怛国兄弟同妻，妇人有夫者，冠一角帽，兄弟多者以其数为角。以上两书可能是指西藏婚俗而言，的确直至清末，藏族仍有兄弟共妻、朋友共妻等一妻多夫婚姻，正因为这一婚姻已是习俗，大家都觉得很正常，而前面所说比帽角表明丈夫数目，或许还是一种炫耀呢。

不过近世汉族的一妻多夫则多是下层人民为贫困所迫，兄弟数人不得已而娶一个妻子，明清时期就是如此。明中叶人陆容在《菽园杂记》卷十一里讲：浙江温州乐清县近海地区，有个村落叫三山黄渡，那里的老百姓兄弟共娶一妻，没有兄弟的人，女家多不乐意嫁女与他们，认为这种男子势单力薄，恐怕不能养活妻子。兄弟共娶一妻者，夫妻生活多以手巾作为标记。每当日暮，兄先悬挂手巾，则弟不敢入，或弟先悬挂手巾，则兄亦然，所以这个地方又名“手巾岙”。成化年间台州府开设太平县，把这块地方置于管辖之下。陆容还说他最初听到有人介绍这一风俗时并不相信，后来到太平县访察，证明果然如此。清代甘肃省也有此类婚俗，据赵翼《檐曝杂记》说，甘肃有兄弟数人合娶一妻的，或轮夕而宿；或白昼有事，则在门上悬挂一件裙子，他人即知回避。生下的儿子，以前后顺序各为兄、弟。

宋代以后，贫穷的社会下层人民，由于生活没有保障，为了活下去，不得已将妻子或典或租，暂时让别人占有，对妇女来讲，则是一种多夫的生活。据《续资治通鉴长编》等书记载，宋代贫穷人家向富户借贷，则将妻子、女儿作为人质抵押；或者因为灾荒饥饿，就将妻子租出，但是所得钱财少得可怜，仍是衣不蔽体，仅能菜粥度日。宋元时期吴越（今江苏、浙江）典妻成为一种习俗，典入之家，公然将所典妇女作为妻子，也有的作为婢妾，往往为男方生育儿女。三年五年期限已满，则应当将妇女归还原来的丈夫。可是也有的典主贪爱典妻的姿色，再出钱续约。明代福建典妻也很盛，《寿宁待志》说，当地或有急需，典卖妻子，不以为讳。有的人将妻子赁与他人生子，一年才收一两银子。一般的期限是三年，期满则将妻子迎回家中。有的典夫要求宽限，重新签约，像当初那样再给一笔钱。也有的人久租不归，索性订立卖约，妻子永久归典夫占有。不仅在南方，北方也有典妻陋俗。清代甘肃有不能娶妻而想要子嗣的，则租赁他人的妻子，订立契约，限以时间，或二年、或三年，或以得子为限，过期则原夫索回妻子。还有外地游客到当地租妻的情况，也签约立限，宿在妇女丈夫的家里，期限之内，客人来了丈夫就回避。贫穷破坏了文明，演出了一幕幕饱含辛酸的人间悲剧。

如果说贫穷的下层人民不得已而实行多夫制是不文明的话，那么古代后、妃、公主的多夫则是倚仗特权的更不文明的行为了。南北朝时期，刘宋前废帝刘子业后宫人数极多，他的妹妹山阳公主愤愤不平地说：我与你都是先帝所生，你有六宫万余人，而我只有一个驸马，太不公平了。刘子业便给她置年轻漂亮的男妾三十人，这种男妾古代称为“面首”。这是公开设置情夫，实际上就是多夫。山阳公主尽管有了这么多的面首，但仍不满足，她看到姑姑巴西公主的驸马褚渊漂亮，就劫持到家里逼他与之淫乱。褚渊坚决拒绝，被关了十多天后，才得释放。齐废帝郁林王萧昭业称帝以后，给他的母亲文安王皇后置面首三十人，以慰藉她寡居的孤寂。

北朝先后在北魏掌握政权的冯太后和胡太后，临政期间，都曾公开与一些朝臣长期通奸，并以阉官的名义，把一些漂亮的男子放在身边。这些人虽无面首之称，却比南朝面首有过之而无不及。

最有名的大概要算唐朝的武则天了，她置男宠多人，以满足自己的欲望。唐朝另一位韦后也有不少男宠。

媵与妾

古代允许丈夫在妻子之外，再纳媵妾，媵妾名义上不是正式妻子，而对于婚姻当事者的男子来说，这种一妻多妾制，实质上也是一夫多妻制。

媵妾制盛行于春秋时期。当时诸侯娶某国之女为妻，女方的侄（兄弟之女）和娣（妹妹）要随嫁；此外还有两个女方同姓的国家送女儿随嫁，也是侄娣相从，这些随正妻出嫁而送给夫之女，通称为“媵”。她们或为正妻的侄女、妹妹，或是同姓，与妻的关系较为密切。不过媵并非全是同姓的，鲁国伯姬嫁宋共公，同姓的卫晋两国均“来媵”，而异姓的齐国也有“来媵”，当然这是比较特殊的例子。这种由原始对偶婚发展而来的嫁女陪媵之风，大约到了战国后期以后，才渐渐停止。至于妾，《礼记·内则》说：妻是具备婚礼明媒正娶的，纳妾则不必拘泥婚姻六礼等仪节。实际上妾是男家买来的，或是家仆之女；或是在战争中的被俘获者，或由他人赠送。显然妾的身分要比媵低些。因此，媵的身分比妾略高，介于妻妾之间。

按照古代礼书等记载，先秦时期人们的妻妾数目是，天子有六宫，三夫人、九嫔、二十七世妇，八十一御妻；诸侯一妻八女；大夫一妻二妾有侄娣；士则一妻一妾不备侄娣；庶人则只有一妻。春秋时期，诸侯的婚姻符合“一聘九女”的说法，比如齐桓公以多内宠著名，他有夫人三位，如夫人六位，共九人。另一位以多内宠著名的晋献公共有六人。晋文公见于正式记载的妻妾有九人。他们大致符合“诸侯一聘九女”的说法。然而当时的周天子，则并没有得到十二个妻子的记载。事实上，周天子的实际地位已等同于诸侯，其妃妾不会太多。当然这并不包括媵，如果算上她们，人数则会多一些的，但也不会多到像后世想象的那样。天子的妻子数目规定，大概是汉朝人附会古人的。

战国时纳女情况更与礼制不符。《韩非子·内储说》记载，卫国有对夫妇进行祈祷，妻子请让她织得百束布。其夫问，为何这么少呢？回答说：如果超过这个数字，你将用来买妾。看来平民在经济地位上升、家境富裕之后也可在正妻之外纳妾。上流社会妾媵盛行，有所谓“食前方丈，侍妾数百人”的说法。

汉代正式娶妻时，已无媵陪嫁的现象了，但妻外纳妾却很普遍。汉代妾的名目繁多，就皇帝来说，有妃、夫人、昭仪、妾、婕妤、美人等称谓；就其他社会成员而言，则有小妻、旁妻、下妻、妾、辅妾、小妇、少妇、外妇等说法。西汉初年刚刚经过战乱，皇帝后宫人数不是太多，但是武帝时，由于骄奢淫逸，后宫人数骤然激增至数千人。王莽篡位，有等级的贵妾增加为一百二十人。东汉诸帝宫人均不在少数，至桓、灵二朝，竟有宫女达五六千人。诸侯王的妾也不少，中山靖王刘胜有子女一百二十余人，如果一个妾生子三四人，则刘胜的妻妾约有三四十人。燕王刘旦自杀，随他殉情自杀的夫人有二十余人。昌邑哀王刘贺有妻妾十六人。东汉时有人建议对诸侯王妻妾的数目规定上限：嫡妻（妃）之外，娶小夫人不得过四十人，可见诸侯王一般有妻妾三四十人左右。至于《盐铁论》记载诸侯妻妾以百数，则是拥有妻妾数最多的了。丞相的妻妾也比诸侯王少不到哪里，西汉初年丞相张苍的妻妾以百数。武帝初年丞相田蚡妻妾也是这个数字，两汉后期丞相史丹也有后房妻妾数十人。其他人的妻妾当然不能与上述人相比，但也有一些。如西汉成帝时定陵侯淳于长被诛时，有小妻六人。至于中小官吏及一般富户有数人为妾大概是常见的。如西汉著名辞赋家枚乘为梁孝王门客时，娶了个小妻，后来他要离京归故乡，小妻不肯回去，他便只好留下数百千钱，作为小妻和儿子的生活费。枚乘不太富裕，也娶了一个小妻。

汉代妾的地位是较高的。普遍的是以聘财来娶妾。如司马相如曾欲聘茂陵女为妾，东汉赵孝王聘娶小妻即是证明。当时贵族之女也有当妾的，如成帝许皇后的姐姐寡居后，甘为淳于长小妻；河西大姓大官僚窦融女为大司空王邑的小妻。看来人们并不把妾看得多么低贱。妾与妻在家庭中的地位，一般取决于进入夫家的顺序，先入者为妻，后至者为妾。显然妻的地位要比妾高。汉代社会上层多蓄妻妾，造成一个严重的社会后果，就是破坏了男女性别比例的平衡，《盐铁论》批评说：当时上层人家“内多怨女”，而社会下层人民则“外多旷夫”，很多男子终身未娶。

魏晋南北朝时期，战乱频仍，礼教的约束较弱，男子纳妾也显示出时代的特色。晋朝规定诸侯王妾八人，郡王侯妾六人；官品令第一第二品有四妾，第三第四品有三妾，第五第六品有二妾，第七第八品有一妾。照此规定看，贵族官僚妾的数目不是太多，不过实际的情形却不是这样。富豪王闿、石崇都拥有婢妾数十人。王闿常在酒宴时将沉香碎屑撒在床上，叫几十个爱妾在上面踏步，脚上不沾香屑的赏给珍珠或装饰品，脚上沾有香屑的，则责令节食以减轻体重。石崇日夜摆酒设宴，数十名妾婢陪伴着

《图画新闻》“买妾忽传笑柄”图

他。臣下如此，君王可想而知。晋武帝原来后宫就有几千名女子服侍，平定东吴后又纳孙皓宫人数千，达到万人之多。他荒淫无度，经常在宫中乘坐羊拉的车，走到哪里便停下来玩弄那里的美女。

在北朝，北魏皇帝除一般贱妾不计其数外，等级内的贵妾恢复到一百二十人，君主的妻妾够多得了。不过王侯将相则没有君主的艳福了，这是因为将相多尚公主，王侯则娶后族，公主、后族倚仗权势，妒性十足，不允许丈夫纳妾。以致发生了东魏孝静帝时元孝友上书请求置妾的事情，他说当时父母嫁女，则教以妒；姑姊相逢，必相劝以忌。以制夫为妇德，以能妒为女工。他又说男子在家不能快乐，便要在外淫乱。把妇人忌妒看作是产生奸淫的原因。于是主张贵族官僚多置妾，如果待妾非礼，或使妻妒捶挞妾的话，则免去所任官职。元孝友的建议未被采纳，不过为我们了解当时的婚俗提供了资料。

唐朝是媵妾制度完备的时代。这时媵与妾有一定的区别。媵是正妻之外名分较高的侧室，只限于王公贵族才有。规定亲王及一品官等可以有媵十人，二品官媵八人，国公及三品媵六人，四品媵四人，五品媵三人。这些媵各有品级、名位。此外就都算作妾，在唐朝也称作“下妻”“小妻”“侧室”等。唐朝还有五品以上有媵，庶人以上有妾的法令。妻、媵、妾的法律上量刑有等级分别，媵的法律地位低于妻一等，而又高于妾一等，而妾的法律地位又比妻低二等。妻、媵、妾是三个不同的等级，她们都从属于丈夫。妾的法律地位又与作为半贱民的客女身份相似，大概也等同于半贱民吧。唐人又多称买妾而不称娶妾，家中有妾仍称未

韩熙载夜宴图（五代）

婚，可见妾与主人没有正式婚姻关系。妾除了买卖获得外，还有把婢女、丫环、歌妓改变身份者，《唐律》规定主人强奸仆婢妇女不算犯罪。这些人尽管同主人或许有性关系，但从名分讲只是服务人员而非配偶。不过《唐律》还规定，婢生子及经放为良人者，可以为妾。事实上她们本身与妾十分近似。

唐代社会纳妾现象普遍。小康之家一妻一妾是常有的事。官员除了家里的妻妾外，还蓄养外室成风，以致唐玄宗多次下诏禁止置"别宅妇"。唐代贵族官僚及富豪家中还有做主人内宠和歌舞人的姬侍、家妓等，与婢女同类，常与妾合称为"姬妾""妓妾"等。姬妾的生活一般比较富裕，但她们在家庭中处于卑微的地位，特别是丈夫的正妻往往因妒而虐待她们。如李训有一妾，娶妻之后已将她嫁卖出去，换了好几个主人。但李妻得病，硬怀疑是妾厌祷的缘故，将她抓回毒打，妾实在不堪忍受，投井而死。姬妾还像财产一样常被随意转让、买卖或被更有权势者夺

簪花仕女图（五代）

走，完全身不由己，还有的主人死前硬要爱妾殉葬的。姬妾常常是一生侍奉几个主人，被当作玩物，她们与主人并无真正的爱情。

宋朝继承了唐代媵妾的制度，宋代纳妾盛行于全国。各地对媵妾的称呼不同：西北地区叫“祗候人”或“左右人”，浙江人叫“贴身”或“横床”，江南又称“横门”。置妾最多的要算士大夫了，以致北宋时“仕有五瘴（病）”的说法中，把纳妾的私生活也作为瘴的一种而列入。当时无论是声名狼藉的蔡京、贾似道，还是流芳千古的范仲淹、苏轼、陆游、辛弃疾，都有姬妾。甚至在徽宗时，连开封各道观的道士，都外蓄妻子，置媵妾。宋代可自由买妾，朱彧《萍州可谈》说，京师买妾，由于富贵之人追求声色，致使妾价腾贵，可见当时纳妾之盛。

明代法律设有纳妾的规定。亲王纳媵妾十人，一次选好；世子、郡王最多可纳媵妾四人，但需在二十五岁嫡配无出时许选妾二人，以后如有生子即停止纳妾，但至三十岁无出，方许聘足四妾；以下道理与此同。如将军可纳妾三人，三十岁无子纳二妾，三十五岁无子娶足三人；中尉也可纳妾三人，三十岁无子纳一妾，三十五岁无子娶足三人。庶人四十岁以上无子，许选一妾。如果庶人违反，则要笞四十。

清律大体因袭明律，但对庶人纳妾并无明文限制，采取放任的态度。明清时期江苏扬州是卖妾远近闻名的地方。扬州的妾叫“瘦马”，许多人家专门把女儿给人家做妾，经营贩卖这种女子的人也很多。明清时期有妾的人家以官僚、士大夫为多，明朝末年习尚，士人登第后，多易号娶妾，所以京师流行着“改个号、娶个小”的谚语。清代也有“娶妻娶德，娶妾娶色”的说法，可见这些读书人实践“书中自有颜如玉”的思想。有的人纳妾很多，不过都处理不好关系，如明人宋子京多内宠，他曾经在锦江设宴，当时天气微寒，便让人取来十几件背心，但他害怕分配不均，厚此薄彼，竟然不敢让大家穿，最后与姬妾忍冻而归。清代福建同安人李廷钰，由福建水师提督退休，他的家在泉州，虽然年纪已七十多岁，但仍有九个妾，生有十八个儿子和二十三个女儿。大概他要处理妻妾之间的关系也不太容易吧。

抢　婚

在人类婚姻发展史上，当群婚向个体婚过渡时，曾普遍存在

《金瓶梅词话》西门庆与妻妾在一起的图像

过抢婚，即男方用暴力手段将女方劫走，强迫她为妻，或是男女双方事先已经联系好，用“抢”的方式来娶新娘。

中国古代也曾有过抢婚的时期，就以“婚姻”二字来说吧，它就是抢婚的证明。所谓“婚”，中国最早的字典东汉人许慎所编《说文解字》解释说，就是黄昏时娶妇。唐代孔颖达解释“婚姻”是：男以昏时迎女，女因男而来，所以男女的结合，谓之婚姻。为什么在昏时娶妇呢？《礼记》有一段孔夫子的话透露了抢劫婚的消息，他说：婚俗中嫁女之家三夜不熄烛，是思相离；娶妇之家三日不举乐，是思嗣亲。实际上这是抢婚之后带给男女双方家庭的行为。女家三夜不熄灯，是因为家中女子被人劫走；男家三天没有乐声，是怕女家来犯而保守秘密。所以古礼才主张婚礼不贺呢。

就古代历史来看，《国语》说，夏朝的桀讨伐有施部，有施人把妹喜送给他为妻；殷代的帝辛讨伐有苏部，有苏人将妲己送给他为妻；周幽王讨伐有褒氏，则娶了褒姒。这是利用战争掠夺妻妾。当然，上古的历史现在难以确证，如果说上述事情有些传说色彩的话，那么《左传》所记春秋抢婚的事实则是确凿无疑的。晋献公攻打骊戎俘获了骊姬，就是利用战争掠夺妻妾的。此外春秋时还有不少个人之间抢夺妻女的。如在宋国，太宰华父督在路上遇见大司马孔父嘉的妻子，发现她长得很漂亮，就率人攻杀孔父嘉，把他的妻子劫为己有。宋殇公发怒，华父督又杀了殇公，另立国君。宋国的太宰是地位低于大司马的官员，他竟明火执仗地杀人抢妻。再如在齐国，齐懿公看阎职的妻子美丽，就不容分说，将她夺入自己的后宫，并且让阎职为其驾车。另一个车夫邴歜故意用马鞭抽打阎职，阎职生气，邴歜就用话刺激他：人家夺了你的妻子你都不生气，打你一下，又算得了什么？后来两人一起谋杀了懿公，以报私仇。又如郑国人游眅在去晋国途中，遇到一起娶亲的，便劫其新娘为妻。那个人又联合了一伙人，攻打游眅，把妻子夺了回来。上述野蛮残暴的抢劫婚是原始婚姻的遗留。

少数民族保留原始婚俗较多，其中就有抢婚。汉代乌桓族婚姻是掠女而去，半岁或百日后再送财礼去女家中。女真族乌萨札部的美女名罜敌悔，被蜀来水人所掠，生了两个女儿，这二女又被昭祖和石鲁抢去。女真人在建国前还保留着抢婚。蒙古人入主中原前，烈祖抢劫蔑儿乞部落的妇女为妻，后来蔑儿乞部落又夺太祖家的妇女为妻。南宋时辰州、沅州、靖州（今湖南沅陵、靖县）的少数民族，嫁娶之前先秘密商量好，然后等在路上抢劫妇女，绑缚而归。也有愤怒抗争呼救者，不过都是伪装的。等生了孩子，才带着好肉好酒拜见妻子的双亲，岳父、岳母装着发怒的样子推却，左邻右舍的人们都劝，他们才收下。直到清代彝族还有抢婚的风俗。清初《广阳杂记》说，彝族娶妇，则请兵于官而劫之，妇家亦以兵马相待。简直是古代部落间以战争抢妇的模拟。又据云南《嶍峨县志》记载，当地白彝娶妻以牛为聘，到了婚期，男方来女家夺其女而归。彝族是与汉族同样古老的民族，抢婚的风俗一直保留了数千年。

秦汉以后中原地区汉族也有抢亲之俗，不过它与上古及少数

光绪刊本《钦定书经图说》反映商纣王与妲己生活之“多罪逋逃图”

婚俗性质不同，是因纳不起聘财，无力迎娶，或女方不答应婚事而进行的。北齐时，高乾求崔氏女为妻，女家嫌他无权无势不许，他的弟弟高昂帮助他将崔女劫出。到了村外，高昂害怕被夺回，就对哥哥说：为什么不快行婚礼呢？高乾明白了他的意思，于是在野外与崔女发生了性行为，然后带回家去。这是生米做成熟饭，欲使崔家无可奈何。

晚清时俞樾在《右台仙馆笔记》中讲了一件抢妻的事例。浙江绍兴人张阿福住在杭州，自幼聘王氏女为妻，到了三十岁时仍贫不能娶。未婚妻也二十七岁了，她的母亲屡次托媒婆催促阿福成婚。媒婆说：“他太贫穷，怎么办呢？”女母答道：“他无婚费，我也无嫁资，没有就算了，他愿抢亲吗？”媒婆把这些话告

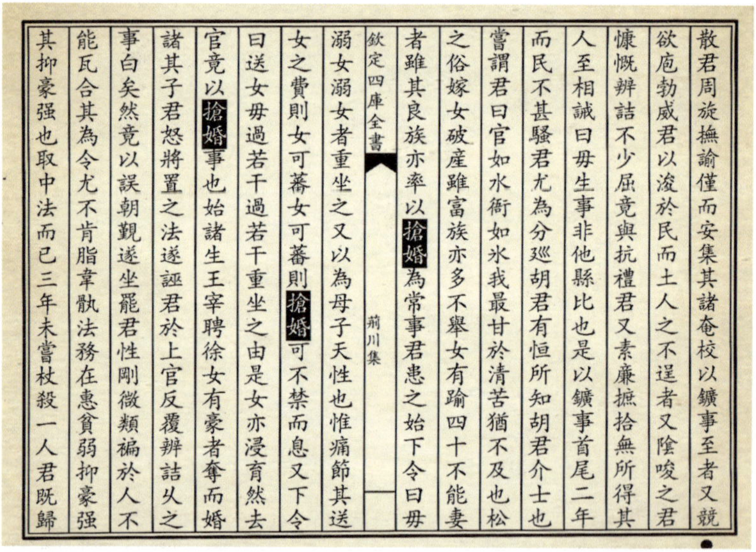

散君周旋撫諭僅而安集其諸奄校以鑛事至者又競
欲庖勃威君以浚於民而土人之不逞者又陰唆之君
慷慨辨詰不少屈竟與抗禮君又素廉摭拾無所得其
人至相誡曰毋生事非他縣比也是以鑛事首尾二年
而民不甚騷君尤為分巡胡君有恒所知胡君介士也
嘗謂君曰官如水衡如冰我最甘於清苦猶不及也松
之俗嫁女破産雖富族亦多不舉女有踰四十不能妻
者雖其良族亦率以搶婚為常事君患之始下令曰毋

欽定四庫全書　荊川集

溺女溺女者重坐之又以為母子天性也惟痛節其送
女之費則女可蓄女可蓄則搶婚可不禁而息又下令
曰送女毋過若干過若干重坐之由是女亦浸育然去
官竟以搶婚事也始諸生王宰聘徐女有豪者奪而婚
諸其子君怒將置之法遂誣君於上官反覆辨詰从之
事白矣然竟以誤朝覲遂坐罷君性剛微類褊於人不
能瓦合其為令尤不肯脂韋骫法務在惠貧弱抑豪强
其抑豪强也取中法而已三年未嘗杖殺一人君既歸

明唐顺之撰《荆川集》有关抢婚的记载

诉了阿福，阿福大喜，于是约下日期，纠众劫女离去。女母故意召集邻居到男方家，而张氏夺女，已行了合卺礼，祝贺的客人很多。媒婆劝女母："事已至此，还说什么，一定让他明天来向你谢罪！"女母好像怨恨地回了家。晚清《点石斋画报》也有个有趣的抢亲故事，苏州郊外某甲，聘邻村某氏女为妻，因女方索聘金太高，某甲无力筹措，便到女家抢亲。他背着未婚妻就往家跑，不料跑到中途，女的身大体重，个子小的某甲背不动了，而后边女方家人又快追上来了，未婚妻大急，赶忙下来，背起某甲便跑，女方家人一看自家的女儿如此，自觉无趣就不再追赶了。

冥　婚

冥婚，又称冥契、冥配、幽婚、鬼婚等，即已死的男女举行婚礼。实行冥婚者，或生前未婚而死，或已经订婚尚未成亲而亡，两家的父母或亲友为其办理婚事，让死者在阴间结成夫妇。

冥婚起源很早，《周礼·地官·媒氏》中已有记载，明文禁止"迁葬"与"嫁殇"。据后人研究，这就是禁止两种形式的冥婚。迁葬是活着的时候没有婚姻关系的两个男女，均未成亲死去，由家人或亲友将其骸骨迁葬于同墓，使之在阴间结成夫妻。古时以二十岁为成年，所以凡十九岁以下死亡者称作"殇"。嫁殇，就是生时已有婚约，未成亲而夭殇的男、女，由家人或亲友为他们完成婚礼。《周礼》的记载也表明，至迟在西汉以前，就有了冥婚的风俗。

最早见于记载的冥婚事例出现于东汉末年，当时曹操的爱子曹冲十三岁就死了，曹操非常伤心，他向学者邴原提出，想让邴原的亡女与曹冲合葬，邴原认为这种做法不合乎先王之礼而拒绝。但曹操仍不肯罢休，另娶甄氏的亡女与曹冲合葬。曹操的孙子魏明帝曹叡喜爱的幼女曹淑病死后，被追封为平原懿公主，同魏文帝曹丕甄皇后的亡从孙甄黄合葬。明帝又把妻子郭皇后的从弟郭德封为平原侯，并改姓甄，作为这对冥婚夫妻的后代。北魏也有冥婚的事例，如穆崇的玄孙穆平城早死，孝文帝时，始平公主在宫中死去，于是追封穆平城为驸马都尉，与公主冥婚。

唐代的冥婚风俗很盛，上至皇宫下至百姓都是如此。李重润被武则天杖杀，中宗继位后，追赠重润为太子，陪葬乾陵，并

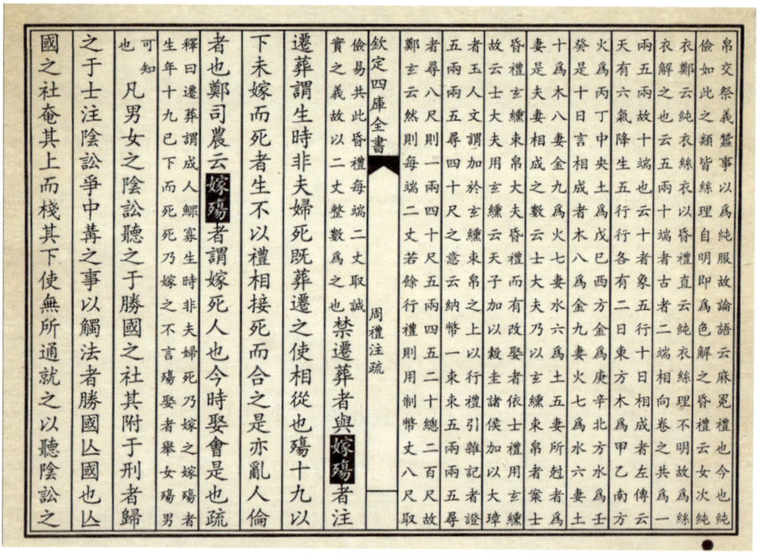
帛交祭義蠶事以爲純服故論語云麻冕禮也今也純儉如此之類皆絲理自明即爲色解之昬禮云女次純
衣鄭云純衣絲衣以昬禮直云純衣絲理不明故爲絲衣解之也云五兩十端者古者二端相向卷之共爲一
兩五兩故十端也云十者象五行十日相成者左傳云天有六氣降生五行行各有二日東方木爲甲乙南方
火爲丙丁中央土爲戊巳西方金爲庚辛北方水爲壬癸是十日言相成者木八爲金九妻火七爲水六妻土
十爲木八妻金九爲火七妻水六爲土五妻所尅者爲妻是夫妻相成之數云士大夫乃以玄纁束帛者案士
昬禮玄纁束帛大夫昬禮而有改娶者依士禮用玄纁故云士大夫用玄纁云天子加以穀圭諸侯加以大璋
者玉人文謂加於玄纁束帛之上以行禮引雜記者證五兩兩五尋四十尺之意云納幣一束束五兩兩五尋
者尋八尺則一兩四十尺五兩四五二十總二百尺故鄭玄云然則每端二丈若餘行禮則用制幣丈八尺取
欽定四庫全書　周禮注疏
儉易共此昬禮每端二丈取誠實之義故以二丈整數爲之也禁遷葬者與嫁殤者注
遷葬謂生時非夫婦死既葬遷之使相從也殤十九以
下未嫁而死者生不以禮相接死而合之是亦亂人倫
者也鄭司農云嫁殤者謂嫁死人也今時娶會是也疏
釋曰遷葬謂成人鰥寡生時非夫婦死乃嫁之嫁殤者生年十九已下而死死乃嫁之不言殤娶者舉女殤男
可知也凡男女之陰訟聽之于勝國之社其附于刑者歸
之于士注陰訟爭中冓之事以觸法者勝國亾國也亾
國之社奄其上而棧其下使無所通就之以聽陰訟之

有关《周礼》所载“嫁殇”的记载

为他聘国子监官员裴粹亡女与之冥婚合葬。后来李重润的墓被考古发掘，证明石椁中的确残存男女骨架各一副。韦后的亡弟韦洵与萧至忠之女冥婚合葬，后韦氏败落，萧至忠掘墓，将其女用灵柩抬回家。代宗为死去的建宁王李倓与兴信公主亡女冥配。上述是皇室的冥婚事例，这时的冥婚是将男妇二人的尸骨埋于同一棺中。民间冥婚的事例，据《太平广记》记载，唐代长洲（今江苏苏州）有个陆小姐，她死后鬼魂向一个叫李十八的男子求婚，李十八便无缘无故地死了，于是两家就替这两个鬼魂举行了冥婚。可贵的是敦煌遗书中保留下来冥婚的资料，其中有生人家长之间为子女冥婚而纳聘的书信，还有死亡男女双方家长的祭文。男方家长给其子的祭文是这样写的：你既然早早地死去，人生的大义还未通晓。孤独地生活在阴间，伴随你的只是岁月的流逝。但是活着的人喜欢成双配对，死去的人也嫌弃独单。不料想某家有个女儿，品行非常好。所以为你礼聘为妻，与你相会。选择占卜了良辰美时，按照礼的要求合婚。在你灵柩的右边设了祭位，准备了各种菜肴，你应当降神在此就餐。祭文很富有人情味，阴间的儿子一定会感动得热泪盈眶吧？女家的祭文也与此类似。

五代时期冥婚依然盛行，以至于后唐郑余庆撰写有关礼俗仪制的《书仪》时，把冥配作为定制，只是明宗认为非礼，才删掉该条。五代的冥婚，甚至有活人和偶像结缘而冥配的，令人感到不可思议。据何光远的《鉴戒录》记载，四川有个人叫曹晦，因游导江县（今四川内江）都江堰，拜谒李冰庙，看到三位土塑的李冰侍女艳丽无比，于是指着第三位侍女说：愿与小娘子为冥婚，我终身不与凡人媾婚了。接着让算卦的人为他占卜，庙里的巫者根据卦象说，李冰请他留下一件衣报，作为定婚的信物。曹晦就解开汗衫，留在女座前。巫者又取下侍女的披衫给他，并传言：请你珍惜此衣，二十年后当成姻好。曹晦深信不疑，竟然不谈婚事，纵然遇到倾国之色，也视之如粪土。果然到了整二十年的时候，曹晦觉得呼吸微弱，估计是实践与神盟约的时候到了。于是沐浴一番，打扮得衣冠楚楚，等待神来迎接他。到了那天晚上，曹晦门前车水马龙，同街的人们觉得奇怪都来参观，至二更，曹晦乘车而去，不知干什么去了。等到天亮，人们来看，曹晦已经死去。当然这个神鬼故事不足凭信，但它透视出五代冥婚的确非常流行，人们的迷信观念强烈，因此才有这种特殊的冥配形式。

古代记载冥婚最详细的，大概要数宋代康誉之所著的《昨梦录》了。该书说宋代北方的习俗，凡是适龄未婚青年男女死了，他们的父母就托媒人说亲，媒人叫鬼媒人，还要将双方的情况写明细帖，卜卦祈祷，卜中，就为鬼制作冥衣，男子的冠带及女子的裙帔等等俱全。由媒人主持，在男人的墓上供酒果、祭祀并合婚；并排设置两个座席，座后各立长一尺余的小幡。人们祭奠完毕，祈祝男女合婚如同合卺礼。如果死者两相喜欢，则二幡微动；如果有一个不喜欢的，则小幡不动，但仍同意合婚。有的人家考虑男女年幼或从小未曾很好地受教育，男方把已死的教书先生的姓名、出生时候推荐给他，使其受教育；女方则做类似保姆、使婢的冥器，供她使唤。成婚之后，他们的父母当天晚上会梦见新

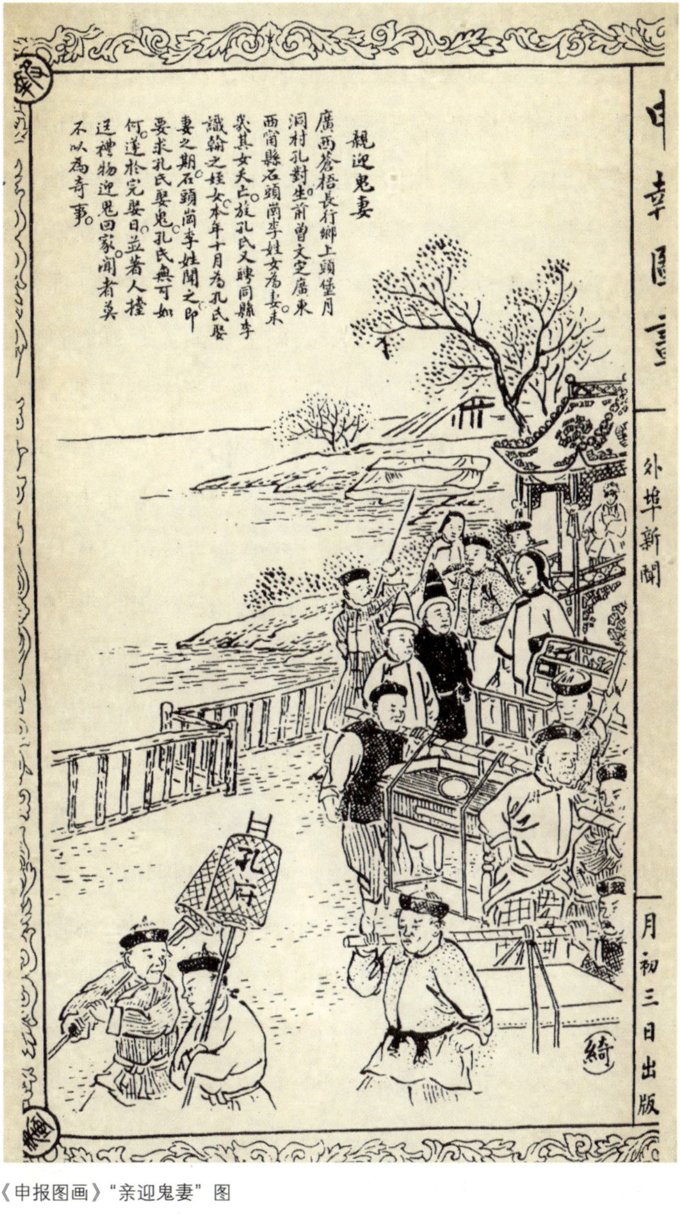
申報圖畫
外埠新聞
月初三日出版
親迎鬼妻
廣西蒼梧長行鄉上頭堡月洞村孔對生前曾文定廣東西甯縣石頭崗李姓女為妻。未娶其女夭亡。旋孔氏又聘同縣李識翰之姪女。本年十月為孔氏娶妻之期。石頭崗李姓聞之即要求孔氏娶鬼。孔氏無可如何。遂於完娶日。並著人擡送禮物迎鬼回家。聞者莫不以為奇事。
孔府
綺

《申报图画》“亲迎鬼妻”图

娘子来拜公婆，或梦见女婿来拜岳父、岳母。如果不替已死的男女做冥婚礼，他们的鬼魂也许就会作怪，使家庭不得吉祥，两家只好破费钱财请鬼媒帮忙。鬼媒每年调查了解乡里男女死亡者的情况为人们议婚，以此作为生活的保障。另据宋郭彖《睽车志》记载，晋俗，男女当嫁娶，未婚而死者，求媒人议婚，谓之“鬼媒”。看来《昨梦录》中的“鬼媒”风俗确有其事，而且所谓“北俗”至少包含山西的汉民。宋人周去非的《岭外代答》还记载了广东南部有“迎茅娘”的风俗。这里男子未婚而死，他的家人、亲友则在郊外用稻草扎一个很像姑娘的草人，然后吹吹打打迎归，与殇男合葬，叫作“迎茅娘”，这一形式与娶未成年的殇女或订婚而亡的未婚妻的形式不同，很有地方特色。

元代冥婚的观念也很强。据《元史》记载，郭三从军死亡，他的妻子杨氏守寡。杨氏的公公不忍心让死去的儿子鳏居地下，想聘邻居家的亡女合葬。杨氏听到这个消息，便自缢而死。

明清时期仍流行着冥婚风俗，尤其以山西最为普遍。明陆容《菽园杂记》里说，山西石州（今山西离石县）风俗，凡男子未娶而死，他的父母等待乡人女死，必求婚与其相配，议婚、定礼、纳币，都同活人的婚礼一样。下葬日，也要举行婚宴以招待亲戚。女死，父母想有个赘婿，婚礼仪节也是如此。清代山西地方志对冥婚多有记载，可见其流行较广，这些记载都说这里的冥婚是男子未聘、女子未字的殇者。死后议婚，两柩合葬，以后死者的双方家庭像活人有婚姻关系一样来往。《清稗类钞·婚姻类》也记载了山西冥婚，并说到冥婚礼的仪节是男家具饼食，女家备

《清代报刊图画集成》第八册之“死后结婚之奇谈”图

衾具。娶日，用纸扎男女各一，放在彩轿中，由男家迎归，举行结婚礼。除了男女未议婚而亡实行冥婚外，如男女纳采后有夭殇，也行冥婚礼，女死，归于婿的坟茔。如果男死而女改嫁，则别觅殇女结为婚姻，挑选吉日合葬，冥衣、纸钱等等很齐备，如同活人正式婚嫁一般。

清代冥婚还有其他的形式。梁绍壬所撰《两般秋雨盦随笔》说：今俗，男女已聘未婚而死者，女或抱主成亲，男或迎柩归葬。“女或抱主成亲”，就是活着的未婚妻，抱着已死亡的未婚夫名字的神主木牌，完成婚礼，其实就是过门守贞或守望门寡，即活人嫁给死人。这是从一而终贞节观念强化的产物，这种冥婚之下，伴随年轻女子生活的将只有孤灯、长夜，寂寞陪伴她们度过漫长的一生。

童养媳

童养媳，就是由婆家养育女婴、幼女，待到成年正式结婚。

童养媳的名称出现很晚，但这类婚姻很早就有，最初的记载反映的多是宫中的情形。从秦汉以后，帝王就选拔幼女入宫，于成年后或供帝王自己作妃嫔，或赐予子弟为妻妾。如宋仁宗的周贵妃，四岁时随其姑母入宫，经张贵妃抚育长大，后被仁宗宠幸。再如明宣宗孙皇后，入宫时十余岁，成祖让诚孝皇后抚育她，以后成为宣宗的嫔妃。民间明确记载童养媳最早见于北宋中期。《鸡肋集》卷六十七所收《杜公（纮）墓志铭》中记载，民间女幼许婚未行婚礼，将女养于婿家，称作“养妇”。显而易见，这里的所谓养妇，就是后来的童养媳。南宋末年，曾经对我国棉纺织生产作出过重要贡献的黄道婆，大约在十岁的时候，由于家庭生活困难，给人家当了童养媳。黄道婆大概是中国历史上最有名的童养媳了。

童养媳是良民，只是家庭贫穷才采取这种婚姻方式，她们不是贱民，因此政府仅对将童养媳许配奴仆为婚作出限制。元代法律曾对此做过明确规定，如果发生这类事情，要笞奴仆的主人五十七下，女子归其父母家，男方不得迫还聘财。

明清时期，社会下层人民普遍流行养童养媳的婚俗。童养媳，又称“待年媳”，有的地区则称“豚养”。如山西《临晋县

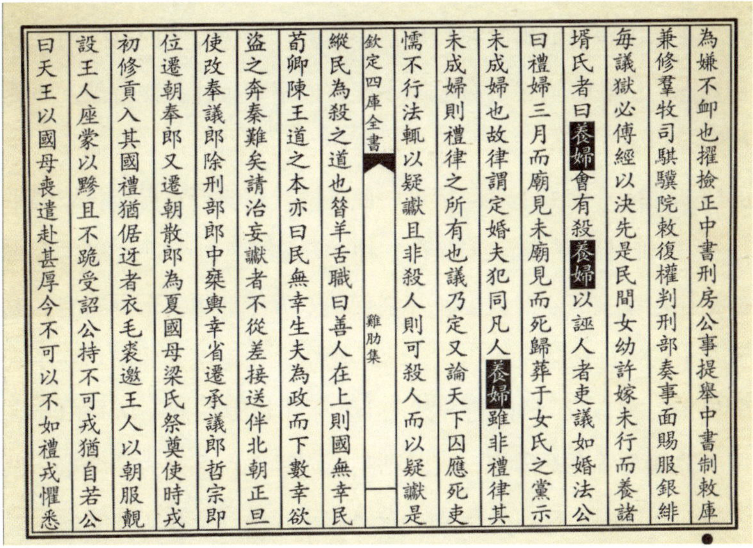
為嫌不卹也擢撿正中書刑房公事提舉中書制敕庫
兼修羣牧司騏驥院敕復權判刑部奏事面賜服銀緋
每議獄必傳經以決先是民間女幼許嫁未行而養諸
壻氏者曰養婦會有殺養婦以誣人者吏議如婚法公
曰禮婦三月而廟見未廟見而死歸葬于女氏之黨示
未成婦也故律謂定婚夫犯同凡人養婦雖非禮律其
未成婦則禮律之所有也議乃定又論天下囚應死吏
懦不行法輒以疑讞且非殺人則可殺人而以疑讞是
欽定四庫全書　雞肋集
縱民為殺之道也晉羊舌職曰善人在上則國無幸民
荀卿陳王道之本亦曰民無幸生夫為政而下數幸欲
盜之奔秦難矣請治妄讞者不從差接送伴北朝正旦
使改奉議郎除刑部郎中槩興幸省還承議郎哲宗即
位遷朝奉郎又遷朝散郎為夏國母梁氏祭奠使時戎
初修貢入其國禮猶倨迓者衣毛裘邀王人以朝服覿
設王人座蒙以黪且不跪受詔公持不可戎猶自若公
曰天王以國母喪遣赴甚厚今不可以不如禮戎懼悉

宋庄季裕撰《鸡肋集》关于“养妇“的记载

志》记载，当地有贫家之女，头发未长好，牙齿尚未换，就将女送入男家，叫作豚养，等待成年成婚。清代广泛流行童养媳有以下四个原因：一是女家贫困，贫苦人家生下女儿无力养活，就把她给了人，长大后成为抚养者家中的媳妇。二是节省结婚费用，婚礼往往讲排场，所需费用很多。童养媳婚可以大大减少开支，男方抱养待年媳不需要财礼，正式结婚时，仪式要比大娶简单得多，可省不少钱，女家也不需要赔嫁妆，无破家嫁女之忧。三是为公婆或丈夫重病而"冲喜"，通过提早结亲的喜事，使患者的病治好。如清代阳湖（今江苏常州）人汪氏十三岁时因李绶馥的母亲病重，而做了李家的待年媳。四是为了不至于溺婴而将孩子由他人养活成人，童养媳与溺婴习俗具有共时性，童养媳有弥补因溺婴造成的性别不平衡的作用。

童养媳婚姻的婚龄差一般都比较大。清乾隆年间修陕西《同官县志》记载，当地贫穷之家不能完成婚姻大礼，便将幼女童养过门，男家无力早娶者，便娶童养媳，往往造成以弱女而嫁壮夫的婚姻。这是大夫小妻的情形，此外清代还流行幼男娶长媳的婚俗。《清稗类钞》说河北省有一种"娃娃亲"，小康之家生有男孩，往往在三五岁时就娶及笄之女，双方年龄相差十岁左右。家贫女子的家庭往往贪图男家较多的聘资，便把女儿嫁出。女子到了男家，先以父母礼见公婆，以弟称呼其丈夫，一切井臼、烹调、缝纫之事全都承担，夜晚则哄婿而睡，白天则为他缝衣、做饭、如同保姆一样，男孩成年后，才正式举行婚礼。公婆为子娶长媳是认为雇人需要工资，又不能常年在家，娶得贫家女，既所

黄道婆画像

费不多，且指挥干活可以如意。所以只盘算省钱干活，而不管子女是否相符。此种婚姻女子年龄虽大，但婚姻的原因与童养媳相同，所以我们在这里一起介绍。至于那个小丈夫，我们不妨称他童养夫吧。

童养媳在夫家多受婆婆的虐待。婆婆为了今后好使儿媳妇规规矩矩地侍候公婆，便想方设法制服她，打骂是家常便饭，并强迫幼女从事各种繁重的家务劳动，童养媳往往敢怒不敢言，身心默默承受着深深的痛苦。清代著名文人郑板桥曾写有一首同情童养媳、指责婆母的诗，题目叫作《姑恶》，主要内容是：

小妇年十二，辞家事翁姑。
……
姑令杂作苦，持刀入中厨。
……
析薪纤手破，执热十指枯。
……
姑曰幼不教，长大难管拘！
今日肆詈辱，明日鞭挞俱。
五日无完衣，十日无完肤。
吞声向暗壁，啾唧微叹吁。
姑云是诅咒，执杖持刀铻。
岂无父母来，洗泪饰欢娱。
岂无兄弟问，忍痛称姑劬。

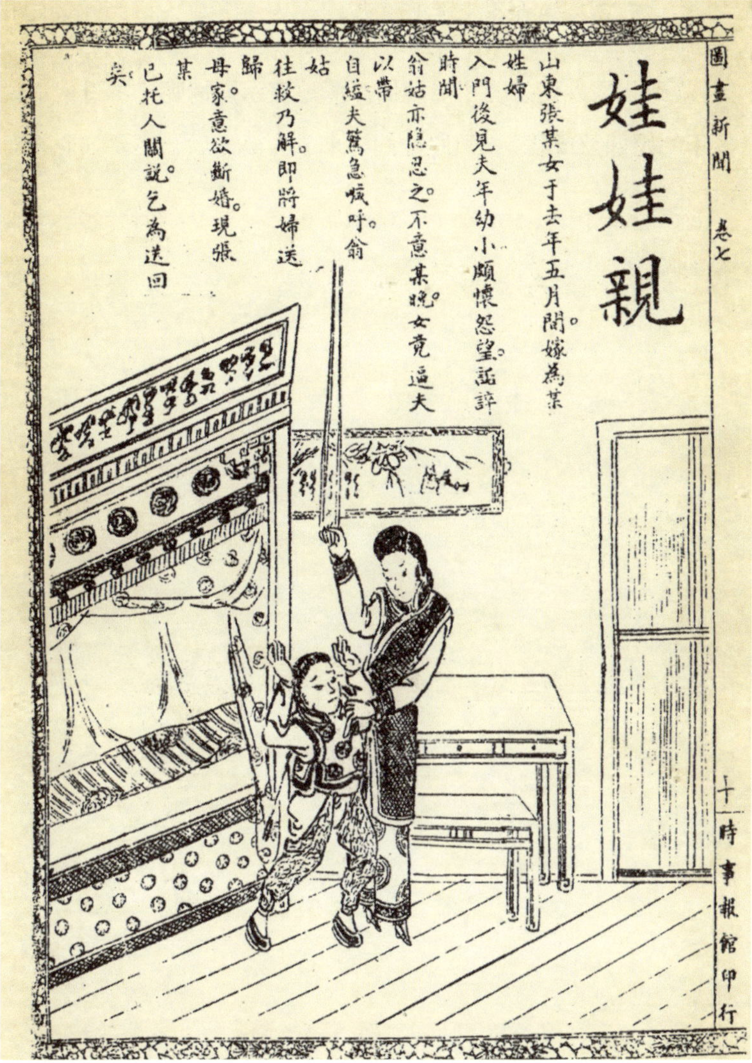

娃娃親
圖畫新聞 卷七
山東張某女于去年五月間。嫁爲某娃婦入門後見夫年幼小頗懷怨望。詬誶時聞翁姑亦隱忍之。不意某晚。女竟逼夫以帶自縊夫驚急喊呼。翁姑往救乃解。即將婦送歸。母家意欲斷婚。現張某已托人關說。乞爲送回矣。
十一
時事報館印行

女大于男的“娃娃亲”

疤痕掩破襟，秃发云病疏。

一言及姑恶，生命无须臾。

读到此，人们怎能不对她们深深地表示同情呢？不过俗语说“多年的媳妇熬成婆”，但愿她们将来成为婆母后，不要如此来对待其儿媳妇。

中编　女性

战国时期的帛画“龙凤仕女图”

明代岁时节日中的女性活动

关于中国古代汉族女性日常生活的状况，由于史料的缺乏，我们所知甚少。就明代而言，也是如此。一方面，明代是理学进一步社会化的时期，女性的社会地位更趋低下；另一方面，明代中后期社会风尚有相当的开放性，女性的行动还比较自由。那么，明代女性在社会上呈现出的是怎样的面貌呢？笔者试从岁时节日中的女性活动加以研究，以反映其生活的一个侧面。

现存地方志以明代以后为多，明代地方志中的风俗志每每记载岁时节日的情况，有时会谈及女性。我们知道，岁时节日是人们生活的重要组成部分，具有社会性，因此了解女性的参与程度及其活动特点，有助于我们认识她们的社会地位与生活。然而岁时节日中有关女性的记载非常简略，令人遗憾。不过在女性史料缺乏的情况下，毕竟可以借此多少透视女性的生活，故笔者草成此文。

女性是岁时节日的主要参与者

明代女性对于节日的参与首先表现在重要节日仪式活动中，

以元旦、寒食及清明诸节明显。

元旦作为一年之始，节庆非常隆重，持续数日之久。其实，过年的习俗是从年前算起的，除夕或前三五日，亲戚、乡邻、朋友之间互送年礼食物，即馈岁。万历湖南《慈利县志》记载：“岁除之日，为男女者则又持酒备物，各于亲党宗族之家，交相为礼，以终一岁之事焉。”女性也是年节的送礼者。

明代元旦的正式活动，首要是祀神、祭祖，女性参与其活动。祀神有接神仪式，然后主要祭拜天地之神。如万历浙江《会稽县志》：“正旦男女夙兴，家主设酒果以奠，曰接神，绕室庐震以爆竹，黎明始启户，焚香拜天。”嘉靖河南《尉氏县志》：“一家长幼夙兴，盛服拜天地并家堂、宅神、祖先。”祀神后向祖先遗像祭祀，如嘉靖江苏《昆山县志》：“岁朝以祖考像悬之中堂，男女参毕，始贺尊长。”又如嘉靖江西《南安府志》：“元旦设先世遗像，焚香烛，率长幼男女展拜。”上述记载表明，女子与男子一起在家里进行祭拜祖先的活动。

寒食与清明是三月的两个节日，一般来说清明节在寒食节后两天。有女性在寒食节参加扫墓的记载。嘉靖《贵州通志》谈到：“寒食墓祭。郡人至日具酒食拜扫先茔，合至亲男女饮于坟侧”。至于清明节扫墓的女性更多，正德江西《瑞州府志》说：“清明日男女携酒肴祭于墓所。”嘉靖安徽《池州府志》记载：“清明扫墓：季春朔日，士女诣墓所墓扫，祭毕加土于冢，挂楮钱标其上，馂余而返。”这些地区墓祭祖先也是男女一起进行的。

清嘉庆刻本《莆田浮山东阳陈氏族谱》始祖像

祭祖是汉族的大事，不论是家祭还是墓祭，都有女性参加，说明女性在家中和社会上还是有相当地位的。

以上的家祭是在自己家中，墓祭也是以家族为单位，没有外人在场，不足以反映女性对于社会活动参与的程度；但是，在一些重要节日如立春、上元节的公共场合，我们还能看到女性的身影，女性可以外出娱乐，观看民俗演出。

立春既是节气也是节日，特点是国家规定立春仪式，同时民间也有其节俗。迎春在立春前一天，由各级官员率下属在城外东郊进行，各地的迎春队伍壮观而有趣味，主要有戏剧、杂技、社伙、舞狮等娱乐形式，表演人员之后殿以春牛，女性前往观看。田汝成撰《西湖游览志余》说杭州立春社伙有昭君出塞、学士登瀛，张仙打弹、西施采莲等。届时“郡守率僚属往迎，前列社伙，殿以春牛，士女纵欢，阗塞市街”（田汝成《西湖游览志余》卷二十《熙朝乐事》）。崇祯浙江《乌程县志》：“郡尊率僚属迎春于东门之外，各官轿前分列故事、优戏，殿以春牛，士女纵观。”所谓故事，是扮演传说或历史人物，加上戏剧，以吸引观众。何乔远《闽书》：“迎春日多陈百戏，盛亭台之饰……士女传睹，填街塞巷，自兹春事日盛。”所引资料中的“士女”观看迎春蔚为壮观，其中女性当不在少数，她们出现在大庭广众面前。

正月十五元宵节又称上元节，有张灯之俗。明朝政府规定上元节期长达十天。这一规定始于永乐七年，当时上元节从正月十一日至二十日官员放假，民间放灯，官府弛禁，纵百姓饮酒作乐，永为定例。宣德二年此令得到再次重申。此后“每至年终，礼部上疏引前例请旨，许来年新正，民间放灯凡十昼夜”（沈德符《万历野获编》补遗卷三《元夕放灯》）。明朝是中国历史上灯节节期最长的朝代。从现存明代中后期方志看，各地灯节持续时间长短不一。短者三天以内，中等是四天至七天，长者为八天至十二天左右。明代平日有夜禁，灯节期间弛禁。明代的灯节，张灯、观灯、猜灯谜更加普遍。《宛署杂记》记京师：“元宵游灯市。每年正月初十起至十六日止，结灯者，各持所有，货于东安门外迤北大街，名曰灯市。灯之名不一，价有至千金者，是时四方商贾辐辏，技艺毕陈，珠石奇巧，罗绮毕具，一切夷夏古今异物毕至，观者冠盖相属，男妇交错，近市楼屋赁价一时腾踊，非有力者率不可得。十四日试灯，十五日正灯，十六日罢灯。”北京灯市的繁华景象，由此可见。女性出入灯市者不少，所以才有“男妇交错”的记载。隆庆河北《丰润县志》说“上元夕通衢张灯放炬，男女杂游”也是证明。

再次，女性在节日有相当的活动自由，还可从女性在节日进行郊游中看到。

正月初九为天诞日，道教说九日是玉皇大帝的诞辰日，故名。何乔远《闽书》记载：泉州人传讹，“谓是日为天诞，男女靓装丽服，膜拜东郊”。当地女性在初九日要郊游。三月初三的上巳节，古代有到水边沐浴清洁去掉疾病和不祥的“祓禊”等活动。明代的祓禊活动，天启《海盐县图经》引仇霦《海陬上巳述》说：“今北京三月三日多出正阳门、天坛或御河边修禊，南京在聚宝门外雨花台，由长干通道，冠盖相属，壶榼沓陈。都中

明末刊本汤显祖《紫钗记》第五折“观灯”插图

士女倾城而出，华饰异香，歌管剧戏，杂逞所长。”可见明代的祓禊具有春游的娱乐性质，女性华服香妆而游春。清明正值春光明媚，是踏青春游的好时节，女性没有错过这大好时机。正德陕西《朝邑县志》记载：“清明妇女尽出游观，三日乃已。不得举女工，云即举之目盲。”万历江苏《扬州府志》也说：“清明前后三五日，郡人士女靓容冶服，游集胜地，陆行踏青，舟行游湖。”应该指出，踏青往往是借祭墓顺便进行的，不过其娱乐性较强。

清明的娱乐性，还可以从女子以秋千为戏得到旁证。如万历山东《安丘县志》说清明“女子尤重秋千”。崇祯山东《历乘》：“架秋千为儿女戏。”万历浙江《秀水县志》：“妇人架秋千为戏。”天启安徽《来安县志》：“牧童村女作秋千戏。”

节日还是妇女为回娘家探亲的时机。正德陕西《朝邑县志》记载：“五月五日、六月六日、七月七日、九月九日，迎女之已嫁者。”其他地方志也表明，明代妇女归宁主要是利用这些节日，这些节日也被认为是女儿节。

我们看端午节的活动。《宛署杂记》称：“五月女儿节……宛俗自五月初一至初五日，饰小闺女，尽态极妍。出嫁女亦各归宁，因呼为女儿节。”据此则女儿节俗有两项，一是打扮小闺女，二是出嫁女回娘家。另据其他地方志记载，端午节除出嫁女归宁外，已定亲而未成婚的夫家要赠女家礼物。例如嘉靖河北《隆庆志》：“已嫁之女召还过节，未嫁之女夫家馈以彩币等物。”嘉靖河南《沈丘县志》：“如婚姻者，多以币帛美果相赠，女未嫁婿家赠之，以重其妇女，已嫁女家赠之，以重其女，谓之追节。”追节之俗尤以河南方志记载详细，看来盛行于中原。

中秋节也是出嫁女探望母家的日子。《帝京景物略》记载八月十五日“女归宁，是日必返其夫家，曰团圆节”。嘉靖山东《夏津县志》：“中秋罗樽罍观月华，女家逆女。”看来这些地区的出嫁女要兼顾夫家和母家的两家团圆，既探望母家，又要回到夫家，不过只能在居住很近的情况下才能做到。

九月九日是重阳节，又名“重九”。重阳吃糕是明代重要的节俗。《宛署杂记》也记载北京的重阳节："九月蒸花糕。用面为糕，大如盆，铺枣二三层，有女者迎归，共食之。"重阳节的人际交往值得注意，如同诸多地方志所概括的，届时要隆师、逆女、追节。隆师就是看望老师。逆女，即送女儿回娘家。《帝京景物略》记载重阳日"父母家必迎女来食花糕，或不得迎，母则诟，女则怨泣，望其姊姨，亦曰女儿节"。女儿节的名称反映了逆女是重阳节的重要活动。所谓追节，嘉靖河南《沈丘县志》说："有婚姻者亦以币帛羹果相赠如端午礼，亦谓追节。""如端午礼"反映出重阳节追节与端午节追节一样是年俗中姻亲往来的主要节日。隆师、逆女、追节的风俗主要流行于北方，如嘉靖河北《河间府志》："九月重九，登高泛萸酿菊酒，隆师、逆女、追节。"

此外，河北、河南的一些地区，冬至节也有拜见老师、出嫁妇归宁、亲家送礼等活动，嘉靖河北《河间府志》、嘉靖河南《夏邑县志》、嘉靖河南《归德志》均是如此。

回娘家的出行、休息、与亲人团聚的温馨会伴随着已婚的女性，她们并不是只在丈夫家不能外出。

最后，节日也有女子人生礼俗。主要在十二月八日腊八节进行，其例证如下，嘉靖河北《霸州志》说该日："男女剃头钤耳。"隆庆河北《丰润县志》记载："八日食腊粥，童男女剃头，童女黔耳。"嘉靖河南《夏邑县志》也讲十二月八日"男女剃头"。嘉靖河南《固始县志》有腊月八日"男女剃头钤耳"的记载。万历安徽《滁阳志》则称腊八"为小儿蓄发"。女子以钤耳

《每日古事画》“女儿节”图

表示其成长已经到了可以打扮的少女阶段。

女性的节日

上文所说的女儿节，主要是指已婚女子回娘家看望双亲。还有一些节日如花朝、七夕、中秋，女性色彩浓重，不妨称作女性的节日，我们在此加以论述。

花朝节有二月二日、二月十二日、二月十五日三个日期，节俗稍有不同。二月十五日属于中春，有“二月半”之称，早在唐代是日就有赏花戏蝶之举。何乔远《闽书》引万历《漳州志》：“二月十五日为花朝，泉中林下，诸老有以其日饮酒赋诗者。邵武笄女子，以是日为扑蝶游。”可见福建邵武府的花朝节主要是小姑娘进行成年笄礼与扑蝶游乐。二月十二日是百花生日，江浙一带也有花朝活动。嘉靖《太仓州志》：“二月十二日花朝，儿女裂彩绡，遍系花果树，曰：百花生日。”青年人是花朝的主要活动者，其中包括女子。至于二月二日的花朝，崇祯《乌程县志》说：“二月二日花朝，士女皆摘蓬叶插于头，谚云‘蓬开先日草，戴了春不老’。”花朝活动中也有女子。花朝节是植物自然崇拜拟人化的反映，花神信仰自然会同以花所喻的女性联系在一起。明代花朝节风俗更多体现的是娱乐功能，为士人和姑娘所重视。

七月七日晚是七夕节，传说牛郎和织女当晚相会，民间纪念他们并祈求自己的爱情幸福，但节日事项偏重于女子。七夕又称“女节”，崇祯山东《历乘》说“七夕名为女节，设瓜果乞

明汤显祖《南柯记》第十九折“玩月”

巧”。女节反映了此节主要由女性进行乞巧活动。七夕也称“小儿节”，正德江苏《姑苏志》：“七月七日为乞巧会，以青竹戴绿荷系于庭，作承露台，男女罗拜月下，谓之小儿节。”小儿节说明的是小孩热衷于参加活动。事实上，姑娘和童女是七夕活动的主要参加者。七夕首先要陈瓜果于庭，祭拜牵牛、织女。嘉靖河南《通许县志》：“七夕，男女聚会于庭，陈时果，称织女星而祭拜之，谓乞巧会，男女家亦以时物相赠遗焉。”弘治浙江《温州府志》："七夕，亦有妇女以彩缕穿针，陈瓜果酒馔于中庭，祈恩于牛女二星以乞巧者。"嘉靖福建《汀州府志》："七夕乞巧，是夜儿女罗酒果于庭，祝牛女二星，瞻拜以乞心志机巧。"乞巧活动种类很多，最常见的是穿针乞巧。张瀚《松窗梦语》说："今世俗七夕妇女陈瓜果于几筵，望月穿针以为乞巧。"反映了此俗的普遍性。地方志常把"穿针乞巧"作为七夕节的标志性活动，如嘉靖河北《广平府志》："七月七日，女子设瓜果于庭前，穿针乞巧。"这种穿针用线往往是"彩缕"，月下穿针如同嘉靖江苏《江阴县志》所说是"辨目力"。更有甚者，弘治福建《将乐县志》说"幼女坐于案下暗处，以线纫针，纫过者则谓其得巧也"。穿针在暗处进行，增加了难度。"丢巧钱"是乞巧的一种形式。《帝京景物略》卷二记之甚详："七月七日之午丢巧针，妇女曝盎水日中，顷之，水膜生面，绣针投之则浮。则看水底针影，有成云物、花头、鸟兽影者，有成鞋及剪刀、水茄影者，谓乞得巧。其影粗如槌，细如丝，直如轴蜡，此拙征矣。妇或叹，女有泣者。"观察蜘蛛丝也是乞巧中的一项内容。或于瓜果之上观察，如嘉靖河南《尉氏县志》："每以瓜果器皿上凝蛛丝为验。"观察瓜上的蛛丝比较普遍，天启浙江《平湖县志》说："有喜子网于瓜，则以为符应。"所谓喜子，就是一种长脚的小蜘蛛。或在盆、盘等器皿中观察，如崇祯江苏《常熟县志》："取蛛合盘中，有丝则曰得巧。"嘉靖福建《建宁府志》："取小蟢子以盆盛之，平明视成茧者为得巧。"还有看巧云的习俗。万历安徽《滁阳志》："七日，观巧云，乞巧。"万历江苏《扬州府志》："七夕，俗传天孙渡河，小儿女旦起看彩云，或为乞巧瓜果之宴。”七夕的活动也表现出女子对美的追求。江浙地区有染指甲的习俗，嘉靖江苏《昆山县志》：“七月七日，女妇以凤仙花叶染指为饰。”万历上海《嘉定县志》：“女乞巧于庭，捣凤仙花，以染指甲，红如琥珀，累月不去。”另外，万历浙江《新昌县志》说女子“煮槿汤沐发”，嘉靖江西《南安府志》说七夕于月下“请画诸品花样，谓之乞巧”，均是爱美的表现。七夕节中“男女罗拜月下”“男女聚会于庭”祈求爱情，可以说女子的爱情同男子一样被尊重。女子的乞巧活动，也可以说明此点。

八月十五为秋季之半，故名中秋。时值秋高气爽的月圆之夜，是一个以赏月、吃月饼为主要内容的节日。中国古代有关月亮的神话传说很丰富，如嫦娥奔月的故事最为著名。月亮神话传说反映出人们对月亮知识的追求，并演变成赏月之俗。大约从南朝到唐代，中秋已固定在八月十五日。至宋代，中秋节开始深入民间。明代则是中秋赏月广泛普及的时期，一个重要的标志就是地方志列出“中秋”节加以介绍。明代的中秋，一般要在庭中陈瓜果、月饼供月，进行祭拜，然后赏月。拜月在一些地方是男女共拜，如嘉靖河南《固始县志》说：“中秋列瓜果酒饼，男女望月罗拜，已而劝饮，谓之玩月。”有的地方流行“男不拜月、女不祭灶”之说，如嘉靖广东《惠州府志》：“妇女则拜月卜祥兆。”又如嘉靖江苏《太仓州志》讲当地：“富家妇女设瓜果圆饼中庭，以拜月。”对月亮知识的追求、赏月及神话故事，可以促使民间以月亮占卜的活动。明代的月占风俗比较普遍，最流行的是

清陈枚绘《月曼清游图册·桐荫乞巧》

卜明年上元节晴雨。妇女以筐、箕请月神卜休咎也带有一定普遍性。如嘉靖江西《南安府志》："妇女仍设酒果悬箕以卜休咎，谓之祀月姑。"又如崇祯福建《龙溪县志》："人家儿女于月下设果饼、环服之类，群望月而拜，致词，谓之请月姑。置筐于盘，俟月神降筐，自举为剥琢声，祝其声数卜休咎，然不甚验。"上述记载出现的月姑，当是指月神。而在嘉靖福建《建宁县志》则记载了另外的习俗："中秋赏月，女子对月亮邀厕姑问吉凶。"虽然如河南固始县中秋是"男女望月罗拜"，但更多的地方是女子拜月，结合明代十二月二十四日左右有祭祀灶神的习俗，祀灶的特点是妇女不得参与，如《帝京景物略》卷二称："记（笔者按：指

《礼记·礼器》：“奥者，老妇之祭也。”）称灶，老妇之祭，今男子祭，禁不令妇女见之。”我想女子拜月是受到了阴阳观念深刻的影响，人们把月亮视为阴的代表，与代表阳的灶火区别开来。不过，中秋是庆祝丰收的喜庆节日，妇女拜月没有太多的神秘色彩，有的是赏月的愉悦，中秋是庆祝收成，也在肯定女性的贡献。女性在中秋节扮演了重要的角色。

信仰民俗与女性

首先看节日的一些传承巫术民俗与女性。

正月初五有送五穷的风俗，即初三以前不扫除，初四或初五始做卫生，而于初五天未亮将尘土垃圾以及纸作妇人倒出。这一风俗主要流行于北方，正德陕西《朝邑县志》说：“五日以故彩纸为妇人，戊夜乃出妇人，送穷。”嘉靖河北《广平府志》记载：“至五日五更，初扫堂地之土，送于大门外，谓之送五穷。”从后代民俗可以证明，这些活动应当是由女性进行的。

正月七日为人日。笔者认为，中国古代人日节的主题为造人，是由鸡人创世神话结合生殖崇拜形成的，人胜的主要意义在于祈求生殖。人日的性质决定了女性在该节的活动中扮演重要角色。明代的人日节虽然已经基本失去上述原始意义，但人日的一些活动形式仍保留着。如人胜习俗，崇祯浙江《嘉兴县志》：“士女造华胜相遗，或戴于发。”对于女性来说，戴胜只是出于沿袭民俗，这样的习俗已是表现欢乐。

自古以来，妇女有立春戴春幡、春胜，贴宜春帖活动，这些习俗在明代衰落了。不过仍然可以见到个别事例，如嘉靖河北《河间府志》就说立春“贴宜春字”。田汝成《西湖游览志余》记载立春时：“民间妇女，各以春幡春胜，镂金簇彩，为燕蝶之属，问遗亲戚，缀以钗头。”我们从上述资料中，读出的是节日的欢乐喜庆，女子戴胜已是在表现对美的追求。

明人上巳流行头戴荠菜花。嘉靖河南《永城县志》记载：“男妇多出，采荠菜花插之终日，俗云避眼疾。”田汝成《西湖游览志余》说三月三日“男女皆戴荠菜花，谚云‘三春戴荠花，桃李复繁华’”，明人戴荠是用以表达“岁丰”和“避眼疾”的愿望，并无过多神秘巫术气氛，却是外出春游的点缀。

清明女子簪柳于首。明朝人一般认为柳可以避邪，说明此点的方志有，嘉靖安徽《池州府志》：“士女戴柳枝及插门之左右，俗云避邪。”崇祯浙江《乌程县志》：“先晚插柳檐上，男女亦戴之，谚云：‘清明不插柳，红颜成皓首’。”正德海南《琼台志》：“清明插柳，妇女簪榴花，谓不害眼，以米易梅蛳咂之，谓得目明。”除了防止眼病、避邪有些巫术民俗的痕迹外，还有女子祝福自己红颜永驻的心愿，结合这一活动是在清明踏青春游中出现的，我认为它反映了女性对生活的热爱和她们节日的快乐。

五月初五是端午节，又称端五、端阳、重午、天中节。中国古代把五月特别是夏至节气视为不太吉祥。古人认为“夏至一阴生”。即阴恶从五而生，五月五日双五相逢，是最不吉利的恶时，而这恰恰是阳气运行到端点的端阳之时。积极对付恶月、恶日的办法是以药克毒。端午采药之俗直到明代仍十分兴盛，人们认为端午节所采的药格外灵验。还用菖蒲、雄黄酒避毒，饰物禳除灾祥。人们门上装饰禳毒之物，明代门饰艾人与艾虎，还饰菖蒲、贴符、饰道家张天师画像。人们在身上要佩戴一些饰物，以五色丝系臂盛行。南方人还有佩“健人”的，主要是女子。万历浙江《秀水县志》：“妇女制缯为人形佩之，曰健人”。艾虎、茧虎也是佩戴之物，嘉靖浙江《萧山县志》说：“女子以茧作龙虎，少长皆佩之，欲如龙虎之健。”还有佩戴香袋的，万历海南《儋州志》：“男妇系香袋，儿女彩索缠臂。”端午戴符者也不少，如万历江苏《扬州府志》：“儿女佩丹符。”嘉靖江苏《太仓州志》：“若道士所送画符，必贴之墙壁；其丹书小符，儿女皆佩之，以为避邪恶。“弘治福建《将乐县志》：“其男女幼者戴赤灵符。”这些佩戴符的，有的干脆将符缝在衣服上，如嘉靖《萧山县志》就说端午“绣符缀衣”。需要补充说明的是，衣饰避恶还有其图形，如《明宫史》火集说“宫眷内臣穿五毒艾虎补子蟒衣”。端午头饰也是一项习俗。《帝京景物略》说：“簪佩各小纸符，簪或五毒、五瑞花草。”所记很有概括性，小纸符与佩戴符属同一类型之物。所谓五毒，《宛署杂记》卷十七记载：“妇女画蜈蚣、蛇、蝎、虎、蟾，为五毒符，插钗头。”至于瑞花草，往往是指石榴花。《太仓州志》中有簪茧虎记载，而《闽书》所引《漳州志》说：“以茧作虎子，贴额。”看来茧虎在端午习俗中是一个重要的标志物。在节日饰物中，以端午节的巫术色彩最浓，从民间工艺的角度看，健人、艾虎、茧虎、香袋、五毒符具有审美情趣，透过巫术表现，我们看到的仍是女性对生活的热爱和对美的追求。

其次，看女性的占卜活动。

正月初三在浙江格外受重视，名为“小年”或“小年朝”，流行卜筮占年。有请灰七姑等习俗，崇祯浙江《嘉兴县志》说：“三日为小年朝，卜筮占年。儿童妇女夜以灰炉折箒架插灰上，请灰七姑娘决事（或用饭箕从灶下请，俗云灶神第七妹）。”

正月初十有祈蚕与厕姑卜之俗。南朝宗懔《荆楚岁时记》说，正月十五日“其夕，迎紫姑，以卜将来蚕桑，并占众事”。紫姑即中国神话中厕神名，掌蚕桑及众事。明代正月十日祈蚕与厕姑卜之俗，疑由正月十五日习俗移入。其事例有，嘉靖

清徐扬《端午故事图册》“悬艾人”图

河南《固始县志》："十日邀厕姑问吉凶。"嘉靖浙江《宁波府志》："正月上旬之夜，女子邀天仙或厕姑问吉凶。"弘治《上海志》："上旬之暮，女子邀厕姑问吉凶，男子不得至。"祈蚕之俗也有留存，隆庆河北《丰润县志》："十日炊面为茧，以祈蚕功。"上述习俗显然由妇女担当。对此俗的分析，我们放在上元节进行。

明代上元紫姑及戚姑（西汉戚夫人）卜信仰仍很普遍。地方志多有记载，例如嘉靖安徽《石埭县志》："处女夜分邀厕姑，叩诸吉凶。"崇祯浙江《嘉兴县志》："焚香卜紫姑。"嘉靖四川《洪雅县志》："女子邀厕神戚姑，问祸福。"紫姑卜的用途是预言吉凶、祸福。紫姑作为蚕神，以其祈蚕的习俗也可看到。田汝成《西湖游览志余》记杭州上元节："乡间则有祈蚕之祭。"紫姑卜的方法，据《帝京景物略·春场》记载："望前后夜，妇女束草人，纸粉面，首帕衫裙，号称姑娘，两童女掖之，祀以马粪芗歌，三祝，神则跃跃，拜不已者，休，倒不起，乃咎也。男子冲而仆。"这种紫姑卜，应当是承继传统的方法。紫姑与祈蚕的最初意义是为了丰收，由于养蚕由女性从事，这项民俗也就由女性进行。后来除了占卜蚕事外，也有了占卜女性吉凶祸福的内容。

因其具有娱乐性，不应当把明代占卜看得过于神秘。举例来说，十三日或十四日江苏有爆孛娄、卜流的风俗。如嘉靖《太仓州志》记载："十四日以糯谷爆花釜中，名孛娄，又名卜流，一家之中自老及幼各举其年岁爆之，以卜一岁之休咎，故名。儿女辈或以彩线贯之，蔟成花状插鬓上。"此俗名为占卜，实为娱乐，

清《吴有如画宝》之“迎紫姑神”图

主要的活动者为女性特别是小姑娘。

再次，上元节有女性走百病的习俗，即以夜行、过桥等习俗以祛除疾病。此俗一般是在正月十六日夜进行，也有于十五日夜或其后三五日以内进行的。走百病在一些地区是男女一起进行，如嘉靖河北《威县志》：“厥明，城野男女赍香诣寺庙祈禳，云走百病。”隆庆河北《丰润县志》：“上元夕通衢张灯放炬，男女杂游，登桥陟阜，以散百病，三日乃已。”嘉靖河南《夏邑县志》：“男妇俱卜方向出游过桥，曰走百病。”嘉靖江西《铅山县志》：“男妇相率夜行，谓之走百病。”从丰润、曲沃、威县的情形看，走百病要登桥陟阜、游诣寺庙。更多的地方走百病是女性进行。《宛署杂记》卷十七的记载很有概括性："走桥摸钉，祛百病。正月十六夜，妇女群游祈免灾咎，前令人持一香辟人，名曰走百病。凡有桥之所，三五相率一过，取度厄之意。或云终岁令无百病，暗中举手摸城门钉一，摸中者，以为吉兆。"嘉靖江苏《六合县志》："妇女多于十六夜静时相携出行，谓之走百病，仍以越桥梁为美。"嘉靖江苏《太仓州志》："老媪多率妇女历三桥，云过三桥可免百病，故又名走百病。"嘉靖福建《福清县志续略》："通城女人朝同拜佛、谒庙，夜共看灯过桥，簪青麦而回。男子避道，犯礼者罪之，游行五夜而罢。"嘉靖湖南《常德府志》："妇女相邀，成队宵行，名曰走百病。"万历海南《儋州志》："十六夜城门不禁，妇女聚出，或探亲、抛桥、谒庙，名曰走百病。"嘉靖四川《洪雅县志》："十六日夜间有拉女伴出游者，谓之走百病。"以上资料中虽也有妇女"谒庙"的记载，但更多记载的是过桥。甚至有的地方干脆把走百病称为过桥。如崇祯江苏《泰州志》："十六夜更阑人静，女伴相携出行，曰走桥。有乞子者，取砖密藏以归。"泰州的资料中的乞子记载，也使我们联想到《宛署杂记》中的摸钉行为，可见十六日妇女通过走桥等度厄祛病外，乞子也是一项重要的内容。女性走百病习俗中，有的地方强调病妇的出游。嘉靖河北《河间府志》："十六日，病妇陶炙，过桥。"嘉靖河南《归德志》："男妇相属于道走百病，病妇过桥上窑能祛病。"嘉靖山东《淄川县志》："病妇陶炙。"类似河间府的风俗。过桥是人类学所说的通过仪式，借此以去掉各种疾病。游百病与看灯、探亲相结合，既是游病，也是游乐。

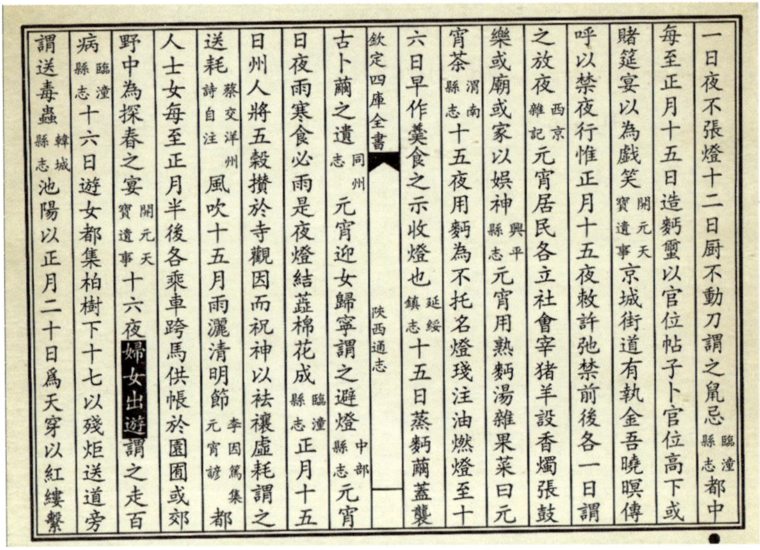

欽定四庫全書　　陝西通志

一日夜不張燈十二日厨不動刀謂之鼠忌臨潼縣志都中每至正月十五日造麪蠒以官位帖子卜官位高下或賭筵宴以為戲笑開元天寶遺事京城街道有執金吾曉暝傳呼以禁夜行惟正月十五夜敕許弛禁前後各一日謂之放夜西京雜記元宵居民各立社會宰猪羊設香燭張鼓樂或廟或家以娛神興平縣志元宵用熟麪湯雜果菜曰元宵茶渭南縣志十五夜用麪為不托名燈琖注油燃燈至十六日早作羹食之示收燈也延綏鎮志十五日蒸麪繭蓋甕古卜繭之遺同州志元宵迎女歸寧謂之避燈中部縣志元宵日夜雨寒食必雨是夜燈結蕋棉花成臨潼縣志正月十五日州人將五穀攢於寺觀因而祝神以祛禳虛耗謂之送耗蔡交洋州詩自注風吹十五月雨灑清明節李因篤集元宵諺都人士女每至正月半後各乘車跨馬供帳於園圃或郊野中為探春之宴開元天寶遺事十六夜婦女出遊謂之走百病臨潼縣志十六日遊女都集柏樹下十七以殘炬送道旁謂送毒蟲韓城縣志池陽以正月二十日為天穿以紅縷繫

清《陕西通志》有关正月妇女出游的记载

最后，女性在节日里到寺观烧香，求神拜佛。

元旦有到庙宇烧香的习俗。或去寺观祈福，《帝京景物略》说京师之人“旦至三日，男女于白塔寺绕塔”。正德《姑苏志》记苏州“士女集佛宫道观，烧香答愿”。这些大城市的妇女出入寺观向佛道祈福。

宋代开始于三月三日祭祀北极佑圣真君，此神是道教将北极星人格化，道观祭之。明代南北二京也有佑圣庙，三月三日遣官祭祀。明代杭州沿袭宋代传统，《西湖游览志余》说：“三月三日，俗传为北极佑圣真君生辰。佑圣观中，修崇醮事，士女拈香，亦有就家启醮、酌水献花者。”杭州的佑圣观有女性拈香祈福。

四月八日，传说是佛祖释迦牟尼的生日，为纪念佛祖诞辰，佛寺举行浴佛、法会等活动，民间也有一定的节俗。浴佛方式为盆贮香水浴佛，浴佛活动吸引了不少群众。万历《湖广总志》说上津县“每年四月八日，各于寺观结立坛场，会集男女千百余人，罗跪于野，执经授受，谓之传经”。有的方志记载是信佛的女性“茹素者”赴寺，如天启浙江《平湖县志》：“四月八日，俗称浴佛之辰，男女茹素者咸会。”天启浙江《海盐县图经》：“四月八日，浮屠作浴佛会，男女茹素者各立会诵经。”也有方志泛称男女赴寺，嘉靖河南《真阳县志》：“男女趋之。”嘉靖云南《寻甸府志》：“男妇入寺为浴佛会。”其实在赴寺的妇女中，有一些人是为了乞子，如崇祯《泰州志》说：“四月八日为浴佛日，妇女有相约诣尼庵拜礼及求子息还愿者。”百姓热心于浴佛活动除信仰或看佛事等因素外，还同佛寺举行的施舍活动有关。其施舍活动主要有两项：一是佛寺给结缘豆。《帝京景物略》卷二《春场》有较详细记载，不过京师舍豆是祈福者作功德之举，我想民间的这一做法是向寺院学习的。请看其资料：“八日，舍豆儿，曰结缘，十八日亦舍。先是拈豆念佛，一豆，佛号一声，有念豆至石者。至日熟豆，人遍舍之，其人亦一念佛，啖一豆也。凡妇不见容于夫姑婉若者，婢妾摈于主及姥者，则自咎曰：身前世不舍豆儿，不结得人缘也。”根据这样的道理，如果佛寺给人以豆，是表明与佛结缘，受佛保佑。一些在家庭里人际关系不顺的女性，希望通过“结缘”加以改善。二是施浴佛汤。正德海南《琼台志》也说：“善妇女集尼庵饮浴水，余分送檀越未至者。”饮浴佛水，可使人更真切体会到佛佑，也是向寺院施供得到的一种交换。

夏至节气正值伏日，有一些习俗，嘉靖浙江《宁波府志》："三伏，寺庙皆设醮，妇女走礼神佛。"人们把三伏作为特殊的日子看待，怀着祈求平安的心态度过这一段时间。

总之，明代女性在节日去寺观烧香拜佛者不少，有一些是宗教信徒，更多的是民俗信仰者。女性到寺观烧香拜佛也是她们接触社会或者说外出调剂生活的重要手段。

结　语

明代地方志的编撰者主要是当地的绅士，所反映出的地方风俗是绅士眼里的风俗。方志风俗志的记录是从习俗整体出发的，没有侧重女性的习俗，因此对于岁时节日中女性的活动，记录得很不充分。尽管如此，明代方志仍为我们提供了女性岁时节日生活基本面貌的记录。

明代属于男尊女卑农业社会，社会分工是男子主要从事农业以及外面的事物，女子主要在家内劳动，生育、女工以及家务是其职责，明代岁时节日生活呈现的仍然是以男子为中心的习俗。不过传统习俗给予女子应有的活动空间，明代传承着这些习俗，如妇女观看迎春社火、上元灯火、端午、重阳归宁、七夕乞巧、紫姑占卜、寺观烧香拜佛等，均是长久以来的传统习俗。

明代岁时节日在传承中也发生着变异，随着社会的整体变迁，特别是明代农业的进一步开发与商品经济的活跃，岁时节日的巫术神秘色彩进一步削弱，人性的张扬和节日的娱乐性则在加强。女性节日习俗的审美价值与调节生活的作用表现得更加明显，闲暇娱乐的色彩更加突出。明代的大城市如两京、苏杭，女性的活动较之一般城镇和乡村更具有开放性。宋明理学希望对女性进一步加强约束，明代的绅士重视移风易俗，可能在一定程度上会影响到方志对女俗的记录，以利用方志发挥教化与导向的作用。一般风俗志的记载比较平实，不太细致与生动，甚至不提节俗的性别差异。当然也有个别方志的记录比较直率，女性的活动相对突出。如嘉靖河南《永城县志》说："元旦，男女聚会，俗谓之填仓。"这个填仓节混入元旦的记载，却使不拘谨的男女一起吃喝聚会的场景跃然纸上。再如嘉靖山西《翼城县志》卷一《风俗》讲当地"时节游行，男女妖服"，也使我们仿佛看到街上红男绿女摩肩接踵的热闹景象。

总而言之，明代女性在岁时节日有属于自己的生活，她们行动比较自由，节日调节了女性的生活节奏和生活内容，释放出女性对美的追求、走出家门的祈盼以及内心的独白，她们的日常生活并不是黯淡得毫无色彩。

清代溺女婴问题

关于清代溺婴问题，冯尔康先生《清代的婚姻制度与妇女的社会地位述论》一文就清代溺女风习的区域分布、溺女婴的原因、禁止溺女和育婴堂建设进行了初步研究，勾勒出这一问题的基本面貌。笔者意在更合理地使用有关资料，提供未尝利用的新资料，补充已有的研究，并探讨一些新的问题。

清代溺婴习俗的地区分布

清代的溺婴，基本上是溺女婴的问题，我们先从清人的议论看一下溺女所涉及的地区。顺治时，都察院左副都御史魏裔介在向皇帝所进条陈中指出："福建、江南、江西等处，甚多溺女之风。"(《清世祖实录》卷一二五)所说的"江南"，包含江苏、安徽二省。嘉庆时两江总督为禁止民间溺女，"于所属之省州县倡率捐置育婴堂，收养遗婴"(《清仁宗圣训》卷二四)。两江总督辖江苏、安徽、江西三省。同治初年，御史林式恭奏："近来广东、福建、浙江、山西等省仍有溺女之风，恐他省亦所不免。"(《清穆宗圣训》卷二十)总而言之，清代江苏、安徽、浙江、江西、福建、

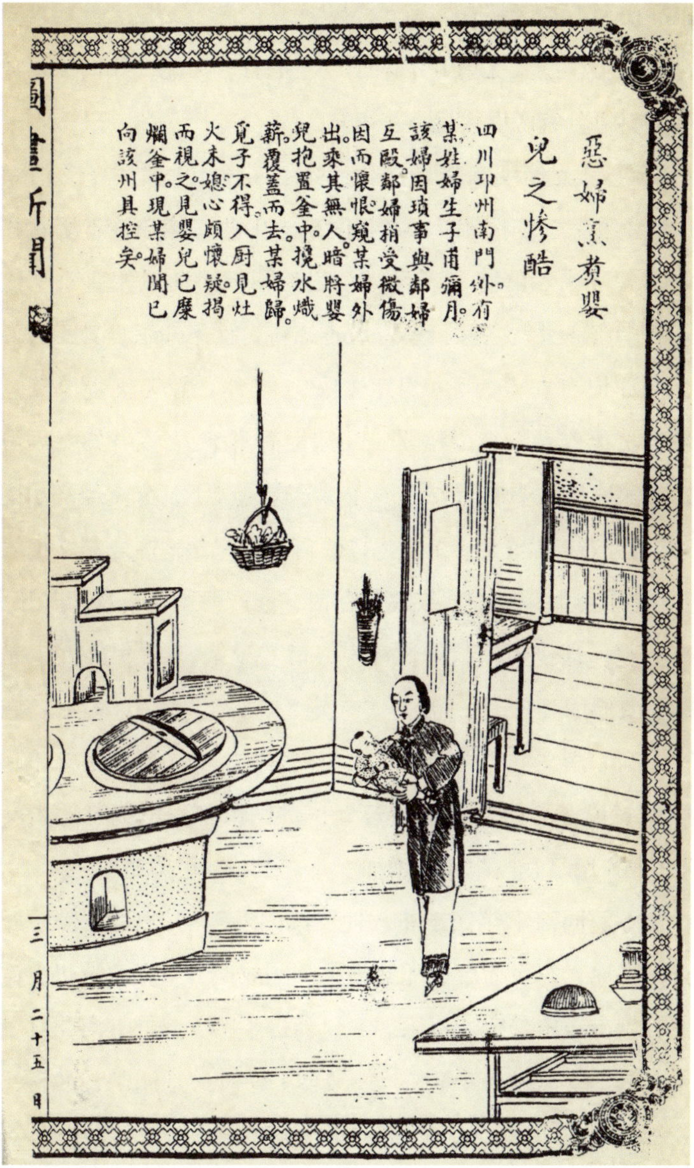

《图画新闻》恶妇烹煮婴图像

广东、山西七省区都有过溺女之风。

事实上，溺女之风并不限于以上七省。为此，我们依据地方志等资料再分省区以作进一步考察。

山西。《光绪朝东华录》载：光绪四年十一月甲子，清朝大臣王昕奏称："臣于同治八九年间视学山西，谂知该省溺女相沿成习，曾经出示禁止，现经灾荒之后，但恐此风尤盛，缘该省逐末者多富商大贾之家，率皆男不知耕，女不知织。其不为商贾者，则亦但有农事而无女工，妇好习操作，嫁娶又责厚奁，所以该省贫民养女，视为赔累，往往生而不举。"该省妇女不习织事，在家庭生活中的重要性下降，厚奁风气下，家庭经济承受更加严重，故往往溺女。光绪《晋政辑要·户制·恤政》又记载该省："往往初生一女，犹或冀其存留，连产两胎，不肯容其长大，甫离母腹，即坐冤盆，未试啼声，已登鬼箓。"重男轻女也是溺女的重要原因。

河南。李文治《中国近代农业史资料》第1辑引潘守濂《作新续议》说，邓州人"食指若繁，贫民恒丰岁不饱，故溺女成风"。穷人用溺女控制人口增加。

江苏。同治十年江宁布政使"禁溺女"的告示说："兹经本司访闻各属，穷乡僻壤，无知愚民渐蹈故辙，生女之家仍有淹溺之事，亟应重申禁令，以除恶习，而遂生机，降饬五府州县各属遵行先行……"（《再续高邮州志》卷八）针对的是江宁、淮安、扬州、徐州等苏北诸府。在苏南的松江府，宣统《蒸里志略》记载："贫家生女多则厌之，率行溺毙，以致娶妻聘媳甚难。"同苏北一样也有溺女之俗。

安徽。光绪《广德州志》记载："惟溺女，旧有此风，询之州人，大半亟望生男者为之，未必预为奁饰计。要皆不仁之甚者，屡经前守严禁，且设育婴堂以收弃孩，溺女之风亦已衰息。"从"旧有此风"到"亦已衰息"，当地溺女之风经历了较长时期。

浙江。绍兴府，乾隆《萧山县志》记载当地婚礼时说："贫者较装（妆）奁，故有生女而不举者。"金华府，康熙《汤溪县志》讲当地婚姻追求聘金和妆奁，"此溺女之风所由来矣。"康熙《永康县志》也说当地婚姻："其甚弊者，嫁女多论聘财，娶妇多论资装，更相责望，因生乖别，致酿淹没之俗。"温州府，乾隆《平阳县志》记载："昔年邑多荒歉，艰于衣食，贫而多子者往往产女而溺之，又有贫家虑难遣嫁而溺者，今此风稍息。"处州府，乾隆《景宁县志》说："溺女，邑之锢俗也。"以上所引地方志是康熙、乾隆两朝所修，而以后者为多，反映出清前期浙江溺女之风的流行。

江西。饶州府，道光《浮梁县志》引旧志，说当地"多溺女"。道光《德兴县志》记载，人们因追求妆奁，"民率以女为劫，诞女则仇之，溺女之风于是乎炽。"广信府，同治《弋阳县志》引康熙时知县谭瑄话："缘此鬻妻，又生一弊，产女之家以为育女至长而受侮于人，不如勿举，总计一方生女勿举者十常三四。"同治《上饶县志》引旧志："惟溺女恶习，及盗葬卖休诸弊，亦所时有。"同治《铅山县志》辑前志："溺女之风，相沿已久。"九江府，同治《彭泽县志》："溺女一事，不知起自何代，相习成风，不以为怪。”抚州府，同治《临川县志》记载了当地“溺女”风气。吉安府，道光《万安县志》说：“诚能广之以孩养，济之以育婴堂，则溺女之习可不禁而自止。”赣州府，道光《兴国县志》：“溺女之俗，今已渐少。”道光《龙南县志》说当地：“嫁女重妆奁”，“故溺女成风”。同治《赣州府志》说养童养媳“虽不备礼，而贫家可免溺女之患”。宁都直隶州，雍正十一年夏至乾隆八年春，凌燽任江西按察使，曾刊示“禁瑞金溺女恶习”（凌燽《西江视臬纪事》卷四《条款》）。道光《宁都直隶州志》引旧志言石城县弊俗：刚狠之民“独忍于溺女”。南安府，光绪《上犹县志·艺文志》载朱论《戒溺女文》，可见该地曾有溺女之事。江西省溺女风气分布甚广，地方志的记载不绝如缕，是溺女最为盛行的省区。

湖北。武昌府，两部方志记载了该府的溺女风气。一是同治《江夏县志》：“县东都邑敝俗溺女，邑近境亦如之。”二是光绪《咸宁县志》：“俗讳养女，穷民不能举，间或溺之。”荆州府，光绪《荆州府志》卷十一《建置志四·善堂》松滋县条，引知县黄燮请育婴堂讴：“水旱频年，穷黎困苦，自活为难，有婴不举。”

湖南。乾隆十年湖南巡抚将风俗中宜革除的“吃紧数条”刊示告民，其第四条指出：“湖南民俗辄有以生女为嫌忍心溺死者，甚且有生男过多，亦起厌心，因而溺毙者。”（《湖南省例成案·刑律杂犯》卷一二）此外如长沙府，乾隆《长沙府志》卷二十六载同知赵宁《请禁溺女详》载：“此邦风俗，向有溺女陋习，至今相沿，牢不可破。”桂阳直隶州，同治《临武县志》讲当地婚礼“大都礼数尚繁，故育女无过于三举”。郴州直隶州，光绪《兴宁县志》引《郴州志》：“育女苦于赔累，不仁者遂作溺女之计。”辰州府，光绪《沅陵县志》引府志：“索重奁而酿成溺女之风。”

四川。咸丰十年修《李氏宗谱·家规》说：“生育举女，每有置之死地，婴孩何罪，遭此毒手，不仁孰甚焉，须体天地好生之心。”此条家规说明当地有溺女之事。

福建。福州府，道光四年陈盛韶说：“他邑溺女多属贫民，古田转属富民。”（陈盛韶《问俗录》卷二）延平府，光绪《福建通志》卷五七引《郑光策与福清令夏彝重书》说：“昨蒙询溺女一事，最为此邑恶习。土风丰于嫁女，凡大户均以养女为惮，下户则有苦无以为养。比户而计，实无一户之不溺。”厚奁造成

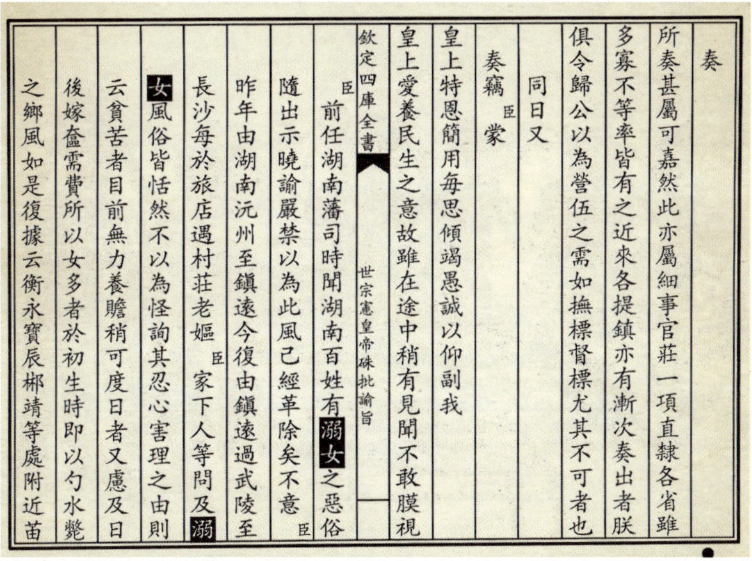

奏

所奏甚屬可嘉然此亦屬細事官莊一項直隸各省雖多寡不等率皆有之近來各提鎮亦有漸次奏出者朕俱令歸公以為營伍之需如撫標督標尤其不可者也

同日又

奏竊臣掌

皇上特恩簡用每思傾竭愚誠以仰副我

皇上愛養民生之意故雖在途中稍有見聞不敢膜視

欽定四庫全書　世宗憲皇帝硃批諭旨

臣前任湖南藩司時聞湖南百姓有溺女之惡俗隨出示曉諭嚴禁以為此風已經革除矣不意臣昨年由湖南沅州至鎮遠今復由鎮遠過武陵至長沙每於旅店遇村莊老嫗臣家下人等問及溺女風俗皆恬然不以為怪詢其忍心害理之由則云貧苦者目前無力養贍稍可度日者又慮及日後嫁奩需費所以女多者於初生時即以勺水斃之鄉風如是復據云衡永寶辰郴靖等處附近苗

清雍正朝《朱批谕旨》中地方官关于湖南溺女习俗的记载

当地家家溺女。邵武府，前引《福建通志》又载乾隆庚寅府志说："贫家溺女之风尚未尽革。"漳州府，乾隆《长泰县志》讲当地婚礼"侈妆奁"，"故愚拙之民生女多不举"。龙岩直隶州，光绪《福建通志》卷五八引鲁鼎梅《劝谕十条》谈到当地溺女时说："访闻此风不但穷人，即生监之家往往有之。"永春直隶州，民国《永春县志》记载："百数十年前，聘礼无过百金者，生女过多者辄溺之。"所谓"百数十年前"，指的是清中叶。

广东。广州府，民国十三年修《花县志》说："溺女之风，前数十年频闻。"可知当地清末有溺女之风。阳江直隶州，道光《阳江县志》讲当地婚嫁之费高昂，"因之以女为累，至有溺之而不举者"。

以上所引溺女资料除在本节开头所说的七省外，又增加了河

河北剪纸"缠脚"

南、湖北、湖南、四川四省，如果再加上冯尔康先生所引广西陆川溺女事例，则共有十二省。从现有的资料看，江西、湖南、浙江、福建数省溺女风气最盛。在我们出示的资料中，湖南溺男婴的记载格外引人注目。

溺婴原因、后果与民间童养媳对策

关于清代溺女盛行的原因，一些官员在禁革溺女的报告、禁令中从总体上进行过分析，我们先看看他们的说法。乾隆时，长沙府同知赵宁曾说："凡生女之家，或因男女过多，或因家计贫乏，即行溺死。"又据乾隆十六年江西按察使言："江右恶俗成风，贫者以衣食为艰，富室以奁费为虑，往往生女方离母胎，即行溺毙。"(《西江政要》卷一《严禁溺女》)次年，该省臬使欧阳琦又说："江右素有溺女恶习，或因家计贫乏，抚养维艰，即家计稍丰，亦虞将来遣嫁滋累，并或急望生男，恐为乳哺所误，迟其再孕，往往有经产育旋即溺毙。"(《定例汇编》乾隆三七年《户例》)光绪四年翰林院检讨王邦玺请禁民间溺女奏折谈道："民间生女或因抚养维艰，或因风俗浮靡，难以遣嫁，往往有溺弊情事。"(《大清律例统纂集成》卷二八)以上不同时期的四条资料有两类原因是共同的，即一是家贫抚养维艰，二是奁费高遣嫁困难。另外两个原因是多女子和为了生男。以上四位官员的分析都是从大处着眼，还有人更加细致地分析过溺女原因。如朱论《戒溺女文》："窃尝推求其故，或以女贻累有六焉：一忧长无淑行；一患赔奁致贫；

一生男尚孩，苦于怀抱，兼防工作；一频仍举女，急于承祧，惧无男生；一鉴父母之分财姊妹，遂为子计，以免割思；一听日者之推求祸福，因为女谋，以绝后悔，甚至家庭戚属因而怂恿，遂致有已就襁褓而复行淹溺者，惨目伤心，莫此为甚。”这六条的第一条似乎是说担心女子长大品行不好使家人受侮；第二条也是出于奁费；第三、四条都是由生男引起的；第五条是从财产继承考虑的；第六条把女婴看成家庭不善的根源，听信算卦者，其实质是将女性看成祸水。六条中的第二、三、四条与前述四位官员的分析相近，所余三条同四位官员提出的三个原因合在一起，则溺女的基本原因有六类。事实上，地方志等文献记载溺女风气时也常常指出其原因，但大致不出以上诸因。下面我们综合各种史料分类作一探讨。

因家贫抚养维艰而溺女。本文第一部分所引河南邓州人“食指若繁，贫民恒丰岁不饱，故溺女成风”。浙江温州乾隆《平阳县志》说：“贫而多子者往往产女而溺之，又有贫家虑难遣嫁而溺之。”看来在贫穷的家庭中，为了保证生活，溺女是其措施之一，而不溺男婴则是传统社会重男轻女的反映。

因奁费高遣嫁困难而溺女。这是文献中提到最多的溺女原因之一，我们在本文第一部分所引资料中，浙江的乾隆《萧山县志》、康熙《汤溪县志》、康熙《永康县志》，江西的道光《浮梁县志》、道光《龙南县志》、同治《于都县志》，湖南的光绪《兴宁县志》、嘉庆《桂阳县志》、光绪《沅陵县志》，广东的道光《阳江县志》，均把女子遣嫁奁费高作为溺女的主要原因。为了加

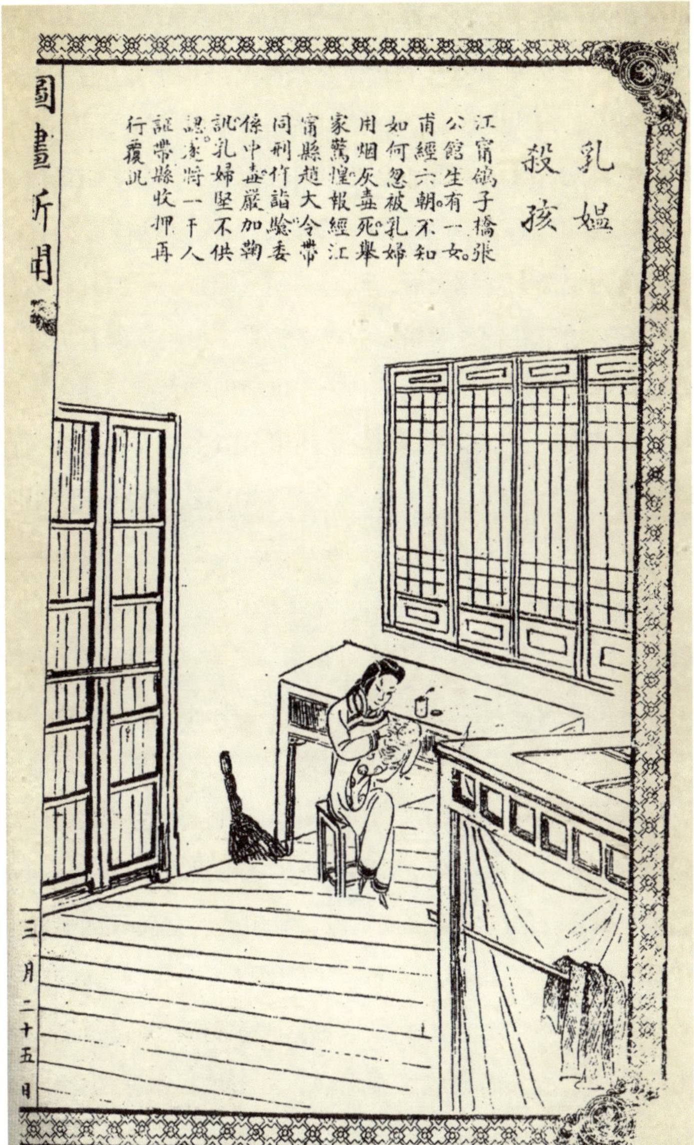
圖畫新聞
乳媪殺孩
江甯鴿子橋張公館生有一女。甫經六朝。不知如何忽被乳婦用烟灰毒死。舉家驚惶。報經江甯縣趙大令帶同刑仵詣驗。委係中毒。嚴加鞫訊。乳婦堅不供認。遂將一干人證帶縣收押。再行覆訊
三月二十五日

《图画新闻》“乳媪杀孩”图

深对奁费的了解，我们分省考察一下具体的情形。

浙江。道光五年浙江巡抚“严禁溺女并酌定嫁资示”指出，溺女之风不息，“大抵因出嫁费繁之故。闻民间嫁女，无一不备，有用银数百两、数千两者，最少亦须百数十金。虽卖田借债，亦须凑办。男家以厚嫁为荣，薄则笑之，甚至翁姑待媳妇，以妆奁之厚薄为爱憎。既嫁之后，则有三朝、七日、十四日、满月名色，女家必须备礼物送至婿家，以多为贵。少则婿家必笑之。逢年逢节，亦复如是，女若生子，未产以前即送衣褓、食物，既产以后自洗浴剃头，以至外甥周岁，均须节节备具衣饰致送，直至十岁而止。”（仲瑞五堂主人编《几希录》所收）这一资料不仅说明了妆奁之厚，还讲了既嫁之后女家向男方送礼之繁。

福建。道光初年陈盛韶《问俗录》说：“古田嫁女，上户费千余金，中户费数百金，下户百余金。往往典卖田宅，负债难偿。男家花烛满堂，女家呼索盈门。其奁维何？陈于堂者：三仙爵、双弦桌类是也。陈于室者：蝙蝠座、台湾箱类是也。饰于首者：珍珠环、玛瑙笄、白玉钗类是也。然则曷俭乎尔？曰：‘惧为乡党讪笑，且姑姊妹女子勃谿之声，亦可畏也。’缘是不得已，甫生女即溺之。他邑溺女多属贫民，古田转属富民。然则曷与人为养媳乎？曰：‘女甫长成，知生父母，即逃归哭泣，许以盛奁，肯为某家妇，不许，誓不为某家妇。’盖习俗之积重难返如此，婚礼不得其正，久而激成溺女之祸，可不思拔本塞源之道乎？”古田嫁女的上、中、下户费用同前述浙江省费用一致，浙省嫁女“有用银数百两、数千两者”，相当于闽省的上户、中户；浙省嫁女“最少亦须百数十金”者相当于闽省的下户。看来闽、浙相邻二省嫁女费用处在同一水平。古田资料还表明堂室中陈设、首饰在奁费中也占有不小比重，而且即使是童养媳也讲求盛奁，真是“婚礼不得其正”。

湖南。嘉庆《桂阳县志》记载：“旧不论财多寡，甚得古意。后女家以奢相尚，衣服易棉布而绫缎，首饰易铜角而金银，甚且珠翠。时节馈遗，竞丰好盛，稍从简略，男家间相诮让。中人之产不胜苦累，致成溺女之恶习。”这里强调女方准备新嫁服饰和双方时节馈遗的重负。清末湘南的郴州一带婚礼：“因富室相耀，渐次奢华，戚友族里致贺，上宾留至数日，每日数十席不等，筵席必极丰盛，否则以鄙啬相嗤。大杯劝饮，尽兴始撤。早夜亦然，未免过耗，后将不继。嫁女者，前此奁物不过日用布帛，富者侍婢、奁田；今则中等之家亦彼此相效为观美装。郎须寒暑衣服，女更倍之，绫缎远求京扬，珠翠争夸新样，一切器具备极精工，除婢女外，尚有奁钱数十千、数百千不等。富有即侈费，固绰有余裕，中户亦欲争夸，遂有典田鬻产以资奁仪者。于是育女苦于赔累，不仁者遂作溺女之计。”（光绪《兴宁县志》引《郴州总志》）郴州的婚宴甚为靡费，讲究陪嫁，文中反映的溺女者是崇尚奢华的上户和中户。

广东。道光《阳江县志》：“江俗婚嫁之费，动逾千金，甚或不惜破产以为美观。因之，以女为累，至有溺之而不举者。”这里“婚嫁之费动逾千金”，比之于闽浙的上户，有过之而无不及。

因奁费高遣嫁难的记载集中在嘉道以降，表明了此时社会风气竞尚奢华的现实。从资料看，富家是风气变坏的始作俑者，同时又自食其果，而贫家在不良风气面前更不堪重负。事实上，第一条因家贫抚养维艰自然更惧怕高昂奁费，第一条与第二条有着密切关系。

生男的性别选择以及子女多溺女，是最主要的原因。前引光绪《广德州志》就对此有所叙述。又，佚名《戒溺女文》说："近世乃有灭绝生道而溺女者，殊为莫解。求其故，或以生育太多，厌而溺之；或以屡产皆女，忿而溺之；或以养女需乳，不利速孕，急而溺之。"（袁啸波编《民间劝善书》）以上三个原因中，第一个原因是说子女太多的情况下溺掉女婴，与前述长沙府同知的说法一致。第二个原因是连连生女而溺之，实际上与同治《临武县志》"育女无过于三举"是一样的。第三个原因是为了速孕得子而溺女，前引乾隆三十七年江西欧阳永琦也指出这点。另外，前述朱论《戒溺女文》中的第三四条又构成两个原因，即第四个原因是为了童男生长顺利溺掉新生女婴。第五个原因是连续生女担心不生男故溺之。道光五年浙江巡抚说民间溺女理由有"如谓生女不生男"（袁啸波编《民间劝善书》）也是与第五个原因出自同样的考虑。第六个原因，溺头胎女婴以利生男。凌燽《西江视臬纪事》卷四讲江西瑞金溺女恶习："惟富家巨族子弟英少习于不经之说，谓生初胎生女不溺则必连育三女，而得子必迟，故完婚即期得男，有生女者，当必抛溺。"道光五年浙江巡抚列举民间溺女的理由"如谓溺女以求男"，同治江西《临川县志》所说"且有溺女以求子者"，均是近似的看法。

重男轻女而溺女。前面提到担心因育女使家庭蒙侮而溺女的事例，如朱论《戒溺女文》说，民间以女贻累的理由之一是“忧长无淑行”，我们认为这是担心女子长大品行不好使家人受侮。其他资料也有类似记载，或可证明我们的判断是成立的。如谭瑄所说：“缘此鬻妻，又生一弊，产女之家以为育女至长而复侮于人不如勿举，总计一方生女勿举者十常三四。”（瞿宣颖纂辑《中国社会史料丛钞》下册）当地女子地位低下，有鬻妻之风，为避免这种屈辱，所以溺女。再如同治江西《临川县志》记载：“吾乡耻卖女，虽贫乏之家，不肯鬻为妾媵，故忍而溺之，不以为怪。”当地视为人媵妾是可耻的卖女行为，贫家溺女以避之。又如江西南安知府游绍安分析嫁女除遣嫁费用外，还说：“乃有受女子终身之索需者，每月请婿牙祭两次，必蕲丰盛。婿衣垢腻，外家濯洗；婿履敝弃，外家存纳；婿育男女，催生、三朝、弥月、周晬，吮吸妇翁之膏。婿遇年节，挈榼携筐者，旨酒嘉肴索外舅之府，稍有未备，或备而不腆，悍姑诟谇，其妇无颜自容，娇女恣怒怼其亲，惟涕是陨，甚至老死之日犹有分遗，记念于盖棺后者，则生女适足以害门楣，故忍于溺死而不惜也。”实际上这三个事例所反映的内容与前面分析的溺女原因有密切的内在联系，第三例使我们联想到它与前引道光八年浙江巡抚所说：“既嫁之后”各种费用之繁相似，只不过浙抚强调的是费用，而江西南安知府讲的是“终身索需”之累。第一、第二两例中的“鬻为妾媵”和“鬻妻”原因在于家庭贫乏，难以生活，不得已而溺女。所谓育女担心家庭蒙侮不过是借口，实质是重男轻女的思想和家贫。乾隆《长沙府志》引《请禁溺女详》说：“时俗之见，以为女生外向，缓急非益，遂分低昂。”即认为女儿要外嫁，于父家无益，充分反映了生育观念的重男轻女。

因迷信而溺女。朱论《戒溺女文》说有人“听日者之推求祸福”而溺女，另外佚名《戒溺女文》还指出：“若夫富贵之家，或误信堪舆之说，谓女山不利，择婿实难，不如早为之所。”因相信风水而溺女。

因财产继承而溺女。前引朱论说的：“鉴父母之分财姊妹，遂为子计，以免割思。”同省南安知府游绍安也讲：“甚至有死亡时犹有分遗。”看来江西民间有出嫁女继承财产的乡风俗例，而一些家庭为了儿子的利益，不愿多生女儿，防止家产分割。

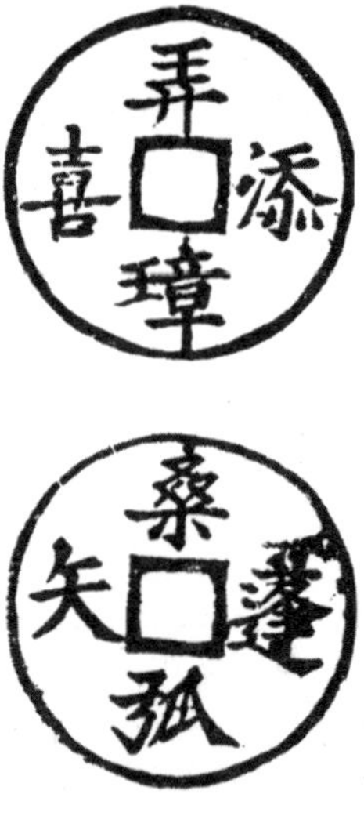

明“弄璋添喜”钱

此外，还有第七个原因，即婴儿系私生子。前引佚名《戒溺女文》说："下及私胎一节，似万无存留之事矣。然既犯首恶，复残生命，是罪益罪也。"可见未婚母亲和通奸者溺死私生子，也是溺女行为的一种类型。

总而言之，家贫和奁费高的现实，加上重男轻女的思想，在没有避孕的有效措施而多子女的条件下，造成了溺女风气。

溺女造成的最直接后果是人口性别比例失衡，男多女少，从而使成年男子成婚困难。正如知县谭瑄所言："缘此溺女又生一弊，少女多男，配偶难给，有子无息，三十不婚，鳏旷久群，狐绥败度，娄猪艾豭，往往见告，言之丑也，抑又甚焉。"成年男子成婚难，遂使丧偶者难以守寡，又引发了乡村抢孀逼醮的发生。宣统江苏《蒸里志略》记载："贫家生女多则厌之，率行溺毙，以致娶妻聘媳甚难。里有孀妇，自愿苦守，或被莠言改嫁，甚至抢孀逼醮，大干例禁，凡在官绅急宜惩劝，以挽颓风。"在溺女严重的湖南，据乾隆《长沙府志》卷二十二引周人骥《请禁婚丧陋习疏》说："又有孀居之妇，亲族人等图分彩礼，争相媒合。"造成争娶抢亲。女性缺乏也导致了寡妇在婚姻市场上身价提高，乾隆浙江《景宁县志》说："溺女，邑之痼俗也。康熙七八年间，有鳏渐众，娶者厚出聘资，饵其利，遂鲜溺焉。"光绪《湖南通志》卷末也说该省辰谿县："生女多溺死，故女最贵，再婚亦需三十金。"可见溺女造成缺女，婚姻市场的男方聘资便会增加，民间见利溺女就会减少，人口性别比例在动态上会维持某一个常数而达到一定程度的平衡。一味溺女便会只剩下男子，事实上这是不可能的，人类选择性别的生育行为存在着一定程度的自我调节机制。

性比例失衡，成年男子成婚困难引发的社会问题是多方面的。陈盛韶《问俗录》卷四《诏安县·苗媳》说，由于聘金高，嫁娶均难，“嫁者难，斯养女少，娶者难，斯鳏夫多。义男承祧，嫠妇招夫，产子继嗣，其敝俗皆根于此。即无室家之匪民，掳抢械斗，喜于从乱，亦根于此”。溺女的危害深远。

溺女还有一个重要后果，就是减少了人口数量。我们已经分析过溺女原因之一是嫌子女太多，而前面所提到的湖南巡抚说：“甚且有生男过多，亦起厌心，因而溺毙者。”可见溺婴行为是在避孕技术不发达的时代采取的控制人口的重要手段。由于中国宗法社会的特质，重男轻女，故溺婴多是溺女婴。嘉庆湖南《桂阳县志》说，“中人之产不胜苦累，致有溺女之恶习。”这是说一般家庭的抚育能力在两三个子女左右。还有一些资料讲父母养育的女孩数量，如光绪《嘉定县志》卷一六《张骏业传》记载浙江镇海“俗生二女辄不举”。前面提到的光绪《晋政辑要》说：“往往初生一女，犹或冀其存留，连产两胎，不肯容其长大。”同治湖南《临武县志》所说：“育女无过于三举。”这三条资料中，浙江和山西的都说人们只想要一个女孩，而湖南的则说只想要两个女孩，在想要一个女孩的情形下，考虑到重男轻女的传统生育观，女孩之外再要两个男孩，如《苏东坡集》事略卷四六《与朱鄂州书》记载：“王天麟言，岳鄂间田野小人，例只养二男一女，过此则杀之。”可见一般家庭希望所有的子女数可能是三个左右。

面对溺女带来的严重社会问题，人们也采取对策以减少溺女。道光五年浙江巡抚针对溺女问题指出："如贫家不能乳女者，即送入育婴堂，或与人作童养儿媳。"陈盛韶《问俗录》卷四讲陈氏道光时在福建诏安县为官，实行"寄乳法、苗媳"即育婴和童养媳，以解决溺女问题。童养媳和建育婴堂实际上是清代减少溺女的两项基本对策。育婴堂问题留待下一部分论述，这里先谈童养媳问题。陈盛韶的"苗媳"法是："窭人抚女七八年能执箕帚，又七八年能为人妇为人母，无嫁娶之艰，有妇子之乐。"江西按察使凌燽《西江视臬纪事》卷四也曾论述过瑞金贫民为对付高额婚资费用而行童养媳之法："盖瑞俗每娶一妇，动需钱三四十千，贫民艰于聘妻，故子方孩幼，视村邻生女满月七朝，即抚抱童养，长为子媳，所费不过香蜡鸡酒及钱数千而已。贫家利于得资，故溺女为少。"

为了更多了解童养媳制度，我们再看几部方志的记载。在江西，道光《德兴县志》："贫无力者，每多抱养。勿计厚奁，薄而可以嫁之，则溺女之风不戢而自止矣。"同治《赣州府志》："赣多童养媳，每在髫龀或乳哺时入门，略具花烛仪。及长，择吉祀祖而配合之，谓之合帐。虽不备礼而贫家可免溺女之患，亦变礼之得者。"在湖南，光绪《兴宁县志》引《郴州总志》："娶妇艰于闹阔，贫寒者不免旷鳏之虞，至不得已为权宜之计：血盆抱养，谓之'婆养媳'；数岁迎归，谓之'过门'，虽于婚礼稍失，是亦救时之策也。"嘉庆《桂阳县志》："近来无力婚嫁者，或血盆抱养，或数岁过门，礼物颇为简易，溺女之风渐息。"看来童

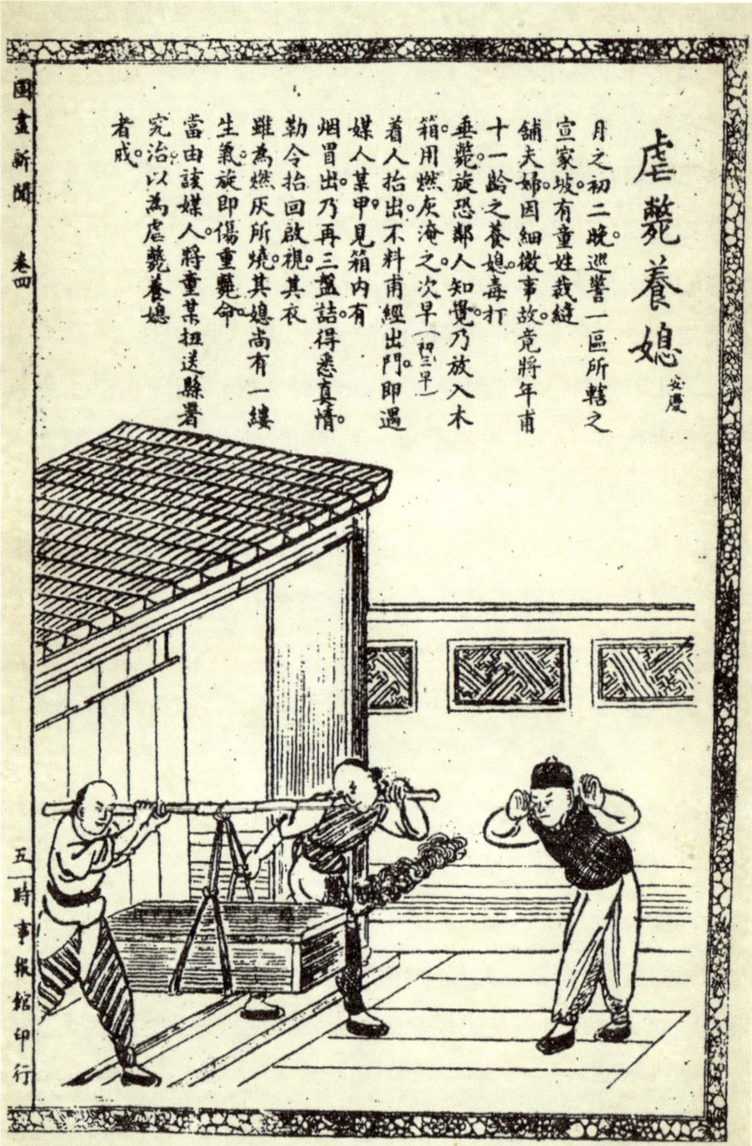
圖畫新聞 卷四
虐斃養媳
安慶
月之初二晚。巡警一區所轄之宣家坡。有童姓裁縫鋪夫婦。因細微事故。竟將年甫十一齡之養媳。毒打垂斃。旋恐鄰人知覺。乃放入木箱。用燃灰淹之。次早（初三早）着人抬出。不料甫經出門。即遇媒人某甲。見箱內有烟冒出。乃再三盤詰。得悉真情。勒令抬回啟視。其衣雖為燃灰所燒。其媳尚有一縷生氣。旋即傷重斃命。當由該媒人將童某扭送縣署究治。以為虐斃養媳者戒。
五 時事報館印行

《图画新闻》“虐毙养媳”图

养媳的最大好处，一是生女有人抚养，二是遣嫁婚礼简约，均是为了减少经济开支。童养媳制度对减少溺女的作用也是明显的，不少地方志的记载可证明此点。可以说童养媳制度是一种社会发明，是古代中国生育行为自我调节的一种机制。

清朝的溺女禁革与育婴堂建设

清代的育婴堂建设与政府的禁革溺女实践有密切联系，我们将二者放在一起论述，从时间上的发展变化看，大致上可以划分为三个时期。

第一个时期是顺康两朝，为清朝注意溺女问题并草创育婴堂的时期。顺治十六年，都察院左都御史魏裔介条陈四事，其一是“福建、江南、江西等处，甚多溺女之风，忍心灭伦，莫此为甚，请敕严行查禁，以广好生”。顺治皇帝颁旨：“溺女恶俗，殊可痛恨，著严行禁革。”这是清政府开始注意溺女问题，并首次颁发禁令。

清人陈康祺《郎潜纪闻初笔》卷四讲：“世祖皇帝讲筵触发，特严溺女之禁，海内始知育婴为善举，然在官尚无常饩也。仰维孝庄皇后首颁禄米，满汉诸臣，以次输助，不数年，由京师以达郡县，育婴之堂遍天下矣。”陈氏也指出顺治帝的溺女禁令，并将育婴堂事业同此令联系起来。不过清朝康熙时期的育婴堂建设虽与政府禁革溺女有关，但重在收养弃婴，表明朝廷的好生广仁，陈氏的说法有点夸大其词。孝庄皇后资助的育婴堂于康熙元年设立于京师。光绪《大清会典事例》卷四百记载：“康熙元年，于京师广渠门内建立育婴堂，遇有遗弃病废之婴儿，收养于堂，有姓名、年月日时可稽者，一一详注于册，雇负乳妇，善为乳哺抚养，有愿收为子孙者，问明居址、姓名方与之，仍补注于册籍，至本家有访求到堂认识者，亦必详细问明，与原记册籍无讹，方许归宗。”康熙元年京师所建育婴堂为天下树立了典范，不过育婴堂在各地的推广，于康熙四十五年才开始，当时左副都御史周清原“奏请直隶各省建立育婴堂”，皇帝“从之”（《清圣祖实录》卷二二四）。康熙时代已有地方人士热心育婴堂事业，如苏州人蒋维城“仿京师旧制，与许香谷、张循斋、张晋侯诸先生设堂玄妙观，以收弃婴，各捐田百亩”（钱泳《履园丛话》卷一七《报

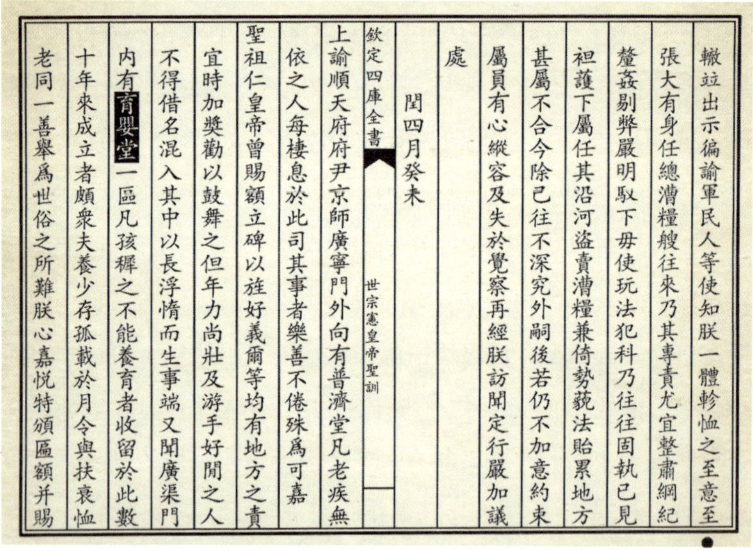
轍竝出示徧諭軍民人等使知朕一體軫恤之至意至
張大有身任總漕糧艘往來乃其專責尤宜整肅綱紀
釐姦剔弊嚴明馭下毋使玩法犯科乃往往固執已見
袒護下屬任其沿河盜賣漕糧兼倚勢藐法貽累地方
甚屬不合今除已往不深究外嗣後若仍不加意約束
屬員有心縱容及失於覺察再經朕訪聞定行嚴加議
處

閏四月癸未

欽定四庫全書　世宗憲皇帝聖訓

上諭順天府府尹京師廣寧門外向有普濟堂凡老疾無
依之人每棲息於此司其事者樂善不倦殊爲可嘉
聖祖仁皇帝曾賜額立碑以旌好義爾等均有地方之責
宜時加獎勸以鼓舞之但年力尚壯及游手好閒之人
不得借名混入其中以長浮惰而生事端又聞廣渠門
内有育嬰堂一區凡孩穉之不能養育者收留於此數
十年來成立者頗衆夫養少存孤載於月令與扶衰恤
老同一善舉爲世俗之所難朕心嘉悅特頒匾額并賜

《世宗宪皇帝圣训》关于清朝育婴堂建设的记载

应·德报》)。

第二个时期是雍乾两朝，为严行禁止溺婴和官方大力推广育婴堂时期。《清世宗实录》卷一九记载，雍正二年闰四月癸未皇帝谕顺天府尹，要求“行文各省督抚，转饬有司，劝募好善之人，于通都大邑人烟稠集之处，照京师例，推而行之。其于字弱恤孤之道，似有裨益，而凡人怵惕恻隐之心，亦可感发而兴起也”。雍正推行育婴堂的命令收到明显效果，江西巡抚裴率度同年九月二十八日奏折称：“育婴堂收养遗婴，臣俱捐资教养，江西风俗多溺婴孩，亦经通行禁止。”(《朱批谕旨》第二函第六册)清代地方志所载育婴堂，往往始于雍正朝，说明此时推广育婴堂有效果。如乾隆山东《昌邑县志》卷三《恤养》载，雍正十二年知县屠用中奉文创建育婴堂和留婴所。

乾隆时代是育婴堂进一步推广和制度化的时代。光绪《大清会典事例》卷四〇六记载：“乾隆六年覆准，通行直省督抚，将现设有育婴堂，严饬地方官实力奉行，择富厚诚谨之人董理，并令州县率同佐贰，不时稽查，将实在无依遗弃婴儿，收入养赡，每于年终，将所育婴儿及支存细数，分析造报查核，如有怠玩克扣需索等弊，即行报参。”乾隆时代对育婴堂的整顿，使育婴堂建设更加制度化、正规化，尤其是育婴堂经费得到了保证，这在省城大城市表现明显。如广东省会广州的育婴堂，乾隆七年以后其经费有婴羡、婴息、租谷地租、官商捐助等(《粤东省例新纂》卷二)。再如江苏省会苏州，乾隆二十四年正月巡抚陈宏谋讲到苏州的育婴堂经费问题：“历任督抚或清查官产，或拨留滩地，或拨公项”（《清高宗实录》卷五七九）。又如福建，乾隆五十三年六月闽浙总督苏昌奏：“闽省设普济、育婴二堂，系盐羡生息、盐折租银、田租变价等项，每年约得银三千余两，通融支给”（《清高宗实录》卷七六三）。经费充足是育婴堂存在的基本条件。

乾隆时代也是探讨禁止溺婴法的时期。乾隆三十年，御史刘天成曾上“饬禁民间溺女一折，请敕定规条，载入律例”，但乾隆帝认为此建议“尤属繁琐，溺女本有例禁，地方官果能实力奉行，其风自息，若必责成邻族乡保，报验查究，官为经理，则凡生育之家，必致扰累，而乡保等藉以滋事，势更无所底止”（《清高宗实录》卷七四一）。刘天成为了禁止溺女有法可依，请求制定规条，而皇帝则认为能否根治溺女取决于地方官是否实力奉行，无须制定律例。为了有效禁革溺婴，乾隆君臣的讨论仍在继续。七年后，江西按察使欧阳永琦上奏，请求“嗣后凡有生女溺毙者，照故杀子孙之罪，杖六十徒一年，族邻保甲知情不行救阻，照知情谋害不即阻挡律治罪”。礼部提出：“查故杀子孙之律，原以子孙并无违犯教令，而祖父母、父母有心故杀，故拟杖徒，以惩其不慈之罪，若甫生幼女，毫无知识，仍有违犯，乃以恶习相沿，甘心溺毙，实与故杀无异。如果事发到官审实，自应即照故杀子孙律办理，毋庸另议专条。惟是此种恶习系出房帏，外人无从觉察，是以历无举发之案，应令地方官司不时剀切劝谕以天良，晓以国法，有犯则按律惩治，庶敝俗可以渐革，不致故戕生命，至知人谋害他人不即阻挡者而言，若各人宅内自溺其女，必不明以告人，族邻等势难责以救阻，应将该按察使所请族邻人等不行拦阻，照知人谋害不即阻挡律治罪之处，毋庸议。”结果是该部“奉旨依议”（《定例汇编》乾隆三七年《户例》），得到皇帝批准。这样，溺婴事发“照故杀子孙律办理”“族邻人等不行拦阻，照知人谋害不即阻挡律治罪”，成为清朝治理溺婴问题的条例，具有法律的效力。道光年间湖南巡抚对《会典》中“各省溺女相习成风，著令禁止，违者照律治罪”。加以按语：“‘照律治罪’，谓律载祖父母、父母故杀子若孙者，杖六十徒一年也。”（吴荣光《吾学录初编》卷二）吴氏的解释基于乾隆时代溺女法律处置的讨论结果。清代法律在《刑律斗殴·殴祖父母父母》项下载有“溺女照故杀子孙律毋庸另立专条，乾隆三十七年部议”（《大清律例统纂集成》卷二八）。同治皇帝也曾说：“民间溺女，乾隆年间部议照故杀子孙律治罪，例禁綦严。”（《清穆宗实录》卷一六九）可见乾隆年间对溺女所作的法律惩处规定，是作为禁革溺女的制度存在的。

需要指出的是，欧阳永琦的建议来自江西禁革溺女的实践，江西省在乾隆三十七年中央政府及皇帝批准前已在地方实行多年。早在乾隆十六年，江西按察使就向巡抚与总督请求：“嗣后遇有生女之家，保甲督令牌邻及稳婆人等，极力劝救收养，毋得复蹈前辙，倘有仍行溺毙者，牌邻人等即报知保甲，举首地方官，治以故杀子孙之罪，牌邻坐视不行阻救及不报明保甲者，或经地方官讨闻，或被保甲查首，将牌邻照知人谋害不即阻挡律治罪。如牌邻报知保甲，保甲徇隐不报者，一并连坐。……”此建议被“批允，通饬遵照”（《西江政要》卷一）。因此，乾隆三十七年的“部议”对江西来说，不过是承认地方的做法并将此法行之

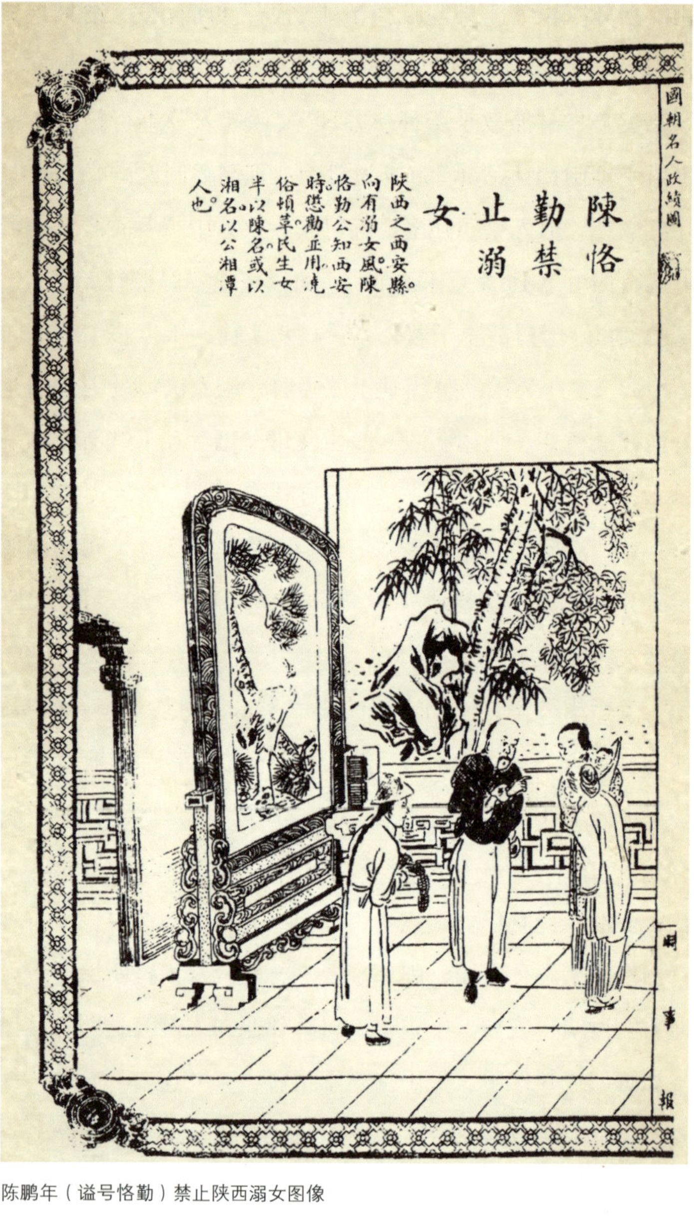

陈鹏年（谥号恪勤）禁止陕西溺女图像

全国。以上江西省禁革溺女的事实也告诉我们，乾隆年间江西地方对溺婴问题非常重视。

第三个时期是嘉道以降，为绅士倡办育婴事业、育婴堂在地方上进一步普及的时期。这一时期清朝政治腐败严重，社会秩序不稳定，诸多社会问题暴露出来，社会危机深化，清廷财政见绌，已有的育婴堂年久失修，管理不善。地方绅士力量兴起，对地域社会的影响力强化，清朝为了控制地方，日趋注意联合绅士。因此，这一时期育婴堂建设具有绅士化的特点。嘉庆二十一年，两江总督百龄上奏禁止溺女，皇帝颁谕："民间溺女，最为恶俗，该督于所属之省州县，倡率捐置育婴堂，收养遗婴，如仍有溺女者，查明照例治罪，各地方果能行之以实，其恶习自可渐革。"（光绪《大清会典事例》卷三九九）在皇帝眼里，育婴堂建设因由地方上"倡率捐置"，而被视为地方社会的事务。

两江总督所辖地区以及其他地区的育婴堂，也确实是由绅士捐办的。光绪《大清会典事例》卷三九九所载道光年间的事例说明此点，如"道光九年奏准，安徽省太平府育婴堂年久颓废，现由绅士捐输修复，俾成善举。十年奏准，江苏省无锡、金匮两县绅士，创造同仁堂兼育婴所，凡孤幼无依婴儿，善为收养"。无论是修复颓废的旧育婴堂，还是创建新堂，均是绅士所办。再如道光五年浙江巡抚说地方官救溺婴的办法："始则出示严禁，继则与绅士富户等公议建堂、立社、设会，各随其俗所便而行。"育婴事业是依靠"绅士富户"进行的。

又如光绪湖北《荆州府志》卷十一《建置四·善堂》记载江

陵县育婴堂，该堂“雍正十三年知县汪歙建，乾隆二十一年知县李豫捐俸重修，五十三年水圮，知县杨用存库银二百余两垫修”。寝久废弛，嘉庆二十四年“邑绅郑若璜等续募银四千两有奇，禀县另置民育婴堂，……后因岁歉婴多，度支告绌，于道光十九年停止，至二十二年道府县议将官民合为一堂，而官堂遂废”。江陵县育婴堂的历史，典型反映了从官营到由绅士民营化的过程。

同治初年清朝又有一次禁革溺女、广设育婴堂的行动。同治三年太平天国运动失败，清朝百废待兴，重视移风易俗，治理溺女之风是其中一环。同治五年，御史林式恭奏，民间溺女积习未除，请严行禁止，皇帝颁谕：“著各直省督抚董饬所属地方官出示严禁，并责令各州县劝谕富绅，广设育婴处所，妥为收养，俾无力贫民，不致因生计艰难，再蹈恶习，倘仍不知悛改，即治以应得之罪，毋稍姑贷。”（光绪《大清会典事例》卷四〇〇）这次全国性严禁溺女的具体措施之一“广设育婴处所”，是以“责令各州县劝谕富绅”来进行的。翌年皇帝针对御史刘秉厚奏请修仁政以迓天和一折谕内阁，再一次强调“著多设育婴堂，广为收养”（《清穆宗实录》卷二〇二）。从同治六年开始，江南各县纷纷成立保婴会、局等机构，与同治五六年政府的倡导有很大关系。让我们具体考察一下当时江宁布政使的做法：“同治十年，布政使梅答开：照得民间溺女恶习，最为风俗人心之害，前经王署司通饬严禁，颓风藉以稍挽。兹经本司访闻，各属穷乡僻壤，无知愚民渐蹈故辙，生女之家仍有淹溺之事，亟应重申禁令，以除恶习，而遂生机，除饬五府州各属遵照先行，邀集在城及大小乡镇绅董人等，剀切劝谕，各就各乡实力化导，一面重整育婴、接婴等堂，并各就地集会，恤产保婴，务须革除恶俗，保全生命，仍由申命例禁，多缮告示，遍行实贴，严加谕禁，必使穷乡僻壤，咸得周知。嗣后凡无力抚养者，或送婴堂，或赴会请领资助。倘再忍心害理，任意淫溺，准由绅董人等以及族邻、地保、告首到官，立拿究办。倘族邻地保徇庇不首，并干重处，毋稍宽纵。”(《再续高邮州志》卷八）江宁布政使在重申禁令的同时，重整育婴堂，而育婴堂建设系府州县“邀集在城及大小乡镇绅董人等，剀切劝谕，各就各乡实力化导”。绅董是育婴堂建设的主要力量。这一史料也提示了苏北育婴事业针对“无力抚养者”，其形式有二,一是建育婴堂，接收婴儿，二是民间集资成立保婴会，资助贫穷家庭抚养婴儿。

光绪四年翰林院检讨王邦玺上奏，请禁民间溺女，指出溺女之风“各省皆有，江西尤盛。该省向有救溺六文会章程，行之多年，全活不少。无如地方官奉行不力，至良法未能行，请饬州县劝办”。皇帝颁旨，要求江西巡抚刘秉玮督催州县官认真办理六文会，还令“咨行各直省督抚，一例照此办理”，并随文付有《六文会章程》(《大清律例统纂集成》卷二八）。所谓“六文会”，即每村邀一百股，每月每股出钱六文，一月可付六百文，给以贫而养女之家。这是一种社区自救组织，士绅是重要的组织者。关于江西的育婴堂与六文会，同治《铅山县志·风俗》辑前志说：“溺女之风，相沿已久。自设育婴堂后，夫妇之愚渐渐悔悟。迄今，多明理君子，好生为心，交相劝勉。各乡之以六文会醵资

《图画新闻》“育婴徒有虚名”图

济婴者，亦颇不少。”在湖北，光绪八年修《咸宁县志》说：“近各上宪暨县宪好生为心，屡次出示严禁，各都绅耆多有起育婴社者。”从地方志的记载看，育婴堂对于减少溺婴收到了一定的效果。

为了对地方上修建育婴堂的情况有一个更具体的认识，我们试以湖南省为例作进一步说明。依据卞宝第等光绪十一年修《湖南通志》卷四三《建置之公署》统计可知：空间上，在该省九府、四直隶厅、四直隶州、六十四县中，除二厅五县外（五十九个县设有育婴堂），各地均设有育婴堂，通常是在政府所在地建一所，个别地区则建多所。时间上，总计建置的七十六所中，有二十九所明确记载建置时间，其中康熙朝四县四所，雍正朝十六县十六所，乾隆朝八县九所，嘉庆朝四县四所，道光朝五县八所，同治朝二县二所，另有两所分别建于乾隆二十五年前和道光之前。大致可以说湖南省育婴堂建设兴起于康熙朝，雍正、乾隆时期进入高潮，与我们三个时期的划分是吻合的。

清朝对溺女的禁革，还有限制奁费和既嫁之后节仪所费的措施。如道光五年浙江巡抚曾规定：“嗣后民间嫁女，不许用金珠、玉翠、绣被、绣衣，总以银器数事、布帛数件为度。即富家不得过银百两，中户不得过四五十两，下户不得过二三十两，最下之户即三两五两亦可嫁女。其男家财礼多寡，听其自便，彼此不得争竞。嫁女以后，只许以一二样食物偶尔探望，一切三朝七日至为外甥洗浴、做周岁等事，概行禁止。民间嫁女不难，庶养女者多不致溺毙。”如果我们将这一嫁女奁费标准同前述闽浙流行的结婚费用相比，显然要低得多。在官府的号召下，一些绅士婚事从简，以转移风气，如道光江西赣州《龙南县志》记载：“近时仕宦之家不以妆奁为轻重，渐从简便，此所以清其溺女之源者。”清朝重视移风易俗，婚事从简是其内容之一。

清朝的溺女禁革和育婴堂建设表明，清政府重视社会问题的解决，并将之作为移风易俗的重要内容。这在一定程度上是清朝标榜“仁者爱人”的仁政思想的表现，也可视为清朝“敬天法祖、勤政爱民”基本国策的产物。

劝善与戒溺女

清代劝善书中也大量增加了禁溺女的内容，地方绅士和官员利用行善思想戒除溺女婴。

功过格把人的善恶、功过分类，评估打分，以分数判定伦理价值，权衡鬼神降与多少祸福，使劝善更能发挥效果。明代高僧云栖株宏著《自知录》，已有戒溺女的内容。其中，“善门·仁慈类”规定：“见溺儿者，救免收养，一命为五十善。劝彼人勿溺，一命为三十善。收养无主遗弃婴孩，一命为二十五善。”又在“过门·不仁慈类”规定：“父母溺初生子女，一命为五十过，堕胎为二十过。上帝垂训：‘父母无罪杀儿，是杀天下人民也。’故成重过。”《自知录》在民间的影响很大。至清代，功过格对溺女问题看得更重。雍正二年出现的《文昌帝君功过格》分伦常、敬慎、节忍、仁爱、劝化、文学、居官、闺门八项。“仁爱”项

“人类功格”规定：“救一溺婴，百功。”“人类过格”规定：“溺杀一婴，百过。”比起明代的《自知录》，功过标准计算提高了一倍。另外在“居官”中，对地方官也提出要求，“牧令过格”规定：“不禁民间溺女，千过。”“闺门·教育过格”也规定：“溺杀子女，千过。”地方官不禁溺女与溺女之家长同过，标准定得很高，是溺女者的十倍，强调地方官和家长劝戒溺女的重大责任。清代针对溺女所定功过格远远重于明代，加强了禁止溺女的道德要求。

功德例，指可以做的善事。康熙五十年前后，江苏淮安人熊勉庵作《不费钱功德例》，其中“妇人不费钱功德”列有“不堕

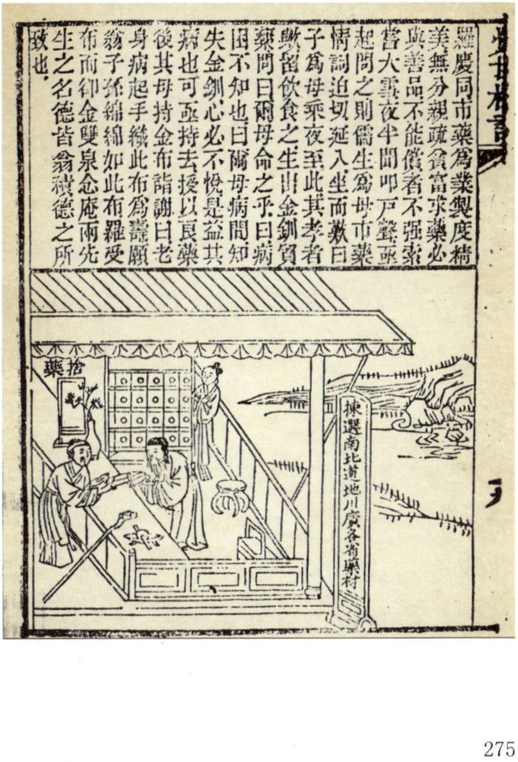
羅慶同市藥爲業製度精美無分親疏貧富求藥必與善品不能償者不强索嘗大雪夜半聞叩戶聲亟起問之則儒生爲母市藥情詞迫切延入坐而歎曰子爲母乘夜至此其孝者歟留飲食之生出金釧貿藥問曰爾母命之乎曰病困不知也曰爾母病間知失金釧心必不悅是益其病也可亟持去援以良藥後其母持金布詣謝曰老身病起手織此布爲壽願翁子孫綿綿如此布羅受布而卻金雙泉念庵兩先生之名德皆翁積德之所致也

《关圣帝君觉世格言》内文书影

胎溺女"的内容，石成金将其收入《功券》，广为传播（石成金《传家宝全书·好运宝典》）。

采取说教的形式进行劝戒的劝善文、劝善歌，也有禁止溺女的内容。我们试分析两篇戒溺女文的结构，以了解时人生命伦理观和戒溺的理论。佚名《戒溺女文》开篇便说："易曰：'乾道成男，坤道成女。'有男女，然后有夫妇，有夫妇，然后有父子。生人之所以不绝者，男女媾精，生生不息而已。"即把生男育女作为人类社会生生不息的自然规律。接着，作者分析了溺女的各种原因，加以耐心劝戒。（按：我们已分析过溺女原因，故此处从略）之后，讨论"私胎"即私生子问题："下及私胎一节，似万无存留之事矣。然既犯首恶，复残生命，是罪益罪也。不如书明生庚，置之道旁，若男若女，听无子妇者之携抱，犹为曲全之术耳。夫赤毛堤下，为宋夫人；虎乳泽中，得楚令尹。历观史册，孰谓此尽无好人？此穷于溺，而犹可济乎溺者也。"建议将私生子置路旁存活，并以历史上成名的私生子为例，告诉人们不要心存偏见。然后作者又从显亲女子和溺女报应的正反事例告诫人们不要溺女，作者说："稽古在昔，女之以节烈显亲者，代有传人；女之以含冤作祟者，难更仆数。观木兰之代父从军，缇萦之上书救父，人患无女耳，其肯溺乎！观陈氏之红蛇缠股，元秀之牛蹄转床，则嗟何及矣！其敢溺乎？"接下去从母子相续关系说明女性的重要性："噫！未之思也，身从何来？匪母何以有我？子甫黄口，择妇便费经营。今日之女，异日之母也；今日生女之母，当年未溺之女也。我之子若孙，未溺之女所出也；子若孙之妇，他人未溺之女也。思前想后，推己类人，忍使呱呱弱息，永恨覆盆也哉！”劝说之后，又用天人感应果报和“冥诛”“显戮”相威胁：“呜呼，恸哉！淋淋血胞，欲语何能！母魂甫续，子命旋倾，天乎人乎！天欲生之，人欲杀之。逆天者亡，杀人者死。仇怨相寻，得不于若身而神其报耶！语云：‘三代不育女者，其家必绝。’盖使一人溺女，人咸效之，则人将无女矣。人将无女，则人将无妻矣。人将无妻，则人将绝矣！彼欲绝人，天岂不早绝之乎！此又往复之必至者也。又况例设育婴堂，收养婴赤。凡溺女者，以故杀子孙论。纵不畏冥诛，独不畏显戮耶？”最后用动物伦理告诫人们要高于禽兽：“夫鸡雏掩壳而死，猪子出胎而亡，人尤惜之。虎狼不伤父子，蝼蚁尚且贪生，人独忘欤？覆巢破卵，凤凰不翔其邑；刳胎杀夭，麒麟不至其郊，物伤其类也。矧伊人也，自戕其类，禽兽何若焉。”结语以“不失天地生物之心”与开头的“生生不息”呼应（袁啸波编《民间劝善书》）。

朱论《戒溺女文》共计三段，首先指出：“盖闻乾道成男，坤道成女，均为天地所生者也。使天地或偏其一，则孤阳不生，独阴不成，而人道息矣。乃天地并生之，而人率敢以一己之私，而独溺其女，不几上逆天道下绝人类，而积孽莫逭乎？况乎溺女之罪，国法著有明条；溺女之恶，鬼神迭示冥报。”将成男成女作为天地所生的自然规律，视溺女为上逆天道下绝人类的行为，因此为国法和冥报所不容。其次，以神明之诫劝谕：“圣朝特建育婴堂，以宏大生广生之仁。观音大士亦尝于康熙间降真湖州之老人田万钟家，宣文警世，更为痛切详明。凡为父母者，胥当永奉恪遵。”把戒溺作为神的意志教育民众。再次，朱论分析了民间以女贻累的六因，并批评之，以“破其六愚”。最后，列举生女之家获福佑的正面事例开导民众。说：“昔启圣迭生九女未闻命运皆吉，皆咸育而不溺，终诞至圣；燕山五子初生，皆不全形，后来积德，体貌复正，且皆登第。……呜呼！牛戒舐犊，讵别阴阳，虎不食儿，何分子女？物尚如此，人何不然！兹为破其六愚，且喻以善后之说，质之当世，知女子不可溺有如此。”以上两篇戒溺劝善文章的结构逻辑均把人类的性别之分作为自然规律，以国法和冥诛约束民众，用同动物比较的方法告诫人们勿伤其类，并用事例说明女子也可有作为，其中除了借助神道果报的迷信成分外，剩下的是强调人道，顺应自然的生命伦理观念。这种观念本来是古人固有的，只是在溺女的风气下，被再次明确提出，以戒除溺女。大量溺女事实的存在，表明民间也存在着另一种生命伦理观念，即溺死新生儿不算违反生命伦理。戒溺所用的神道和果报迷信思想，在相当大的程度上是为了对付民间溺女的伦理观，用冥诛威胁溺女者。溺女和戒溺女，带来生命伦理的重新思考，这是需要加强研究的问题。

利用通俗易懂的诗歌宣传戒溺女者不少。清人张应昌所编《清诗铎》专有“戒溺女”一类，收入商盘《莫生女》、蒋士铨《三善诗》、秦智铁《崇明风俗有生女即委弃者感赋》、吴照《一盆水讥溺女也》、陈偕灿《溺女哀》。劝善歌往往以被溺婴儿的口吻写成，试图以情动人。如佚名《戒溺歌》说：“好狠娘，好狠爷！儿女都是亲骨肉，如何生我反杀我？我到底犯了何条罪？得了哪些错？不过说出嫁时要赔费，小的时要包裹。其实论赔费，有也可，无也可，我原不争少和多；论包裹，好也可，歹也可，破衣破裳用得着。况且我长大了，替你听得些教，帮得些忙，做得些生活，就是出了阁，也可见得娘一面，叫得娘一声，絮絮嗒嗒地说，团团圆圆地坐，那时节娘和儿好不快乐！何必这样结果我？何必这样收拾我？”（袁啸波编《民间劝善书》）歌词情真意切，为父母者是会为之动容的。

清《点石斋画报》之“溺女显报”图

清代地方官还借助劝善的方式制定禁溺女的新形式。道光年间浙江巡抚搞了一个“救溺婴新法”，其中有“数人共救帖式”“一人独救帖式”，并鼓励传播。浙抚说：“刊印各种善书，自是惩恶劝善实在功德。而广布此法，使一切事急无措之人，平日习俗见闻，自然立地可行，尤为方便阴功。凡为父母福寿康健，乃自己子息功名财利，疾恙求愈，讼非、禳解、消灾、弭厄等项，发愿印送此集，远传他省，德洋恩溥，生全更无限量矣！”同时作“代被溺女孩乞命词十首”（袁啸波编《民间劝善书》），广为传播。

劝善和戒溺女的结合，是清代值得注意的社会现象。

结　语

清代的溺婴，基本上是溺女婴问题。

从已经收集的资料看，清代十二个省有溺女现象，其中以江西、湖南、浙江、福建四省为最盛。

清代溺女盛行的原因，概括地说，不外乎家贫和奁费高，加上重男轻女选择性别的思想，以及没有有效避孕措施而多子女的条件下造成的。

溺女造成的最直接后果是人口性别比例失衡，男多女少，从而使成年男子成婚困难。婚姻市场的女性缺乏，还导致丧偶者难于守寡，引发乡村抢孀逼嫁现象的发生。寡妇在婚姻市场的身价提高，男方聘资便会增加，民间见利溺女就会减少，人口性别比

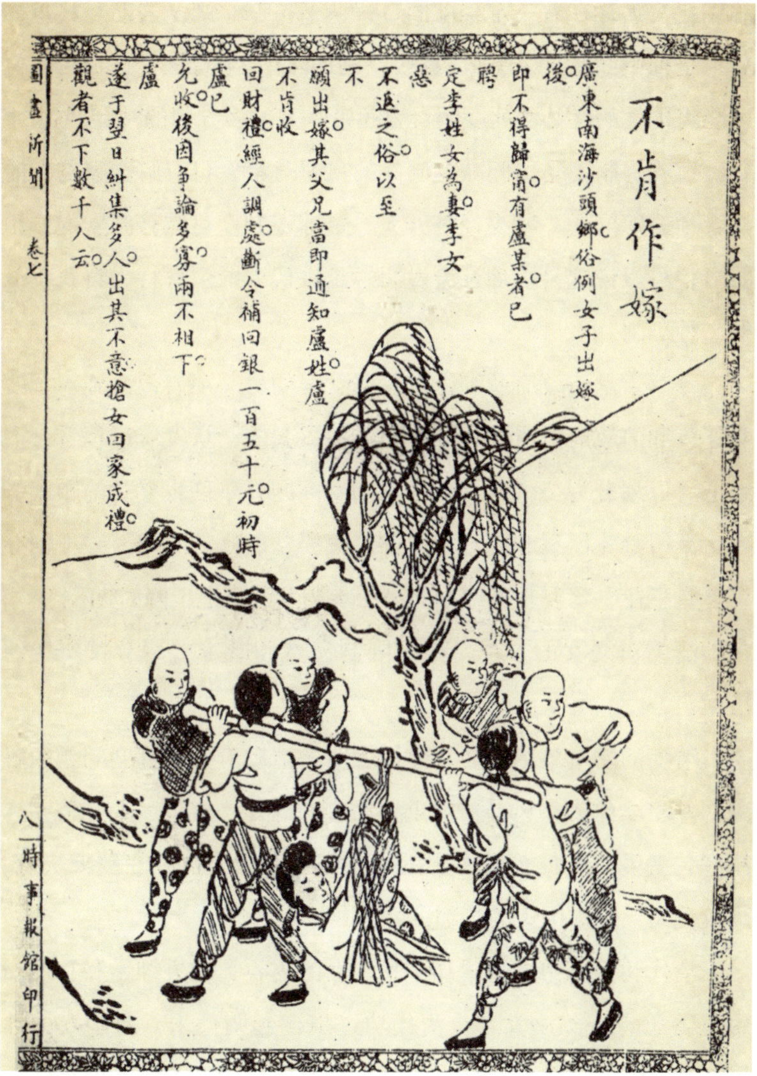
不肯作嫁

廣東南海沙頭鄉俗例女子出嫁後。即不得歸甯。有盧某者。已聘定李姓女為妻。李女懲不返之俗。以至不願出嫁。其父兄當即通知盧姓。盧不肯收回財禮。經人調處。斷令補回銀一百五十元。初時盧已允收。後因爭論多寡。兩不相下。盧遂于翌日糾集多人。出其不意。搶女回家成禮。觀者不下數千人云。

圖畫新聞　卷七

八　時事報館印行

《图画新闻》“不肯作嫁”图

例在动态上会维持某一个常数而达到一定程度的平衡。性别选择的生育行为存在着一定程度的自我调节机制。溺女婴的另一重要后果是抑制和减少了人口数量，一般而言，家有三个孩子后，便可能将再生的女儿溺死。溺女婴还带来其他多方面的社会问题。

童养媳制度是民间减少溺女的主要对策，可以解决家贫者的抚育和遣嫁问题，减少经济开支。童养媳制度对减轻溺女的作用明显，可以说这是一项社会发明，是古代中国生育行为自我调节的一种机制。

育婴堂是清政府及绅士对付溺女婴的另一项有效措施。育婴堂建设和清政府对溺女的禁革是连在一起的，从发展过程看，大致上可以划分为三个时期：注意溺女问题并草创育婴堂的顺康时期，严行禁止溺婴和官方大力推广育婴堂的雍乾时期，绅士创办育婴堂事业、育婴堂在地方上进一步普及的嘉道以降时期。

清朝对溺女的禁革，还有限制奁费和既嫁之后节仪所费的措施。

清朝的溺女禁革育婴堂建设表明，清政府重视社会问题的解决，并将之作为移风易俗的重要内容。这在一定程度上是清朝标榜“仁者爱人”的仁政思想的表现，也可视为清朝“敬天法祖、勤政爱民”基本国策的产物。

清代劝善书中大量增加了禁溺女的内容，地方绅士和官员利用行善思想戒除溺女婴。清代功过格比起明代来，对溺女的计算标准提高了一倍，对地方官和家长也提出了劝禁溺女的责任要求，过格标准是溺女者的十倍，加强禁止溺女的力度和道德要求。功德例、劝善文、劝善歌也有禁止溺女的内容，其中劝善文把人类的性别之分作为自然规律，以国法和冥诛约束民众，用同动物比较的方法告诫人们勿伤其类，并用事例说明女子也可有作为。其中除了借助神道果报的迷信成分外，强调人道和顺应自然的生命伦理观念。这种观念本是古人固有的，只是在溺女的风气下，被再次明确提出，以戒除溺女。大量溺女事实的存在，表明民间也存在着另一种生命伦理观念，即溺死新生儿不算违反生命伦理。戒溺所用的神道和果报迷信思想，在相当大的程度上是为了对付民间溺女的伦理观，用冥诛威胁溺女者。溺女和戒溺女，带来生命伦理的重新思考，这是需要加强研究的问题。劝善和戒溺女的结合，是清代值得注意的社会现象。

明清女性事迹丛说

宫婢谋杀嘉靖帝

嘉靖二十一年（1542年）十月的一天晚上，明世宗朱厚熜正与端妃曹氏熟睡，杨金英等十几个宫女蜂拥而上，用一条黄花绳勒住世宗的脖子，有的用黄绫抹布塞在世宗的嘴里，有的宫女还用钗股刺世宗的胯间，好几个宫女压在世宗的身上拉绳子。眼看大事就要告成，没想到仓促间，把绳套拴成死结，费了半天劲，扣也不能缩小，杨金英有些害怕了，不知如何是好。这时一个叫作张金莲的宫女知道事情办不成，跑出去报告了世宗皇后方氏，方皇后立即率人到来，解开绳子，世宗侥幸保住性命。

当时明世宗人事不省，对于案子的处理，尽出方皇后之手。方皇后命太监张佐、高忠捕讯宫人，证明杨金英与"苏川药、杨玉香、邢翠莲、姚淑翠、杨翠英、关梅秀、刘妙莲、陈菊花、王秀兰亲行弑逆，宁嫔王氏首谋，端妃曹氏时虽不与，然始亦有谋，张金莲事露方告，徐秋花、邓金香、张春景、黄玉莲皆同谋者"（《明世宗实录》卷二六七）。宫中传出圣旨，将这十六人"不分首从，悉磔于市，仍剉尸枭示，并收斩其族属十人，给付功臣家为奴二十人，财产藉入”（《明世宗实录》卷二六七）。不过，在后来刑部会同锦衣卫将上述人等绑去市曹处斩后的名单中，没有宁嫔王氏和端妃曹氏，明人沈德符分析，可能在紫禁城秘密正法了（《万历野获编》卷十八）。

在处理这场未遂宫变中，方皇后可谓是收获匪浅。据说，端妃姿容甚美，世宗很喜欢她，端妃也就常为世宗侍寝。方皇后对此非常嫉妒。在这次宫变中端妃“实不与逆谋”，因事情发生在端妃宫，于是方皇后将曹氏“乘机滥入”（《万历野获编》卷十八）。等到世宗清醒过来，心想“端妃我所爱，宜无此心”，怀疑端妃冤枉，但因方皇后救了自己性命，此事也就罢休了（毛奇龄《彤史

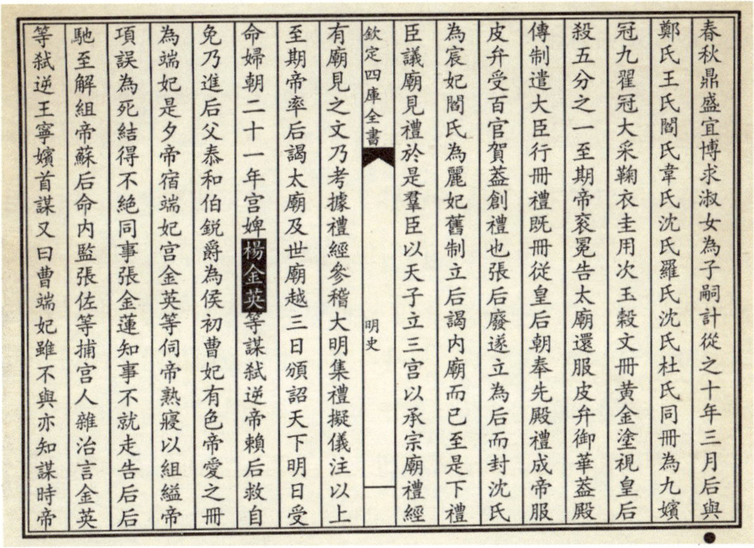

春秋鼎盛宜博求淑女為子嗣計從之十年三月后與鄭氏王氏閻氏韋氏沈氏羅氏沈氏杜氏同冊為九嬪冠九翟冠大采鞠衣圭用次玉穀文冊黃金塗視皇后殺五分之一至期帝衮冕告太廟還服皮弁御華蓋殿傳制遣大臣行冊禮既冊從皇后朝奉先殿禮成帝服皮弁受百官賀蓋創禮也張后廢遂立為后而封沈氏為宸妃閻氏為麗妃舊制立后謁內廟而已至是下禮臣議廟見禮於是羣臣以天子立三宮以承宗廟禮經

欽定四庫全書　明史

有廟見之文乃考據禮經參稽大明集禮擬儀注以上至期帝率后謁太廟及世廟越三日頒詔天下明日受命婦朝二十一年宮婢楊金英等謀弒逆帝賴后救自免乃進后父泰和伯鋭爵為侯初曹妃有色帝愛之冊為端妃是夕帝宿端妃宮金英等伺帝熟寢以組縊帝項誤為死結得不絕同事張金蓮知事不就走告后后馳至解組帝蘇后命內監張佐等捕宮人雜治言金英等弒逆王寧嬪首謀又曰曹端妃雖不與亦知謀時帝

《明史》关于杨金英等谋杀嘉靖帝的记载

拾遗记》)。方皇后则通过这次宫变，颇得世宗好感。

这次宫变杨金英等虽没有勒死世宗，但使世宗生命垂危，要不是掌太医院事许绅抢救及时，恐怕要命归西天了。当时世宗昏迷不醒，许绅用桃仁、红花、大黄诸下血药，辰时进药，且过了三个时辰，世宗忽作声，去紫血数升。申时能够讲话，又三四剂平气和血，世宗才转危为安。许绅这次下药，是怀着天大的胆子进行的，当时如果没有效果，便准备自尽，后世宗虽治好，但许绅却警忧所致，一病不起，竟从此病卒(郑晓《今言》卷三)。

这场宫变，可以说是旷世稀有，那么它发生的原因是什么呢？从正史里，我们一点也找不到。倒是野史提供了一些情况，《彤史拾遗记》说，世宗性情暴躁，“宫人多不测，宫人惧”，于是决定勒死他。世宗薄待宫人是有名的，宫女稍有差错，便加笞楚，因此殒命者很多。不过，除此之外，宫女的铤而走险，可能与明世宗经常虐待宫女以获得炼药原料有关。世宗崇尚道教，幻想长生不死，嘉靖前期，他崇信道士邵元节、陶仲文，分别授予致一真人、忠孝秉 真人的雅号，二人还官至礼部尚书。段朝用也是世宗崇信的一个道士，他向世宗鼓吹：“帝深居无与外人接，则黄金可成，不死药可得。”于是世宗竟要太子监国，自己“专事静摄”(《明史·杨最传》)。更有甚者，世宗竟听信道士的话，用小女孩的月经炼制的“药”做出“先天丹铅”，认为常吃“先天丹铅”可以长生不老。明人王世贞的《西城宫词》说：“菱花小样黄金合，昨夜真人进药来。两角鸦青双箸红，灵犀一点未曾通。自缘身作延年药，憔悴春风雨露中。”(《宸垣识略》卷四)就是真实的写照。大概正是这种惨无人道的炼药法逼迫宫女走上造反之路吧。

明世宗侥幸未死，只因宫女们“不谙绾结之法，绳股缓不收”，朱厚熜却遣文武大臣告谢天地、宗庙、社稷等神祇，并布告天下“朕以冲弱遇兹危笃，卒获康宁，然非天地、神人阴佑默相，以保我国家万万载灵长之祚，何以有此”（《明世宗实录》卷二六八）。实乃以愚天下百姓。不过，这也倒使宫闱秘闻张扬天下，让人民得知今上的妃嫔宫女们对皇帝竟是如此之大不敬。世宗虽布告天下，但并未痛改前非，反而变本加厉，宫变后，“移居西内，日求长生，郊庙不亲，朝讲尽废。君臣不相近”（《明史·陶仲文传》）。此后二十余年，不回大内处理政事了。如此帝王，国家焉有不败之理，我为金英这些女杰辈未能缢死之深以为憾。

易代之际的崇祯帝长平公主

明朝末年，天下纷乱，闯王李自成率军进逼北京。崇祯皇帝眼见兵临城下，大势已去，疯狂以剑砍杀宫中嫔妃及公主。十五岁的长平公主被砍断左臂，虽然侥幸获救，但因忧郁悲伤过度而早逝。一句“汝何故生我家？”实道尽改朝换代之际生于皇家的悲哀。

父皇断女臂

崇祯十七年（1644 年）三月十七日，闯王李自成率领大顺军

天津杨柳青年画《李自成称王》

兵临北京城下，明朝宫廷乱作一团。十八日，军队开始攻城，并派遣已投降的太监杜勋进城，请崇祯帝逊位，受到崇祯帝的斥责。晚间，太监曹化淳打开彰义门，军队迅速占领了外城。崇祯帝心乱如麻，在宫中绕室踱步。不久，一个太监又报告内城失陷，崇祯问他：“大营兵安在？”回答说：“大营兵散矣，皇上宜急定。”语罢掉头离去，呼之不应。崇祯帝立即和太监王承恩出宫，登上煤山，四外望去，烽火烛天。又徘徊多时，回到乾清宫。

眼见大势已去的崇祯帝，开始安排后事。他决定把太子、永王、定王分别送到外公周家和田家。面对皇后，崇祯帝说：“大势去矣！”话音刚落，两人相对而泣。围绕在周围的宫女也凄然泪下，崇祯让她们各谋出路。皇后送走太子和二王后，返回坤宁宫投缳自尽。

崇祯帝又招来了年方十五岁的女儿长平公主，公主见到皇父，哭号不已。濒临绝境的崇祯皇帝对女儿说：“你为何生在我家呢？”说着扬起左手，用袖子遮住自己的脸，右手持刀向公主砍去。长平公主以手遮拦，被砍断左臂，昏倒于地，崇祯帝颤抖不已。接着，崇祯帝又在昭仁殿砍死昭仁公主；命令彭贵妃自缢，绳子断了，他拔出剑连砍数剑，还另杀所御妃嫔数人。

三月十九日凌晨，走投无路的崇祯帝自缢于煤山。不久，闯王李自成进入明宫。四十三天后，清兵入主中原。那么，长平公主的下落如何呢？

公主如何获救

或曰：在闯王未入宫之前，太监何新把长平公主救至公主外祖周奎家。《明季北略》卷二十二《三月十九帝崩煤山》说，何新入宫发现长平公主，与宫人将她救醒。公主说：“父皇赐我死，我何敢偷生？”何新劝道：“贼已将入，恐公主遭其辱，且至国丈府中避之。”即把公主背出宫。

或曰：闯王入宫后，还见到长平公主。《三垣笔记》说：李自成让长平公主出宫，昏厥在地的公主流血甚多，体温尚热，外祖将她抬回，灌些米汤，公主才苏醒，于是在周奎家住下。另有一些资料记载长平公主得到了大顺军的护理。如《甲申核真略》

崇祯帝自缢处旧照

讲李自成见到袁妃和长平公主，嗟叹崇祯帝太残忍，令将她们扶回本宫，分别调理。《明史·李自成传》记载李自成令刘宗敏治疗长平公王。还有认为长平公主并不是周奎救回家的，如《甲申传信录》说，公主强起，出就周奎家。按照当时长平公主身受重伤的情形来看，此说似乎不大可能。

值得注意的是谈迁《国榷》中的记载，讲李自成见袁贵妃、长平公主伤重，“令扶去，尚衣监何新负长公主入周奎家”。谈迁把闯王见到公主和太监何新救公主至周奎家联系起来，结合当时的历史实际，更有合理性。谈迁著书以严谨著称，他的看法应是持之有故的。

不管怎样，长平公主确实到了外祖周奎家，还见到了失散的太子。《明季南略》卷三《三皇子》记载，顺治元年十月（按：王先谦《东华录》作十二月）太子到周奎家，兄妹相见，相抱大哭。后来太子被清军杀害，长平公主十分悲痛。

长平公主更加思念父皇及母后，时时欲绝饮食，左右苦劝才勉强进食，苦苦的思念，使公主产生幻觉。《明季北略》卷二十三《公主梦帝后》记载：

> 一日假寐，忽见先帝、后与王承恩至，曰："我已诉于上帝，逆贼恶贯满盈，不久自当消灭，但劫数尚未尽，勾销亦只在一年余矣。"语毕，见先帝披发仗剑，逐杀闯贼，连声炮响，公主惊觉，以告周奎。

这个梦境，或许是明人的附会，以发泄对闯王大顺军的仇恨。

长平公主丧失了正常生活的信心，顺治二年她向清廷上书，要求出家，斩断尘缘（《明史·公主列传》）。

说到出家，还有一段插曲。崇祯帝生前曾为公主选择了未来的驸马，他是都尉周世显（《明史》作周显）。大约是出自政治上的考虑，清廷不仅没有同意公主出家的请求，还要求公主完婚，于是诏求周氏。这时有市井之徒张氏，竟冒充应选，清廷令其书写家世，祖、父皆侩贩，遂被识破叱去。后来周世显闻讯赶来，

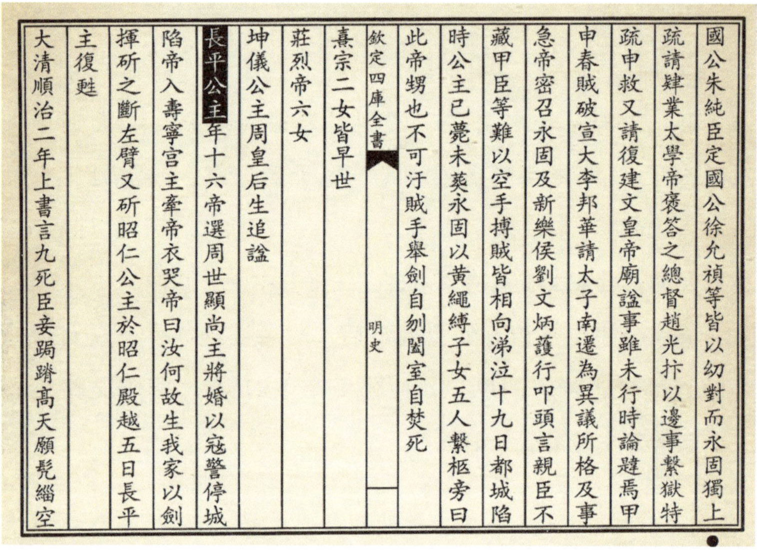
國公朱純臣定國公徐允禎等皆以幼對而永固獨上疏請肄業太學帝褒答之總督趙光抃以邊事繫獄特疏申救又請復建文皇帝廟謚事雖未行時論韙焉甲申春賊破宣大李邦華請太子南遷為異議所格及事急帝密召永固及新樂侯劉文炳護行叩頭言親臣不藏甲臣等難以空手搏賊皆相向涕泣十九日都城陷時公主已薨未葬永固以黃繩縛子女五人繫柩旁曰此帝甥也不可汙賊手舉劍自刎闔室自焚死

欽定四庫全書　明史

熹宗二女皆早世

莊烈帝六女

坤儀公主周皇后生追謚

長平公主年十六帝選周世顯尚主將婚以寇警停城陷帝入壽寧宮主牽帝衣哭帝曰汝何故生我家以劍揮斫之斷左臂又斫昭仁公主於昭仁殿越五日長平主復甦

大清順治二年上書言九死臣妾跼蹐高天願髡緇空

《明史·长平公主传》

皇帝又命其书写家世，见高曾祖父俱为高官，系簪缨之族，于是认定。赏给故武清侯住宅、金钱、牛车，以及庄一、田若干顷。公主无可奈何，只好结婚，事在顺治二年六月上旬（《甲申之际宫闱录》卷一）。

当时长平公主伤势已好，右颊留下了崇祯砍的三条剑痕。婚后的她虽然也有说笑，但在暗处常常哭喊着亡故的双亲，眼泪为之哭干。如此悲伤，因而得了疾病。顺治三年八月带着怀孕五个月的腹中子离开人间，时年十七岁（《三垣笔记·附识中》），死后葬在北京广宁门外。

费宫人刺虎

有一出京戏叫作《贞娥刺虎》，说的是闯王李自成既入北京，宫人费贞娥乔装公主藏于枯井中，被闯王部下搜出，闯王赐婚于大将一只虎李过。费宫人假意殷勤劝酒，李过大醉，被费宫人杀死，费亦自刎。这就是所谓费宫人刺虎。不过，戏剧毕竟是戏剧，它经过了人们的加工，同史实是有出入的。

首先一只虎李过并没有死在闯王入京时，闯王牺牲后，李过还与其他将领联明抗清，改名赤心，所部号为“忠贞营”，率部转战于两湖、广西等地，清朝顺治七年（1650年）才在庆远（今广西宜山东）病死。

再者，费宫人所刺的人，根本不是李过，而是闯王部校罗让。据史料记载，天津城内有一条费宫人巷，费宫人大约是天津人，明朝崇祯十七年（1644年）时，年方十六岁，长相美丽，在宫中服侍公主。这年三月十九日，闯王李自成率领大顺军攻入北京，正值战事纷乱之际，宫女们害怕遇有不测，在闯王等即将入宫时，先有一个魏宫人，大呼“我辈必遭贼污，有志者早为计！”奋身跳入御河，接着从死者有一二百人。而费宫人另有一番心计，她藏入一口枯井中，不久被闯王部下搜出，众人见其姿容，争相抢夺，费宫人对他们说：“我是长公主！”大家便不敢非礼，把她献给闯王李自成。闯王命令宫内的太监相认，证明了她不是公主，于是李自成将费宫人赏赐给部校罗让。

罗让非常喜欢费宫人，想纳她为妻，费宫人又欺骗他说："我实天潢，义难苟合，将军宜择吉成礼，死生惟命。"罗让很高兴，招集将士与朋友，举行盛宴，表示庆贺，正式与费宫人成亲。兴奋异常的罗让，一时喝得酩酊大醉，被人抬进屋内。众人退出，费宫人见罗让进入醉乡，突然拿出一把事先准备好的利刃，直刺罗氏喉咙，将其割断，然后喊道："我一弱女子，杀一贼帅足矣"，遂自刎而死。众人闻知，只见屋内倒着两具身着新装的断喉尸体。闯王听到消息后，特别震惊，令部下收葬了费宫人（《明史·周皇后传》《彤史拾遗记》《甲申之际宫闱录》卷一）。

上述便是历史上费宫人的事迹。

由于文化背景和政治的需要，费宫人受到很多人的赞誉，她的事迹广为流传。明朝的遗老遗少出于对故国故君的怀念和对闯王及大顺军政权的仇恨，讴歌费宫人的杀敌殉主；清朝的新统治者，除了仇视大顺军、争取明朝亡国臣民的支持外，还要通过进行"贞烈""忠义"的教化，巩固统治秩序，于是也宣传费宫人，在中国儒家文化背景下，费宫人必然会得到这种贞烈的价值判断。

清朝初年以来，费宫人的事迹记载在大量的列女传中，还不断出现在传奇小说和戏剧里，经过文人们的渲染，费宫人越发贞烈和多智多谋。有的人把费宫人同殉死崇祯皇帝的宦官王承恩联系起来，说在李自成进入大内前，费宫人就看到王承恩的忠诚，还向他打听大顺军的情况，并表示与社稷共存亡，设下谋害李自成的计谋，只是因为闯王侥幸，才获免。又描写她怎样摆布罗

清末《舆论时事报图画》“费宫人计杀悍贼”

让，说什么是罗让答应她祭祀崇祯皇帝并附祭王承恩后才准婚。为了充分引起人们的注意，有的人还在人物上面做文章，觉得罗让名气不大，难以吸引人，于是将其改为李过，李过是李自成的侄子、大顺军的将领，以骁勇善战闻名，享有“一只虎”的别号。这样，就由费宫人刺罗让，变为刺李过，进而成为刺“虎”，进一步同李自成联系起来，费宫人的行刺，造成了大顺军更大的损失，提高了费宫人事迹的意义。历史记载中，费宫人本来有姓无名，也得到了“费贞娥”的雅称。“费宫人刺虎”或“贞娥刺虎”。顾名思义，似乎是一位柔弱的女子刺杀一只凶猛的大老虎，惊心动魄，扣人心弦，涂上了一层传奇的色彩；而李过的骁勇和名气，也无异于猛虎，历史被戏剧化了，也精彩多了，遂演变成“费宫人刺虎”的故事。

陈圆圆事迹异说

吴三桂引清兵入主中原，乃是因爱妾陈圆圆（小名陈沅）被掳所致，即所谓：“冲冠一怒为红颜”（吴梅村《圆圆曲》），这是传统史学家对明朝崇祯十七年（1644 年）历史巨变结果的看法。政权的更替同红颜女子联系起来，这题目足够吸引人了。陈圆圆其人其事从清初至今，从文人到百姓都津津乐道，既有学术著作，也有戏剧、小说等，早已深入民间。由于陈圆圆生活于明清鼎革之际的动乱年代，对其事迹众说纷纭，莫衷一是。这里将诸家异说略陈于下，供有兴趣者参考。

清顾见龙绘《吴伟业像》

一是何以为妓。陈圆圆是明末苏州名妓，色艺双绝，有的人便认为她是天生的尤物，非良家女子。如陈其年的《妇人集》就说："姑苏女子圆圆，戾家女子也。"不过陈圆圆家乡的说法却不是这样，道光时所修《武进县志》记载，陈圆圆是武进人，父亲是个货郎担，家境较为贫寒，后来流落为娼妓。与武进邻县的江阴人李介立在《天香阁笔记》里又说，陈圆圆的父亲爱好歌曲，家道中落，陈圆圆失身为妓。李介立的同学贡二山之子贡若甫曾买娶陈圆圆，由于室人不容，又放走陈圆圆。可见，陈圆圆确实是武进人，出身于良家，家道贫寒，后流落到苏州为妓。

二是进京原因。陈圆圆怎样到了北京，传统的说法是崇祯皇帝周皇后的父亲嘉定伯周奎到苏州营葬时买来的，《清史列传·逆臣吴三桂》即持是说。也有人说是由田弘遇从南京买的。一般则认为是由弘遇到南海普陀山进香回来时，于崇祯十五年（1642年）从苏州掠来。田弘遇本为扬州把总，因女儿被崇祯帝选为贵妃，遂封左都督，并且“窃弄威权，京城侧目，南海进香，协带千人。闻有殊色，不论娼妓，必百计致之”（《石匮书后集》）。至于田弘遇得到陈圆圆的方式记载颇多，苏州人邹枢说：“田皇亲以二千金酬其母，挈去京师。”（《十美词纪》）冒辟疆则说：“窦霍（指外戚田弘遇）门下客以势逼去。”（《影梅庵忆语》）钱䵾稚的说法稍详，为“客有干宏遇者，以几百金市沅，献之”（《甲申传信录》）。刘健认为是田弘遇从其女婿手中得到的，他说田弘遇在苏州想得到陈圆圆，但不太容易，“会其婿以细故得罪，欲求好，无以通媚，百计购沅以献”（《庭闻录》）。

三是甲申居属。崇祯十七年（甲申，1644年）的北京，政权三易，形势复杂，对于此时的陈圆圆，记载出入甚大。一说陈圆圆已属吴三桂，离开北京到了宁远。《甲申传信录》认为田弘遇还京即病死于崇祯十六年（1643年），后吴三桂遣人持金入田弘遇家买沅，“即遣人送之平西（指吴三桂）”。闯王李自成进入北京，刘宗敏住在田弘遇的宅第，听说陈圆圆的美貌，抓起吴三桂的父亲吴襄，追索陈圆圆。吴襄“具言遣送宁远，已死。宗敏坚疑不信，故掠襄”。《庭闻录》也记载了这种说法，略有不同的是陈圆圆到宁远“已久”，而不是“已死”。另一说陈圆圆仍在北京，但其归属多有分歧。陈济生《再生纪略》说：“田

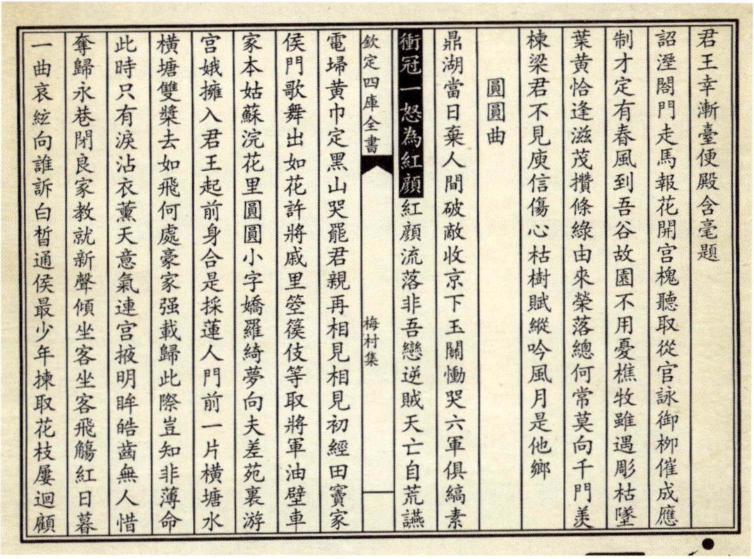

君王幸漸臺便殿含毫題
詔澄閣門走馬報花開宮槐聽取從官詠御柳催成應
制才定有春風到吾谷故園不用憂樵牧雖遇彫枯墜
葉黄恰逢滋茂攢條綠由來榮落總何常莫向千門羡
棟梁君不見庾信傷心枯樹賦縱吟風月是他鄉

圓圓曲

鼎湖當日棄人間破敵收京下玉關慟哭六軍俱縞素
衝冠一怒為紅顏紅顏流落非吾戀逆賊天亡自荒讌

欽定四庫全書　梅村集

電埽黄巾定黑山哭罷君親再相見相見初經田竇家
侯門歌舞出如花許將戚里箜篌伎等取將軍油壁車
家本姑蘇浣花里圓圓小字嬌羅綺夢向夫差苑裏游
宮娥擁入君王起前身合是採蓮人門前一片横塘水
横塘雙槳去如飛何處豪家强載歸此際豈知非薄命
此時只有淚沾衣薰天意氣連宮掖明眸皓齒無人惜
奪歸永巷閉良家教就新聲傾坐客坐客飛觴紅日暮
一曲哀絃向誰訴白皙通侯最少年揀取花枝屢迴顧

吴伟业《圆圆曲》记载“冲冠一怒为红颜”

清人绘陈圆圆像

府有吴下歌妓陈沅、顾寿，与男优私约潜遁，事发，枭男优七人。”似乎陈氏仍属田府。《明亡述略》《四王合传》《甲申纪变实录》、陆次云的《圆圆传》、钮琇的《圆圆》都认为李自成夺取了陈圆圆，但这一说不大符合历史实际，为人们所不取。人们一般认为陈圆圆被刘宗敏所夺。或曰此时陈圆圆尚未归吴三桂，陈其年《妇人集》说：“李自成之乱，（圆圆）为贼帅刘宗敏所掠，我兵入燕京，圆圆归某王（指吴三桂）为次妃。”《庭闻录》的记载是“时有入卫之命，疾驰赴京，欲乘便取沅。中途闻刘宗敏踞田弘遇宅，挟沅日事酣宴，遂大怒，出关乞师”。全祖望《鲒埼亭集》指出，陈圆圆“见系于刘宗敏，既而沅为宗敏所携去，不知所往。则国难时，沅尚未归吴也”。或曰已归吴三桂，明朝内监王永章的《甲申日记》说：“四月初九日，闯下伪诏亲征三桂。十二日起程，太子……吴陈氏伪后妃嫔皆从行。吴陈氏即圆圆……廿五日战于一片石，闯大败，退入关。太子与圆圆遂皆至吴三桂军中。”《明史·李自成传》亦主是说：“自成劫其父襄，作书招之，三桂欲降，至滦州，闻爱姬陈沅被刘宗敏掠去，愤甚，疾归山海，袭破贼将。”《庭闻录》的作者也同意这一说法，刘健说：“圆圆为伪将军刘宗敏所掠，家人以告，三桂怒曰‘大丈夫不能保一女子，何面目见人耶？’遂挥众返掠而来。”他又说：“至谓三桂入卫之时，方欲取沅，与谓沅在宁远者皆非也。惟吴梅村《圆圆曲》得其实。当时梅村诗出，三桂大惭，厚贿求毁版，梅村不许，三桂虽横，卒无如何也。”即认为陈圆圆已归吴三桂，在北京被刘宗敏所掠，吴三桂引清兵入关乃是“冲冠一

明人绘《吴三桂斗鹑图》轴

怒为红颜”。

四是香殒何处。一说死于宁远。前引《甲申传信录》记载，刘宗敏“系襄索沅，襄具言遣说宁远，已死”。有人据此认为，李自成进入北京后，其人已不存在。至于刘宗敏拷掠吴襄追索陈圆圆，吴三桂勾引清兵打败李自成后复得圆圆等，全属虚构。不过，这种说法遭到众人的驳斥。一说终于云南。《武进县志》和《天香阁笔记》都记载了陈圆圆确曾随吴三桂到过云南，她的家属也因吴三桂之招去过云南。《续修昆明县志》还记载康熙初，陈圆圆居住官渡，每天清晨为了谋求生活而进城，“往来四十里，……日以为常。”不过，清兵破云南后，陈沅的下落，则无明确记载。从其他书籍来看，又有几种说法。一是死于云南城中。而记载死的方式又有不同，一为“先死说”，如《庭闻录》载：“辛酉（康熙二十年，1681年）城破，圆圆先死。”二为城破“自杀说”，孙旭《平吴录》载，昆明城破，“陈沅及伪后郭氏俱自缢。一云陈沅不食死。”《平滇始末》亦持是说，道光七年，阮福把陈圆圆在城破后投莲花池自杀的传说，写进了《后圆圆曲》的诗序。三为出家说，钮琇《觚賸·圆圆》记载，陈圆圆过云南后，“以齿暮，请为女道士，霞披星冠，日以药炉经卷自随”，后病故于吴三桂称帝前一年。《余兰仙笔记》也有“别宫城，陈移居之，茹素礼佛，不闻世事”的记载。道光十年（1830年）二月，大理文人杨载彤获知昆明西城外的三圣庵有陈圆圆的遗像，于是

清人绘吴三桂像

前往调查。了解到陈圆圆出家后，法名寂静，号玉庵，她原在昆明南郊宏觉寺出家，后来移到三圣庵，死后，墓在归化寺后，昙花庵侧。除遗像外，还看到了陈圆圆的其他遗物。目前留下的昆明诗人的不少诗作都记载陈圆圆后来随吴三桂到了云南，且死在此地。况周颐的《陈圆圆事辑》多有记载。今人陈生玺教授《陈圆圆其人其事考》（收入《明清易代史独见》，中州古籍出版社，1991年版）的研究，足资参考。

由上观之，陈圆圆其人其事的记载歧异颇大，一个薄命歌妓，本来是为人轻贱的，而其死后的记载如此之多，恐怕也是陈圆圆未曾想到的。人们多注意陈圆圆与那些动人心弦的历史事件的联系，注意到她的色艺以及受宠之盛，很少对她那红颜薄命的坎坷经历留下笔墨。传统社会的女子是不幸的。这是笔者的一点感慨，权作为结束语，不知读者认为然否？

中国娼妓史研究概述

民国以来，由于社会史研究的兴起，作为社会史的一门——娼妓史的研究，也逐渐受到学术界的关注。

从王书奴《中国娼妓史》一书奠定研究基础以后，20世纪30—40年代和80—90年代是娼妓史研究的两个高峰期，成果不断推陈出新。本文综合分析近几十年来中国娼妓史的研究概况，对读者了解娼妓的历史演变提供了基本的素材。

娼妓这种社会现象，从古至今，绵延不绝，由于娼妓在人类生活中的特殊性，常成为人们津津乐道的谈资，有关娼妓的历史记载也比较丰富。早在唐代就出现了专记本朝娼妓事情的书，如孙棨撰《北里志》与崔令钦撰《教坊记》；宋代反映都城开封、临安的笔记如北宋孟元老的《东京梦华录》、南宋周密的《武林旧事》中，均有娼妓问题的丰富内容；元代夏廷芝的《青楼集》记元代一百余名艺妓的事迹；明人梅鼎祚撰《青泥莲花记》将娼妓分类记述；清人余怀的《板桥杂记》记载明代南京娼妓事情甚详。

清代整理娼妓史资料成绩突出。清中叶王初桐辑有妇女史的专科类书《奁史》，全书分36门，第6门则为娼妓。清末徐士銮

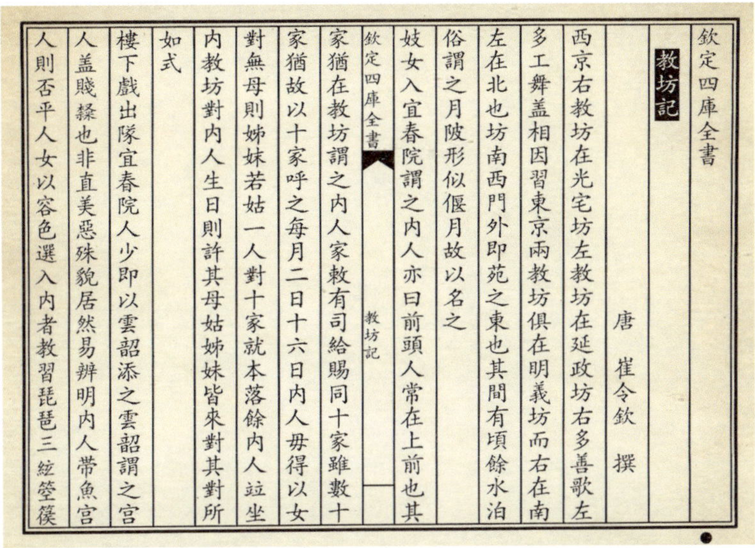

欽定四庫全書

教坊記

唐 崔令欽 撰

西京右教坊在光宅坊左教坊在延政坊右多善歌左多工舞蓋相因習東京兩教坊俱在明義坊而右在南左在北也坊南西門外即苑之東也其間有頃餘水泊俗謂之月陂形似偃月故以名之

妓女入宜春院謂之內人亦曰前頭人常在上前也其

欽定四庫全書　教坊記

家猶在教坊謂之內人家敕有司給賜同十家雖數十家猶故以十家呼之每月二日十六日內人毋得以女對無母則姊妹若姑一人對十家就本落餘內人竝坐內教坊對內人生日則許其母姑姊妹皆來對其對所如式

樓下戲出隊宜春院人少即以雲韶添之雲韶謂之宮人蓋賤隸也非直美惡殊貌居然易辨明內人帶魚宮人則否平人女以容色選入內者教習琵琶三絃箜篌

唐崔令钦撰《教坊记》书影

辑《宋艳》一书，搜集了宋代婢妾娼妓史料。而清末虫天子所辑《香艳丛书》20集，保存娼妓史料最多。民国初年徐珂整理娼妓史料亦可称道，编撰《清稗类钞》专设娼妓一类。把娼妓作为学术问题，是从民国时代开始的，数十年来特别是在社会史研究的推动下，相当有成绩。

通论性研究

奠定娼妓史研究基础至今仍有重大学术价值的，是王书奴编著的《中国娼妓史》（上海生活书店，1934年）一书。鉴于本书的学术地位很高，这里作较为详细的介绍。该书除第一章引论外，其

清徐士銮辑《宋艳》书影

他五章依作者对娼妓史的分期，分五个阶段论述。即殷商的巫娼时代、西周秦汉的奴隶娼及官娼时代、魏晋南北朝的家妓与奴隶娼妓骈进时代、隋至明的官妓鼎盛时代、清以降的私人经营娼妓时代。

作者认为，古代倡女起源于音乐，故后世音乐舞蹈仍为娼的主要技艺，而且娼优不分，男女不分。商朝时期，由于人类社会已进入父系社会，女子变为男子的一种奴隶，社会上渐有产生娼妓的可能性。然而依据古代“宗教卖淫”的共同现象，殷的巫似为最初的娼。

西周春秋时期，部分女奴变为官妓，其著名者如齐管仲之设“女闾”。与此同时，还专有“女乐”，供贵族享乐之用。战国时期，官妓进一步发展，越王勾践、秦国商鞅皆于军队设此鼓舞士气。由于媵制废除、私奴隶发达、商业发展、都市人口增长和井田制破坏、破产者生计无着等诸多原因，私娼也开始出现。汉朝时期，官私娼妓皆有发展，其中官娼多由罪人、奴隶而来，以供军士作战时提高士气之用。作者认为教坊乐户是奴隶娼妓的变相，是帝王用官妓令臣下沉湎于酒色，以不危害帝业。

两晋南北朝声妓发达，是因处于动乱时代人们图眼前之乐，且北朝官僚奉行一妻制，势必以声妓为补充。官妓制度至唐完备，声妓冶游之风，当数唐代。作者认为打破我国历代“内言不出于阃”“男女授受不亲”的传统社会，以诗篇与男子酬酢往还者，实自唐之妓女始。由于宋代理学诸儒提倡贞操问题，也使娼妓濡染于无形。辽金以及元代娼妓事迹较唐宋不及，原因在于奴隶制度的盛行，奴隶为主人所有，娼妓失去地位。元代娼妓为“女尼”“女冠”的很多，以遁入空门，避免异族蹂躏。元人游娼，以能弹唱歌舞为上，从元代妓女与曲的关系，认为古今最不守旧，随时代风气而转移者，莫如娼妓。娼妓不但为当时文人墨客之腻友，且为发扬文化学术之功臣。明代对于娼妓着重“色”，并出现“花榜”之事。唐宋以后，南国佳人的美已显露头角；到了明朝，“江浙式”美人风靡一世，北地胭脂瞠乎其后了。作者认为“杨梅疮”至明代中后期出现，恐怕与葡萄牙人东来不无关系。

清朝由于革除官妓，进入私娼时代。民国时代娼妓盛于前清，如欲废娼禁娼，非变革社会经济制度不可。该书还论述了各朝代的男色问题。总之，王书奴对娼妓的研究别开生面，原因在于他吸收了社会科学的新思想，将娼妓从社会的视角加以研究。

近年来又有两部娼妓史的专著问世。一部是武舟的《中国妓女生活史》（湖南文艺出版社，1990 年），此书是继王书奴《中国娼妓史》之后，又一部全面而系统地研究中国历代娼妓生活的专著。该书资料丰富，发掘了不少长期淹没未见的资料，如明朱元亮辑注、清张梦徵汇选的《青楼韵语》一书中的《明代嫖经》，并注重调查采访，方法上采用综合多学科研究。作者在前人研究的基础上，提出了一些新观点，如将从夏商时代到 1989 年的妓女史，分为妓女的产生与发展、鼎盛与控抑、复兴与消亡三个时期展开论述。认为中西妓女起源不同，反驳了中国娼妓始于宗教性的巫娼之说，提出“中国古代妓女最早起源于奴隶娼妓”的见解。该书尤其注意妓女与文化发展的关系，并将历史与现实结合

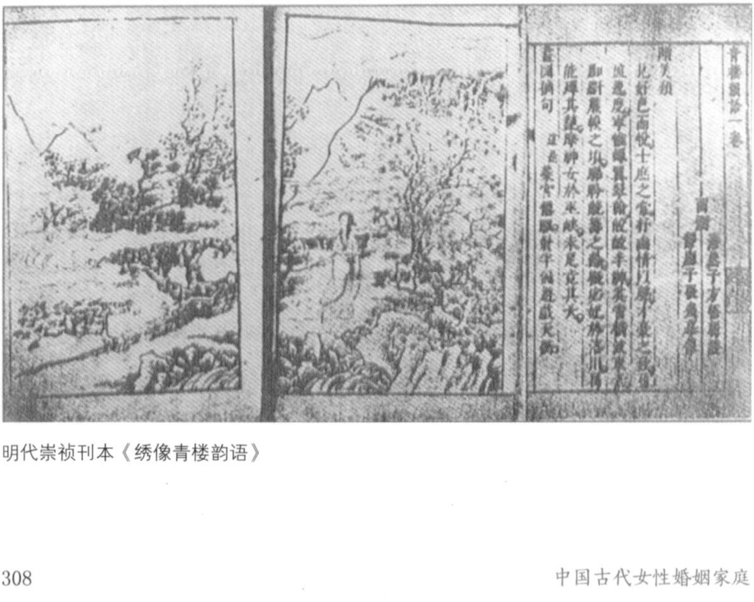

明代崇祯刊本《绣像青楼韵语》

起来，分析了娼妓现象产生、存在及今天又重现的原因。

另一部是徐君、杨海所著《妓女史》，上海文艺出版社作为“中国社会民俗史丛书”之一种于1995年出版。该书除绪言外，分九章论述了妓女的历史、妓女的来源、妓院、妓女的接客方式、妓女风月、妓女的日常生活、妓女的宗教信仰与习俗、妓女的才华与业绩、妓女的悲惨命运。与王书奴以时间为序写作不同，本书采取专题方式的叙述方法。该书的特点是大量使用晚清小说中的记载，从制度和习俗的角度，对妓女生活、风俗习惯、禁忌、社会地位作了描述，可以进一步从细部了解娼妓。

此外，陈锋、刘经华所著《中国病态社会史论》（河南人民出版社，1991年）第九章《女性的沦丧》，论述了娼妓制度的历史轨迹、娼妓生涯、娼妓制度剖析，并附论了古代男色问题。

探讨娼妓史的还有专文。高迈早在1934年11月就发表了《中国娼妓制度之历史的探究》（《新社会科学季刊》1卷3期），惜乎未见此文。徐若萍《中国娼妓史话》（《妇女月刊》6卷6期，1948年1月），是一篇议论性短文，意在强调妓女的解放全在妇女本身之努力。孙景琛《女乐娼优》（《文史知识》1984年7期）认为，女乐娼优的发展过程是：巫——乐舞奴隶——女乐娼优。

还有学者论述了娼妓的信仰、饮食、文学等问题。陶慕宁《青楼文学与中国文化》（东方出版社，1993年）一书，探讨了唐代青楼文学的审美品位及其文化意蕴、两宋青楼文学的伦理色彩及其心理根据、宋元俗文学中的青楼人物、明代资本主义萌芽在青楼文学中的表现、明末清初江南文酒声妓之会与青楼文学的色

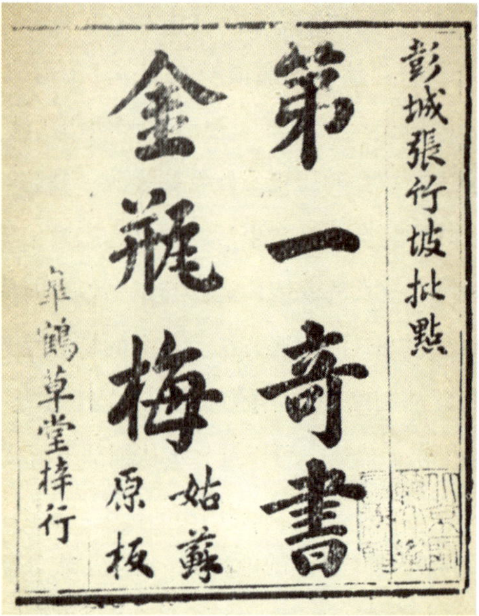

《金瓶梅》书影

彩、顺治迄道光间的青楼文学等。此外陶慕宁还著有《〈金瓶梅〉中的青楼与妓女》（文化艺术出版社，1993 年）一书。赵荣光《青楼与中国饮食文化》（载《赵荣光饮食文化论集》，黑龙江人民出版社，1995 年）一文指出，青楼之与社会饮食文化的关系，主要是通过妓女的伴食“侑觞”展开的，具体表现为行令劝酒、吹弹唱歌、说情谐谑、诗文书画、博弈、饮食生活等。李乔在《中国行业神崇拜》（中国华侨出版公司，1990 年）一书中，探讨了娼妓业的行业神。此外，廖传江《古代娼妓形象与现代娼妓形象之比较》（《乐山师专学报》1991 年 6 期）从社会角度比较了古今娼妓形象。

断代性探讨

断代研究方面，唐代以前专门探讨不多，方诗铭《战国秦汉的“赵女”与“邯郸倡”及其在政治上的表现》(《史林》1995年1期)是一篇难得的论文。作者指出：“赵女”与“邯郸倡”是指擅长音乐歌舞的邯郸妇女，不能理解为此后的娼妓。从战国到秦汉，“赵女”和“邯郸倡”一般以美貌和音乐歌舞驰誉于时，“邯郸倡”借此献艺，作为谋取生活的手段；而“赵女”一般以此作为必不可少的文化素养。她们之中有的进入宫廷，或者成为“夫人”“王后”甚至“太后”，并参与当时的政治斗争，这是此一历史时期的特殊现象。“赵女”与“邯郸倡”的出现，是与邯郸这一“富冠海内”的经济名都分不开的。刘增贵《魏晋南北朝时代的妾》(《新史学》2卷4期，1991年12月)，则论述了家妓——妓妾问题。

有关娼妓的专论主要集中于唐宋和明清时期。唐宋时代的论文有：宇亮《唐宋明三代的卖笑妇》(《进展月刊》1卷4期，1932年6月)是一篇长文，主要论述唐宋时代，将妓女分为家妓、官妓、私娼三类，其中又把官妓分为供文官娱乐的官妓、供军士娱乐的营妓、供天子娱乐的宫妓三种。认为妇人是最先的人类的奴隶；唐宋明三代是妇人最受压迫的时代；教坊完全是妓女的组织；所谓家妓、官妓就是家奴、官奴；家奴的来源是部曲奴隶、投靠奴婢，官妓的来源是俘虏、罪没。

黄现璠《唐代社会概略》（商务印书馆，1936年）一书，首列《阶级》一章，把当时的娼妓分为家妓和公妓两种，指出唐代皇亲懿戚、公卿百官以及骚人墨客，莫不蓄养家妓。其身份介于婢妾之间，且兼优伶性质。公妓为官厅所设，属公家之物，长官可随意差使。公妓分宫妓、官妓、营妓三种。唐代公妓有妓馆，在长安者称某里，如平康里、北里。里内分为某曲，如南曲、中曲之类。其中妓女多为出赀购买，亦有以欺骗手段得之。妓女在馆中行动不自由，受鸨母监视压迫。宫妓所居为“坊”，又有“苑”或“院”等；坊中妓女气味相投，多结拜成姊妹。

孙楷第《唐妓称录事考》（《大中》1卷3期，1946年3月）指出：唐制京畿及诸州县令下各置二人或一人为录事，系厘务官名，饮酒者录用之以为筵间职司之名。复因饮酒时录事一职多以妓女为之，流俗相沿，遂以录事为妓女之称。其称谓虽同官吏，其得称却由于会饮。

关书敏《唐代教坊妇女生活简述》（《西南师范学院学报》1983年4期）指出：教坊妇女地位并不平等，处于中等地位的是云韶院的“宫人”，其中色艺俱佳者入宜春院，叫“内人”。内人完成难度较大的歌舞，每月家中女性亲属一人可去禁中探视一次。宫人则无此待遇。内人晋升一级称为“十家”，其地位最低下的是“两院杂妇女”。教坊妇女被放出宫禁，大概有不少作了商人妇。

高世瑜《唐代妇女》（三秦出版社，1988年）一书第二章中，将公妓分为宫妓和官妓论述。其中官妓部分论述较详，探讨了地方官妓、长安妓女、妓女生活、爱情与心理等问题。认为营妓可能

唐代的浔阳妓

只是地方官妓的一种别称，因为属乐营，所以在称“乐营妓人”外，又简称“营妓”，还不能断定营妓是专业军妓。唐代世风尚文学、尚风雅，对妓女也不以姿色为主要评价标准，而更重才学、技艺、谈吐等。妓女具有相对的言谈行动自由、较为独立的人格（又见高世瑜著《唐代的官妓》一文，载《史学月刊》1987年5期）。她还论述了家妓的生活与地位。

宋德熹《唐代的妓女》（鲍家麟主编《中国妇女史论集续集》，稻乡出版社，1991年）一文，详论了唐代妓女的种类、组织、出身下场、地理分布及其与唐代文化史的关系。苏者聪有《论唐代妓女的才华、情操、命运》一文刊《唐都学刊》1992年2期。

宋代娼妓研究方面，全汉昇《宋代女子职业与生计》（《食货》1卷9期，1935年4月）一文，将宋代妇女职业与生计分为实业、游艺、杂役、妓女四方面。其中又把妓女名称从营业对象上分为官妓、家妓、营妓、军妓、僧妓，并说若从职务看，则有舞妓、乐妓、歌妓等名称。妓女营业地点或在茶肆，或在酒楼，她们人身不自由。李业勤《宋代歌妓》（《新光杂志》2卷5期，1941年8月）、马德程《宋代女优的社会地位》（《文艺复兴》73期，1976年）二文，笔者尚未寓目，此处从略。谢桃坊《宋代歌妓考略》（《中华文史论丛》1983年4期）指出，宋代歌妓是从事唱“词”这种特殊伎艺的人，可称是高级奴婢。她们衣着华丽，出入歌筵舞席，侍宴官府，交结达官文人，然而她们仍是人隶乐籍、婢籍和娼妓的“贱民”。她们之中一些人也确实深受宫廷、官府或主家的宠幸，生活优裕，甚至有部分私有财产，可算作剥削阶级的附庸，过着寄生的生活，但这毕竟是歌妓中的少数，绝大多数的歌妓都是非常不幸的。宋代的歌妓大致可分为官妓、家妓和私妓。官妓包括教坊的歌妓、军中的女妓、中央及地方官署的歌妓。封建贵族及士大夫之家蓄养许多擅长歌舞的美女，她们既非妾，而又不同于一般的奴婢，被称为“家妓”。私妓指市井妓女，私妓中有以卖淫为主的；而其中之歌妓则以卖艺为主，也兼卖淫。

徐吉军《论南宋临安色妓之盛及其社会根由》（《中国古都研

究》第7辑，山西人民出版社，1991年）指出，南宋临安娼妓从所属关系来看，可以分为宫妓、官妓、府妓、营妓四种。南宋临安娼妓有以下几个特点：宫妓、官妓之外有家妓；官酒库设妓数十人，可以应游客要求侑樽；酒楼上妓女除所谓“卖客”妓女外，又有所谓“擦坐”“漕”“打酒座”等称呼的各式妓女，花样繁多；谓为“庵气店”的酒楼，游客可以和娼妓发生性行为；妓馆、酒楼等规模宏大，待客周到；妓女除瓦子、勾栏外，又有路妓不入勾栏，即所谓“打野呵”的妓女；茶肆里也可以与娼妓戏耍甚至发生两性关系。这七点是南宋临安娼妓事业兴盛和发展的有力证明。南宋临安娼妓事业空前繁盛最根本的原因，是统治阶级对娼妓采取纵容和鼓励的态度；畸形发展的病态社会对娼妓的需要，也是重要原因；此外，男尊女卑的封建社会观念，使女子成为家庭的牺牲品和男子的奴隶；金钱和物质的诱惑突破了妇女自尊的防线。梁庚尧《宋代伎艺人的社会地位》（邓广铭、漆侠主编《国际宋史研讨会论文选集》，河北大学出版社，1992年）一文，是专论进行娱乐表演者的论文。伎艺人也包括女乐歌妓，出卖伎艺之外，兼出卖色相。作者认为伎艺人处于社会边缘的地位，社会地位在士、农、商四民之下。

明代娼妓研究中，笠堪（周黎庵）《谈明代的妓女》（《古今》1942年2期）主要论述明末的娼妓，分为官妓、私妓两方面。官妓始于明初，其来源多为罪犯和俘虏的后裔；私妓兴于明末，乃政事荒废、士大夫习于嬉游的风气所带来。私妓尚艺，士子乐于追逐。张正明《明代的乐户》（中国明史学会主办《明史研究》第1辑，黄山书社，1991 年）一文，较多地发掘文献资料，对明代乐户的来历、活动、管理、社会地位作了探讨。作者指出，明代乐户除前代乐籍外，主要来源有三个方面：一是降附之人；二是罪犯家属；三是被卖妻女。作者认为明代乐户制度是统治者处置降附和罪犯家属的一种刑罚，又是奴役乐户使之成为玩物的手段。乐户为古代乐舞的创作、修改、提高、表演、传播等做了大量工作。乐户现象还反映了王朝更替、政治变动、经济盛衰与阶级关系变化的密切关系。

有关清代娼妓的研究，经君健在《清代社会的贱民等级》（浙江人民出版社，1993 年）一书中专节讨论了乐户。该书资料扎实，

明代春宫画“求欢”

论述细密，是作者长期研究清代贱民的成果。作者指出，清代乐户是为应中央及地方衙门宴享祭祀礼仪所需的音乐歌舞要求为业，同时也是以声色服役的官妓。她们及其家属被另编户籍以别于他人。作者特别对清代乐户的法令、政策规定作了详细的考察，认为娼优贱籍，清代从未豁除。

除了以上的研究之外，一些学者还探讨了历代名妓，这里就不作介绍了。

总而言之，以上关于中国娼妓史的成果主要反映了中国大陆的研究状况，研究历程可分为两个时期：一是 30—40 年代，二是 80—90 年代，中间的 30 年基本上是空白期。这一状况与政治

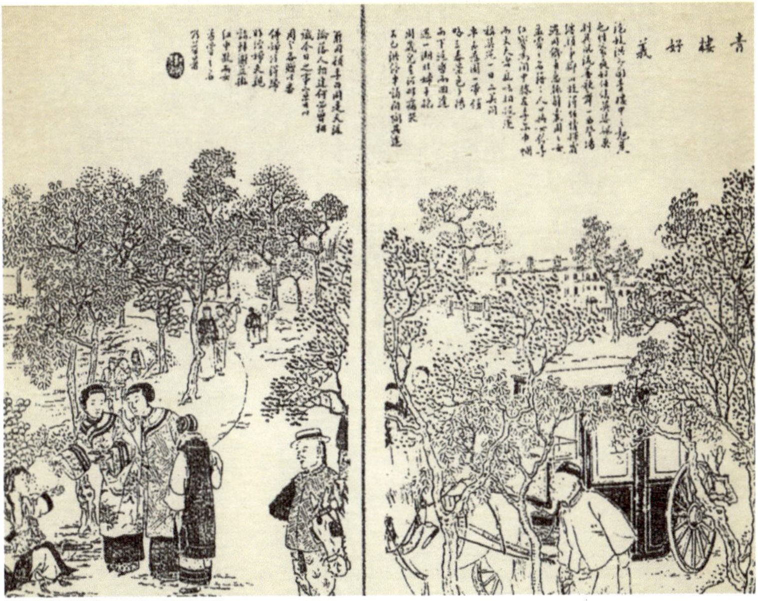

清《点石斋画报》之“青楼好义”图

官紳逐妓
上海西南鄉閔行鎮。近有土妓私賣燈吃。被縣主田大令訪悉。函致拒烟分會。顧李兩紳及黃浦司。會同切實查禁。具報昨徐二尹與顧紳等。已將土娼新莊阿寶。南橋阿大何小妹等。驅逐出境。並諭令房主不得再留土娼。如違發封究罰。
圖畫新聞
八月二十二日

《图画新闻》“官绅逐妓”图

和学术主张的变化有直接关系。30—40年代虽然是中国娼妓史研究的开创时期，但无论在资料的整理和基本观点的提出方面，均为日后的研究奠定了很好的基础，特别是产生了《中国娼妓史》这样的名著。80—90年代的研究则进一步把研究细化，并提出了一些新问题。大体上说，这一时期的学术见解侧重三个方面，即给予娼妓的文化贡献以高度评价，揭示娼妓的贱民社会地位，批判统治者的荒淫。

“营妓”辨析

“营妓”始于汉代吗？

王书奴《中国娼妓史》第三章第五节《汉代之营妓》指出：“营妓始于汉，历六朝唐宋不衰，《万物原始》说：‘一曰，古未有妓，至汉武始置营妓，以待军士之无妻室者，见《汉武外史》。’（明人《正字通》引）表面上看‘营妓’是创始于汉武，实际仍旧袭用勾践‘游军士’管子‘女闾’之遗意而已。惟‘营妓’制度如何，书缺有间，余以意推测之如下。”王书奴的推测有两点：一是“汉代军营有新声、女乐在军营，而太常里面是没有女乐的”；二是“军营里面有军市”。并认为充“营妓”的人除“群盗妻子、随军为卒妻”者外，还有“官奴婢”。

显然，王书奴认为营妓始置于汉武帝，“营妓”一词来源于《汉武外史》。笔者查阅了明张自烈、清廖文英《正字通》中“妓”“娼”“营”三字各条，并无王书奴所引内容。另外，从现存汉代的历史记载来看，确如王书奴所说“书缺有间”，而且连“营妓”一词也没有出现。这就不能不怀疑《汉武外史》的记载

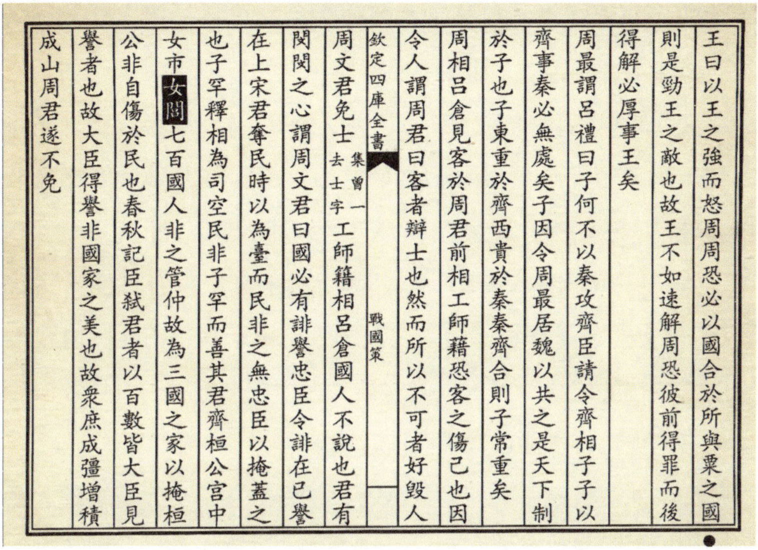
王曰以王之強而怒周周恐必以國合於所與粟之國
則是勁王之敵也故王不如速解周恐彼前得罪而後
得解必厚事王矣
周最謂呂禮曰子何不以秦攻齊臣請令齊相子子以
齊事秦必無處矣子因令周最居魏以共之是天下制
於子也子東重於齊西貴於秦秦齊合則子常重矣
周相呂倉見客於周君前相工師藉恐客之傷己也因
令人謂周君曰客者辯士也然而所以不可者好毀人
欽定四庫全書　戰國策
周文君免士（集曾一去士字）工師籍相呂倉國人不說也君有
閔閔之心謂周文君曰國必有誹譽忠臣令誹在己譽
在上宋君奪民時以為臺而民非之無忠臣以掩蓋之
也子罕釋相為司空民非子罕而善其君齊桓公宮中
女市女閭七百國人非之管仲故為三國之家以掩桓
公非自傷於民也春秋記臣弑君者以百數皆大臣見
譽者也故大臣得譽非國家之美也故衆庶成彊增積
成山周君遂不免

《战国策》有关“女闾”的记载

了。笔者检索了《四库全书》电子版，未发现有《汉武外史》的记载，查阅《中国丛书综录》也未发现此书。在有关汉武帝的同类书中，如《汉武故事》《汉武帝内传》《汉武帝外传》《汉武洞冥记》中均未发现“营妓”一词，也未发现汉武帝有关军妓的相关记载。其实，即令有记载，也未必可靠。《四库全书总目 · 子部 · 小说家类》收有关于汉武帝的三部“小说”提要：一是旧题汉班固所作《汉武故事》，二是旧题汉班固所作《汉武帝内传》，三是旧题后汉郭宪所作《汉武洞冥记》。据《四库全书总目》提要考证，以上三书所载皆妖妄之语、怪诞不经之谈，可能分别由齐梁、齐梁以前、六朝时代的人假托。

从内容看，这些书出于宣传神仙思想和道士编造自己悠久而辉煌的历史，在学术界从来都不作为可靠史料采用。以上三书均为《隋书·经籍志》著录，而《汉武外史》则不见《隋书》记载。又元末陶宗仪《南村辍耕录》云：“以古称妓为官婢，亦曰官奴。汉武帝始设营妓，为官奴之始。唐宋时尤盛，如唐之教坊女妓。”（转自宇亮《唐宋明三代卖笑妇》，收入高洪兴等编《妇女风俗考》。按：检今通行本没有发现上述记载）看来陶宗仪有可能看到过《汉武外史》或《万物原始》之类的书。由于魏晋南北朝时代也无“营妓“的记载，可以推测这类书大约成书于唐宋时代，而后世史书失载，有可能亡佚于明清时期。

如果此说成立，则所谓汉武帝设“营妓”是史无其事的，系唐宋人用本时代娼妓专门语汇杜撰在汉武帝身上的。这就可以解释，假如汉武帝设营妓为何史书不载，为何唐以前的魏晋南北朝资料也不载，而到唐宋又出现呢？其真正的原因乃是唐以前根本就没有“营妓”制度。

“营妓”非军妓考

“营妓”一词，是由史籍上“乐营妓人”而来，在历来论者的误解下，以“营”必指“军营”，而视“营妓”为军妓，长期以来，以讹传讹，几已成为定论。

本文则列举多项史料证据，加以分析考订，指出宋代“营妓”并非军妓，而属一般地方官妓。

王书奴《中国娼妓史》（上海三联书店，1992 年版）第五章第六节《南北宋娼妓之概况》说："宋代娼妓制度，因于有唐而略有变迁。北宋有'官妓''营妓'，南宋杭州有'瓦舍'甚多。"又说："唐代娼妓除属教坊外，其余尽属乐营。故武人在娼妓方面占特别权利。宋代则分隶'州郡''军营'，故文臣武臣处分娼妓，亦居平等地位。"可见王氏认为宋朝承袭唐朝"营妓"制度而略有变化。宋代娼妓可区分为隶属"州郡"的官妓和隶属"军营"的营妓，从服务对象来看，前者为文臣，后者为武将。

近读清末徐士銮所辑《宋艳》（浙江古籍出版社 1987 年版，以下所引资料，出是书者只标注页数）一书，从大量笔记小说和文集中辑出婢妾娼妓的资料，其中有一些资料内容涉及宋代的营妓和官妓问题，某些资料使得王书奴的看法难以成立，营妓亦当是隶属于地方政府的官妓。换言之，宋代"官妓"主要指隶属于政府"乐籍"为地方政府及官员服务的娼妓。

"营妓"非军妓

王书奴看法的依据是邓之诚《骨董琐记》卷四"宋官妓营妓"（据北京三联书店 1957 年《骨董琐记全篇》本）条，王氏的转引如下："宋太宗灭北汉，夺其妇女随营，是为'营妓'之始。后复设'官妓'，以给事州郡官幕不携眷者。'官妓'有身价五千，五年期满，妇（按：原文为婦）原寮，本官携去者，再给二千（按：原文为二十千），盖亦取之勾栏也。'营妓'以勾栏妓轮值一月，许以资替，遂及罪人之孥，及良家系狱候理者，甚或掠夺，诬为盗属以充之，最为秕政。南宋建国，始革其制。"

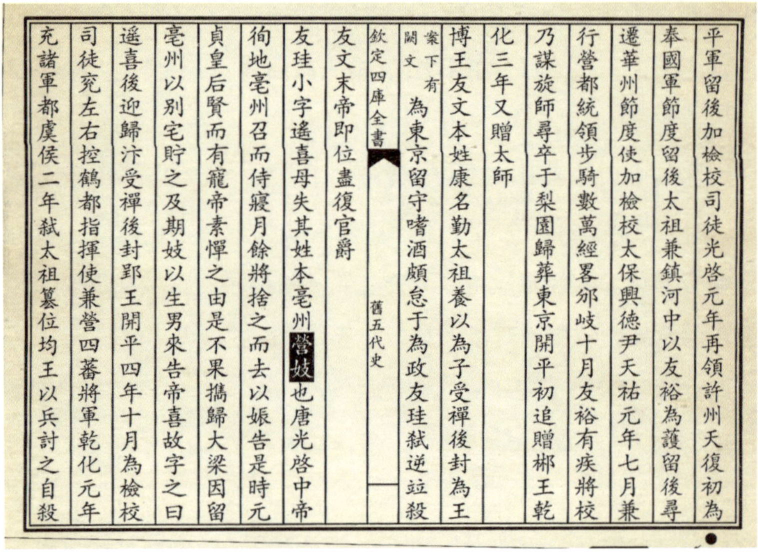

平軍留後加檢校司徒光啓元年再領許州天復初為
奉國軍節度留後太祖兼鎮河中以友裕為護留後尋
遷華州節度使加檢校太保興德尹天祐元年七月兼
行營都統領步騎數萬經畧邠岐十月友裕有疾將校
乃謀旋師尋卒于梨園歸葬東京開平初追贈郴王乾
化三年又贈太師
博王友文本姓康名勤太祖養以為子受禪後封為王
案下有闕文 為東京留守嗜酒頗怠于為政友珪弑逆竝殺
欽定四庫全書　舊五代史
友文末帝即位盡復官爵
友珪小字遥喜母失其姓本亳州營妓也唐光啓中帝
徇地亳州召而侍寢月餘將捨之而去以娠告是時元
貞皇后賢而有寵帝素憚之由是不果攜歸大梁因留
亳州以别宅貯之及期妓以生男來告帝喜故字之曰
遥喜後迎歸汴受禪後封郢王開平四年十月為檢校
司徒兖左右控鶴都指揮使兼營四蕃將軍乾化元年
充諸軍都虞侯二年弑太祖簒位均王以兵討之自殺

《旧五代史》关于“营妓”的记载

检核《宋艳》，有两条史料直接讲到军妓，其一是李元纲撰《厚德录》，说北宋真宗时“李和文都尉好士，一日召从官呼左右军官妓，置会夜舞”（页 11）。其二是魏泰撰《东轩笔录》，言仁宗庆历时苏舜钦提举进奏院，至秋赛，承例卖拆封纸以充，并设宴会，“酒酣，命去优伶，却吏史，而更召两军女妓”（页 30）。这两例均谈的是北宋京师军妓事，记载中的妓女属于军队，但未使用“营妓”一词。《东轩笔录》还讲到一则地方上娼妓与军队相关的记载：“熙宁新法行，督责监司尤切，两浙路张靓、王庭老、潘良器等因阅兵赴妓乐，筵席侵夜，皆黜责。”（页 64）似乎并不能断定这里的“妓乐”属于地方军队，同样也未使用营妓一词。提到“营妓”和“兵”的记载，则有《客中闲集》：“赵阅道为铁面御史，乃悦一营妓，令老兵夜召之，又令促之。”（页28）不过此处“营妓”是否属于老兵所在军队，尚难证实。后两条间接谈到“兵”与“妓”的资料，也不能证明营妓即军妓。

文献中所记北宋时代“营妓”一词，多同地方相联系。请看这些记载：旧题宋陈师道撰《后山诗话》载：“司马温公为定武从事，同幕僚私幸营妓。”（页154）北宋作品《高斋诗话》讲：“少游在蔡州，与营妓娄婉字东玉者甚密。”（页141）北宋赵令畤撰《侯鲭录》载：“张文潜初官通许，喜营妓刘淑女。”（页132）“谢师厚作襄倅，闻营妓与二胥相好”（页147）。“宣城守吕士隆，好缘微罪杖营妓”（页153）。南北宋间人张邦基《墨庄漫录》讲，宣和年间河南唐州廖经略与该郡之二营妓往来。周烨《清波杂志》记载文彦博“师成都”时，使幕客张俞迎御史于汉州，“且携营妓王宫花者往”（页57）。《宋史》说仁宗时官员刘汉在并州，“与营妓游，黜通制磁州”（页66）。胡仔《苕溪渔隐丛话》记载：“广汉营妓，小名僧儿”（页142）。上述资料只有文彦博为“师”与军队有关，其余均讲“营妓”和地方官员之事，给人的印象是，地方官员可以比较随意地与营妓往来，似乎营妓隶属于地方政府。

南宋时代亦有营妓。周密《齐东野语》记载“天台营妓严蕊”与地方官之事（页38）。又载宫中于“正月内，呼营妓数辈入内祗应”（页87）。

一些资料还证明，“营妓”之意乃“乐营”之妓。杨湜《古今词话》云：“苏子瞻守钱塘，有官妓秀兰……湖中有宴会”，使

演奏各种乐器的乐妓

“乐营将催督之。”（页 244）这是北宋时代的事情。再看南宋，《夷坚志》载：“横州城外有丛祠，目为婆婆庙，不知何神也，土人颇严奉之。淳熙初，雷州太守舟过城下，群妓迎谒，小憩庙中，以须其至，纵步廊庑间，一妓轻浮者，指一土偶，谓同列曰：‘尔可嫁他。’此妓复指一卒曰：‘尔却嫁彼。’妓拍手嬉笑曰：‘有何不可，正恐无媒人耳！’乐营将在旁曰：‘我为作媒。’众大笑而出，不两月，七妓相继病瘴死，营将亦然。横之花籍，于是一空。”（页 229）七妓死而谓横州花籍于是一空，可见由乐营管辖的营妓是属于横州乐籍的官妓，而不是军妓。

此处特别要对“乐营将”略作说明，“营”本来就容易令人联想到军营，而“乐营将”更令人联想到军队的将领。其实不然，宋人程大昌《演繁露》讲，唐朝开元三年间优倡杂乐由太常改为左右教坊掌管，并命左右卫将军负责，又说：“今谓优女为弟子，命伶魁为乐营将者，此其始也。”可知，乐营将乃“伶魁”为之，而非军人。事实上，即使在唐代，营妓也非特指军妓。高世瑜指出，唐代地方官妓属“乐营”管理，所以也常称为“乐营妓人”“乐营子女”等。唐代还有“营妓”之称……营妓可能只是地方官妓的一种别称，因为属乐营，所以在称“乐营妓女”外，又简称“营妓”。之所以造成误解，一是因为营妓之名令人想到军营；二是中唐后地方官妓都由藩帅统辖，长官既兼有军事长官职权，也就使人觉得属下的营妓可能是为军队设置的（《唐代妇女》，三秦出版社）。可见宋代营妓属于军妓的说法，相当程度上

随着音乐起舞的乐妓

是沿袭对唐代营妓的错误理解。

以讹传讹的说法

邓之诚把宋朝军队所夺北汉妇女随军，视为随军的营妓，又把军队雇佣勾栏妓称为营妓，是把“营妓”一词，理解为军妓所致，并不恰当。邓之诚的说法未出示史料，实际上此说法出自清朝人俞樾《茶香室四钞》卷九所引，元徐大焯《烬余录》云：“朱三官者，周三娘之女，故世家也，宋末没入官，故事，官妓岁选十人，各给身资十千，五年期满归原寮，本官携去者，再给二十千，军妓以勾栏妓轮值之，岁各人值一月，后多敛资给吏胥购代者，于是军伍掠妇女诬为盗眷，官司录罪孥，及于良家妇女之候理者，固有宋第一秕政，二圣北狩，始议革除。”在徐大焯的原文中，只是讲军队向地方妓院招募官妓，这种妓女不是真正隶属于军队的军妓，也未使用“营妓”一词。邓氏将上述妓女称为营妓，乃出己意。既然此种妓女不是指等同于军妓的“营妓”，所谓南宋革除的自然也就不是“营妓”了。邓之诚所论宋代军中妓女问题使用的“营妓”词汇，都是原始资料中没有而以自己对“营妓”的错误理解加上的。于是以邓氏对宋代妓女分类为主要依据的王书奴，更错上加错，把营妓和官妓用引号凸显出来写入《中国娼妓史》，“营妓”一词使用引号后，给人的印象是原始资料就是如此，遂使不少人以王书奴之书为是，重蹈错论。

由上可知，唐宋时代的营妓乃乐营之妓，其身份非军妓而是地方官妓。

古代的节娼

节，指气节、节操。这种有骨气、重信誉、讲道德的高尚品行，如果与娼并列，或许会给人不谐调的感觉。因为提起娼妓，令人想到的是风尘女子倚门卖笑，以色事人，唯金是求，有钱者就，无钱者去。的确，这是多数普通娼妓的情形。然而，人毕竟是人，中国古代青楼女子中，仍有一些节行操守不同凡俗者，她们有性格，甚至有见识，忠于爱情，其事迹足以令“良人”深思。

历史上一些人因家贫等原因，被迫自幼进入娼家，可是贫贱不移志，她们向往良家女子的正常生活，为坚守清白之身，甚至不惜献出生命，表现出坚贞不屈的高贵品格。

身隶贱籍誓保清白

宋代，四川嘉州有娼家女郝氏，五岁时，因贫穷卖与良家为养女。十六岁时，母亲将其要回，欲令继承娼业。她不愿意，并对母亲说：“少育良家，习织纫之事，又辄精巧，粗可以给母朝夕。欲求此身，使终身为良可乎？”结果母亲大为愤怒，又棰又

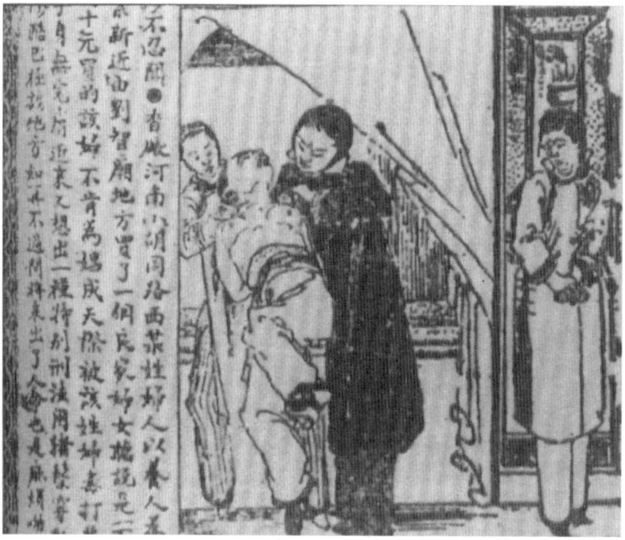

清《新民画报》之《京师鸨妇以非刑逼良为娼图》

骂。一次，其母强迫她前往与一青年人苟合。母亲与青年人令其进酒食，她就呕吐满地，令青年人败兴而散。返家途中，她料定今后必不能脱离娼业，便投江而死。乡人赞扬她，称之为节娥。

元代霸州娼女李哥，十二岁时，母亲教她歌舞，她哭着说："女人有应该做的工作，为何独让我做这种事呢？"母亲告诉她："歌舞不可废。"李哥回答："如果这件事听母亲的，母亲也应当听从我的爱好，否则只有一死。"因此，李哥不抹粉化妆，不吃荤饮酒，所歌多仙曲道情。如客召其侑酒，李哥必询主客姓名然后往，人们也预先相戒，对她不要戏狎。霸州判官曾忤李哥，她立即回家，誓不再见。孟津县地方官厚赂哥母，夜晚潜入李哥房内，她身怀利刃闭门怒骂："你的职责是管理百姓，却

明代妓院景象

不如猪狗。应赶快离开，否则你的血将污染我的刀子！”该官员既惭愧又气愤而离去。次日，州官听说这件事，感叹道：“州里有贞女我竟不知，是一个失误。”还为他的秀才次子，娶李哥为妻。后来盗寇抓住李哥夫妇，见李哥长得妍丽，欲杀其夫而占有她。李哥走向前去抱住丈夫，大声喊：“我绝对不会听从你们而活命！”于是盗寇便将二人杀掉了。

明朝嘉靖年间，山东王氏女因家贫，八岁时卖给淮安娼家。长大后，知道自己处身失所，却无法离开。老鸨百般引诱之，她不为所动。一天，娼家强迫她为一个讲究的客人侍寝，王氏边哭边说：“我本良家女子，因贫故至此。我久忍死的原因，是没有来得及向父母告别，今天你忍心污辱我吗？”言毕引刀自刎。客人大惊，抢救不及。官府得知后，厚葬了她，后来有官员还为其建祠祭祀，人称王烈女。

难舍难分同死生

古代某些年轻人与娼妓一见钟情，感情炽热，彼此难分，甚至发展到双双殉情的地步。此种事例以宋代为多，大致可分成两种情形。

一种是痴心男女受到家庭及社会反对，难遂心愿，便以死抗争。如南宋淳熙初年，杭州娼妓陶师儿与王姓年轻人甚相眷恋，但为恶姥阻止，不能遂意。二人海誓山盟，决定共死。一天，他们游览湖景晚归，城门已锁，不得入内。王姓年轻人对身边的仆人说："月色清丽，再到湖上吧。"于是买酒肴，复游湖中，舟泊净慈寺藕花深处，二人相抱投入水中而死。后人评论此事，指责王姓年轻人："色之迷人，一至于此，可为永鉴。"而说陶氏虽匹妇，"要亦无负所事者"，是爱情专一。

另一种是外地人在客居地与娼妓相好，不得已返乡时，双方感情深厚难以分离，决计死在一起。如杨实庭因为家庭的关系，被授予广昌县丞一职。但他久寓杭州，留恋花街，与散乐妓汤秀奴一见钟情，形影不离。两人经常说："但愿生同帐，死同穴。"有一天，杨实庭接到家信，催促其回家。秀奴说："你有家，应当回去，我伶仃孤苦，死有何妨？"眼泪随之而下。杨实庭也哭了，说："不如一齐投江而死。"秀奴也说："我久有此意。"于是他们以锦被作囊，盛巨石，系于腰，相抱沉水而死。留诗曰：

两情恩爱别离难，共学鸳鸯岂偶然。
不恋荣华世间乐，直寻快活水中仙。
夫妻共死今如愿，亲属轻抛实可怜。
寄语此生无复会，殷勤重结后生缘。

诗写得情真意切，他们也将彼此关系视为恩爱夫妻。

杭州清泉坊名娼梁楚楚，一日遇风流年少的章导。两情相爱，誓尽此生。章导家的仆人带来家信，促其早归。章导对梁楚楚说："秋凉一定回来，请多保重。"二人设宴话别，梁楚楚开怀畅饮。章导十分难过，竟哽咽昏倒于地，过了很久才苏醒。梁楚楚表示："你走了我就死。"章导建议："不如同死。"于是二人又同饮，皆醉。章导在枕屏上题诗：

两意而今惜别离，楚香发誓告神祇。

一条彩索双双挂，愿学千年连理枝。

书毕，弃笔于地。次日太阳老高了，他们闭门未出。人们进去，只见二人相抱悬梁自尽。

以上两种情形中，前一种给人不屈从外界压力、用死亡证明爱情的坚贞。后一种情形比起前一种来说，资料中未见外力反对的记载。痴情男女的双死，似乎感情用事，一时冲动。不过按照古代的社会现实，一个人如果同娼妓结婚，他至少要征得家长的同意，还要有足够的金钱赎出女方。对于章导、杨实庭这些年轻人来说，这不是一件轻松事。笔者猜想年轻人双双冲动殉情的背后，或许正是由于这个难以克服的问题。

两情相慕以死殉

除此之外，也有一些男女互相爱慕，男子因故离去，女子思念不已，患病而亡。

唐代福建泉州晋江人欧阳詹，贞元年间登进士第。试毕游太原，与一乐籍女子情甚相得。及归，乃与娼盟誓："到了都城，一定来接。"言毕挥泪而别。不久欧阳詹被授予国子四门学助教，住在京城，太原娼非常思念他，经年得疾甚重。她剪云髻放于匣中，告诉其妹："我死后，如果欧阳詹的人来了，以此为信。"又遗诗数语：

自从别后减容光，半是思郎半恨郎。

欲识旧来云髻样，为奴开取镂金箱。

于是绝笔而逝。后来欧阳詹派人到太原，将匣与诗带去京城，欧阳詹启函睹物思人，悲痛而卒。

类似者在唐代还有两例。其一，山西河中府娼崔徽，在蒲州从官使裴敬中累月。裴敬中事毕使还，崔徽以不得相从为憾，因而成疾。后来她对镜画像，交给人说："请代我告诉敬中，崔徽一旦不及画中人，且为郎死矣。"崔徽以狂疾卒，可谓一往情深。其二，山东青州饮妓段东美，在会昌年间与出使新罗官员薛宜僚两情相悦。转年春，薛宜僚将离青州再次渡海，临行前设筵，宜僚呜咽流涕，东美亦然。薛到外国染病，在梦中时见东美，不几天去世。其棺运至青州，东美到驿站素服执奠，哀号抚柩，一恸而卒。

宋人王幼玉的故事也感人至深。她随父流落衡州而为娼，然而所与往来皆衣冠士大夫。除此，虽巨商富贾不能动其意。她十分厌恶娼优之业，曾说："今之人或工或商，或农或贾，有道皆适，欲以自养。惟我辈涂脂傅粉，巧言令色侍人，至以取其财。我思之愧赧无限，逼父母姊妹，必脱此从良。入则事舅姑，主祭祀。俾人回指曰：'彼人妇也。'死有埋骨之地。"后洛阳人柳富到衡州，幼玉一见便说："这是我未来的丈夫。"柳富也有意娶她。郎才女貌，二人感情日深；不久共盟焚香，饮灰酒定终身。柳富久在外，家人督促其回家，柳富返回洛阳后因双亲年老，家又多故，不得如约。王幼玉日夜思念而得病，死前嘱其侍儿：“郎平日爱我手发眉眼，他皆不可寄附，我今剪发一缕、手指甲数个，郎来访我，转交给他。”真是情意缠绵。时人评论说：“今幼玉之爱柳郎，一何厚耶！有情者观之，莫不怆然。”

明代也有不少娼优因情而死的故事。如娼女白氏与苏州人袁节情好甚笃，誓不再以身事人。虽老鸨阻截百端，而白志益坚。有富商求偶于她，白氏不从，鸨母棰之。白氏患病后，写信请袁节求一见，袁节害怕老鸨，不敢前往，白氏忧念而死。

再如陕西关中歌女王兰卿，曾侍暖泉人张某，张某死，兰卿也饮毒自杀。

又如金陵教坊妓齐锦云，能诗，喜鼓琴雅谈。终日与庠生傅春眷爱，再不接待其他客人。傅春受诬下狱，锦云用自己的首饰为之活动。后傅春被流放远方，锦云欲随行，傅春力劝止之。锦云赠诗一首：

一呷春醪万里情，断肠芳草断肠莺。
愿将双泪啼为雨，明日留君不出城。

齐锦云回家后蓬头垢面，只是闭门读佛书，不久病殁。

感恩戴德倾心相报

某些娼妓可以接触到达官贵人、文士才子，他们的品行才干和豪举对青楼女子颇有吸引力，娼女为报知遇之恩，也往往守身以终，甚至以死相报。

唐朝有位尚书张建封，喜欢网罗歌舞名姝。张氏得到徐州妓关盼盼甚为满意，开始纳之燕子楼，三日欢乐不辍，后别建新楼贮而宠之。张尚书既殁，盼盼感恩，誓不嫁人。盼盼善歌舞，雅多风姿，又能诗，有《燕子楼集》三百首，与著名诗人白居易唱和。盼盼曾说："自公薨背，妾非不能死，恐百载之后，人以我

唐徐州妓关盼盼

公重色，有从死之妾，是玷我公清范也，所以偷生尔。”盼盼的事迹也成为日后士大夫的美谈，苏东坡和秦少游皆有诗咏之。

再如唐代岭南某将军，慕长安名妓杨倡。乃用重金为其削去乐籍，带回南海。因家有悍妻，便让杨氏在外地别居。过了一年，将军患病不起，想见见杨氏，因害怕其妻，诈称婢女，请一见。消息走漏，其妻率健婢数十，准备待杨氏来到，将她投入热锅。将军得知，担心杨氏安全，便令人将大量珍奇宝物送给杨氏，并护卫她北归。愤怒至极的将军不几天便死了。杨氏半路得到将军死讯，当下退还所赠珍宝，设灵位哭道：“将军因我而卒，将军已死，我活着有什么意义？我难道让将军孤独吗？”于是撤奠殉死。后人说她“报帅以死义也；却帅之赂廉也。虽为娼，差足多乎！”

仰慕对方才华而甘愿以身相许的典型事例，是宋代长沙娼籍无名氏女子。她善唱，特别喜欢秦少游的乐府诗词。得一篇，便手录口咏，不离左右。后来秦少游贬官南迁，途经长沙，见到这位姿色既美而所居潇洒可人意的女子。即将分别，此女嘱咐：“妾以不肖之身，幸侍左右。今学士以王命不可久留，妾又不敢从行，恐重以为累，唯誓洁身以报。他日北归，幸一过妾，妾愿毕矣。”少游答应了她。一别数年，少游竟死于藤州。此女平日闭门谢客，官府有召，辞不掉才去，誓不以此身负少游。当听到少游死讯，前去吊丧，绕棺三周，一声痛哭而亡。她仰慕秦少游才华，而以身事之，并视己为少游之人而不复与人交往，直至因少游而悲伤丧命，人们称之为义娼。

秦少游（秦观）图像

为男子正直的品行所吸引，而有大无畏侠义之举的例子，可推明代京师娼女高三。她与昌平侯杨俊甚好，杨俊守备北面边防数年，她闭门谢客。土木之变后，英宗复位，与权臣石享杀害忠臣于谦，打击异己，并诬蔑杨俊驾陷不救，不忠当死。杨俊就刑日，亲戚故吏，无一前往。只见高三缟衣而来。杨俊问她："你来干什么？"高三回答："来侍公死。"并大声呼喊："天啊！忠良死了！"观者十分惊怕。杨俊劝止她："事情已经过去，无益于我，更会连累你。"高三说："我已安排好了，公先走，我随至。"杨俊被砍头，高三恸哭不已，吮其颈血，以针线连接头颈。她对杨俊家人说："去下葬吧！"遂即自经于旁。忠良被斩，唯有一妓挺身而出，真令那些害怕株连和影响乌纱帽的亲戚故吏汗颜。无所求，也就无所畏，才能伸张正义，身属贱籍者反而能够做到，此不独高三为情为恩所动，亦大义所使。

多情娼与薄幸郎

古代还有不少多情娼与薄幸郎的爱情故事。尽管男子背盟负心，而青楼女子痴情不改，致使身染沉疴，一病不起；或因悲痛而绝，红颜薄命，令人叹息不止。

唐人霍小玉是霍王小女，母为王之宠婢，父死与母遣居在外。姿质浓艳、高情逸志、音乐诗书无不通解的霍小玉，欲求格调相称的青年为夫。她十六岁时，有陇西人李益进士擢第，他门族清华，少有才思，丽词佳句，时谓无双，在京城长安俟试就官。李益自矜风调，思得佳偶，博求名妓。二人郎才女貌，经中

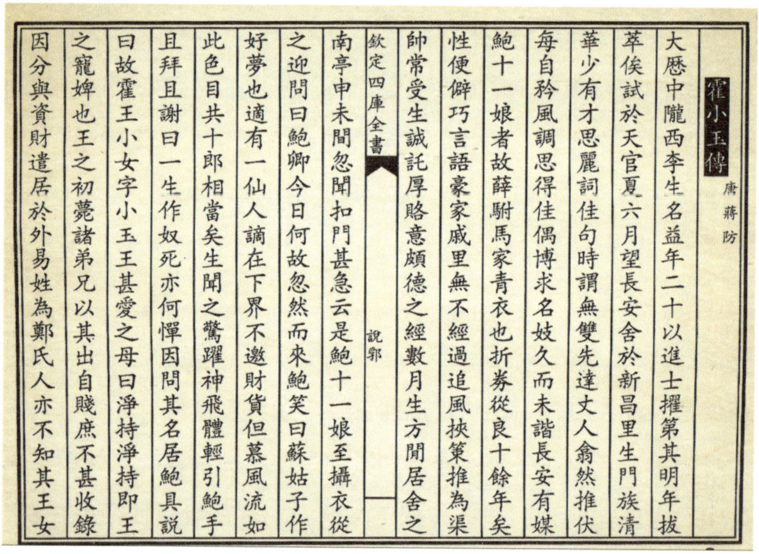
霍小玉傳　唐蔣防
大歷中隴西李生名益年二十以進士擢第其明年拔
萃俟試於天官夏六月望長安舍於新昌里生門族清
華少有才思麗詞佳句時謂無雙先達丈人翕然推伏
每自矜風調思得佳偶博求名妓久而未諧長安有媒
鮑十一娘者故薛駙馬家青衣也折券從良十餘年矣
性便僻巧言語豪家戚里無不經過追風挾策推為渠
帥常受生誠託厚賂意頗德之經數月生方閒居舍之
欽定四庫全書　說郛
南亭申未間忽聞扣門甚急云是鮑十一娘至攝衣從
之迎問曰鮑卿今日何故忽然而來鮑笑曰蘇姑子作
好夢也適有一仙人謫在下界不邀財貨但慕風流如
此色目共十郎相當矣生聞之驚躍神飛體輕引鮑手
且拜且謝曰一生作奴死亦何憚因問其名居鮑具說
曰故霍王小女字小玉王甚愛之母曰淨持淨持即王
之寵婢也王之初薨諸弟兄以其出自賤庶不甚收錄
因分與資財遣居於外易姓為鄭氏人亦不知其王女

唐蒋防《霍小玉传》

人牵线，一见钟情。

中秋之夜，霍小玉忽然流泪对李益说："妾本娼家，自知非匹。今以色爱托其仁贤，但虑一旦色衰，恩移情替，使女梦无托，秋扇见捐。极欢之际，不觉悲生。"李益听后，不胜感叹，表示："平生志愿，今日获从。粉身碎骨，誓下相舍。夫人何发此言？请以素缣著之盟约。"益素多才思，授笔成章，盟约以日月山河为证，写得句句恳切，闻之动人。二人感情更深，两年间日夜相从。

相识第三年的春三月，李益以书判拔萃登科，授郑县主簿。四月将赴任，一日饯筵，酒阑宾散，小玉离恶萦怀，对李益说："以君才地名声，人多景慕，愿结婚媾者固亦多矣。况堂有严亲，室无冢妇，君之此去，必就佳姻。盟约之言，徒虚语耳。然妾有短愿，欲辄指陈，未悉君心复能听否？"又说："君至而立之年尚有八年，我们一生欢爱，至此结束，君妙选高门，亦未为晚。妾便舍弃人事，剪发披缁。夙昔之愿，于此足矣。"李益既惭愧又感动，不觉泪下。他对小玉说："皎日之誓，死生以之。与卿偕老，尚不能表达我的心意，岂有他想！请不要多疑。到八月一定遣人奉迎，相见的日子不远。"过了几天，李益告别东去。

李益到任不久回家，其母已为他同表妹卢氏定婚，母亲向来严毅，李益不敢辞让。小玉自李益逾期，数访音讯不得，怀忧抱恨，一年后遂患沉疾。卢氏家住长安，李益为完婚潜行至此。有一豪侠之士为小玉鸣不平，设计将李益骗至小玉住处。小王听说李益来到，打起精神，举杯酒说："我为女子，薄命如斯；君是丈夫，负心若此。韶颜稚齿，饮恨而终，慈母在堂，不能供养。绮罗弦管，从此永休。徵痛黄泉，皆君所致。李君！李君！今当永诀。我死之后，必为厉鬼。使汝妻妾，终日不安！”说罢左手握李益臂，掷杯于地，长恸号哭数声而绝。据说李益后来患好猜忌病，家庭生活不幸。

比起霍小玉，宋代莱州娼桂英更为壮烈。她曾鼓励落第失意的王魁继续努力，并为他筹措进京所需费用。王魁在临行前望海神庙盟誓：“我与桂英，誓不相负。若生离异，神当殛之。”然而王魁考试名列第一后，心想：“科名如此之好，不能以一娼妓玷辱。何况家有严父，也不会容我。”于是不再与桂英联系。魁父为儿子与崔氏定亲。当桂英得知王魁被授予徐州地方官，满心喜欢，以为该地离莱州不远，王魁应当会把她迎接去的，便让人带去自己的书信。出乎意料，王魁知道后大怒，根本不承认与桂英相识。桂英悲愤至极，说：“魁负我如此，当以死之。”竟挥刀自刎。

养老抚幼，与大妻善处的节娼

一些从良的娼妓，忠于爱情，珍视新生活，孝敬公婆，抚养幼子，虽身份是妾，也能与大妻和睦相处，维持家庭的和谐与安定。

出身娼家之女而能孝养公婆的事例，最早见于南朝。萧梁时有娼家女姚玉京，嫁襄州小吏卫敬瑜。夫溺水而死，时玉京年方

《列女传》之“以乳哺姑”图

十六，父母公婆都想让她改嫁，她立誓不许，守志养公婆。

元朝嘉兴名娼罗爱爱的事迹更为感人。她色貌才艺，独步一时，人皆敬而慕之，称为“爱卿”。同郡富族子弟赵氏，父亡母在，家资巨万。因慕其才色，重聘入门。爱卿讲求妇道，非礼不行，甚得赵氏喜爱。婚后二年，赵父生前好友为吏部尚书，从大都召之，许授江南一官职。赵子欲往，则恐贻母妻之忧；不往，又恐失功名机会，陷于两难。爱卿对他说：“丈夫壮而立身扬名以显父母，岂可以恩情之笃而误功名之期？君母在堂，奉养之职在我，但年老患病，君有万里之行，望早归。”其夫至大都，而尚书因病去职，无所投靠，迁延旅馆，久不能归。赵母思子病重卧床。爱卿服侍用心，汤药亲尝，粥必亲进。求神礼佛以免灾。然赵母沉疴难解，不久病殁。爱卿亲造棺椁，置坟垄，以礼葬之，因悲伤而瘦瘠。元末刘万户率军抵抗张士诚于嘉兴，见爱卿之姿色，欲强娶她，爱卿乃以罗巾自缢而亡。

抚育人子，终成眷属的事例，见于宋朝。谭意歌丧亲，流落长沙为娼，年未及笄，容貌俊美，工于文翰，未曾妄见一人。后来张正字在此任官，与意歌相得甚欢，想把她带回家。张正字调官，意歌饯别说："你是名家，我是娼类。今日分别，再也见不到了，腹怀君子息数月了，君宜挂念。"二人相泣而别。张正字因家中老母强迫，又害怕外间议论，便娶了官员孙氏之女。三年后，张妻孙氏去世。有客人从长沙来，说意歌掩户不出，买田百亩自食，抚养其子。张正字便到长沙把母子二人带到京师。

娼妓脱籍嫁人，能为妻者固然不错，但为数不多，一般皆是为人妾，而妾就有与正妻相处的问题。有的青楼女子，颇能与妻善处而居。如元朝大都人王巧儿，以歌舞著名，陈云峤与她交好，巧儿欲嫁给他。巧儿之母亲劝导她："陈公之妻，是太师之女，妒悍之极。你若到她家，必遭凌辱啊。"她却说："巧儿一贱娼，蒙陈公厚爱，得侍中栉，死亦无憾。"陈云峤纳巧儿为妾携至江南老家，陈云峤死后，王巧儿与正室守其家业，以清慎勤俭终生，受到人们的称赞。

以上事例告诉我们，尽管一些家庭的妻妾原本出生娼家，但她们也能和常人一样生活，用公认的伦理道德约束自己，甚至对

國朝名人政績圖
李敏達不禁娼賭之用意
雍正朝。李敏達公。衛以長于治盜稱。所轄地方。不逐娼妓。不禁樗蒲。不擾茶坊酒肆。曰此盜綫也。絶之則盜難蹤跡矣，
時事報

不主张禁娼的清朝官员

于丈夫和家庭的爱心和责任感超过一般人。

一般而言，娼妓是位居社会下层的女子，被视为道德沦丧者，但某些娼妓却表现出高尚的情操和节行。明朝人梅鼎祚称她们为“青泥莲花”，恰如其分。他还广泛收集资料纂辑成编，以“尚名行而略声色”加以表彰。人们对这种宣扬的反应不一，鼎祚的堂弟梅膺说：“是记维风于谐末，奏大雅于曲终，昔司马长卿赋词艳冶，咸归讽劝；苏子瞻嬉笑怒骂，无非文章，殆为似之。”认为堂兄之作有维风、讽劝作用。相较之下，清人则“正经”得多，官方《四库全书》从目的和效果统一论出发，说鼎祚“虽主善善从长，实则劝百而讽一矣”。把负面作用看得更大。而周中孚则“惜其用心于无益之地，徒为导情增欲之具”(《郑堂读书记》)，一副禁欲主义的道学家面孔。

依笔者见，从妇女史的角度看，在农业社会，一般妇女缺乏受教育和与外界自由往来的机会，生活平淡，历史对她们几乎没有记录。而青楼女子的特殊经历和生活，造就了她们当中的某些人具有引人注目的才华和个性，因而在历史上留下了记载，成为了解古代女性的重要窗口。娼妓本来是中国古代“约定俗成”的社会制度，她们之中为数不多、但有节行的女子，不应当埋没于社会的“主见”同时也往往是偏见的贬抑中。

明清劝善书中的戒娼

明清之际，社会风气糜烂，嫖娼之风盛行，为了纠正这种不良的现象，当时流行的劝善书中也大量地增加了“戒娼”的内容。本文透过劝善文、劝善歌、格言、功德例、功过格等有关“戒娼”的劝戒，探讨劝善书如何矫正嫖娼风气及其社会教化功能。

劝善书，是一种对大众道德教化的通俗教材，它以宣传伦理道德、劝人为善为宗旨。劝善书的编纂者主要是生活在民间的士大夫，他们往往以个人捐资或集资的方式刊刻、印送。现存最早、最完整的著名劝善书，是宋代的《太上感应篇》。劝善书从宋代开始增多，到了明朝后期，劝善书进入了空前繁荣的时期。

明末社会风气与劝善书的流行

值得注意的是，明后期以降出现的劝善书，突然大量增加了防色戒淫反对嫖娼的内容。这种新内容的出现不是偶然的，乃是针对明后期社会淫靡风气所发，也表明了基层社会教育的深化。明后期是春宫书最为流行的时代，也产生了最著名的色情小

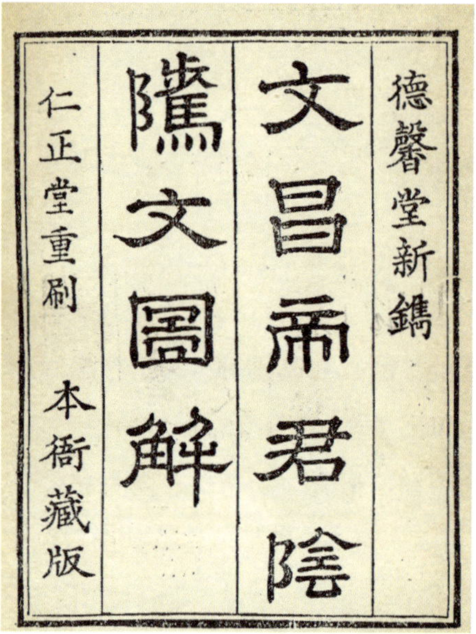
德馨堂新鐫
文昌帝君陰
騭文圖解
仁正堂重刷　本衙藏版

乾隆《文昌帝君阴骘文图解》书影

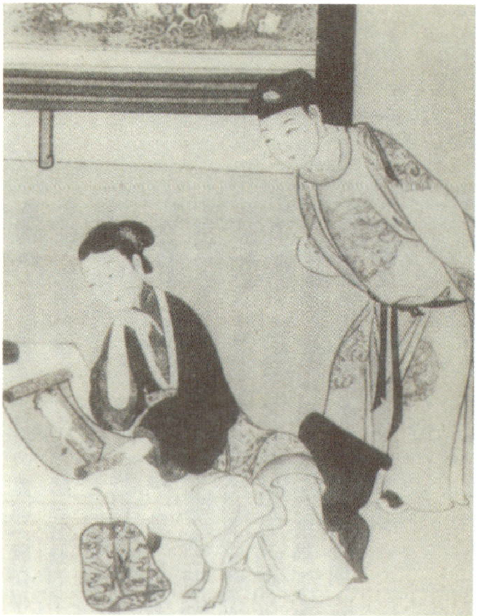

《肉蒲团》插图“未央生以春宫画引诱女子”

说《金瓶梅》、淫秽小说《肉蒲团》；女色之外，还有男性同性恋小说《龙阳逸史》的出笼。明后期士大夫还喜欢谈房中术，盛行“采战”之法。当时娼妓业发达，谢肇淛《五杂俎》卷八说：

> 今时娼妓满布天下，其大都会之地动以千百计，其他偏州僻邑，往往有之。

在这种情形之下，出现了专讲嫖娼经验的《嫖经》。随着娼妓业的发达，性病也大为流行。清前期淫靡之风虽不及明后期，然而承晚明社会风气之余绪，亦有相当规模。到了晚清，清朝统治不稳，社会秩序混乱，娼风再炽。与明代社会风气的变化几乎同时，士大夫及官府的社会教化也大大强化，把儒家礼教思想进一步向基层社会普及，倡行乡约和保甲制度，劝善书被大量编纂印行。至清代在加强伦理政治的背景下，重视移风易俗，劝善书盛而不衰。明清时代各种形式的劝善书，都留下了反对嫖娼的内容。

劝善文中的劝“戒娼”

劝善书中最普遍的形式是劝善文，采取说教的形式劝戒。明代已出现了“针对举世乐淫而不加防”的《防淫篇》，该文作者曹鼐抨击嫖妓的伤风败德说：“他如贪迷娼妓，狎弄狡童，染贱类之疮毒，非人道之常理，秽淫也，而败德不浅。”而《文昌帝君戒淫文》更以报应思想告诫人们：

嗟嗟！总由心昏气浊，贤远佞亲，岂知天地难容，神人震怒，或妻女酬偿，或子孙受报。绝嗣之坟墓，无非好色狂徒；妓女之祖宗，尽是贪花浪子。当富则玉楼削籍，应贵则金榜除名。笞杖徒流大辟，生遭五等之诛；地狱饿鬼畜生，没受三途之苦。从前恩爱，至此成空；昔日风流，而今安在？与其后悔以无从，胡不早思而勿犯？

奉劝沉迷娼妓中人悬崖勒马，回头是岸。

清代劝善文中戒娼内容比明代更为详细。姚廷杰《戒淫录》按照社会诸色人等，分仕宦、将帅、儒林、宾师、旅客、黎民、艺役、方外数类加以劝戒。《仕宦良箴》说：

昔当得意浓时，耽情风月；致使人生快处，顿陨身家。天姿国色，丧尽多少英雄；玉骨冰肌，断送历来俊雅。

要仕宦之人以升迁为重，不要为女色断送前程。《儒林药石》劝说士人：

盖自妻妾而外，俱为墙外之花，须知人兽之分，却在淫途之惑。岂可抛终身之事业，博片刻之欢娱；隳一己之声名，害子孙于数世？

以功名、事业劝士人戒娼。

《旅客要经》讲："盖各处经由，风俗不一，岂无小窗买笑，红颜牵客子之魂。"劝"为商贾者，在听吾言，而避免之"。《黎民宝训》是针对一般百姓的，故多从经济和生活着眼。劝说“一有淫思，便多浪费”，要人们“乐业安居，身家可保”。

对仕宦、儒林、商贾、黎民的劝戒嫖娼，反映了当时嫖娼的风气。不著撰人《远色赋》也告诫人们“掷黄金于妓馆，家室伤心”，劝戒“勿为花迷”，要听圣人之言，“戒在女色”。

格言、箴铭、劝善歌中的“戒娼”内涵

格言、箴铭以及劝善歌也是戒娼的文化宣传形式。《关圣帝君训文》说：“淫为诸恶首，孝乃百行原”，概括了“淫”的性

《青楼韵语》插图

质。以歌的形式劝善，明代的吕坤在《好人歌》中，把“好人不恋妓”作为标准之一。明人陈继儒的《安分歌》也劝道：“暗里催君骨髓枯，淫甚么？”清代佚名作《早回头》刊于光绪年间，针对晚清不良社会风气而发，劝戒贪淫、洋烟和赌博。《劝戒贪淫》写得循循善诱、苦口婆心，对我们认识两性关系、嫖娼之害和了解戒娼劝善很有帮助，这里不惮烦难，作较长引录。

文中首先陈说嫖娼的恶果，“单讲那胭花女不可嫖她”；“切莫学那浪子贪玩爱耍，每日里走花街去宿娼家。他只说用了钱罪恶不大，又谁知一损德二要钱发。祖宗的好富田是他败下，那怕你财百万都要倾家”。又描述娼妓的卑劣和丑恶，劝人不要为女色所迷：“众明公闲无事久听一吓，书中细说那婊子胭花。点

明万历年间版画《风流艳畅图》

胭脂宫粉全身披挂，带法宝就去把银钱捉拿。头戴花好一似遮魂罗帕，青丝发好一似万根狼牙。眉好似斩仙剑从空降下，口如蜜舌似刀半点不差。手好似捆仙绳神鬼害怕，眼好似西瓜炮不见烟发。拿一条缠魂带腰中拴下，小金莲胜过了取命夜叉。那东西喳开口不宽不大，如扫雪枯井无错无差。任你铜任你铁一火就化。吃金银吃财宝不露牙巴。吃房廊吃屋宇一点不卡，吃山河吃田地口不吐沙。几百号大盐船都吞得下，吃木牌数十架不吐木渣。”还从身体健康和报应的角度，奉劝人们不要嫖娼：“贪美色年未老头昏眼花，也有那受恶毒大疮发下，也有那吃凉药没得生发。也有那妻不端背地妖邪，避丈夫与别人日夜贪花。非是你家庭中少了教化，这就有循环报应不差。”后果真是不堪设想，令人触目惊心。

此外，清代还有一首短歌《钟离仙祖戒淫歌》，言简意赅，力陈嫖娼之害，其中有谓：

> 谁家少艾颜如玉，钟情故意迎人目。多少贤豪善检束，到此关头便失足。
>
> 可怜失足欺幽独，妄谓罪微犹可赎。岂知天将淫恶录，载在簿中罚欲酷。
>
> 折尔祖宗遗下福，削尔前生修下禄。损尔悠悠好寿数，斩尔绵绵广嗣续。
>
> 罚之不已令变畜，甚至永使坠水族。看此惨报我亦哭，叹人何苦迷粉髑。

善相、功德例与功过格

善相和功德例也是劝善书所强调的规过的行为。善相就是善行。清人李日景《醉笔堂三十六善》列举居官、绅宦、士行、商贾、农家各三十六善。在《商贾三十六善》中讲："不宿娼饮酒"为一善，可见商贾是容易宿娼者，故特别加以劝戒。功德例，指可以做的善事。《不费钱功德例》分官长、乡绅、农家、百工、商贾、医家、公门中、妇人、士卒、僧道、婢仆、工役、大众等十三类。在《官长》中有"驱除赌博烟花类"，把禁赌列入地方官的职责之一。《大众》类则把"化人不嫖赌"列入，要百姓互相劝戒嫖娼。

劝善戒恶最具体的莫过于功过格了。功过格把人的善恶功过分类，评估打分，以分数判定伦理价值，权衡鬼神降与多少福祸，使劝善更能发挥效果。明代名僧云栖袾宏著《自知录》，分善、过两门，"过门"又细分为忠孝、不仁慈、三宝罪业、杂不善四类。在"杂不善"中，把娼家和良家并列起来，认为嫖娼有过，反映对禁娼的重视。《自知录》在民间影响很大，对禁娼思想的传播，曾发挥很大的作用。至清代，功过格中对娼妓问题看得更重。雍正二年（1724年）出现的《文昌帝君功过格》分伦常、敬慎、节忍、仁爱、劝化、文学、居官、闺门八项，《伦常》中规定"淫荡忘身，贻亲忧。百过"。"卖一婢为娼，百过"。《敬慎》中规定："谈一淫赌趣，一过。"《节忍》中规定："不履邪

清《点石斋画报》之“不准为娼”图

地，一次一功”；“蓄一戏妓俊仆在家，五十过”；“宿一娼、挟一妓，三十过”。《居官》中规定：“禁属狎优妓，百功。”由上可知，清代对嫖娼所定过格远远高于明代，性问题的道德化程度加深。功过格的意义在于时常提醒人们只做好事，不做坏事，而戒娼是成为好人的必备品德。

总之，劝善书中戒娼的办法一般使用善恶报应说教，对娼妓的危害主要是从坏德、误事、伤身、败家四方面阐述。明清时期通过劝善书戒娼的做法表明，一方面是在矫正淫风，解决社会问题；另一方面也透露出伦理政治下性观念更加封闭的时代趋向。

下编　家庭

家常贵福镜（西汉）

义门：同居共爨的大家庭

所谓义门，是指同居共爨的大家庭。这种大家庭，有的世代较少，有的则世代较多，甚至累世同居超出五代，实际上成为宗族[1]。义门以大家庭的形式出现，家长即族长，同居共爨，不同于一般普遍存在的集合众家庭、聚族分居异爨类型的宗族组织，具有特殊的形态。

义门的演变过程

同居共财家庭的产生

探讨义门的历史，应当首先了解同居共财家庭的产生。通常认为，中国小家庭形成于春秋战国之交宗族、宗法制瓦解时期。这种小家庭是独立的个体生产消费单位。战国初年李悝说当时的个体小家庭一般是“一夫挟五口”（《汉书·食货志上》）。其后孟子

1　杜正胜指出：“义门”一词的意义南北朝和唐宋以后有别，唐以后变成累世同居的专利。唐宋以后“义”之义更狭窄了，但宗族性也更浓厚了。见其所著《传统家族试论（下）》，《大陆杂志》第 65 卷第 3 期，1982 年。

也说到当时的家庭是“五口之家”或“八口之家”(《孟子》的《梁惠王上》和《尽心上》)。西汉时晁错说到“今农夫五口之家”(《汉书·食货志上》)。他们的话表明，从战国到西汉，五口或八口之家大约是当时普遍存在的农民家庭的基本规模，属于小家庭。到汉末出现了一些较大规模的家庭，范晔《后汉书》记载南阳樊重三世共财，汝南缪肜兄弟四人婚后皆同财业，陈留蔡邕与叔父从弟同居，三世不分财。这些同居、共财的家庭规模变大、代数增加。据此，清代史学家赵翼在《陔余丛考·累世义居》中提出，汉末是义门兴起的时期。义门的特点是累世同居共财，这里需要对“同居”“共财”这些概念的含义加以说明。湖北云梦出土了有关秦律的竹简，一般认为这些秦律形成于战国时代到秦始皇时期。这恰好同中国个体小家庭形成时期相一致。秦律中已出现“同居”一词，但尚未发现“共财”这个词。一般认为同居即为“户”，可以说一个户籍就是一个家庭。“同居”一词的原意是一起居住，不过法律上登记同一户籍的未必实际居住在一起。因此，日本学者堀敏一指出：“同居就是同籍。”他还说，相对于西汉末年出现的同居共财家庭，“秦律是处于从同居异财向同居共财发展的过渡期”[1]。而彭年则认为，《秦律》中的“同居”，其含义是“同居业”，包括“同籍”与“同财”两项[2]。我们姑且抛开他们在《秦律》“同居”一词上的不同点，就汉代而言，“同居共

1　堀敏一著、周东平译：《论中国古代家长制的建立和家庭形态》，《中国社会经济史研究》1991年第4期。

2　彭年：《秦汉“同居”考辨》，《社会科学研究》1990年第6期。

财”是一回事，将这种家庭称为义门，而义门的关键在于其兄弟及父子不分家，形成数世一起生活的大家庭。汉代大家庭出现同宗族的壮大是同步的，只是这种大家庭出现不久，其世代和人数都还比较少。

魏晋到唐五代累世同居家庭的兴盛

汉代兴起的大家庭在魏晋南北朝及隋朝时期继续发展，战争动乱又增强了此种家庭的内聚力，同居代数明显高出汉代。累世同居的最早事例是晋朝济北氾稚春，“七世同财，家人无怨色”（《宋书·陶潜传》）。在南齐，“武陵郡邵荣兴、文献叔八世同居”（《南齐书》卷五五）。北朝世家大族的大家庭，据《魏书·杨播传》说：“魏世以来，唯有卢渊兄弟及播昆季。”范阳卢氏系北方四大姓之一，卢玄一支其子度、孙渊、曾孙道将“同居共财，自祖至孙，家内百口”（《魏书·卢玄传》）。东汉兴起的弘农杨氏到北魏末年杨播、杨椿兄弟同居，杨椿已有曾孙，“一家之内，男女百口，缌服同爨，庭无闲言”（《魏书·杨播传》）。庶民最有名的义门大概要算博陵李九一家，“七世同居共财，家有二十二房，一百九十八口”（《魏书》卷八七）。隋代太原文水郭儁宗族“家门雍睦，七叶同居”（《隋书·孝义传》），这时的义门已发展到七八世的规模了。据各时期诸正史孝感、节义、孝友统计，这时数世同居数量，南朝16例，北朝及隋代19例，计25例。

唐代旌表的累世同居家庭增多。《新唐书·孝友传》篇端列数世同居者36人，并说“天子皆旌表门闾，赐粟帛，州县存问，复赋税；有授以官”。入孝友传人物中，又有数世同居者 4 例，总计 40 例。还有 1 例是三代异姓同居。其中郓州张氏北齐时曾累世同居受到政府旌表。到唐朝初年张公艺时，已同居九世。

五代后晋时累世同居家庭有 2 例。1 例是六代同居的邓州（或曰登州）王仲昭，1 例是义居七世（或曰六世）的李白伦（《旧五代史·晋书四》）。

关于旌表门闾的建筑，《永乐大典》卷三五二八引《会稽县志》说：“所谓旌表门闾者，唐以来有厅事步栏，前列屏树乌头，正门阀阅一丈二尺。乌头二柱，端冒以瓦桶，筑双阙一丈，在乌头门之南，三丈七尺，夹植槐柳，十有五步。五代多故，不能如故事。晋天福中，乃敕度地之宜，高其外门，门施绰楔，左右筑台高一丈二尺，广狭方正称焉，圬以白而赤其四角。”五代时深州李氏和登州王氏被旌表建筑与此记载相同（《旧五代史·晋高帝纪四》）。

宋元时期累世同居的发展

这一时期旌表的累世同居家庭数量增加，这些家庭同居代数增多，规模扩大。

宋代旌表的累世同居家庭事例比唐代又有增加。《宋史·孝义传》旌表数世同居者 52 例，并有同居世代数，为醒目和便于分析，列表如下：

《宋史・孝义传》旌表数世同居事例一览表

序号	地区[1]	家长	同居代数	人口数量	旌表年代
1	河北冀州长城	李罕澄	七世		太平兴国六年
2	江西江州德化	许祚	八世	781 口	太平兴国七年
3	江西信州	李琳	十五世		
4	河北贝州	田祚	十世		
5	陕西京兆	惠从顺	十世		
6	安徽庐州	赵广	八世		
7	河北顺安军	郑彦圭	八世		
8	江西信州	俞隽	八世		
9	陕西陕州	张文裕	六世		
10	湖北襄州	张臣源	五世		
11	湖北襄州	刘芳	五世		

1　表中地区一栏的省份系现在的行政区划名称，省以下的地区名称是宋代的地点。明清二表亦同此例。

续表

序号	地区	家长	同居代数	人口数量	旌表年代
12	湖南潭州	瞿景鸿	五世		
13	浙江温州	陈侃	五世		
14	湖北江陵	褚彦逢	五世		
15	江苏徐州	彭程	四世		
16	江西洪州奉新	胡仲尧	累世	数百口	雍熙二年
17	江西江州德安	陈昉	十三世	700口（开宝初）1000余口（大中祥符）	
18	江西南康建昌	洪文抚	六世无异爨		至道
19	安徽池州青阳	方钢	八世同爨	700口	景德二年
20	浙江越州会稽	裘承询	十九世		咸平后
21	河北保定军	孙浦	十世		咸平后
22	湖北襄州	常元绍	十世		咸平后
23	河南蔡州	王美	十世		咸平后
24	山西解州	董孝章	十世		咸平后

续表

序号	地区	家长	同居代数	人口数量	旌表年代
25	河北莫州	高珪	八世		咸平后
26	广西水定军	朱仁贵	八世		咸平后
27	山西潞州	邢濬	八世		咸平后
28	河南相州	赵祚	八世		咸平后
29	山西麟州	杨荣	七世		
30	山西隰州	赵友	七世		
31	河南开封	李居正	七世		
32	河南颍州	张可象	七世		
33	河南卫州	张珪	七世		
34	河北沧州	崔谅	七世		
35	河北邢州	王觉	六世		
36	河北赵州	曹遵	六世		
37	山东兖州	童升	五世		

续表

序号	地区	家长	同居代数	人口数量	旌表年代
38	河南陈州	樊可行	五世		
39	陕西京兆	元守定	五世		
40	山西平定里	段德	五世		
41	河南开封	张仁遇	四世		
42	安徽亳州	王子上	四世		
43	江西建昌军	瞿肃	四世	150 口	
44	河南河阴	王世及			
45	河北大名	李宗祐			
46	河南陈州	刘闰			
47	安徽宣州	汪政			
48	湖南潭州	李耕			
49	陕西河中永乐	姚德	十三世		仁宗（十世）
50	河南河阳	陈芳	十四世		政和初

续表

序号	地区	家长	同居代数	人口数量	旌表年代
51	江西吉州永新	颜诩	义居数十年	一门千指	
52	浙江婺州浦江	郑绮	九世		

由表可知，52例中，有确切同居世代数的45例，其中四世同居4例，五世同居9例，六世同居4例，七世同居7例，八世同居9例，九世同居1例，十世同居6例，十三世同居2例，十四世同居1例，十五世同居1例，十九世同居1例。宋代旌表的数世同居家庭，代数最低是四代，这是同宋以前旌表的不同之处。大概世代同居家庭增多是其原因之一。上述45例中，六代以上即出了服的有32例，占总数71%，而十世同居以上的就有11例，占去六代以上34%。宋代累世同居的家庭比前代增多了，同居代数也明显高于前代，也为后世所不及。数世同居家庭分布地区依次是河南10例，河北9例，江西8例，山西5例，陕西、安徽、湖北各4例，浙江3例，湖南2例，山东、江苏、广西各1例。总计北方的河南、河北、山西、陕西、山东共29例，其余南方省份共23例，北方多于南方。《元史·孝友传》援《新唐书·孝友传》之例，也在篇端列累世同居者，计17人。孝友传中又有同居事例5例，总计22例。5例中十世2例，八世2例，另有1例为三世。就元代短暂的历史而言，旌表数量也算不少，同居代数大，可以认为是承袭了宋代社会的情况。

明清时期累世同居家庭渐衰萎缩

明清时期在人口增加的情况下，旌表的累世同居家庭并未显著增加，而旌表的家庭同居代数却比宋元减少。

《明史·孝义传》篇端列旌表义门29人，并载有同居世代，《明史·孝义传一》又有郑濂、王涛2人属于孝义之门，总计

31例。列表如下：

《明史·孝义传》旌表累世同居事例一览表

序号	地区	家长	同居代数	旌表时间
1	浙江龙游	夏文昭	四世	洪武
2	河北霸州	秦贵	七世	成化
3	浙江建德	何永敬	七世	成化
4	湖北蒲圻	李玘	七世	成化
5	江苏句容	戴睿	七世	成化
6	河北饶阳	耿宽	七世	成化
7	湖北石首	王宗义	五世同爨	成化
8	江苏宿迁	张宾	八世同爨	成化
9	江苏安东	苏勤	六世同居	成化
10	山西潞城	韩锦	六世同居	成化
11	山西潞城	李昇	六世同居	成化
12	湖南永州	唐汝贤	六世同居	成化
13	江西丰城	刘志清	六世同居	成化
14	河北密云	李琚	五世同居	弘治
15	安徽合肥	郑元	五世同居	弘治
16	山西陵川	徐梁	五世同居	弘治
17	江苏安东	朱勇	五世同居	弘治
18	河北庆都	黄钟	六世同居	弘治
19	河北定边卫	韩鹏	六世同居	弘治
20	湖北孝感	程昂	七世同居	弘治

续表

序号	地区	家长	同居代数	旌表时间
21	江苏泰州	王玉	八世同爨	弘治
22	江苏山阳	丁震	五世同居	正德
23		石伟	十一世同居	嘉靖
24	浙江遂安	毛彦恭	六世同居	嘉靖
25		萧梅	七世同居	万历
26	安徽滁州	卢守一	六世同居	万历
27	山西长治	仇大	六世同居	万历
28	安徽太平	杨乙六	累世同居	万历
29	江西南城	吴焕	八世同居	天启
30	浙江浦江	郑濂		
31	湖北蕲水	王涛	七世同居	洪武

由表可知，明代旌表的家庭地区分布依次是河北、江苏各5例，山西、安徽、浙江、湖北各4例，江西2例，湖南1例；北方（河北、山西）共计9例，南方诸省总计20例。明代31例中，有确切同居代数的29例，其中四世同居1例，五世同居6例，六世同居10例，七世同居8例，八世同居3例，十一世同居1例。六代同居以上家庭占76%，但绝大多数集中在六七世同居，占总数62%，十世以上同居仅1例，如果算上浦江郑氏也只有2例，可见被明代旌表的累世同居家庭主要是六世以上同居者。明天顺元年（1457年）曾颁诏："民间同居共爨五世以上乡党称其孝友者，有司取勘以闻，即为旌表。"（《大明会典》卷七九《礼·旌

表》）证诸上述旌表的实际情况，可知明代旌表同居共爨家庭重在五世以上，九世以上同居者所占比重很小，也明显低于宋元时代。

清朝将累世同居与五世同堂分别旌表。五世同堂的旌表和旌表寿民、寿妇是相联系的。它规定："寿民寿妇年届百岁五世同堂者，照例建坊外，请旨赏给银十两，缎一匹，未届百岁五世同堂者，令督抚分别年岁，给予缎匹银两。"（光绪《大清会典事例·礼部·风教·旌表百岁》）旌表五世同堂始于乾隆朝。《清实录》从嘉庆到同治的年终汇题中，累计旌表累世同堂3217家，年平均41家。累世同居专指六世以上同居的家庭。旌表内容一般是给银三十两，建立牌坊，还经常赐御书匾额"世笃仁风""敦本厚俗"，有时还赐以御制诗，加赏上用缎匹，以示优异。清代旌表累世同居的资料，主要载光绪《大清会典事例·礼部·风教》和《清实录》嘉庆至同治四朝年终汇题中，笔者将其统计，凡47例。此外，从《清史稿·孝义传》《清稗类钞·孝友类》等书中，又收集到8例，总计55例。据此制成下表：

清代旌表累世同居表

序号	年代	地区	姓名	身份	同居世代	出处
1	雍正二年	湖北黄冈	邓一隆	民	八世同居，家逾百口	光绪会典事例
2	雍正十年	湖南沅江	谯衿	生员	七世同居	同上
3	雍正十年	陕西武功	李倬	生员	七传皆合族而居	同上
4	雍正十年	陕西同州	刘运惇	生员	七传皆合族而居	同上

续表

序号	年代	地区	姓名	身份	同居世代	出处
5	乾隆二年	山西翼城	李煊	生员	七世同居	同上
6	乾隆十年	江南桐城	钱云凤	监生	共爨百口，同居七世	同上
7	乾隆十四年	湖南沅州	蒲宗瑾		六世同居，凡 123 人	《清稗类钞·孝友类》
8	乾隆十六年	陕西富平	韩文星	民	同居十二世，共爨 91 人	光绪会典事例
9	乾隆十六年	陕西华阴	李睿	举人	聚族而居，一门八代，同堂共食 52 人	同上
10	乾隆十八年	福建漳州	陈茂椿	贡生	六世同居	同上
11	乾隆二十四年	陕西乾州	宁尔强	民	八世同居	同上
12	乾隆三十五年	浙江临海	王士芳	在籍训导	七世同居，102 岁	《碑传集》卷一一二
13	乾隆四十八年	陕西长安	张洲	民	七世同居	光绪会典事例
14	乾隆四十九年	河南偃师	任天笃	民	四世祖至四世孙九世同居	同上
15	乾隆五十年	陕西大荔	李朝恩	捐职州同	七世同居，百有余载	同上
16	乾隆五十三年	福建侯官	许王臣	职员	曾祖至曾孙同居七世，丁衍百余	同上

续表

序号	年代	地区	姓名	身份	同居世代	出处
17	乾隆五十三年	江西万载	周耀德	民	六世同居	同上
18	乾隆五十四年	山东商河	白可任	武生	八世同居	同上
19	乾隆五十四年	直隶永年	乔庚辛	生员	五世同居	同上
20	乾隆五十四年	河南鲁山	傅麟瑞	生员	子孙 150 余人，七世同居	同上
21	乾隆五十五年	山西太平	王协	候选知府	阖家八十余口，七世同居	同上
22	乾隆五十五年	甘肃固原	陈彝	监生	十世同居，一门大小男妇 130 余人	同上
23	嘉庆十年	安徽青阳	王志江	监生	七世同居，百丁合爨	同上
24	嘉庆十五年	河南汝州	郭士培	从九品	七世同居	同上
25	嘉庆十七年	陕西华州	张仲景	廪生	七世同居	同上
26	嘉庆二十二年	陕西	张葵		九世同居	《清实录》
27	道光元年	陕西	王万春	武生	十世同居	同上
28	道光元年	湖南	苏如玥	民	六世同居	同上
29	道光二年	河南	赵珂		七世同居	同上
30	道光四年	福建	袁黄氏		六世同堂	同上

续表

序号	年代	地区	姓名	身份	同居世代	出处
31	道光四年	湖南	唐大矩		七世同堂	同上
32	道光八年	福建	袁黄氏		六世同堂	同上
33	道光九年	湖北	胡廷瑞		八世同居	同上
34	道光十二年	湖北	陈履谦	贡生	七世同居	同上
35	道光十八年	甘肃	席世恩		九世同居	同上
36	咸丰元年	河南	杜家龁		七世同居	同上
37	咸丰三年	四川	李张氏		六世同堂	同上
38	咸丰四年	浙江	韩煜	监生	七世同居	同上
39	咸丰四年				七世同居	同上
40	咸丰四年				七世同居	同上
41	咸丰九年	甘肃武威	王荩臣	生员	十二世同居	光绪会典事例
42	同治二年	安徽	丁焰		六世同居	《清实录》
43	同治三年	山东	刘应抡		七世同居	同上
44	同治三年	河南	赵宜山		八世同居	同上
45	同治三年	河南	赵克之		九世同居	同上
46	同治七年	福建	徐胡氏		六世同堂	同上
47	同治九年	福建	施元寿		六世同居	同上
48	同治九年	河南	黄清廉		七世同居	同上
49	同治十二年	四川	李含茂		六世同堂	同上

续表

序号	年代	地区	姓名	身份	同居世代	出处
50		福建连江	黄成富	农家子	六世同居	《清稗类钞》《清史稿·孝义》
51		河南太康	耿耀	世农	七世同居	《清史稿·孝义》
52		福建西溪	陈福		同居十二世	同上
53		陕西泾阳	张璘	诸生	七世同居	同上
54		贵州威宁	刘兆熊		十世同居	嘉庆《威宁县志》卷二二
55		四川安县	李学经		十三世同居	民国《安县志》卷五五

由表可知，旌表的地区分布，陕西11例，河南9例，福建8例，湖南4例，甘肃、安徽、湖北、四川各3例，山西、山东、浙江各2例，江西、河北、贵州各1例，其中北方的陕西、河南、甘肃、山西、山东、河北共计28例，南方省份25例，北方多于南方，而且九世同居以上9例中北方的甘肃3例，陕西2例，河南1例，计6例；南方四川、福建、贵州各1例，计3例。表中事例数同宋代旌表数字52例相当，对照宋清两朝，我们可以发现宋代十世以上11例，清代是6例，清代多世代累世同居家庭数减少，并且清代多世代累世同居的代数也比宋代减少。

被旌表者身份，在记载的32例中，“民”7例，业农者2例，即普通百姓 9 例；生监类 17 例，举人 1 例，在籍官员 3 例，分别为捐职州同、候选知府、在籍训导；现任官员 1 例，为九品官；吏 1 例，为职员。没有提到身份的 21 例，这些事例当理解为无身份者，这样总计平民 30 例，约占总数 57%，生监举人构成的士人 18 例，占总数 34%，现任离职的官僚身份者 4 例；吏员 1 例。也就是说累世同居的家庭主要存在于平民及生员阶层。比起前代，似乎此种类型的家庭有向下普及化的特点。这同宗族制度的下移是同步的。

同宋元时代相比，明清时期累世同居大家庭规模变小和五世同居家庭增多的原因是：在宗族组织化、宗法伦理庶民化的趋势的影响下，扩大家庭结构、强化家庭功能也是当时的社会现象，导致五世同居家庭的发展。但是由于宗族制度的一些变化，由祠庙祭祀始祖向大宗祠方面的发展，族田、族谱等收族手段的强化，管理出了五服的族人的宗族制度，在明清时期进一步普及，从而使收族更卓有成效和符合现实，而通过累世同居的方法将出服族人收族困难大得多，不符合现实的需要，因而高世代累世同居家庭减少，换言之，是宗族采取了更现实的收族手段。[1]

义门的特征

累世同居共财大家庭的存在和维持，构成了特有的形态，其

1　杜正胜已有说明，见其《传统家族试论（下）》，《大陆杂志》第 65 卷第 3 期，第 42 页。

特征主要有以下内容。

同居形态

累世同居是义门宗族的首要特征，它是指几十口、数百口族人聚居一起共同生活。这种同居的住宅结构一般是组合式的院落群。一组院落用围墙护沟围起来，里边分布着若干组院落，居住不同的房分。院中往往建有公共设施。隋末瀛州刘君良四世同居，唐初地方官至其居，看到刘君良“凡六院共一庖”（《新唐书·孝友传》）。唐代河东裴宽兄弟八人于洛阳“立第同居，八院相对”（《旧唐书·裴漼附裴宽传》）。八房各占一院。或是成片的院落，宋代青阳方氏七百余口，八世同居，“居室六百区”（《宋史·方纲传》）。同居既具有户籍制度中同户的意义，也表明生活在一起。院落群建筑有一定的规则，建筑结构同宗族结合在一起。

共财制度

共财或同居共爨都是说这种大家庭的成员经济属集体所有。同居家庭的维持，一般要有一定数量的土地为其经济基础。北宋末年，河中府农家姚氏举族百口，有田十顷，这是义居二十余世，历三百年而不相析的重要原因之一。南宋抚州陆象山家族亦有可供族人一岁之食的公田。至于在元代九世同居的浦江郑氏，则有“腴田二千亩”（黄溍：《文献集》卷九下《青樾居士郑君墓铭》）。为维护共财制度，要求家众无私蓄。如隋末瀛州刘氏，四世同居，“门内斗粟尺布，无私”（《新唐书·孝友传》）。元代陕西延长张氏八世不异爨，家人百余口，“日使诸女、诸妇各聚一室为女功，工毕，敛贮一库，室无私藏”（《元史·孝友传》）。同时代浙江婺州浦江郑文嗣“其家十世同居，凡二百四十余年，一钱尺帛无敢私”（《元史·孝友传》）。基于财产的共有，分配制度实行平均主义。博陵崔氏为防止分配不均，分配时“聚对分给”（《魏书·崔挺附崔孝芬传》），便于大家监督。共财与同居相辅相成，是义门存在的两个必要条件。

集体生活

基于同居共财，义门必然过着公共观念即“义”支配下的集体生活。表现在饮食上要共爨。弘农杨氏“同盘而食”（《魏书·杨椿传》），前揭瀛州刘氏六房子孙“共一庖”。宋代江州陈昉家族十三世同居，长幼七百口，每食必群坐广堂，“未成人者别为一席”（《宋史·孝义传》）。大锅饭是此类大家庭的特点。河中府姚氏“早晚于堂上聚食，男子妇人各行列以坐，小儿席地，共食于木槽”（《邵氏闻见录》卷一七）。有的宗族不共食，如江西抚州陆氏“公堂之田，仅足给一岁之食。家人计口打饭，自办蔬肉，不合食。私房婢仆，各自供给，许以米附炊”[1]。陆氏由于公田数量少，采取了宗族提供主食，各房自为副食的办法。

史料还往往说人同爨共食还影响到了家畜，连动物也产生了“义”的行为。《隋书·孝友传》最早记载此种事例，说山西

1 罗大经：《鹤林玉露》丙编卷五《陆氏义门》，中华书局 1983 年版，第 323 页。

文水郭俊家门雍睦，七世同居，“犬豕同乳，鸟鹊通巢，时人以为义感之应”，出现了义门神话。类似者唐代也有，开元时官员奏：“青州北海人吕元简，四代同居，至所畜牛马羊狗，皆异母共乳。”（《新唐书·孝友传》）前揭宋代江州陈昉资料也记载，该大家族“有犬百余，亦置一槽共食，一犬不至，群犬亦皆不食”。上述传说实难相信，可能是宣传和神化所造成的。

其他生活也有公共性。宋代河中姚氏累世义居，“男女衣服各一架，不分彼此”（《邵氏闻见录》卷一七）。元代陕西延长张氏，“幼稚啼泣，诸母见都即抱哺。一妇归宁，留其子，众妇共乳，不问孰为己儿，儿亦不知孰为己母也”（《元史·孝友传》）。

家族管理

家族管理首先体现在家长及管理人员的组织系统方面。特别是著名的大家族内部的管理制度严密。如唐代江州陈氏在陈崇时于大顺元年（889年）定家法，立“主事一人，副二人，睦上下，辖长幼，待宾亲，提局务，会财用”，作为家长，负责治理家庭关系和接待客人，总理大事及支配家庭经济的使用。另设“库司二人，行赏罚，管庄宅，送税租，司契书，时出纳，立宅库”。库司权力如此重大，是协助家长办事的管家，库司之下还有若干人员具体负责酒浆、仓碓、园圃、收畜等。又“立开勘司一人，掌历卜，主男女之生死婚姻排行”。此外，“诸庄各置首一人，副一人，主田地耕种、营殖”（《永乐大典·义门》引《江州图经》）。江西抚州陆氏“一人最长者为家长，一家之事听命焉。逐年选差子弟分任家事。或主田畴，或主出纳，或主厨爨，或主宾客”（《鹤林玉露·陆氏义门》）。

其次，家族的管理，是依靠家法作保证的。如德安陈氏的《义门家法》，浦江郑氏的《郑氏规范》，家法维护了家族的秩序。江西吉州永新颜氏，为唐人颜真卿的后代，至宋代“一门千指，家法严肃，男女异序，少长辑睦，匝架无主，厨馔不异”（《宋史·孝义传》）。浦江郑氏“家庭中凛如公府，子弟小有过，斑白者犹鞭之。每遇岁时，……子弟皆盛衣冠雁行，立左序下，次进拜跪奉觞上寿毕，皆肃容拱手，自右趋出，足武相衔，无敢参

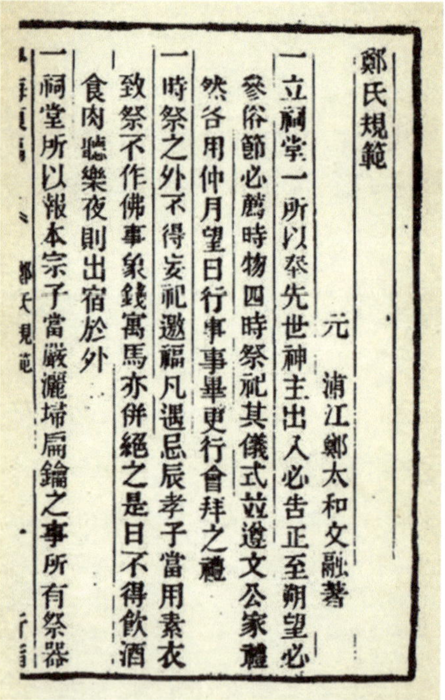
鄭氏規範
元　浦江鄭太和文融著
一立祠堂一所以奉先世神主出入必告正至朔望必參俗節必薦時物四時祭祀其儀式並遵文公家禮然各用仲月望日行事事畢更行會拜之禮
一時祭之外不得妄祀邀福凡遇忌辰孝子當用素衣致祭不作佛事象錢寓馬亦併絕之是日不得飲酒食肉聽樂夜則出宿於外
一祠堂所以報本宗子當嚴灑埽扃鑰之事所有祭器

《郑氏规范》

差者”（黄溍：《文献集》卷九下《青榛居士郑君墓铭》）。

最后，以孝悌家庭伦理思想对家人进行约束。如范阳卢度世家：“亲从昆弟，常旦省谒诸父，出坐别室，至暮乃入。”（《魏书·卢玄传》）弘农杨氏杨播死后，杨椿为家长，弟杨津二人均过六十，“而津尝旦暮参问，子侄罗列阶下，椿不命坐，津不敢坐”（《魏书·杨播传》）。由此我们看到了世家大族家长的权威地位和孝悌的伦理修养在家人身上的体现。

可见大家庭的管理是在家长及管理人员的督责、家法的制裁和孝悌伦理思想的约束下维系的。

义门累世同居的原因

累世同居共财的家庭是作为异居析产的对立物存在的，中国古代社会中，异居析产是普遍现象，相比之下，累世同居共财属于特殊情况，寻求累世同居的原因，在一定程度也就是说明不采取异居析产的理由。累世同居共财家族的存在大致有以下三方面的原因。

生存环境

首先，战争等动乱的社会环境强化了累世同居家庭的凝聚力。从客观来看，同居共财家庭兴起和发展的时期正是魏晋到宋元时期，大小战争不断，社会处于动荡之中。魏晋南北朝的历史告诉我们，为了在动乱的社会中求生存，宗族的向心力加强。有学者指出，元代族谱的增加除了族谱收族之外，也有部分是作为社会混乱的产物而出现的，是士大夫对蒙古入侵、红巾军起事以及宗族内部危机的反应。[1]

社会的动乱可加强宗族的内聚力，如河北瀛州饶阳刘君良家四世同居，隋末“天下乱，乡人共依之，众筑为堡，因号义成堡”（《新唐书·孝友传》）。又如北宋河中府姚氏十世同居历三百年，“经唐末五代兵戈乱离，而子孙守坟墓，骨肉不相离散”（《宋史·孝义传》）。

其次，闭塞艰苦的生活环境亦适宜群体生活。累世同居共财家庭居住地一般离商业发达、交往频繁的城市较远，甚至居住在山区等自然条件较差的地区。柯昌基指出：“在生产力低下，物质生活极端困乏的条件下，不得不保持一种同舟共济的组织形式。在中国历史上，家族穷则合、富则分，可以说是一条规律。”[2]

最后，诸子均分继承制也是导致同居共财的重要原因。中国社会实行均分财产继承制，以土地为主的家产所有权不稳定，土地的不断分割，使得贫富分化问题显得突出。防止分化的重要办法是使祖业不被分割，即实行同财，而为了同财，采取同居也是必要的，或者说同财为共居提供了经济基础。如“陈斌……兄弟析居，产颇丰，后见其兄贫，乃复与合爨”（民国《金坛县志》

1 ［日］森田宪司：《宋元时代的修谱》，《东洋史研究》第37卷第4号，1979年。

2 《论中国封建社会的一种家族组织形式》，载《社会科学研究》，1980年第6期。

卷九）。

家长的治理与良好的家风

累世同居共财家庭的产生和维持，往往得力于家长的成功治家。比如江州德安陈氏，唐末陈崇制定家法，完善宗族组织，对该族的维系起了很大作用。再如浦江郑氏，第五世主持家政的郑德璋正值宋元之际的动乱年月，他通过建立乡里武装，制定治家准则，开办家庭教育，使其家族扬名于世，第六世郑文融在前辈治家实践基础上，又制定家范58则，是为《郑氏规范》雏形。郑文融之子郑钦又续定73则，形成治家的完整规范。这是古代治家经验的总结。善于治家的家长往往是像陈崇、郑文融这样的士大夫，而同居共财是治家的实践活动。

家长的品德也是影响同居共财家庭形成和维系的重要原因。上述浦江郑氏家族的郑绮是以纯孝被《宋史》载入《孝义传》的。他以救父、孝母、出妻妾、善待族人、拒绝赈济、重操守、勤耕著读。人称其“行之一身则一身正，行之一家则一家顺”[1]。再如四川《李氏宗谱》记载，清乾隆时期李廷桂一家男女六十余口，五世同堂共爨，家长的品德孝友、为人严正、勤俭持家以及远祖同居的家风是该家五世同堂的重要原因。浙江上虞《虞东俞氏宗谱》卷三记载清嘉庆时俞开秀以孝闻名、才识练达，使“一

---

1 《揭文安公集·孝友传三》．转自毛策：《浦江郑氏家族考述》，《谱牒学研究》第二辑，文化艺术出版社 1991 年版，第 146—147 页。

家一百三十人，聚庐而处，食同爨、饮同井”。

家长的品德及治家实践贯穿的核心，是用孝悌感化和教化家人，形成良好的家风，成为家人同居共财的内在动力。孝悌伦理观念在家族兴衰的历史中作用是很大的。明代四川杨兴祖先有温、良、恭、俭、让五个儿子，临终时向温等留下遗言：“吾家自祖宗来百余年，惟力农生理，……子孙繁衍，耻以分异为言，孝友之风，闻于乡里，尔兄弟宜勉效之，无玷家训，吾死无恨矣……宣德己酉（1429年），岁旱甚，众艰于食，议暂分异，以便自给，迁延至正统戊午（1438年），温追慕先德……诸弟感悔，遂复同居。”（民国《江津县志》卷七之二）显然孝友的观念在析而复聚的过程中起了很大作用。

政府的扶持

自汉以后，儒家思想一直是官方正统思想，这种思想具有强烈的政治伦理色彩，强调孝悌之道，把它作为伦理思想的基点，由孝入手，移孝作忠，为国家培养顺民，这是一个修身、齐家、治国、平天下的过程。在这种政治伦理模式指导下，历代政府实行以孝治天下的方针。而大家庭的维持必须有良好的人际关系，其核心是孝悌观念，因此政府把扶持同居共财大家庭作为治国的重要内容。

政府首先在法律上反对异居析产、保护同居共财。唐律规定：“诸祖父母、父母在而子孙别籍异财者，徒三年。”（《唐律疏义》卷一二）唐肃宗则进一步规定：“别籍异财，玷污风俗，亏败名教，先决六十，配隶碛西。”（《册府元龟》卷六一二）唐律为宋元明清各朝法律继承。有时政府还制定一些特殊政策，如宋代开宝二年（969年）诏：“川陕诸州察民有父母在而别籍异财者，论死。”（《宋史·太祖纪二》）上述是有关反对异居析产的，另外国家还有支持同居共财的具体规定。宋人韩元吉在《南涧甲乙稿·铅山周氏义居记》说：“国家之制，愿以财产不许子孙分割典卖者，官为给据，子孙不得追改也。”（俞樾：《茶香室丛钞》卷五《义居》）不许异居析产的规定虽然限于祖父母、父母在即二至三世同居的情况下，但作为提倡同居共财，对累世同居共财的形成无疑有一定的影响。

政府还正面直接倡导、支持累世同居共财。归纳起来就是对累世同居共财家庭旌表，将之树为典型，使其具有荣誉感，《魏书·孝感传》已有对天水赵令安“标榜门闾”的记载；为累世同居共财者蠲免徭役，《南齐书·孝义传》载建元三年（481年）旌表时“蠲租税”，建武三年（496年）旌表时“蠲调役”；从义门中选拔官员，《新唐书·孝友传》已有记载；在正史中设置孝义之类传记（此种体裁始于《魏书》），使其青史留名；天子登门拜访或赏赐御物以为鼓励，如唐高宗封泰山，顺便亲临张公艺家，宋太宗“遣内侍裴愈赍御书百轴”赏赐六世义居的江西南康建昌人洪文抚（《宋史·孝义传》），至于清代赐予御制诗、御书就更多了，成为制度；赏赐衣食用品及为困难的义门提供经济援助，《新唐书·孝友传》已有“赐粟帛”的记载，宋代许祚八世同居，长幼七百八十一口，“春夏常乞食，诏岁贷米千斛”（《宋史·孝义传》）。

续世锦（东汉）

凡此种种，目的在于维护社会秩序的安定。浦江郑氏是宋元明三朝树立的一个著名义门典型，地方志曾阐述了政府的目的：“表厥里之制，以为未足也；而又蠲免赋役，又以为未足也；而复录用其子孙，所以风励之，固移风易俗之微意也。非直宠一夫而尊一家也，将以一夫一家为天下亿兆人劝也。使天下亿兆之人各勉其善，如一夫一家焉，则天下治矣。”（嘉靖《浦江志略》卷七《孝友》）。可见政府扶持义门是从教化着眼的。

从家训到族规

中国族规家训的形成和完善伴随着宗族制度的发展，大致来说，训（戒）源远流长，在宋代以前已有相当发展，族规则是宋代以后特别是明清时代形成的。族规家训的演变大致经历了宋代以前、宋元时代、明清时代三个阶段。

宋代以前的家训

说起家训，中国历史上最负盛名的恐怕是北齐颜之推所著的《颜氏家训》了。陈振孙的《书录解题》甚至说："古今家训，以此为祖。"虽然此语有点言过其实，如《颜氏家训》之前已有类似文字，但是《颜氏家训》的确是第一部有重大价值的家训专著，对家训的制作影响深远。《颜氏家训》分序致、教子、兄弟、后娶、治家、风操、慕贤、勉学、文章、名实、涉务、省事、止足、戒兵、养生、归心、书证、音辞、杂艺、终制二十篇，论述了立身处世、治家教子，以及考据词章义理等治学心得。据研究，家训体裁有着多方面的来源，一是来源于古人的戒子书、家戒一类的作品。梁刘勰《文心雕龙·诏策》篇说："戒者，慎也。

禹称戒之用休。君父至尊，在之罔极。汉高祖之《敕太子》，东方朔之《戒子》，亦顾命之作也。及马援已下，各贻家戒，班姬《女戒》，足称母师也。”文中将汉代著名家戒文字举例说明。此外三国两晋时期还有不少家戒类文字。此种文字多和家信有密切关系。二是来源于古人的遗令或遗戒。遗令或遗戒是临死时的言辞，故遗令多提到埋葬的事，一般都提倡薄葬。此种遗令或遗戒，往往以“终制”为名。三是古人自叙生平的“自叙”。魏文帝自叙和葛洪的自叙对《颜氏家训》就很有影响。

《颜氏家训》之后，称为“家训”的著作出现了不少。宋人刘清之辑有《戒子通录》，其中讲到的唐代“家训”有唐宰相房玄龄集古今圣贤家诫，书于屏风，以戒诸子。穆宁撰《家令》训子。姚崇也遗命戒子孙，柳玭则有《序训》。值得注意的是唐代“家训”向“家法”的演变。柳玭《序训》就说：“先祖河东节度使公绰，在公卿间，最名有家法。”玭幼时[1]“每闻先公仆射与太保房叔祖，讲论家法。”而穆宁《家令》尤为严厉，《唐语林·补遗》说：“时穆宁家法最峻，宁命诸子直馔，稍不如意则杖之。”“家训”成为家法，就更带有强制性。

家训及其戒子书（还有“戒子诗”的形式）、家戒、遗令、遗戒、自叙等，虽然重在家庭教育，但随着时间的流逝，家族的扩大而传诸后代，成为针对宗族的规约，如唐代穆宁《家令》说：“汝

1　周法高：《家训文学的源流》（上、中、下），载《大陆杂志》第22卷第2、3、4期，1961年。

等身没之后亦教子孙，依吾此法。”因此“家法”也就成了族法。后世制定族规也往往以此为参考，所以欲认识宗族规范，不可不了解家训类的基本情形。

宋代以前除了家训外，也有个别族规，如三国时魏人田畴率族聚居，“为约束相杀伤、犯盗、诤讼立法，法重者至死，其次抵罪，二十余条”（《三国志·魏书·田畴传》）。田畴是在战争年代定立规范的，其内容旨在保证安全和族人的和平相处，带有动荡时期的特点。唐代真正完备的族规是《陈氏家法》。南唐陈崇时代，陈氏已七世同居，内外二百口，被朝廷旌表为义门，唐僖宗大顺元年（937年）陈崇制定《陈氏家法》33条。该家法至今保存在道光二十七年（1847年）刊《义门陈氏大成宗谱》卷首，至为珍贵。《陈氏家法》的主要内容是：

组织化管理

这是《陈氏家法》的最主要内容，反映了义门陈氏的组织结构和功能。义门陈氏的最高负责人是主事一人和副主事二人，掌内外诸事。“内则敦睦九族，协和上下，束辖弟侄。日出从事，必令各其局，毋相夺伦。照管老少应用之资，男女婚嫁之务。三时茶饭，节朔聚饮，费用多少，一依下项规则施行。外则迎接亲姻，礼待宾客，吉凶筵席迎送之仪，一依下项施行。”主事、副主事的任用“不以长少，但择廉谨才能之人任之，不限年月。傥有辞状乞替，请众详之，若年老衰弱，相应择人替之。若健壮仍不许退。若才能不称，仍须择人代之”。是以德才兼备和身体健康为标准的选举制。

设库司二人，其职责是："惩劝上下，勾当庄宅。掌一户税粮及诸庄书契。每年送纳王租，给应男女衣妆，考校诸庄租课，备办差使应用。"赏惩与庄宅是库司的主要工作，可见其地位是十分重要的。"人亦不以长幼，但择公干刚毅之流。"仍以才能为任用标准。

陈氏义门的农业生产单位是庄，"诸庄各立一人为首，一人为副。量其田地广狭，以次安排弟侄，各令首副管辖，同共经营。仍不得父子同处，远嫌疑也。凡出入归省，须候庄首给限。自年十四以下归家限一日外，须赴同例执作农役"。此种田庄实为农村公社制，15 岁以上者集体耕作，不能随意出外和回家。

设宅库十一位，由弟侄充当。其中一人主酒酢，造釉糵；二人知仓碓，"管押庄客逐日舂米"；二人知园圃牛马猪羊等事，抽顾庄客锄佃蔬菜；一人知晨昏，关锁门户；"勾当四人，管束近家四原田土，监收禾谷、桑柘、柴薪"。

立开勘司一人，"掌卜勘、男女婚姻之事，并排定男女第行等事"。并规定男子"皆只一室，不得置畜仆隶"。婚嫁所用礼物也有统一项目和数量的规定。

义门陈氏还设立院学和书堂两级施教的族学，其详细情况请参见本书第六章有关内容。

置都蚕院一所，设院首。每年春首，各庄抽一名"后生丈夫"修理养蚕用具，摊派妇女养蚕。每间蚕房有 45 岁至 58 岁的蚕婆一人和 45 岁以下的蚕妇二人同看蚕柘。每房分配蚕种二两，

“成茧后同共抽取，却令蚕院首将丝绵等均平给付，以见成功。其有得蚕多者，除给外别赏之”。未出嫁者也“各令于蚕母房内同桑柘”。每年夏税丝䌷绢，由“库司纽配诸庄丝棉归与蚕妇女织造”。

此外设一人学医，以备疾病；设祈祷巫室所，一人学巫卜，以备家宅占祷。陈氏还有道院，择好道者奉焚修，供奉祖先。

义门陈氏通过上述组织化管理，将族人置于主事、库司的领导之下，农庄和都蚕院提供衣食，院学和书堂进行教育，教养咸备，开勘司负责婚姻，又有医生治病，一个农村共同体便可以维持下去。

集体生活

饮食统一安排。由 8 人在厨房炊饭、做菜、烧水。“迎娶新妇以次替之。”每天三顿饭，男女分坐，分两次进食，14 至 40 岁的男子先吃，以便及时劳动，40 岁以上的和家长同坐后吃，“费用物资，惟冬至、岁节、清明，主事纽配诸庄应付，余节出自宅库”。平日的盐、酱、蔬菜、腥鲜，由副主事安排。

衣服平均分配。男 15 岁裹头，给巾带一副；女 14 岁合髻，给钗子一双。男子衣妆，二月给春衣，每人丝十两，夏天缔葛衫一领。寒衣，40 岁以上至尊长，绢一匹，绵五两；40 岁以下，丝十两，绵五两。每人给头巾一顶。“每年给麻鞋。冬至、岁节、清明三时，不以男女，三岁以上，各给一两。”妇女巾蜕针管等物，每年冬至、岁节、清明三次由库司派人采买给付。“妇人染皂（帛？），每年各与染一段，任意染一段，任意染色。”草席，每房一副，冬天发给。草履，“丈夫每月各给三两（？）”。饮食的统一安排和衣服的平均分配贯彻了均等原则，是义门陈氏聚族和谐生活的保证。

家族私法

赋予《陈氏家法》及家长以法律权威。规定“凡不遵家法，不从家长命”，决杖五十下。为维护家族秩序和义门的运作，还有几方面的重要规定。生产方面，一是对庄首的监督，庄首要对家长和库司负责，“其出入市廛，买卖使钱，须具账目回，赴库司处算明，稍不遵命，责以常刑”。“每年收到谷斛，至岁晚须具各庄账目归家，以凭考课，并由库司检点。”田产添修、库廪充实者“次第加赏”，怠惰败阙的“重加惩治”。二是对普通家人的要求，“逐日随主事差使，执作农役。稍有不凛遵者，具名申上，取家长处分科断”。礼仪方面，“凡入门及晨昏定省事，须具巾衫裳带，稍有乖仪，当行科断”。对不良行为更是重惩不贷，酗酒杖笞五下，如恃酒侵犯了别人，则杖十下。赌博、斗殴的杖十五下，并“剥落衣妆，归役一年”。而“妄使庄司钱谷，入于市廛淫于酒色，行止耽滥，勾当败缺”者，要“杖二十下，剥落衣妆归役三年”。

义门陈氏主要通过不同程度的杖罚实行私法。义门陈氏自制定家法起，至北宋真宗咸平三年（1000 年），历 63 年，人口增至 2478 口，仍维持同居生活，可见其“家法”是行之有效的，因而也受到朝廷的格外重视，将《陈氏家法》送至史馆缮写，分赐各王公之家。[1]

宋元时代的家法

宋代制定家族规训者更多。就北宋来讲，有范仲淹《义庄规矩》、包拯《家训》、司马光《家范》、苏颂《魏公谭训》、杨亿《家训》、宋景文《庭戒》、黄庭坚《家戒》、柳开《皇考戒》、贾昌朝《戒子孙》等。其中司马光《家范》一书是《颜氏家训》以来最著名的作品，分十卷，分别以治理家庭为中心采集史传事例和司马光的论说为主，提出了治家、祖、父、母、子、女、孙、伯叔父、侄、兄弟、姑姊妹、夫、妻、舅甥、舅姑、妇、妾以至乳母的伦理规范，重点在家庭关系方面。可注意者《戒子通录》载宋代嘉祐年间丞相韩琦的《戒子侄诗》是面对宗族的，其中说："有一废吾言，汝行则臣虏，宗族正其罪，声伐可鸣鼓。宗族不绳之，鬼得而诛汝。"可知，"家训"实为族训。南宋时代的家训制定更为广泛，仅传世之作就有叶梦得《石林家训》、吕本中《童蒙训》、赵鼎《家训笔录》、陆游《放翁家训》、陆九韶《居家正本》《居家制用》、吕祖谦《家范》、袁采《世范》、倪思《经锄堂杂志》、真德秀《教子斋规》等。

---

1 参见许怀林：《"江州义门"与陈氏家法》，载邓广铭、漆侠等主编：《宋史研究集》，河北教育出版社 1989 年版。

其中《家训笔录》有30项，篇幅较长，借此可对宋代家训有所了解。《家训笔录》序言说："吾历观京、洛士大夫之家，聚族既众，必立规式为私门久远之法，今参取诸家简而可行者，付之汝曹。世之守之，最有违者，非吾之后也。"[1]可知在东京开封和西京洛阳，士大夫宗族设立家法是相当普遍的。《家训笔录》参考了当时士大夫的家法，赵鼎个人的经验和他对家族前途的构想也是家训的重要内容，此外还有祖先的习惯法。《家训笔录》第1、2项和第29项是道德方面的要求，特别提倡孝友、廉勤、和顺及节俭，规定子孙日常学习司马光的《家范》及《训俗文》。赵鼎制定家训时，赵氏是一个至少三代同居共财的共祖直系家庭，赵鼎构想中未来的家族形态是由同居共财过渡到聚族而居，所以家训其余的27条都是有关家族经营内容的。具体而言，《家训笔录》有关内容约分以下几项。

一是有关家族领导层的构成与功能。第3项说："诸位中以最长一人主管家事及收支租课等事务；愿令以次人主管者听，须众议所同乃可。"主家者实际上是正副族长，根据年龄产生，而诸位房长构成的"诸位"也属于可以"众议"的领导层。"众议"的内容有收支预算、临时开销、增入家规问题（第1、24、30诸项）。主家者必须大公无私，第28项说："同族义居，唯是主家者持心公平无一毫欺隐，乃可率下，亦可以久远，不至败坏

1　赵鼎：《忠正德文集》卷一〇《家训笔录》。以下论述参考柳立言：《从赵鼎〈家训笔录〉看南宋浙东的一个士大夫家庭》，载《第二届国际华学研究会议论文集》，台北，1991年。

家法。”主家者的任务分两大项，即第三项所说“主管家事”和“收支租课”。主管家事主要有三种：一、维持家风（第4项），二、主持祭祀（详祭祖与坟茔）；三、主持婚礼（第23项）。收支租课，主要是收入方面会同各房房长核对账目，监督管理者；支出方面，各项规定以内的执行和规定以外的决策。

二是祭祀与坟墓。赵氏家族的祭祀活动有三种，岁享（第5项）；朔望祭（第6项）；远忌（第7项），并有关于祭仪的规定（如第25项）。祭祀场所一是影堂，二是坟墓。

三是共产与私产。赵鼎为了长期聚族而居，采用经济手段规定别立族产一体均沾与各房不动产不许分割两个原则（见跋语）。使族人为了长享经济利益而留在族中。第一个原则族产的收入主要是租课，九份发放给族人，一份储藏，前者有租课历，后者有桩留历作账簿（第11、12项）。有关族产的具体情况主要有三方面，一是族产的管理。赵鼎身为宰相，政府分配有使臣和宣借等侍从，赵氏从中选择主管宅库和租课等事（第15项）。交收手续不得私相授予（第18、19项）。二是给付的对象。第9项规定：“岁收租课，诸位计口分给，不论长幼，俱为一等。五岁以上给三之一，十岁以上给半，十五岁以上全给，止给骨肉。女虽嫁，未离家，并婿甥并同。其妳婢奴仆并不理口数，不在分给之限”。对于一旦迁徙脱离原籍，即停止给付（第17项）；官员上任停付，罢官回家仍支付（第11、20项）。三是用途。从租课内支出的，最大宗是日常生活费用。即第9项所说，岁收租课，诸位计口分给。此外，就是聘礼和嫁妆（第21项），再就是主管宅库和租课者的薪水（第15项）。从桩留内支出的，主要是非泛费用。大的如兴建房屋（第22项），又如婚宴（第23项）、岁享、忌日、旦朔等（24项），第二个原则在第8、26项和跋语中反复强调。

陆九韶家族的家法很有名。陆氏自陆德迁由江苏吴县迁至江西抚州金溪县已十世二百年，合门三千余指，共居同炊。德迁的祖父陆希声是唐昭宗时代的宰相，德迁的六世孙陆九渊时代成为著名义门。淳祐二年（1242年）曾被朝廷旌表。陆氏家法分大纲和小纪两部分，"大纲则有正本制用，上下凡四条，其小纪则有家规，凡十八条。本末具举，大小无遗，虽下至鼓馨聚会之声，莫不各有品节，且为歌以警戒之机焉"（罗大经：《鹤林玉露》卷五《陆氏义门》）。陆氏家规今已无存，不过南宋罗大经留下一些记载。主要内容一是家族组织，规定："一人最长者为家长，一家之事听命焉。逐年选差子弟分任家事，或主田畴，或主租税，或主出纳，或主厨爨，或主宾事。"核心是"最长者为家长"和"子弟分任"诸事。二是吃饭问题，可知，"公堂之田，仅足够一岁之食。家人计口打饭，自办蔬肉，不合食。私房婢仆，各自供给，许以米附炊；每清晓，附炊之米交至厨爨者，置历交收；饭熟，按历给散"。方法是主食由公田收入提供，计口打饭，蔬菜肉类等副食由各家庭（或房支？）自办，私房婢仆各自供给。三是接待宾客，规定："宾至，则掌宾者先见之，然后自家长出见，款以五酌，但随堂饭食，夜则卮酒杯羹，虽久留不厌。"四是早晨的礼仪，规定："每晨兴，家长率众子弟致恭于祖祢祠堂，聚揖于厅，妇女道万福于堂。暮，安置亦如之。”五是子弟犯错误的惩罚：“子弟有过，家长会众子弟责而训之；不改，则挞之；终不改，度不可容，则告于宫，屏之远方。”六是每天早晨朗诵陆九韶的训戒韵语，内容是：“晨揖，击鼓三叠，子弟一人唱云：‘听听听听听听听，劳我以生无理定。若还惰懒必饥寒，莫到饥寒方怨命。虚空自有神明听’。又唱云：‘听听听听听听听，衣食生身天付定。酒肉贪多折人寿，经营太甚违天命。定定定定定定定。’又唱云：‘听听听听听听听，好将孝悌酬身命。更将勤俭答天心，莫把妄思损真性。定定定定定定定，早猛省。’食后会茶，击磬三声，子弟一人唱云：‘凡闻声，须有省，照自心，察前境，若方驰骛速回光，悟得昨非由一顷，昔人五观一时领。’”四段唱词的核心是强调天理主宰一切，人欲不少膨胀[1]。上述记载的事实可能是依据家法形成的。

宋代还有七世同居的浙江绍兴嵬山金氏，所立家规 16 章，大体遵朱子家礼，有祠堂、祭田和家长。[2]

需要说明的还有南京袁采的《袁氏世范》一书，是以乡村社会子弟为对象的训俗作品，书分三卷，分别论述睦亲、处己、治家，成于淳熙五年（1178 年）。“睦亲”的内容以父子、兄弟、夫妇为中心，兼及伯叔子侄，与家训的性质接近。元代是义门类宗族规范最为完备的时期，这就是有名的浙江浦江郑氏义门的《郑

1　参见许怀林：《陆九渊家族及其家规述评》，载《江西师范大学学报》1989 年第 2 期。

2　盛清沂：《试沦宋元族谱与新宗法之创立》，载《第二届亚洲族谱学术研讨会会议记录》，第 156 页。

氏规范》。据明初宋濂《郑氏规范序》可知，郑氏宗族自南宋建炎初至明初已同居十世，历260余年，六世孙郑文融于元代立族规58则，是为前录。元末七世孙郑钦、郑铉又补充后录70则，续录92则。明初八世孙郑涛等“同加损益，而合于一，闻诸父之训曾而未登载者，因增入之，总为168则”。这就是现存于《学海类编》的《郑氏规范》。可知，该规范形成于元代，又受到明初社会的一些影响。现存《郑氏规范》依其主要内容和前后顺序，大致可以分为十类。第一类，祠墓及祭祀制度，计11条。第二类，宗子、家长制度，计13条。第三类，子孙分管族务的

徽州南屏叶氏祠堂

组织化管理制度，计 43 条。第四类，人生仪礼，计 21 条。第五类，出仕规定，计 3 条。第六类，兴义举，分族内和乡邻里党两部分计 7 条。第七类，男人做人行事，计 34 条。第八类，宗族事务，计 7 条。第九类，对女子的要求，计 22 条。第十类，不可纵庄奴来往（第 168 条）。

元代个别族谱也收录了家训内容，如元末福建人吴海所撰《吴氏世谱》，“谱后述先世家训文字略者及墓志，若先世著述文字多者，别为集，不录于此”（原注：先世家训及述，子孙保藏之，以传后人）（吴海：《闻过斋集》卷一）。浙江慈溪罗氏“于谱牒后悉录其先世之行状、墓志及夫垂殁之训、哀勉之辞”（陈高：《不系舟渔集》卷一四《罗氏家乘跋》）。总而言之，宋元时代除了个别义门宗族如陆氏、郑氏外，一般宗族制定族规者很少。

明清时代的族规

明清时代族谱体例与宋元时代的不同点之一是把族规家训大量刊入族谱，表明宗族法得到了加强，这是宗族进一步组织化、从而进一步控制族人的表现。

多贺秋五郎《中国之宗谱研究》中“现存明代谱”部分，对日本藏 14 部、美国藏 13 部明代宗谱作了解题，从中可知有 9 部族谱有宗族规范的内容，现据上述资料制成下表：

明代族谱所载规范简表

序号	所在地	制定时间	名称	资料出处
1	安徽休宁	正统九年、正德八年（存）	祠规、家训	嘉靖《休宁西门汪氏族谱》卷一
2	安徽徽州	嘉靖十四年（至迟）	祖训、墓规	嘉靖《新安汪氏重修八公谱》卷五
3	浙江皇甫庄	万历五年（至迟）	祠规	万历《范氏家乘》第二本
4	安徽泾县	万历七年（至迟）	家训	万历《泾川吴氏重修统宗族谱》卷一
5	安徽休宁	万历十九年（至迟）	条约	万历《茗州吴氏家记》卷七
6	浙江吴兴	万历四十二年（至迟）	祠堂约	万历《吴兴纯孝里潘氏世谱》第三、四册
7	福建建阳	万历四十八年（至迟）	家训、家政	万历《考亭朱氏文献全谱》第三本
8	江西婺源	万历（至迟）	祠规	万历《溪南江氏家谱》第六本
9	江苏润州	崇祯十七年（至迟）	宗约	崇祯《赵氏家谱》第四本

由表可知，这些明代族谱修成于嘉靖以后，特别是万历时期最多。在这些族谱中，已载有族规家训。宗族规范的名称除了是宋元时代已有的家训之外，出现了祠规、宗约、祠堂约等直接反映宗族名称和制度的称谓，更明确地说明这些规约是针对宗族的，构成了名副其实的宗族规范。

明代的宗族规范已有相当发展，多贺秋五郎的《宗谱之研究》还收集了族谱中有关族人教化、族人统制、祭祠堂的明代宗族规范。

据此制成下表：

清代、民国族谱所载明代宗族规范简表

序号	所在地	制定时间	名称	资料出处
1	浙江上虞	弘治九年	家训	光绪《古虞金罍范氏宗潜》卷二
2	江苏江都	正德十二年	条约	道光《江都卞氏族谱》卷三
3	福建福清	嘉靖十三年	家矩	光绪《福州郭氏支谱》卷七
4	浙江归安	嘉靖三十一年	条规	道光《嵇氏宗谱》第一本
5	浙江杭州	嘉靖三十二年	课子录	嘉庆《闻氏族谱》卷八
6	浙江上虞	嘉靖	家训	光绪《古虞金罍范氏宗谱》
7	浙江杭州	万历二十八年（至迟）	宗约	嘉庆《闻氏族谱》卷八
8	广东五华	万历三十八年（至迟）	家训	民国《缪氏宗谱》
9	江西南昌	天启元年	家规	光绪《深洞李氏大宗谱》卷一
10	河北任丘	天启四年	家训	乾隆《任丘边氏族谱》卷一九
11	江苏晋陵	明代	家训	民国《晋陵高氏世谱》卷五

可知，这些明代宗族规范主要制定于嘉靖朝以后，其影响深远，直到清代及民国还起着一定的作用，也可以说清代宗族制定规训是承继了明代的传统。

由以上两表可知，嘉靖以后宗族修谱并制定宗族规范盛行，这与当时宗族组织特别是修建祠堂的兴盛是一致的。至清代随着宗族组织的自身发展以及政府推行以孝治天下的宗族制政策，宗族制定规范成了普遍现象。

明代族规家训名称中“约”的增加也需要注意。在以上两表中带有“约”字的有6例。这种家约、宗约、族约的较多出现，与宋以后的“乡约”普及实有很大关系。北宋神宗熙宁九年（1076年）陕西蓝田人吕大均定有《吕氏乡约》，又称《蓝田乡约》，提倡乡党互助，其内容是，“德业相劝，过失相规，礼俗相交，患难相恤”。南宋时朱熹又加修订，此后由于朱子学为士大夫信奉，加上地方官推动，《吕氏乡约》在民间社会普遍化，于是乡约以民间社会议定条约共同遵守的形式，对族规家训从形式到内容都产生了影响。今存宋代谱序中已有吸收宗族规范与乡里道德相混的事例，至明代更为普及。明初解缙曾建议：“臣欲求古人治家之礼，睦邻之法，若蓝田吕氏之乡约、今义门郑氏之家范，布之天下，世臣大族，率先以劝，旌之复之，为民表率。”（《明史·解缙传》）反映了士大夫对乡约的看法及乡约渗透于族规的趋势。明代宗族制定族规家训时参照《吕氏乡约》，于是家训、家法、家规等宗族规范以“约”的形式越来越多，于是出现了“族约”“宗约”“家约”等名称。[1]

明清时代，尤其是清代，族规家规已相当完善，也可以说定

1 参见［日］多贺秋五郎：《中国宗谱之研究》上卷，第287—288页。

型。试举二例，以期对族规家训有一个整体印象。江苏常州同治重修《輞川里姚氏宗谱》卷三载有宗规、家训。《宗规》的内容是圣谕当遵、宗族当睦、闺门当肃、蒙养当豫、职业当勤、姻里当厚、祠墓当展、谱牒当重八条。《家训》分五篇，律己篇讲修身，内容有孝、悌、忠、信、礼、义、廉、耻诸训；政家篇讲齐家，内容有端阃、敦伦、睦族、洽邻、婚嫁、丧纪、勤本、节用；谷治篇是对青少年、成人的要求，内容有读书、严师、勤学、好尚、交游、择妇、务农、治生；阅世篇讲处世，内容有崇老、上

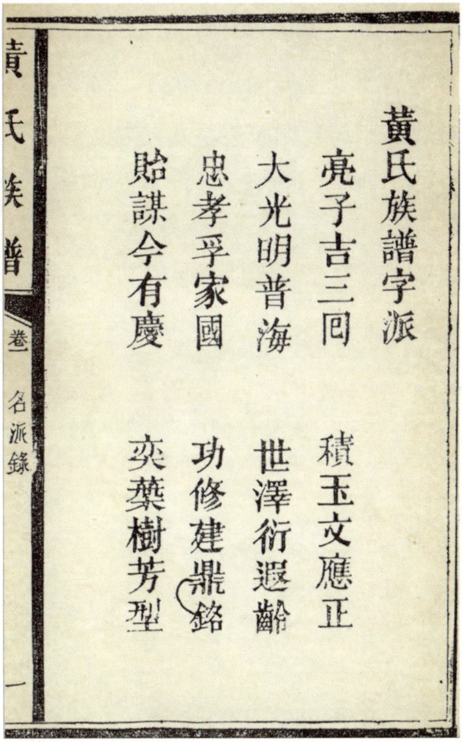
黃氏族譜字派

亮子吉三回 積玉文應正

大光明普海 世澤衍遐齡

忠孝孚家國 功修建鼎銘

貽謀今有慶 奕葉樹芳型

黃氏族譜 卷一 名派錄 一

清光绪《黄氏族谱》名派录

贤、恤孤、慎交；杌戒篇讲行为儆戒，内容有游惰、奢华、淫邪、赌博、贪饕、偷盗、撒泼、奴隶八条。姚氏宗规家训纲目分明、言简意赅，比较全面地反映出族规的面貌和特点。又如同治时四川《唐氏族谱》卷一载有多项规章制度，主要有三项构成：一是《祠堂凡例》，即祠规，有族、户长的选举，值年综理钱粮、祭祀等规定；二是《宗规十条》，内容是培祖德、正族纲、谨婚配、存宗祧、肃家规、恤节孝、定家法、警非为、息讼端、弭外衅；三是《家训十条》，要求孝父母、友兄弟、和夫妇、训子孙、睦宗族、端士习、重农桑、尚节俭、勤职业、明礼让。族规家训的主要内容有祠堂组织、祭祀方法、族籍与修谱藏谱、族产、族学、家庭关系与治家、睦族与族外关系、生活方式与为人处世、宗族与国家关系九大方面。

明清族规家训对齐家、睦族与生活的要求

明清族规家训对于家庭关系与治家、睦族与族外关系、生活方式与为人处世有着具体要求。

家庭规范

宗族组织为维持宗族秩序，重视族内家庭关系的秩序和治理家庭。

家庭关系

宗族要求族人按照儒家伦理观念处理家庭关系，做到父慈子孝，兄友弟恭，夫妻相敬如宾。

在宗法社会中，强调父系血缘关系，父子关系成为父系宗亲关系的出发点，孝的规范也就成为宗族伦理规范的基础。明代江西南昌李氏家规有“孝父母”一条，从父母与子女感情的角度指出：“寸草有心难尽春晖之报”，“故尤愿吾族人孝父母”（光绪《深洞李氏大宗谱》卷一《李氏家规》）。清代江苏常州的张姓宗族也要求族人“孝父母”：“为人子者，父母在而离居客食，顺妻子之

言，失天性之真，虽成立产业，孝道何存？惟修身谨行，不辱其先，不私其财，并不敢有其身，方能报父母之恩于万一焉。夫五刑之属三千，罪莫大于不孝，世固未有不孝之人，而可以免刑罚也。且为人父母者，心本慈爱，即子孙悖逆，必多含容忍隐，不欲鸣官，显其秽行，致贻门户之羞，然父母吞声忍气，其积怨已达于天矣，是以世以悖逆者虽有贪贱富贵，而或毙于雷，或死于疫，受极痛之惨而莫悟焉。呜呼，官刑可免而天谴难逃也，凡我族人可弗戒哉！”（民国《毗陵城南张氏宗谱》卷二《家规》）张姓宗族还指出，父母是“心本慈爱”的，也就是说，在父慈子孝的基本伦理规范中，父慈是天成的，子孝则需要培养。浙江宁波阮氏家族还指出：“天下无不是的父母，即有偏私，尤宜体贴周到。”（民国《越州阮氏宗谱》卷一九《家训》）更可看到孝道对父母权威的维护。

由于传统伦理维护父系宗亲关系，所以兄弟关系仅次于父子关系，悌成为以孝连属的伦理观念。宗族规范中要求族人处理好兄弟关系。明代河北任丘边氏宗族指出：“要和兄弟，非特为兄弟，为自家添羽翼也，纵有人离间，只付之一笑，非有识者不足以悟此。”（乾隆《任丘边氏族谱》卷一九《一经堂家训》）清代常州张氏说：“门内兄弟为同气，即族内兄弟亦属异体同支，总属以和为贵，况幼相扶携，长同友爱，何不和之有？夫人家不和，多因妇人煽祸，于是宗族兄弟虽隔墙连屋，致使不相往来，是有无子而不肯以犹子为嗣者，有多子而不肯为兄弟后者，有兄弟贫苦而不肯怜恤者，此大失友于宜谊，非所以为兄弟，亦何以为父母也。凡为兄弟者，当思财货可散而复聚，兄弟难失而复得，尚能共相和睦，则父母顺而休祥易集，将获福无穷矣。”（民国《毗陵城南张氏宗谱》卷二《家规》）张氏的兄弟包括族兄弟和亲兄弟，族兄弟关系是由亲兄弟关系衍生出来的，亲兄弟因是“同气”，因而应该和睦。不和则“多因妇人煽祸”，而妇人“煽祸”是因为妯娌关系难处，张氏《宗约》又说：“妯娌最易不和，最易离间兄弟，要在丈夫不听妇人言，且告以孝弟大义，则妇道既明，家道亦明矣。如有悍妻而为之禁，甚至信谗言而乖骨肉，宗党共责治之。”（民国《陵城南张氏宗谱》卷二《宗约》）要求丈夫不听妇人言而维护好兄弟关系。鉴于孝悌的伦理规范十分重要，宗族把有悖孝悌之道者列为重惩之列。清代浙江慈溪章氏嘉庆时期规定：“孝悌为万化之原，……盖父母为生身之本，兄弟乃手足之情，不孝固天理不容，不悌亦人情所不近，倘或灭绝天良，渐染敝俗，甚至双亲冻馁、同室操戈，如此之人，不待天诛神殛，在族人必须声罪共击，到祠杖竹，或鸣官治罪，以肃规约。”（光绪《慈南干溪章氏宗谱》卷二《族规》）余姚沈氏光绪时所立《宗规》也说：“人以伦常为重，凡我子姓，各宜立爱、立敬，以明人伦。如有忤逆父兄叔伯，邀请族房绅董诣祠笞责，至于殴辱尊长，亦必视其亲疏名分，分别治罪。”（民国《兰风沈氏宗谱·宗规》）

宗族往往订立“别内外”“肃闺正”“敕妇德”等规条管理妇女。主要从两方面入手：一是限制其出入。明代江西南昌江氏万历时所定《祠规》有“正闺门”条，规定：“壶闼之间，必严分内外，慎其出入，限其进止，务使家庭严肃，毋致渎伦，倘有奸秽不道，贴玷宗风，祠正副即会同门尊令自行决，仍削本枝，不许人祠。”（万历《溪南江氏宗谱》第六本《祠规》）天启时南昌李氏所定家规也有“肃闺门”条，要求：“是各房女妇非不得已，而自操井臼，辄行游道路，窥伺门户，非妇道也，许众人呵斥并罚其家长。至于不孝翁姑、不敬夫子、不畏尊长、而恶迹彰闻见，大可痛恨，其本支房长，宗子宜时敕戒，勿令陷于不义，玷我家风，如长恶梭，法当削黜。”（光绪《深洞李氏大宗谱》卷一《李氏家规》）限制妇女出入，则旨在防微杜渐，害怕妇女不守妇德，希望妇女成为闭门不出、生儿育女、相夫教子、孝敬公婆、埋头家务的人。二是告戒丈夫不听妇人言。明代天启时河北任丘边氏家训说：“禁听妇人言，凡事之思，揆之于理，独断独行，不惟不谋于妇人，并不闻于妇人，非负性刚毅者，不足以语此。”（乾隆《任丘边氏族谱》卷一九《一经堂家训》）前引江苏常州张氏《宗约》也要求不听妇人言。不听妇人言，为的是维护子与父母、兄弟之间的团结，把妇人言看作父系宗亲关系不和的祸首。也有一些宗族对妇女的要求缓和些，清代浙江宁波阮氏家训说：“夫妇人伦之始，果能相敬如宾，何患家道之不兴，病在过用其爱，受者不以为爱，而以为狎，狎则傲，傲则争，此时虽欲禁之，而已无及矣，故教妇未来，防其渐焉。”（民国《越州阮氏宗谱》卷一九《家训》）提倡夫妻相敬如宾，但反对过用其爱，担心丈夫日后驾驭不了妻子，实际上是让丈夫对妻子保持一定的尊严，讲求礼仪。此外，还有其他家庭关系的规定，江苏无锡郑氏提出：“姑侄姊妹，亦我同气之人，平日固为存厚，祖父殁后，尤宜加恤，倘有孤寡贫困，竭力周旋，是亦推广孝友之谊。”（民国《荥阳郑氏续修大统宗

谱》卷二《宗约》）

分家继承

兄弟分家析产以及家庭的财产、宗祧继承，事关宗族系谱及财产，是宗族的大事，宗族组织要求在自己的监督下按照一定程序和原则进行。

宗族对分家、继承的监督权。清光绪湖南善化周氏宗族规定："族中析箸、承继两事，虽隔居驾远，必经鸣族立约，始足为凭。"（光绪《周氏三续族谱》卷二《族规》）只有经宗族设立的文约，才有效。无锡郑氏要求族人兄弟分家时，"俱静俟族人及近支长辈从公均拨"（民国《荥阳郑氏续修大统宗谱》卷二《宗约》）。族人立继嗣，浙江萧山沈氏于乾隆时规定："子孙立继，非应继者务请族长并各支房长、宗正齐集家庙，公议承立昭穆相当者，不得私相授受，违者议罚、改正。"（光绪《萧山长巷沈氏续修宗谱》卷三四《宗约》）

宗祧的继承。明代嘉靖时浙江湖州嵇氏规定："子孙有无嗣者择应继者嗣之，否则听其立爱，不许螟蛉为子。"（道光《嵇氏宗谱》第一本《条规》）明朝天启年间江西南昌李氏也要求族人"择承继"："凡无子当继者，或应立爱立，或亲支疏支，必先通约族人，酌其情理两顺，明书继立，以杜争端，万一其子本支无嗣，合归奉祀，而原继者亦须参情准理，百年之后，成服而返，当以子道处之，如其承继之子多嗣，合宜而立。至如饵其业而祢其祖，瓜其产而斩其嗣，此尤情理不堪，宜通族处以宗法，若立后以他姓，纳婿以奉祀，覆辙在前，可惧可鉴。”（光绪《深洞李氏大宗谱》卷一《李氏家规》）反对异姓继承宗祧是宗族规范的最根本原则。在族内继承的情况下，应立（应继）、爱立（爱继）以及亲支疏支是其继承顺序。南昌李氏对承继者本支无嗣时也作了规定。

清代宗祧继承的宗族规范也与明代基本相同，其原则与国家法律一致。如浙江宁波卢氏规定：“族内无后，务择昭穆相应者为之继嗣，否则听其立爱，如律文所云，不许异姓人继及螟蛉他子以乱宗派，违者众共绝之。”（咸丰《甬上卢氏敬睦堂谱稿》卷一《宗约》）立嗣一般要告庙登谱，安徽合肥杨氏规定：“立子承嗣，必由近及远……倘亲房无可立者，另立远分，至于同姓既立之后，告庙登谱，永为嗣续，不得复回。”（咸丰《弘农杨氏宗谱·宗谱规条》）江苏无锡郑氏规定：“族中无后者，倘无嫡嗣，必查近支遍次嗣立，仍于本名下注明本生父母，使不忘所自出。”（民国《荥阳郑氏续修大统宗谱》卷三《宗约》）这是为了提倡孝道，兼顾继承者有双方父母而在族谱加以注释。对于不遵族规者，湖南匡氏定有惩罚的规定：“族内子孙有无嗣者，必令同宗昭穆相当子侄承继，先尽同父，次及本派。如俱无力，方许择立远房，不许乞养异姓，以乱宗族。如违杖六十，罚银十两修祠，其子仍归本宗。”（道光《匡氏续修族谱》卷首《家规》）

家长治家

宗族要求家长善于治家，有的宗族注重从小培养子女，使其成为社会上合格的人才。湖南彭氏规定：“子弟之宜教也。少成若天性，习惯成自然，当幼小时，动静语言便当使之归于正。姑息之爱不可也，浮薄之习宜去也，毋以轻佻为文明，毋以愚鲁为浑朴，随子弟之材质，士农工商各与本业，庶不致成为游民。若夫女儿，生长闺房，更当道以礼节，敬以孝顺，酿以和平，操以中馈，勤俭朴素，于归后，宜室宜家，斯亦父母之光也。”（咸丰《彭氏三修族谱》卷一六《宗规十条》）要家长把儿子培养成“四民”正人，把女儿培养成讲究礼节、勤俭朴素、善于持家的未来的贤妻良母。

有的宗族倡导族人保持清白家风。四川唐氏规定：“凡为家长者，留心审察，三姑六婆，拒绝往来，少仆俊奴，严分内外，长年雇工，务用老成，稍有形迹可疑，须当着意防杜，此所以绝淫盗之媒也。他若妇当随夫，女不离娘，勿观灯看戏，勿入庙烧香，勿干预外事，勿好走人家，内言不出于阃，外言不入于阃，凡此皆所以别嫌也，一切严禁，庶免他患，由此家法肃而家声振，乃不失清白之家规也。”（同治《唐氏族谱》卷一《宗规十条》）强调内外有别、男女有别、上下有别，这是对大家庭的要求。

对于教育子女不负责任的家长，有的宗族规定了惩罚的内容。无锡郑氏规定：“族中教子不严、习于败类者，宗祠戒谕，使严督其子改过自新，有自父兄检束而游荡无赖者，宗祠责治，公议其执一业，而专托近支长辈督率之。”（民国《荥阳郑氏续修大统宗谱》卷三《宗约》）宗族要求家长治家，是要家长按照儒家伦理道德规范使子女在家庭中完成社会化过程。在古代社会教育不发达的情况下，家长治家对于培养子女的道德意识和做人、维护正常

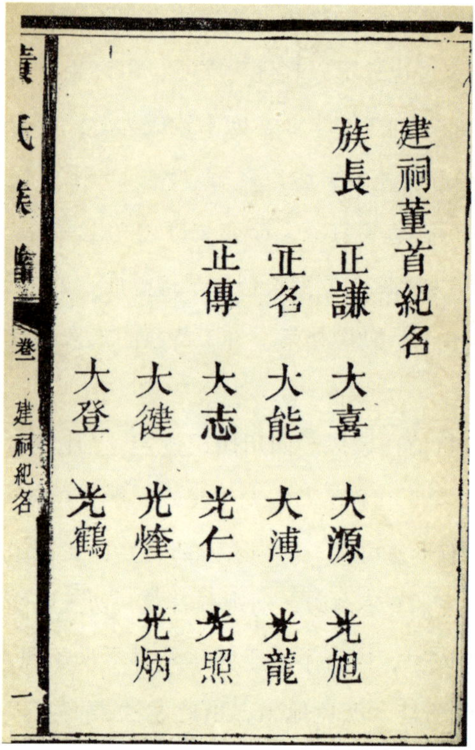

黃氏族譜 卷一 建祠紀名 一

建祠董首紀名

族長

正謙 正名 正傳

大喜 大能 大志 大健 大登

大源 大溥 光仁 光煃 光鶴

光旭 光龍 光照 光炳

光绪《黄氏族谱》中的族长

的社会秩序，起到了良好的作用。但是家教对了女的要求多从培养孝道入手，容易抹杀子女的个性，不利其全面发展。

睦族及族外关系

宗族组织重视其群体内部关系及群体与外部的关系，宗族规范中作了相应的规定。

睦族

宗族重视族内人际关系的和睦，宗规家训多设有“睦族”之类的规定。首先，采取族会的形式睦族。族会的形式多种多样，明代福建福清郭氏原有元旦族人之间沿门拜贺、吃岁膳以睦族的方式，嘉靖时该族“子孙繁衍、人多莫继”，又议行团拜礼（光绪《福州郭氏支谱》卷七《家矩》）。浙江湖州嵇氏嘉靖时所定《条规》有“合族”一项内容，指出，“四时祭祀散馂宴会”“婚嫁遣聘纳采宴会”“宗族有吉事众举醵宴以贺之，有凶事众出奠分以慰之”“冠以告成人、婚以谨继世、宗族毕集，燕享在所不废矣”（道光《嵇氏宗谱》第一本）。清代咸丰时四川李氏提出：“谱以合族叙少长、辨亲疏固也。然岁时祀事，萃子姓于一堂，族长宣示所睦宗者，俾智愚咸知钦承亢宗之道，其在斯乎。”（咸丰《李氏宗谱·宗范》）可知宗族岁时节日、祭祀之时或冠婚喜事，特别是元旦、清明、冬至等大型节日及主要祭祖日是进行睦族活动的重要时刻，相见、祭仪和分胙是最重要的睦族形式。其次，要求同宗之人互相帮助，特别是富者帮助贫人。明正德时江苏江都卞氏宗族认为：“本宗子孙有贫不能嫁娶殡葬者，同宗之人，自当念及。……小宗一支之中，殷实诸人，各笃本支，为之周助。”并认为族人既应当处理好尊长和卑幼的辈分关系，又要调适富贵与贫贱的关系：“睦族以和，毋论卑幼不可以犯上，即尊长亦不得以尊凌卑，如以富贵而藐视贫贱，恃强众而凌虐寡弱者，宗长责之，祖宗厌之。”（道光《江都卞氏族谱》卷三《卞氏宗祠初定条约》）清代论述尊卑贫富关系的宗族规范更多。宗族既强调按照亲等关系的尊卑“定序”，更重视和睦。如四川李氏强调“同族伯叔昆仲自有定序”。还提出：“族中贫富不齐，富者不可骄，骄则招尤，亦易起侈荡之心，贫者不可惰，惰则不惟益困，而且无所不至。”（咸丰《李氏宗谱·宗范》）主张富者不可骄，贫者不可惰。合肥杨氏宗族也重视族中的贫富关系，认为：“族间贫富自有不齐，然分则各门，各原一家，毋异视也，务要休戚相关，有无相恤，勿令无赖以致辱身，贱行陨节败名，有玷先祖也。”（咸丰《弘农杨氏宗谱》卷首《宗谱规条》）提倡互相帮助，勿做有辱先祖之事。《越州阮氏宗谱·家训》认为：“宗族皆一本所系，虽至服尽，非陌路也，故贫乏当赒，患难当扶，疾病当恤，孤寡当矜，有无当通，善当劝，过当规，庆吊当往来，酒食当常会，薄其所厚者固非，以一慢二者亦失。”更强调无服族人加强交往，互相帮助。最后，如族人之间发生争端，要求大家以和为贵，在内部解决。清代常州唐氏宗族规定：“族姓虽繁，以祖宗规之，总属一体，即有小气，各应忍气息争。若大事难容，亦须禀明公局，候管年人出单集议。”（民国《毗陵唐氏族谱·宗规》）江苏无锡《荥阳郑氏续修大统宗谱》乾隆时所定《宗约》也说：“族中贵相和好，切不可以小嫌而成仇隙。”同治时所定《宗禁》规定：“禁冒犯尊长，诬陷卑幼。凡卑幼有无礼于伯叔，尊长有加遣于子姓，俱告宗祠公断，其是非曲直，以定责罚之轻重。”提倡尊长与卑幼互相尊重。

邻里朋友及族际关系

宁波《越州阮氏宗谱·家训》认为："邻里不论新旧，宜相见以礼，相处以和，通有无，泯嫌怨，其大较也，稍有崖岸，难免乡评。"强调邻里以礼、以和处好关系，重视舆论的看法。无锡郑氏提出："要择交朋友，过则相规，善则相劝，相与端人、君子，则自为正人。"（民国《荥阳郑氏续修大统宗谱》卷三《四琏子格言》）四川唐氏规定："凡人处邻里、交朋友，皆当以忍让为先，我能忍让，人自感化，衅不求弭而自弭矣。"

在本族同外族发生纠纷的情况下，如果是无关紧要的小事，宗族要求族人以忍让为先，如涉及祖先尊严和伦理纲常的"大事"，则要求族人同仇敌忾，把宗族的荣誉和利益放在首位。明万历时安徽休宁吴氏宗族规定："外侮之来，皆由自我招之，由小隙成巨衅。由微不谨，以至大不可救，比比皆然，不可不慎也。倘事系众族，有关祖宗纲纪义不容已者，须协力御之，毋得推托不理；其或悻悻斗狠以取尤衅，虽关于众，亦不可助长以济暴也。"（《茗洲吴氏家纪》卷七《条约》）清代唐氏也指出，如果"与外人构衅""族人须当留心稽查，如我族理直，被人欺凌，族中无妨协力辩白，善为排解，如屈在我族，不遵道理，即当与外人调停和解，将该子孙从严惩责，以为惹事者戒。至若别生事端，不关祠堂公干，即不得动用公项，俾族人咸知忍让，不致狼戾自用，斯外衅不作，家门齐安，亦和气致祥之事也"（同治《唐氏族谱》卷一《宗规》）。该族特别告诫族人要忍让为先，极力避免族人倚仗宗族惹是生非，但理在己方，宗族可出面辩白调解。

族人与国家

宗族强调族人按时交纳赋税，做国家的顺民，避免给宗族带来麻烦。明代徽州婺源江氏祠规要求：“时供赋，凡宗祠一应粮差，祠正要行依期解纳。其各户毋论贫富，各宜体悉。”（万历《溪南江氏族谱》第六本《祠规》）河北任丘边氏也规定“遇钱粮当极早办纳”（乾隆《任丘边氏族谱》卷一九《一经堂家训》）。江西南昌李氏家规有“输国课”一条，提出“愿我宗人一切差征粮额，务俾如限输纳，庶几于朝廷为孝顺，于祖宗为克尚也”（光绪《深洞李氏大宗谱》卷一《李氏家规》）。明朝末年，政府不断加派赋役，人民不堪忍受，即使如此，有的宗族还要求族人以最大可能克服困难，急国家所急。江苏润州赵氏定有“急公务”的条款，指出：“近日条粮、杂役，总出上之不得已，民号不堪”，仍要“剜肉补疮，亦勉办于不能办者”（崇祯《赵氏宗谱》第四本《赵氏宗约》）。清代类似宗族也不少。江苏常州张氏家规有“完国课”一条，其内容是：“朝廷之取钱粮也，非以入私橐也，文武之俸出于是，士卒之养出于是，驱除寇兵之用出于是，取之百姓者还为百姓用之，故百姓得以从容安乐，以成其耕耨，以享其安饱也。此何必劳官府之催征、衙役之追促哉。世有拖欠以希宥赦、侵欺以饱私腹者，必不容于天地鬼神，凡我宗族夏熟秋成及期完纳，毋累官私焉，是亦忠之一端而实保家之道也。”（民国《毗陵城南张氏宗谱》卷二《家规》）无锡郑氏指出：“要早完国课，官银粮米，倘有拖欠，差人临户，惊鸡闹犬，好不烦恼，依时早完，亦一快事。”（民国《荥阳郑氏续修宗谱》卷三《四琏子格言》）这是以少找麻烦规劝族人。绍兴阮氏认为：“身际承于，无苛徭杂派之苦，衣租食税，悉出君恩。故国课最宜早完，必待胥吏追呼，是负恩也。吾愿族中急公亲上，毋稍迟滞。”（民国《越州阮氏宗谱》卷一九《家训》）把纳税视为忠君报恩的表现。镇江金坛庄氏规定：“早完国课：赋税上关国计，下系考成，草莽君臣之义，惟此为重，须率先急公，依限完纳，毋得拖欠，贻累乡里。……况且功令森严，绅衿欠粮，即行奏销，凡属于民，岂容少恕。”（光绪《金沙庄氏族谱》卷三，道光时定《家规》）把能否按时交纳赋税，看作是否忠君爱族的行为，并以清初奏销案告戒族人不要惹事。

宗族还要求出仕的族人，为官清廉，忠君报国。明代浙江平湖《陆氏家训》提出：“凡我子姓有官职者，以正直忠厚为本，以公廉仁恕为心，谦恭勤慎，节用爱民，忠贞体国，翼翼小心。”（天启《平湖县志》卷一〇《家庙·世德祠》）清代浙江会稽顾氏家范有“处富贵”一条，要求“子孙有出仕者，当以报国为心，仁民爱物，保守身家，毋事贪暴，且如非理得财，吾未见其受用长久者，徒增子孙骄奢傲慢之习，易于覆败，子孙切记之，倘有俸禄余资，当施于族人故旧之贫乏者，以足吾之志可也”（康熙《顾氏族谱》卷二《家范》）。清代江苏常州庄氏规定：“臣子当国家无事时，固当尽言尽职，为国为民，不为肥身富家之计，至于临利害、遇事变，死生存亡，间不容发，盟金石而不渝，炳日星而有耀，方得为之忠贞，若依阿取容，无独立不惧之节，持禄养安，

徽州古村落宏村

无公尔忘私之心，则干日读书何为？朝廷亦安用此臣子哉。”（民国《毗陵庄氏族谱》卷一一《宗约》）这是庄氏对族人出仕者的要求。

生活方式

宗族对族人的衣食住行、闲暇娱乐、嫁娶丧葬、职业选择、为人处世等也都有所规范。

职业选择

各宗族对族人选择职业的要求不尽相同。有的宗族承袭传统的正统观念，认为士为四民之首，农次之，工商又次之。明代万历时广东五华缪氏宗族的家训指出："士农工商，各居一义。艺，士为贵，农次之，工商又次之。量力勉图，各审所尚者，存乎人耳。"（民国《缪氏宗谱·兰陵家训》）清代顺治时苏州彭氏要求："宗人生业以读书习礼为上，次则训徒、学医、务农，次则商贾贸迁，若违礼背训入于匪类者，斥而不书。"（同治《彭氏族谱》卷一《修谱条例》）也把职业分为三个档次。清嘉庆时浙江慈溪章氏族规认为："士农工商四者，为人生之本业，士居四民之首，非徒雕虫小技窃取功名富贵而已。务宜整躬率物，凡忠孝节廉诸大端，挽狂澜于既倒，作砥柱中流，庶不为名教之罪人。若天下大利必归农，王者重农事耕耘收获，宜知稼穑之艰难。下而为工商贾，俱为器用所必资，各专其业，小可仰事俯畜，大可履丰席厚，亦切务也。"（光绪《慈南干溪章氏宗谱》卷二《族规》）认为士贵、农重而工商下，但并不过分强调其间的差别，而把四民皆作为本业。还有个别宗族把务农视为最上等的，如安徽嘉山戴氏认为："农者为上等，读书者为中等，贸易者为下等，若在三等以外，则为游民。"（宣统《戴氏宗谱·族范》）将传统的士农顺序颠倒过来，理由是居家首重谋生，农是最基本的谋生手段。

众多的宗族要求族人从事"士农工商"本业，成为"四民"之一，禁做无业游民。明代中后期宗族规范出现"工商皆本"的观念，嘉靖万历之际，浙江平湖人陆杲进士出身，官至刑部主事，其所立"家训"提出："四民之业，士农工商，孝悌忠信，人道之纲。业非四民即为游惰，人去四端，即为非类。"（天启《平湖县志》卷一〇《家庙·世德祠》附《陆氏家训》）要族人选择士农工商之业。明代后期《何氏家规》要求："男子要以治生为急，农工商贾之间，各执一业。"（张文渠辑、徐相节钞：《课子随笔节钞》卷二）清代此种论述更多，浙江宁波阮氏乾隆时家训说："培养子弟，务令执有一业，或读书、或力穑、或贸易、或操作，此之谓四民，盖有一事以束其身，心自不暇思及外务。其有不务正业者，是为游民，当禀请家、族长随时训导，以禁止之。"（民国《越州阮氏宗谱》卷一九《翼青公家训》）湖南匡氏道光时家规也要求："族内子孙，或士、或农、或工、或商，皆有定业，慎勿游手好闲，虚延岁月。"（道光《匡氏续修族谱》卷首《家规》）宗族把选择士农工商为业作为区别良民与游民的界限，要求族人成为四民之一即可。以上四民皆本的职业观与十六世纪以来"四民不分"、商人社会地位上升、职业结构变动是一致的，具有新的文化含义。[1]

宗族反对族人有"贱"的行为、从事"贱业"。清同治时四川唐氏认为："子孙皆先祖之血脉所流遗，辱身即所以辱先也。"规定族人："男不许鬻身为奴，女不许嫁人为妾，并不许充当贱役，他若诬盗、诬娼、暧昧之举，合族力为正之。其族纲正而子女不流于卑污，则祖宗亦有荣施焉。"（同治《唐氏族谱》卷一《宗规十条》）江苏高氏除了不许子孙为娼优、隶卒外，还规定："入异端而为僧道者……不许入祠入谱。"（民国《毗陵高氏宗谱》卷一《凡例》）

1 参见余英时：《士与中国文化》，上海人民出版社 1987 年版，第 525—540 页。

婚　姻

在讲求宗法的社会，婚姻的本质是为了传宗接代，是宗族的行为。所以清乾隆时《弘农杨氏族谱》规定，“终身未娶者，以不孝论”，不能进谱。把未娶视为对祖先不负责任的行为。婚姻又是家庭的基础，事关重大，宗族对婚姻的规定既多且详。

婚姻的条件。有的宗族维护尊长的主婚权，清代有的宗族规定：“男子定婚，女子许字，必谋于尊长，既决则告庙。”（民国《即墨杨氏家乘·家法》）有的宗族对婚龄作出规定，广东五华缪氏宗族要求：“男女议婚，必待十三岁以上方许行聘礼，恐时变更终有后悔。”（民国《缪氏宗谱·兰陵家训》）浙江湖州归安嵇氏嘉靖时规定：“男子二十以上皆可婚，女子十六以上皆可嫁。”（道光《嵇氏宗谱·条规》）有的宗族对婚时提出看法，江苏常州庄氏认为：“择婚须早，择妇不妨稍迟，头角稍殊，读书明理，自然得妇。”妇女早嫁，使其有所归，而男子稍稍晚娶，是为了功名。至于“襁褓联姻者，多至不偶，可以为戒”。然而晚婚也是相对的，“男大不娶，女大不嫁，不仁孰甚，且壅闭其性，此为逆天之民”（民国《毘陵庄氏族谱》卷一一《训诫》），从根本上反对晚婚。

择配标准。宗族规范多重视门当户对，强调良贱不婚，反对婚姻论财及卖女为妾。徽州婺源江氏宗族于明万历时所定祠规要求“慎嫁娶”，认为“凡嫁娶须择门第相当并父母情性醇笃者，方许结婚，毋贪厚奁重费，毋为鬻骨重索。惟求婿妇得人，自可相安，克昌家道，其有卖女为妾，贻辱家门，竟削本枝，不许入祠。”（道光《嵇氏宗谱》第一本《条规》）湖南匡氏也强调门当户对和良贱不婚，道光时所修家规说：“族内子女婚配，必择门户相当之家，如以女利而嫁苍头之子为妻，既玷祖宗，且辱同宗，照律杖一百，将子女逐出外境，田产编入宗祠。本房房长知而不究者，杖三十，并除顶役。”（道光《匡氏续修家谱》卷首《家规》）对良贱通婚的惩罚极为严厉。不少宗族重视婚姻对方的“家风”，即家庭的文化背景。江苏无锡郑氏规定：“娶妇、嫁女，毋论大家小家，必细访其门户清白，祖、父皆正直诚谨之人，其子孙必多贤良，宜切可卜，切勿但贪财物，不问家风，异日妇或悍妒、婿多侈奢，其害非小。”（民国《荥阳郑氏续修大统宗谱》卷三《宗约》）浙江慈溪章氏要求：“择婿不论贫富，必其先世积德有素而子弟纯粹者，乃可立宗。求媳不论艳美，必其闺门防闲既正而女德夙优者，方可宜家。”（光绪《慈南干溪章氏宗谱》卷二《族规》）把家风和当事者个人的品行道德放在首要位置。

离婚与再婚。关于离婚，湖南匡氏规定：“凡族内子孙妻妾若丁妇无七出之犯，于夫无义绝之状而擅自出亡者，杖八十；虽犯有七出有三不去而出之者，追究原妇，仍配本夫。”限制男女随意休妻。关于再婚，浙江宁波阮氏宗族认为，男子“中年丧偶，续娶亦所不免，但须时时警惕，勿令前妻子女暗地泣饮”（民国《越州阮氏宗谱》卷一八《家训》），表明该宗族要求男子不要随意续娶，要考虑子女未来的生活。女方，一般要求守节。江苏金坛庄氏规定：“矜孤霜，以全名节”（光绪《金沙庄氏宗谱》卷三《宗约》），要求族人周济寡妇，使寡妇不致再嫁。有的宗族还禁止转房。湖南陈氏家规有“婚姻无转房”（同治《中湘下砂陈氏族谱》卷四《家规》）的规定，四川铜梁周氏要求：“戒嫂媳转房子女为妾”（光绪《安居乡周氏宗谱》卷一《训规》）。

丧 葬

宗族一般提倡丧葬遵守礼制，提倡节葬，反对停丧不葬、丧葬作佛事等有违儒家学说的风俗。明嘉靖时浙江湖州归安嵇氏要求：“制丧仪制务循礼，视吾力之所及与吾分之所当，得力可为而不为与不当为而为者，皆非礼，亦不可久殡在家。”（道光《嵇氏宗谱》第一本《条规》）清代有关规定更为普遍。湖南匡氏规定：“父母丧，必须依礼定限安葬，若惑于风水，或托故久停不葬者，俱属不孝，杖八十。”（道光《匡氏续修族谱》卷首《原家规》）反对因迷信风水而停丧不葬。四川唐氏认为：“佛事道场，荒诞不经，演戏吹唱，以忧为乐，一切繁文缛节，时俗之所尚，大非丧礼之所宜，徒耗资财，实无益耳。……至于葬亲，固宜卜吉壤，然惟求其不为道路、不傍沟洫、不近城市，择厚土而安厝，切不可执福荫之说，停柩不葬，日久迁延，设遇变故莫测，以致亲骸暴露，不能归窆，不孝之罪，孰大于是乎？”（同治《唐氏族谱》卷一《家训》）反对丧葬佛道，闹丧以及停柩不葬。浙江宁波卢氏也有类似规定：“治丧须依家礼，富厚者毋得过制，贫乏者毋得停殡在家，丧中不得建醮用乐。”（咸丰《甬上卢氏敬睦堂谱稿》卷一《宗约》）

勤　俭

宗族主张日常生活要勤俭、反对奢靡。明代广东佛山霍氏有“饮食之戒”：“事虽小节，为害亦大，除冠婚、丧祭、会亲，随家有无，随时所为。凡待亲戚，不可奢美。”又有“衣服之禁”：“子女嫁娶，罗绮许用一新；常日穿著，不可华美。……吾子孙有桑麻以供丝蚕，买棉花务亲纺织。妇工勤，衣服足，若滥用，岂能长久。”[1] 浙江归安嵇氏要求：“勤俭为起家之本，子孙自壮至老，当一遵之，凡一切游观无益之费，皆勿为，庶身安而家可保也。”（道光《嵇氏宗谱》第一本《条规》）把勤俭作为起家和保家的根本。广东五华缪氏强调禁奢靡，规定：“子孙各要布衣蔬食，惟祭祀、宾客之会，方许饮酒食肉，暂守新衣，幸免饥寒足矣。”（民国《缪氏宗谱·兰陵家训》）布衣蔬食是其生活常态。江苏无锡郑氏认为：“士农工商，莫不各有其事，明而动，晦而休守，寸阴是惜，勤也，饮食淡泊，衣服不尚纷华，俭也。”（民国《荥阳郑氏续修大统宗谱》卷三《四琏子格言》）倡导族人勤俭，特别是勤，郑氏要求“寸阴是惜”，各务本业。这种敬业、惜时的原则，实与宋以后儒家精神相一致。明清时代勤俭思想深入日常人生之中。[2]

事关勤俭，宗族对乡居还是城居有不同主张。前引广东五华缪氏为保证勤俭淳朴的家风，坚持乡居，反对城居，规定：“累

1 《太原霍氏崇本堂族谱》卷三《太原霍氏仲房世祖晚节公家箴》，转自《明清佛山碑刻文献经济资料》，第 470 页。

2 参见余英时：《士与中国文化》，第 495—499、553—556 页。

世乡居，惠有定业，子孙不许移家住城，骄奢游惰，习俗移人，鲜有能自拔者。”（民国《缪氏宗谱·兰陵家训》）坚持过一种田园生活。而江苏无锡郑氏，看法则截然不同，要求：“戒乡居，谚曰‘乡间柴米贱，只怕子孙愚’。居住乡村，所见所闻无非种田事业，袒裼裸裎，习惯自然，城中街坊大道，衣冠束带，不失斯文之体，法所当法，戒所当戒，余之后人懋之勉之。”（民国《荥阳郑氏续修大统宗谱》卷三《四琏子格言》）把城居看作比乡居文明的生活，具有这种思想者明清时代越来越多。

娱 乐

宗族对娱乐也有所要求。明代广东佛山霍氏认为：“一年之景，元宵之灯酒，三月初三之扮饰，五月五之龙舟，七月七之演戏，世俗相尚，难于禁革，缘此等事，虽是后生好胜，实是有损无益。”反对从事文体活动，其理由是：“吾见元宵灯友烂醉者多，或戏笑，或争，或相打成讼。三月三扮饰，好事者，大众赁人衣服，借人首饰，或雨汗湿，或遗失损破，用价赔偿，此事何益。至于端午竞渡，决不可为。吾见前后溺死者多少，虽死生由命，若是福人，必不为此。七月之演戏，良家子弟，不宜学习其事，虽学会唱曲，与人观看，便是小辈之流，失于大体，一人散诞，必淫荡其性。后之子孙，遵吾墨嘱。”（《太原霍氏崇本堂族谱》卷三《太原霍氏仲房世祖晚节公家箴》）其说虽有些道理，但实为因噎废食之举。清代无锡郑氏也规定：“戒游手好闲之人，人之思，劳则日生，怠则日靡。即看戏一事，亦属无益，博弈好饮酒，终非善类。”（民国《荥阳郑氏续修大统宗谱》卷三《四琏子格言》）常州杨氏也有“不许习丝竹唱词曲”（民国《即墨杨氏家乘》第一册《家法》）的规定，把音乐戏曲视为坏人品性的东西。还要求“妇人不得入庙焚香，不许游山玩景”（民国《即墨杨氏家乘》第一册《家法》）。或许是出于防微杜渐，减少妇女与外界接触的机会。

宗族特别反对赌博。明天启时河北任丘边氏所定家训说：“禁赌钱，凡人初赌时，只云解闷，又云小赌有何大害，不知小者之大基，赌钱初则失钱，钱尽则失物，物尽则破产，及至破产，上不能容妻子，名为匪类，甚而卖子质妻，身居下品，此

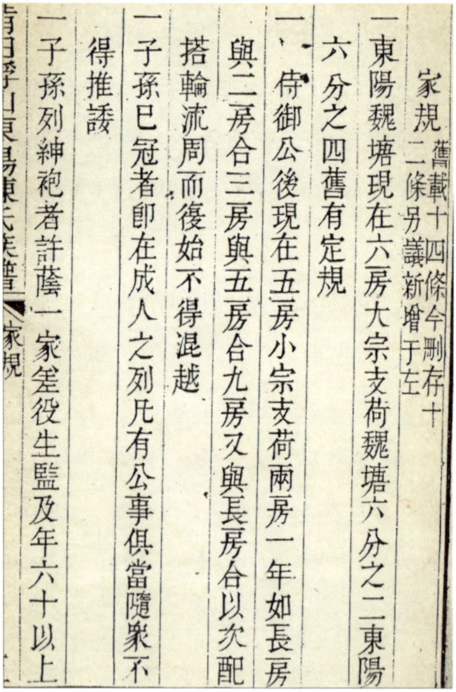
家規 舊載十四條今刪存十二條另議新增于左
一東陽魏塘現在六房大宗支荷魏塘六分之二東陽六分之四舊有定規
一、侍御公後現在五房小宗支荷兩房一年如長房與二房合三房與五房合九房又與長房合以次配搭輪流周而復始不得混越
一子孫已冠者即在成人之列凡有公事俱當隨衆不得推諉
一子孫列紳袍者許蔭一家差役生監及年六十以上

莆田浮山東陽陳氏族譜 家規

采自清嘉庆《莆田浮山东阳陈氏族谱》

时悔之晚矣。”（乾隆《任丘边氏族谱》卷一九《一经堂家训》）痛陈了赌博的危害性。清代族谱中有关“戒赌博”的规条很多，宗族对犯有赌博者严厉惩责。如无锡郑氏认为赌博“消耗先人储业，所谓作无益、害有益，诚宜切戒者也。如有子孙犯者，急为禁止，能改则已，不改则宗祠重惩，仍责成其父兄伯叔督之，必改而后已，其诱人为非者同”（民国《荥阳郑氏续修大统宗谱》卷三《宗禁》）。绍兴阮氏提出：“吾愿族中共相戒勉，思患预防，家、族长不时稽查，劝谕惩治之。”（民国《越州阮氏宗谱》卷一九《翼青公家训》）

吸食鸦片、嫖娼也是宗族反对的。清代四川唐氏明确反对“迷恋娼赌、酷嗜鸦片、打牌掷骰”这些“非为”，要求“各房长确知，先以理戒，以情谕，情理不能感服，房长告知族长，族长会同族众，以其所犯过恶，告明祖先，爰请家法，以重惩责”（同治《唐氏族谱》卷一《宗规十条》）。晚清社会上吸食鸦片盛行，众多的宗族都有禁止族人吸食鸦片的规定。

清中叶河南的人口与婚姻家庭

清廷档案的刑科题本具有重要的社会经济史料价值，新近出版的《清嘉庆朝刑科题本社会史料辑刊》[1]为研究者提供了丰富而宝贵的资料。我们尝试利用该书并结合乾隆朝刑科题本，就河南的人口、婚姻、家庭作一探讨。

资料说明

《清嘉庆朝刑科题本社会史料辑刊》一书辑录1665件档案，笔者从中辑录出河南档案59件，可见该书中河南档案所占数量较少。我将《清嘉庆朝刑科题本社会史料辑刊》（以下简称《辑刊》）中的河南档案列表如下：

1　南开大学中国社会史研究中心等编，杜家骥主编：《清嘉庆朝刑科题本社会史料辑刊》，天津古籍出版社，2008年。

《清嘉庆朝刑科题本社会史料辑刊》河南资料一览表

序号	年月	府州县	标题	页数
1	4/9	光州息县	民吴丰因处理族内纠纷打死无服族侄案	7
2	12/4	陕州	民姚进宝挟嫌帮殴致死无服族叔姚喜先案	127
3	15/2	河南登封	张锁殴伤无服族叔张海全身死案	163
4	15/4	南阳南阳	民妇杨刘氏误把巴豆入锅致祖姑杨苏氏身死案	167
5	16/4	南阳邓州	民林大元等因索找地价纠纷殴伤无服族叔林朗身死案	197
6	16/4	彰德内黄	民张黑风因割麦纠纷殴毙无服族侄张五喜案	198
7	17/12	开封通许	民陈明因口角殴伤无服叔祖致死案	238
8	19/7	南阳淅川	民武献汶理斥妻子周氏偷面伤其身死案	271
9	20/2	河南嵩县	民刘汉臣勒死妻子王氏图赖王忝成案	284
10	21/8	河南嵩县	李幅枪伤小功叔祖李泳范身死案	312
11	24/4	南阳内乡	民汪士杰救父心切推跌缌麻服兄汪登第毙命案	389
12	15/11	河南永宁	民樊胡闹因债务纠纷殴毙李发财私埋匿报案	448
13	19/10	彰德武安	民白良与子将闹事之表侄郭义殴伤致死案	462
14	22/9	开封鄢陵	民殷法武因索讨旧欠租课殴毙岳父陈功汉案	477
15	4/9	开封尉氏	民魏九因索欠被侃二打死案	502

续表

序号	年月	府州县	标题	页数
16	5/5	河南洛阳	民马寅因欠钱纠纷殴伤杨振甲身死案	510
17	5/8	汝州伊阳	民李方文因出钱纠纷伤张湛身死案	515
18	7/3	陕州卢氏	民张建月因索欠被邻村人吴小保殴伤致死案	528
19	7/9	彰德安阳	民杨玉掷伤同村人刘添保身死案	540
20	9/5	光州光山	民缪志因索房屋当价打死李三省案	561
21	9/12	河南宜阳	民陈根银因羊入雇主田内事将邻人白七娃致死案	568
22	11/10	河南洛阳	民李有谋毒邻人杨保子女幅姐等一家三命案	598
23	15/3	汝州鲁山	民刘贵因劝架纠纷砍伤张用幅身死案	609
24	15/9	光州固始	民杨秉栋因租屋纠纷戳伤李汝美身死案	621
25	19/8	光州光山	民刘银因秽骂杨蔡氏致其气愤服毒身死案	679
26	21/3	汝州	民王泳受扎伤李云生身死案	700
27	20/闰6	光州息县	民瓮维梓因索找当价枪击无服族侄瓮圣泽身死案	707
28	8/12	陈州商水	民栾白因被索欠打死内乡县民谢法案	832
29	9/2	开封禹州	客民王六等因口角打死赵五头案	834
30	16/5	汝州鲁山	封得林因债务纠纷殴伤山西凤台县来学仪身死案	888
31	16/5	开封永城	薛会畛因工钱纠纷被客民王住扎伤身死案	911

续表

序号	年月	府州县	标题	页数
32	17/7	汝宁罗山	客民霍隆漳等谋杀湖北黄冈县民张怡顺案	951
33	18/1	开封祥符	客民韵之亮因争闹踢伤于三致死案	957
34	18/7	南阳南阳	客民李兴成因口角砍伤徐宗汉致死案	969
35	21/4	南阳邓州	客民范守宇因债务伤王振录身死案	999
36	22/11	光州光山	民张甫因索讨压租钱被客民陈兴殴毙案	1011
37	8/9	汝宁上蔡	民妇史赵氏因索欠被史合辱骂自缢身死案	1049
38	15/6	许州襄城	韦凤成因卖房纠纷踢死梁王氏案	1075
39	21/11	陈州淮宁	民朱妮子将已改嫁亲姑艾朱氏扎伤身死案	1097
40	27/7	汝宁罗山	王魏氏因拦阻夫兄王士幅转当房屋被殴毙案	1106
41	4/10	河南嵩县	二龙庙道人赵仁秀因争寺产打死孙义贵案	1124
42	9/11	卫辉滑县	民李俊在亳州因口角砍死僧通润案	1135
43	4/3	汝宁正阳	民刘荒因退佃纠纷打死田主邢建功案	1240
44	16/4	归德夏邑	王谦禄等因退佃纠纷殴伤秦元身死案	1302
45	24/1	陕州卢氏	民武振帼因强行撤佃被佃户尤法才殴毙案	1358
46	7/7	开封祥符	陈添良因被辞谋杀东家蒋大有案	1373
47	10/6	南阳裕州	客民宋发金因口角打死铺伙周和案	1392

续表

序号	年月	府州县	标题	页数
48	16/5	开封商丘	民王有章疯发砍伤雇工吕贵身死案	1426
49	18/3	汝宁上蔡	雇工邵金山因索欠谋杀王陇章致死案	1437
50	20/6	开封禹州	民史闺女因索欠伤雇主史庆安身死案	1453
51	22/6	南阳叶县	民孙柏松因索欠伤同宗族雇主孙合身死案	1473
52	24/2	归德宁陵	民黄克信殴毙邻庄人王大根案	1480
53	24/6	汝州宝丰	民李重因拖欠工钱被雇工陈玉殴毙案	1483
54	15/10	南阳镇平	回民牧二等共殴汉人陈帼法身死案	1573
55	5/4	汝宁遂平	遣犯梁亚树因财物纠纷伤遣犯徐亚执身死案	1674
56	8/10	怀庆孟县	民段青山因口角打死杜金德案	1697
57	15/6	开封祥符	戏子李进才因债务纠纷砍伤戏班管事范百旺身死案	1773
58	16/6	光州	民张同盛等因被强拉牛只事致伤施文礼等身死案	1817
59	16/8	汝宁新蔡	孙孟因中人纠纷扎伤张魁身死案	1824

说明：表中的“年月”栏目中符号“/”前面的数字为嘉庆朝的年份，后面的数字为月份；“府州县”栏目中前面为府或直隶州，后面为府州所属的县；“标题”栏目中的内容为《辑刊》原标题去掉所属开头省县地名后的部分；“页数”栏目中序号1–14为《辑刊》第一册，序号15–40为《辑刊》第二册，序号41–59为《辑刊》第三册。

清嘉庆朝共25年，表中的档案在嘉庆朝的年份分布大致呈均匀状态。

据《清史稿·地理志》记载，嘉庆时期河南省领府九，直隶州五，县九十多个。府州包括：开封府，领州一，县十一；归德府，领州一，县八；陈州府，领县七；许州直隶州，领县四；郑州直隶州，领县三；河南府，领州一，县十五；陕州直隶州，领县三；汝州直隶州，领县四；彰德府，领县七；卫辉府，领县九；怀庆府，领县八；南阳府，领州二，县十；汝宁府，领州一，县八；光州直隶州，领县四。

上述表格中的59件档案，如按照府州分布，可知开封府10件，归德府2件，陈州府2件，河南府8件，彰德府3件，卫辉府1件，怀庆府1件，南阳府9件，汝宁府7件，许州直隶州1件，陕州直隶州3件，汝州直隶州5件，光州直隶州7件，除了郑州直隶州无记载，其他各府与直隶州均有资料，基本覆盖了河南全省，资料具有普遍性；尤以开封府、河南府、南阳府、汝宁府、光州直隶州五个府州资料较为集中。

《辑刊》所载的档案资料，有案件事主交代的家庭亲属年龄及基本情况的记载，对于了解当时人口、婚姻、家庭等状况很有用处，是我们认识社会的基本内容。我将档案中的这些情况辑为一表，然后进行初步的分析。

《清嘉庆朝刑科题本社会史料辑刊》河南事例中的年龄数据表

序号	当事人	父亲	母亲	备注	页数
1	张锁二十三岁	张士超七十五岁	赵氏六十二岁		163
2	杨刘氏二十一岁			过门三年	167
3	陈明四十七岁	陈庭甫六十一岁	郭氏六十一岁	有妻、二子	238
4	汪士杰三十二岁	汪魁元六十六岁	张氏年六十七岁		389
5	樊胡闹二十八岁	已故	改嫁	有妻	448
6	白良四十六岁	已故	已故	有妻、二子一女	463
7	侃二,二十七岁	侃进宝六十二岁	陇氏六十三岁	兄弟二，有妻，一子	502
8	缪志年五十九岁	已故	已故	无妻	561
9	杨秉栋四十六岁	已故	已故	有妻、四子	621
10	王泳二十九岁	王湛森七十一岁	已故	有妻、二子	700
11	瓮维梓二十九岁	瓮浩然六十二岁	郑氏五十五岁	有妻、一子	707
12	栾白年三十五岁	栾喜七十一岁	已故	无兄弟、妻、子	832
13	封得林五十六岁	已故	马氏九十岁	有妻李氏	888

续表

序号	当事人	父亲	母亲	备注	页数
14	王住三十岁	已故	任氏七十五岁	有哥王年	911
15	韵之亮山西徐沟县人，二十三岁	韵凤来七十二岁	病故	无兄弟、妻、子	957
16	李兴成三十六岁	已故	侯氏七十一岁	无兄弟、妻、子	969
17	范守宇三十九岁	已故	陈氏七十八岁	无妻、子，兄弟四人	999
18	陈兴三十七岁	陈学七十七岁	郭氏七十一岁	无兄弟、妻、子	1011
19	史合二十三岁	史正恺五十八岁	刘氏五十六岁	有妻、兄、弟二	1049
20	韦凤成二十九岁	韦添一	黄氏	无妻，有兄	1075
21	朱妮子三十岁	已故	已故	无兄弟、妻、子	1098
22	王士幅五十一岁	已故	已故		1106
23	李俊四十四岁	已故	已故	无兄弟、妻、子	1135
24	刘荒二十九	已故	李氏七十七岁	有兄刘冉	1240
25	王谦禄二十一岁	王佐六十一岁	张氏五十岁	有兄一，弟二	1302

续表

序号	当事人	父亲	母亲	备注	页数
26	尤法才二十八岁	已故	已故	没兄弟，有妻	1358
27	陈添良五十二岁	已故	已故	没兄弟、妻、子	1373
28	宋发金山西介休县人，年四十六岁	宋丙年七十六岁	王氏七十一岁	兄弟二，有妻	1393
29	邵金山三十五岁	邵转邦	刘氏	与兄分居	1437
30	史闺女十九岁	史毛翼六十岁	已故	没兄弟，有妻、子	1453
31	孙柏松四十一岁	已故	已故	有弟、妻，子死	1473
32	黄克信四十四岁	已故	已故	妻死，子二	1481
33	陈玉甘肃河州人，年三十二岁	已故	已故	弟兄四人，无妻、子	1483
34	牧二，二十六岁	已故	已故	有妻，一女	1573
35	段青山二十八岁	段敬年五十一岁	已故	没兄弟，有妻、子一	1697
36	李进才四十三岁	已故	已故	没兄弟、妻、子	1773
37	张春二十二岁			兄二，分居	1817

续表

序号	当事人	父亲	母亲	备注	页数
38	王应二十二岁	已故	已故	祖母王氏年九十一岁，胞叔王自成四十六岁，没兄弟、妻、子	1818
39	张同盛四十八岁	已故	已故		1818
40	孙孟五十九岁	已故	已故	有妻、子一	1824

说明：表中的年龄数字，按照古代中国的传统是虚岁，比实际年龄多一岁。

表中40例中，有序号第15韵之亮山西徐沟县人、第28宋发金山西介休县人、第34陈玉甘肃河州人，均系外地到河南者，也一并列入，增加一些比较的数字。序号第2者是女性，其余是39例男性事例。

人口、婚姻、家庭分析

阅读案例与表格，给笔者印象深刻的是，不少人年纪较大超过三十岁未婚独身，如汪士杰三十二岁、缪志年五十九岁、王住三十岁、李兴成三十六岁、范守宇三十九岁、陈兴三十七岁、朱妮子三十岁、王士幅五十一岁、李俊四十四岁、陈添良五十二岁、邵金山三十五岁、陈玉三十二岁（甘肃河州人）、李进才四十三岁、张同盛四十八岁，39个事例中，14人未婚独身，比例较高。这14人中三十年龄段有9人，四十年龄段2人、五十年龄段3人。三十岁以下未婚者有：张锁二十三岁、韦凤成二十九岁、刘荒二十九岁、王谦禄二十一岁、张春二十二岁、王应二十二岁6例，其中韦凤成、刘荒均为二十九岁，年龄较大，其余则二十岁出头，年龄较小。我也不排除上述事例中可能有题本记载未出现妻子而实际有或者离过婚的情况，但相信这样的事例不会太多。

笔者印象深刻的还有就是案子事主的父母长辈有很多高寿者。事主父亲年龄在七十年龄段的6人，六十年龄段的6人，五十年龄段的2人，22例已故，3例未提到，以存世有年龄记载的 14 人来看，12 人是六七十岁，其中 2 人超过七十五岁[1]；事主母亲年龄在九十年龄段的 1 人，七十年龄段的 6 人，六十年龄段的 4 人，五十年龄段的 2 人，22 例已故，4 例未提到，五十岁以上 13 人，六七十岁者 10 人，还有 1 位高寿九十岁，加上身为祖母的另一位王氏年九十一岁，则九十岁以上的女性老者有 2 位。上述事例表明，清中叶河南女性活到六七十岁是普遍现象，甚至出现高达九十岁的女性。当时人的健康状况可能并不是像人们想象的那样糟糕。

表格中还透露出其他信息，如已婚者当中，由于出现父母的年龄，我们可以获得父母年龄差的资料。这样的事例中，父亲大母亲十三岁 1 例、大十一岁 1 例、大七岁 1 例、大六岁 1 例、大五岁 1 例、大三岁 1 例、大二岁 1 例，同龄的 1 例，父亲小母亲一岁的 2 例，婚龄差很不均衡，婚龄差较大者如 5 岁以上多达 5 例，有 2 例超过十岁。[2] 婚龄差较大，可能说明婚姻的选择性较大。

在有父母子女年龄的数据中，我们可以推算出生子的年龄。张锁是母亲三十九岁出生的、陈明是父母亲十四岁出生的、汪士杰是母亲三十五岁出生的、侃二是母亲三十六岁出生的、瓮维梓是母亲二十六岁出生的、封得林是母亲三十四岁出生的、王住是

1　中国第一历史档案馆、中国社会科学院历史研究所编：《清代土地占有关系与佃农抗租斗争》记载，乾隆十七年，河南鹿邑县有刘九围八十三岁、孔兴铎七十八岁，均为较为富裕农民，中华书局 1988 年，上册第 19、20 页。

2　郭松义先生指出，清代平均婚龄“男子一般要大于女子 2 岁到 3 岁多”，见郭松义《伦理与生活——清代的婚姻关系》第 221 页，商务印书馆 2000 年版，该书第五章第六节讨论夫妻年龄差，见该书第 221—232 页。

母亲四十五岁出生的、李兴成是母亲三十五岁出生的、范守宇是母亲三十九岁出生的、陈兴是母亲三十四岁出生的、史合是母亲三十三岁出生的、王谦禄是母亲二十九岁出生的、宋发金（山西介休县人）是母亲二十五岁出生的，共计13例。这其中极端的例子是陈明是父母亲十四岁出生的，绝对属于早育；20岁年龄段生育的3例；30岁年龄段生育的8例；40岁年龄段生育的1例。多数事主是母亲三十多岁生育的，可能说明女性晚婚、生育期长、生育子女存活率较低等，而当时三十多岁已婚女性生子是普遍现象当是不争的事实。在只有事主父亲年龄资料的场合，栾白是父亲三十六岁出生的、韵之亮是父亲四十九岁出生的、史闺女是父亲四十一岁出生的、段青山是父亲二十三岁出生的，可见三十多岁的父亲得子也是普遍现象。

关于陈明是父母亲十四岁生的问题，另有童养媳的资料或许可以说明早婚早育的存在。河南洛阳人李有娶妻张氏，有三个女儿，都已许人过门童养（《辑刊》第2册598页）。如果是童养媳，早婚且有可能早育。

女性的婚姻不仅有童养，还有卖婚与改嫁的存在。嘉庆十八、十九年彰德武安白良因贫陆续向郭义借用钱米，合钱五十五千，郭义要聘其女儿为妻，把借项作为聘礼，白良因他年纪已大，不允，郭义就常来索欠，白良把女儿卖了（《辑刊》第1册463页）。“把女儿卖了”是白良所说，而郭义的说法是“白良把女儿另嫁”，可见这一嫁女因是买卖婚姻，视为卖女。河南永宁樊胡闹年二十八岁，父亲已故，母亲陈氏改嫁与李发财为妻

（《辑刊》第 1 册 448 页）。陈州府淮宁县人朱妮子的亲姑母，先嫁汝阳县人张文彩为妻。嘉庆二十年三月间张文彩病故。姑母孤苦无依，到朱妮子家同居过活，带有钱十二千，陆续用完。二十一年，淮宁艾中兴前妻病故，经人说合，娶朱妮子的寡居姑母朱氏为妻，财礼钱七千文。出外佣工的朱妮子回家，查知姑母已改嫁，因姑母私自嫁人向她理论。朱妮子说其不该私嫁，姑母回说朱妮子把她的钱文花完，在外游荡，她没有吃用，只得改嫁。双方争执，酿成命案（《辑刊》第 2 册 1098 页）。嘉庆十六年五月初一日光州人张兆、张春分居，胞兄张潮病故，遗妻王氏一人，张兆等并不管顾孀嫂，张同盛收留到家养活。王氏有桌椅、板凳、锅碗，零星物件携带使用。六月初五日王氏被其兄王有和接回，初十日张同盛查知张兆与王有和把王氏嫁卖。十一日早张兆同张春等到张同盛家搬取王氏的桌椅物件，张同盛原要留算王氏房饭钱文，不许他们搬取。张兆不依嚷骂，同张春把张家门外拴的牛两头牵走作抵，张同盛等追夺，酿成命案（《辑刊》第 3 册 1818 页）。可见一般人家女性丧夫后，生活较为艰难，就要改嫁，有时寡妻的亲属则强迫其改嫁，有所谓“嫁卖”的存在，改嫁涉及财产等经济问题，往往引起争端。

兄弟分家另过是普遍存在的。光州息县人吴玉南兄弟三人，久已分居（《辑刊》第 1 册 7–8 页）。光州张春年二十二岁，大哥张潮、二哥张兆，都已分居（《辑刊》第 3 册 1817–1818 页）。汝宁府罗山县人王士幅，年五十一岁，父母俱故。王魏氏是其已故胞弟王士英的妻子，分居过活（《辑刊》第 2 册 1106 页）。该府上蔡县人邵金山，年三十五岁，与兄邵玉还已经分居（《辑刊》第3册1437页）。

家庭规模较大，内部结构呈多样性。河南府嵩县李泳范之兄李廷献已故，生子李文魁，同居无嫌。家有祖遗公共房屋五所，地二百八十三亩零，祭田七亩。向来李泳范经管，李泳范又续买房屋二所，田五十八亩零，祭田三亩。嘉庆二十一年七月二十三日，李泳范要与李文魁分家，续置房田自己独得，李文魁不依，导致争端命案。李文魁有儿子李幅，这是兄弟两门至少三代人同居的大家庭（《辑刊》第1册312页）。开封府洧川县人侃二年二十七岁，父亲侃进宝年六十二岁，母亲陇氏年六十三岁，两个兄弟，妻子吴氏，一个儿子（《辑刊》第2册502页）。可能当时未分家，一家七口人。

光州府固始县杨秉栋年四十六岁，父母俱故，并没弟兄，妻子万氏，四个儿子。是一个六口之家。（《辑刊》，第2册621页）河南府洛阳县人李陈氏男人已故，李有是其儿子，他娶妻张氏，没有生子，只有三个女儿，都已许人过门童养。李有也是五口之家，如果算上寡母则是六人。同县人杨保，妻子雷氏，有女儿幅姐、文姐，杨锁是其儿子。可知有儿女三人，是五口之家（《辑刊》第2册598页）。汝州王泳年二十九岁，父亲王湛森年七十一岁，母亲已故，妻子杨氏，长子王黑年六岁，次子王妮年一岁（《辑刊》第2册700页）。可见王泳夫妻小家庭四口，算上鳏父属于五口之家。光州息县人瓮维梓年二十九岁，父母健全，妻子孙氏，生子保住（《辑刊》第2册707页）。这个家庭三代人五口。彰德武安白良供年四十六岁，父母俱故，妻子季氏，两个儿子，一个女儿，系五口之家（《辑刊》第1册463页）。给我们的印象是，五口之家普遍存在，但五口以上的家庭也不少，这些家庭内部的关系有多种情况。

值得注意，案例中反映出人口的移动现象较多。省内移动的，有封得林年五十六岁，原籍洛阳县，迁居汝州府鲁山县种地度日（《辑刊》第2册888页）。商丘县人霍隆漳年五十六岁，父母俱故，并没兄弟、妻、子，寄居汝宁府罗山县，开设杂货铺（《辑刊》第2册951页）。嘉庆六年闰三月十八日在河南叶县发生了23人合伙打劫樊曰恭家的大案，这些人并非职业盗匪，而基本上是离叶县不远的异地找工的人，其中有汝州人方添佑、董狗、陈铁匠、陈有牙、赵第二、王兰、宁有幅、赵悦惠、郭骆、张撇，裕州人刘和、倪群，宝丰人煤黑儿，鲁山人王第二、郭来成，不明籍贯的汪金八等四人，也有叶县当地人裴四、李忝成、李传玉、胡六玉。他们多系离家外出找工的人。如鲁山人郭来成，母亲以外没有亲属，到汝州瓦店茔觅工；汝州人董狗，有父亲，佣工度日，也是到瓦店茔找工的，与郭来成、方添佑、陈铁匠等相识，大家说起穷苦，起意打劫。他们不是一个府县的人，而互相熟识，显然是觅工、打工中结识的，可知在外地打工必是多年了。[1]外省来河南的情形，以山西人最多。如山西介休县人宋发金年四十六岁，父亲宋丙年七十六岁，母亲王氏七十一岁，兄弟宋发宁、宋发禄都已成丁，妻子李氏没生子女，原借领李彭年本

1　中国第一历史档案馆藏档，“内阁全宗 · 土地债务类 · 刑科题本 · 嘉庆朝”，第4584包。

钱来南阳府裕州增福里开设杂货铺面（《辑刊》第3册1393页）。汝州府鲁山县袁际瀣开杂货铺做生意，来学仪是山西凤台县人，在其铺内做伙计，他有胞兄来学礼在淮宁县周家口做生意（《辑刊》第2册888页）。山西太谷县人杜金和、杜金德是弟兄，赶有骡马四十匹往河南府售卖（《辑刊》第3册1697页）。山西徐沟县人韵之亮年二十三岁，来祥符县朱仙镇吴德义铺内帮工（《辑刊》第2册957页）。这4例中，前3例都是经商做生意，后一例是打工。北方的事例还有直隶长垣县人陈添良，年五十二岁，父母俱故，并没兄弟妻子，向在河南省城做工度日（《辑刊》第3册1373页）。甘肃河州人陈玉年三十二岁，父母俱故，弟兄四人行二并没妻子，二十三年十一月间雇与陕西客人赶车，到鲁山县境因病住下，二十四年正月病好，缺乏盘费不能回家，雇给李重，来汝州宝丰县境煤窑帮工（《辑刊》第3册1483页）。也有南方的事例，如安徽省，开封永城薛会畛“开铁匠铺生理，雇王住在铺帮工”，王住乃安徽亳州人，年三十岁，父亲已故，母亲任氏年七十五岁，有哥王年（《辑刊》第2册911页）。湖北黄冈县人张怡顺年四十二岁，在汝宁罗山县赁住董森房屋贩卖竹货（《辑刊》第2册951页）。此外，还有河南人到外省的事例。如汝州人范守宇年三十九岁，父亲已故，母亲陈氏年七十八岁，并无妻子，兄弟四人，与兄弟范四在湖北均州种地度日（《辑刊》第2册999页）。河南人任宗尧到江苏铜山开烟店，雇有伙计沈九秩。[1]这类的事例应当反映在外省

1　中国第一历史档案馆藏档，“内阁全宗·土地债务类·刑科题本·嘉庆朝”，第4535包。

山东高密版画“大家堂”

的资料记载中，留待以后或许可以另外作文说明。人口流动到外地务农种地者很少，多数是开店铺经商，也有一些是打工谋生。人口移动表明社会的流动性较大，人们为谋生寻找机会，而社会也提供了这样的就业机会。

总而言之，从人口看社会，河南农村不少人年纪较大超过三十岁未婚独身，案子事主的父母长辈有很多高寿者。婚龄差较大，可能说明婚姻的选择性较大。多数事主是父母亲三十多岁生育的，同时童养媳的资料或许可以说明存在早婚早育。还有卖婚与改嫁的现象。兄弟分家另过是普遍存在的，一般来说家庭规模较大，内部结构呈多样性。案例中反映出人口的移动性较大，有省内移动的，外省来河南以山西人最多，人们为谋生寻找机会，而社会也提供了这样的就业机会。

清中叶江苏的人口与婚姻家庭

我们利用《辑刊》并结合乾隆朝刑科题本，[1]再就江苏的人口、婚姻与家庭问题论述。

资料说明

《辑刊》一书辑录1665件档案，笔者从中辑录出江苏档案58件。我将《辑刊》中的江苏档案列表如下：

表1：《清嘉庆朝刑科题本社会史料辑刊》江苏资料一览表

序号	年月	府州县	标题	页数
1	5/5	徐州邳州	民金颖异因口角打死小功堂弟案	13
2	12/7	镇江溧阳	民狄绍德因索讨废票钱文起衅致死无服族侄狄麟案	129

1 笔者利用将乾隆朝刑科题本编成的资料集，有中国第一历史档案馆、中国社会科学院历史研究所编《清代地租剥削形态》(中华书局1982年版)、《清代土地占有关系与佃农抗租斗争》(中华书局1988年版)两种。此外，还参考了郑秦、赵雄主编:《清代"服制"命案——刑科题本档案选编》，中国政法大学出版社，1999年。

续表

序号	年月	府州县	标题	页数
3	14/10	江宁句容	民陈茂毕因债务纠纷勒死义侄陈陇沅移尸图害案	148
4	19/11	徐州铜山	民李玉庭殴伤小功服弟李玉升身死案	279
5	19/12	徐州萧县	民刘知因索物刃伤父亲刘志玉案	281
6	20/12	苏州太湖厅	民唐亮揆殴伤胞兄唐秀文致令自缢身死案	298
7	21/1	江宁溧水	民张启均因索欠故杀无服族兄张启和身死案	300
8	21/5	扬州江都县	民严春源因欠钱勒死小功堂弟严春荣案	306
9	23/1	松江上海	民徐小小因找补田价砍死徐泳金案	350
10	23/6	常州江阴	民葛大顺因调处财产纠纷误伤胞兄葛大华致死案	367
11	23/9	通州	民薛泳盛救父心切殴伤大功堂兄薛文学身死案	375
12	24/2	太仓崇明	民姚印方因贫苦死嗣妹图赖债务案	387
13	24/7	扬州泰州	民周瑞凤因口角踢伤妻子周纪氏身死案	400
14	24/8	松江上海	民顾潮沅因被勒索钱物将胞叔顾苍名殴毙案	403
15	25/3	镇江溧阳	民陈幅三因索欠被无服族弟陈良孙等殴毙案	410
16	10/6	苏州吴江	民殷仁安因被讨钱文事扎伤母舅身死案	427
17	14/5	扬州高邮	民殷茂林故杀缌麻表弟张桂林身死案	436

续表

序号	年月	府州县	标题	页数
18	23/1	徐州铜山	民梁全因向表兄席世德索欠被砍伤身死案	479
19	5/8	海州	民王可有因欠钱纠纷伤董太和身死案	514
20	15/6	常州荆溪	民张兴二因口角起衅殴伤许宝奎身死案	613
21	17/8	常州武进	民樊受海因找价事殴伤乡邻焦阿大身死案	653
22	22/6	徐州睢宁	民余自平因索讨豆种启衅殴毙岳佐魁案	726
23	23/8	扬州江都	民李宏因索还押租钱文被烫伤毙命案	749
24	24/2	常州靖江	民刘允年因债务纠纷被翟大沅殴毙案	762
25	8/6	扬州宝应	民王全因索欠打死六合县民张珍远案	825
26	9/11	常州宜兴	民史富生因索房租打死客民冯春喜案	840
27	21/5	淮安清河	客民张二因工钱纠纷伤蔡幗安身死案	1001
28	7/1	海州	民妇刘葛氏因被强迫改嫁打死故夫无服族弟刘广沅案	1040
29	7/1	徐州睢宁	军犯吴猫七因被索欠打死苏梁氏案	1042
30	19/闰2	淮安清河	民张得成借钱不遂杀死张汪氏案	1087
31	22/3	太仓嘉定	客民周二为泄愤戳伤改嫁的童养媳杨氏并误伤卢大观身死案	1098

续表

序号	年月	府州县	标题	页数
32	24/6	海州赣榆	妇人王葛氏因口角将与之奸宿的王奎踢伤致死案	1111
33	19/9	徐州沛县	僧照幅不守清规被师傅宝明殴伤身死案	1170
34	20/3	扬州兴化	道士舒青达因欠钱纠纷伤民袁得贵身死案	1172
35	20/11	扬州泰州	民夏希碧因讨更钱伤僧广增身死案	1177
36	21/8	徐州邳州	监生张令方因韩元强借钱文将其殴伤身死案	1224
37	23/4	镇江丹阳	民杨芬沅因拖欠田租被监生张鹤受家之雇工殷腊生殴毙案	1232
38	4/12	松江青浦	民何纪坤因被催租打死田主陆绍庭案	1242
39	10/闰6	扬州江都	客民宋长发因欠租事将田主阮从鹤致死案	1261
40	14/9	常州荆溪	任和大踹伤佃户俞方名落河溺死案	1274
41	15/4	太仓嘉定	陈玉因租地纠纷故杀朱应千身死案	1291
42	22/4	常州荆溪	民陈恒顺因不允许升沅佃种田地被伤身死案	1341
43	9/10	徐州丰县	客民姜思慎因失钱之事致死雇工案	1379
44	10/5	海州沭阳	客民宋学校因被雇主之妾朱氏斥骂逐赶故杀其身死案	1389
45	14/4	镇江仪征	陈起万因工钱纠纷殴毙雇工六合县民米回九案	1409
46	15/4	扬州甘泉	客民工头冯广生因承挑河工纠纷殴毙田有凤案	1416

续表

序号	年月	府州县	标题	页数
47	16/5	徐州萧县	民李魁因多得工钱事将同主佣工赵黑殴伤致死案	1424
48	17/3	常州金匮	民华受生因索讨工钱纠纷踢伤雇工许五观身死案	1433
49	5/闰4	苏州元和	民沈关观与渔民冯兆巄扭殴致冯兆巄淹死案	1676
50	8/2	扬州江都	乞丐王六等挟忿谋杀丐头宦贵案	1691
51	11/3	扬州高邮	民金士英因找价将典地之王贵才致死案	1707
52	14/1	常州武进	典史衙门差役毛顺吓逼军犯吴太之女吴二娃致其自缢案	1727
53	14/3	松江南汇	壮役周斌执行公事致厉和观跌落河身死案	1729
54	14/12	苏州元和	漕工韩世科因借钱纠纷打死王五案	1753
55	15/3	松江金山	赵炳咸等因乞丐盛二强讨将其致死弃尸案	1756
56	16/7	常州无锡	华阿三因救父情切殴伤过时山身死案	1820
57	17/10	海州	民李万举因地界纠纷枪伤王建德身死案	1838
58	18/9	太仓宝山	民申奉求等共殴申众身死贿和匿报案	1844

说明：表中的“年月”栏目中符号“/”前面的数字为嘉庆朝的年份，后面的数字为月份；“府州县”栏目中前面为府或直隶州，后面为府州所属的县；“标题”栏目中的内容为《辑刊》原标题去掉所属开头省县地名后的部分；“页数”栏目中序号1–18为《辑刊》第一册，序号19–32为《辑刊》第二册，序号33–58为《辑刊》第三册。

清嘉庆朝共25年，表中的档案在嘉庆朝的年份分布大致呈均匀状态。

据《清史稿》地理志，嘉庆时期江苏省领府八，直隶州三，直隶厅一，厅四，州三，县六十个。府州厅包括：江宁府，领县七；淮安府，领县六；扬州府，领州二，县六；徐州府，领州一，县七；通州直隶州，领县二；海州直隶州，领县二；海门直隶厅；苏州府，领厅二，县九；松江府，领厅一，县七；太仓直隶州，领县四；常州府，领县八；镇江府，领厅一，县四。

上述表格中的58件档案，如按照府州分布，可知江宁府2件，淮安府2件，扬州府12件，徐州府10件，通州直隶州1件，海州直隶州5件，苏州府4件，松江府4件，太仓直隶州4件，常州府10件，镇江府4件，除了海门直隶厅之外，各府州均有题本资料，其中扬州、徐州、常州三府题本均在10件以上较多，海州、苏州、松江、太仓、镇江五府州均在四或五件数量次之，江宁、淮安、通州三府州题本各为二件或一件数量较少。

《辑刊》所载的档案资料，有案件事主交代的家庭亲属年龄及基本情况的记载，对于了解当时人口、婚姻、家庭等状况很有用处，是我们认识社会的基本内容。我们将档案中的这些情况辑为一表，然后进行初步的分析。

表 2：《清嘉庆朝刑科题本社会史料辑刊》江苏事例中的人口数据表

序号	当事人	父亲	母亲	备注	页数
1	金颖异二十二岁	金（峘）吉	韩氏	兄金颖宽分居各爨，妻汤氏，生一子	14
2	狄史氏七十岁			丈夫已故，只生狄麟一子	129
3	狄绍德四十一岁	已故	蒋氏七十八岁	无弟兄、妻子	129
4	陈茂毕三十九岁	已故	已故	妻子段氏，一女，兄病故	149
5	李玉庭五十二岁	已故	已故	无妻子	279
6	刘知三十一岁	父亲刘志玉五十五岁	母亲已故，继母丁氏	长兄早故，居次，继母生两个兄弟。妻孟氏，两女	281
7	唐亮揆六十一岁	已故	已故	妻子故，两子。胞兄唐秀文分居	299
8	严春源二十六岁	已故	刘氏五十二岁	没弟兄，聘妻韩氏，尚未成婚	307
9	徐小小二十三岁	已故	已故	未娶	351
10	葛大顺四十九岁	已故	已故	妻子顾氏，没子女。已死葛大华是兄长，葛大兴是兄弟，久已分居	367
11	薛泳盛三十岁	父亲薛遂荣，年六十一岁	已故	没弟兄。妻陈氏，没生子女	376

续表

序号	当事人	父亲	母亲	备注	页数
12	姚印方二十八岁	生父姚德兴六十二岁	已故	胞兄姚鸿仁，胞弟姚顺方。嘉庆六年上嗣与缌麻族叔姚绍穆为子，妻祁氏，生一子	387
13	周瑞凤五十二岁	已故	已故	无弟兄。妻子纪氏，三个女儿	400
14	顾潮沅二十八岁	已故	父故母嫁，并无弟兄妻子	自幼出继胞叔顾添如为子，承祧两房	403
15	陈良孙三十八岁	已故	母亲虞氏	兄弟陈培孙、陈九孙、陈芽孙，没妻子	410
16	殷仁安二十九岁	已故十五年	母亲杨氏五十五岁	兄弟殷仁复年二十五岁。妻子茅氏，没儿子	428
17	殷茂林五十岁	已故	已故	无弟兄，三次结婚无子	436
18	席世德四十七岁	已故	母亲梁氏八十岁	无弟兄，娶妻张氏，生有一子席喜林十五岁	480
19	王可有二十六岁	已故	母亲赵氏六十三岁	没弟兄。妻李氏没生子女	514
20	张兴二年四十二岁	父亲张淌七十岁	已故	兄长张兴，大兄弟张兴三。并无妻子	614

续表

序号	当事人	父亲	母亲	备注	页数
21	樊受海三十五岁	已故	母亲万氏五十九岁	兄弟樊受禄、樊受德。妻王氏一子	653
22	余自平二十四岁	父亲余在江	母亲高氏六十一岁	无妻子	726
23	蔡五年三十三岁	已故	母亲吴氏七十一岁	弟兄三人，长兄已故；次兄蔡魁，外出多年。妻子赵氏，没生子女	749
24	翟大沅六十一岁	已故	已故	没妻子，兄弟翟二沅，弟媳肖氏	762
25	王全二十二岁	父亲于嘉庆四年病故	母亲潘氏四十六岁	胞弟王兆承继王甲为子	825
26	陆六德二十七岁	父亲陆渭若	已故	弟兄三人	847
27	陶七幅三十六岁	已故	母亲吴氏七十四岁	没娶妻。胞兄陶应陇、陶开泰	912
28	顾富之三十八岁	父亲顾镶	母亲李氏	弟兄三人，妻子已故，没生儿子	981
29	刘葛氏四十三岁			丈夫刘广寒已故六年，儿子刘原年十六岁，在外帮工，还有两个女儿，大女儿已嫁，小女儿年七岁。同小女儿在家过活	1041
30	张得成五十岁	已故	已故	妻陈氏，两子	1087

续表

序号	当事人	父亲	母亲	备注	页数
31	周二年四十五岁	已故	已故	妻子已故	1099
32	毛哥子二十岁	已故	母亲杨氏改嫁	随母过门	1172
33	舒青达三十岁	早故	祖母张氏年八十六岁，母亲王氏年六十岁	兄长舒文锦，并无弟子。自幼出家为道士	1172
34	夏希碧三十三岁	已故	已故	无兄弟、妻子	1177
35	张令方四十八岁	父亲张元梅八十四岁	已故	兄弟张鹤伦已经成丁。妻子王氏，儿子张来吉	1224
36	殷腊生二十一岁	父亲殷缠受五十岁	母亲陈氏四十五岁	兄弟殷茂沅。并没妻子	1233
37	何纪坤三十一岁	已故	母亲张氏六十一岁	兄何物希，妻子邓氏，并无儿女	1242
38	宋长发二十岁	已故	母亲吴氏六十三岁	兄长宋春广。没妻子	1262
39	任和大十九岁	父亲任济洺五十三岁	母亲陶氏五十二岁	没弟兄，娶妻周氏	1274
40	陈玉四十五岁	已故	已故	无弟兄、妻子	1291
41	许升沅三十四岁	父亲许奕佐	已故	妻子吴氏，两个儿子	1341

续表

序号	当事人	父亲	母亲	备注	页数
42	宋学校三十九岁	已故	已故	无弟兄、妻子	1389
43	陈起万二十七岁	已故	母亲王氏五十二岁	兄长陈起沅。没妻子	1410
44	冯广生三十四岁	父亲冯添祥七十三岁	母亲王氏七十一岁	无弟兄。娶妻朱氏，只生一女	1416
45	李魁二十四岁	父亲李三年六十五岁	母亲黄氏四十七岁	弟兄三个：一个十九岁，两个年还幼小。没妻子	1424
46	华受生二十七岁	父亲华载扬六十一岁	母亲钱氏五十九岁	兄长华绍伦。娶妻金氏，一子华大宝	1433
47	王六三十九岁	已故	母亲陆氏七十八岁	兄长王三、王五，兄弟王七，久已分居	1691
48	金士英三十八岁	已故	母亲尹氏改嫁	妻子陈氏，一个儿子	1707
49	周斌三十四岁	已故二十五年	母亲陈氏六十四岁	没弟兄、妻子	1730
50	韩世科十九岁	父亲韩湘臣七十六岁	母亲柳氏六十岁	弟兄五个	1753
51	赵炳咸四十二岁	已故	已故	兄弟赵四倌，年二十岁。娶妻毛氏，生有一子	1756

续表

序号	当事人	父亲	母亲	备注	页数
52	华阿三年二十岁	父亲华子文	母亲陈氏	弟兄四人，居三。娶妻唐氏	1821
53	申奉求三十四岁	已故	母亲郭氏六十岁	兄弟申宝和已经成丁。娶妻金氏，生两子	1844

说明：表中的年龄数字，按照古代中国的传统是虚岁，比实际年龄多一岁。表中第2、3号，第32、33号资料出自同一题本。

表 2 的资料除了出自表 1 所引档案之外，新增了江苏人在外省的相关记载，计有序号第 26、27、28 号的 3 个事例，这些事例出自 3 件题本。[1] 本文所引用的题本，共计 61 件。表 2 序号第 2 号是女性，其余是男性事例。

人口、婚姻与家庭分析

阅读案例与表 2，我们看到不少人年纪较大超过三十岁未婚独身。如 3 号狄绍德四十一岁、5 号李玉庭五十二岁宰猪度日、15 号陈良孙三十八岁牛行帮伙、20 号张兴二年四十二岁帮工、27 号陶七幅三十六岁开店、34 号夏希碧三十三岁支更、40 号陈玉四十五岁佃农、42 号宋学校三十九岁雇工、49 号周斌三十四岁壮役，共计 9 例。这些未婚者五十多岁的一位，三十多岁的五位，四十多岁的三位。就职业而言，得知有八位的具体工作，呈多样性，似无明显的职业偏差。

我们还看到事主的父母长辈有很多高寿者。事主父亲年龄在八十年龄段的 1 人，即 35 号八十四岁；七十年龄段的 3 人，即 20 号七十岁、44 号七十三岁、50 号七十六岁；六十年龄段的 4 人，即 11 号六十一岁、12 号六十二岁、45 号六十五岁、46 号六十一岁；五十年龄段的 3 人，即 6 号五十五岁、36 号五十

1　这些题本的标题与所在《辑刊》的页数如下：安徽广德州客民陆六德等因找价不遂共殴陆金庚身死案，第 846 页；浙江乌程县客民陶七幅因债务争斗致使胡在兴落河身死案，第 912 页；湖北汉阳县客民顾富之因泄愤杀死张琳案，第 981 页。

岁、39号五十三岁。以存世有年龄记载的这11人来看，五十岁、六十岁、七十岁三个年龄段分布均匀，六七十岁者7人，1人八十四岁，属于高寿。[1]事主母亲年龄在八十岁年龄段的2人，即18号八十岁、33号八十六岁（祖母）；七十岁年龄段的6人，即2号狄史氏七十岁（案中涉及人员）、3号七十八岁、23号七十一岁、27号七十四岁、44号七十一岁、47号七十八岁；六十岁年龄段的8人，即19号六十三岁、22号六十一岁、33号六十岁、37号六十一岁、38号六十三岁、49号六十四岁、50号六十岁、53号六十岁；五十岁年龄段的6人，即8号五十二岁、16号五十五岁、21号五十九岁、39号五十二岁、43号五十二岁、46号五十九岁；四十岁年龄段3人，即25号四十六岁、36号四十五岁、45号四十七岁。四十岁以上24人，集中在六七十岁者，计有13人，八十岁以上的女性老者有2位，引人注目。上述事例表明，清中叶江苏人活到六七十岁是普遍现象，甚至活到八十岁以上，女性高寿者多于男性，且最长寿者也属于女性。[2]

表2还透露出其他信息，如已婚者当中，由于出现父母的年龄，我们可以获得父母年龄差的资料。这些均为父亲年龄大于母亲的事例，共计6例，其中36号大五岁、39号大一岁、44号大

1 《清代土地占有关系与佃农抗租斗争》记载，乾隆三年山西代州人高成凤年逾八旬，见上册第224页。

2 乾隆朝刑科题本也可证明，据《清代地租剥削形态》发现江苏有4位七十岁以上老年女性，即徐州府铜山县陈氏七十九岁、海门厅陆氏七十五岁、太仓州沈氏七十二岁、常州府靖江县许氏七十岁，分别见于该书上册第140、320页，下册第361、618页。

二岁、45 号大十八岁、46 号大两岁、50 号大十六岁，婚龄差很不均衡，婚龄差较大者如十多岁以上有 2 例，五岁占 1 例，其余 3 例大一二岁。

在有父母子女年龄的数据中，我们可以推算出生子的年龄。38 号是母亲四十三岁所生，50 号四十一岁所生，47 号三十九岁所生，23 号、27 号都是三十八岁所生，3 号、19 号、22 号、44 号都是母亲三十七岁所生，16 号三十六岁所生，18 号、39 号都是三十三岁所生，46 号三十二岁所生，37 号、33 号、49 号、53 号都是三十岁所生，8 号二十六岁所生，43 号二十五岁所生，21 号、25 号、36 号都是二十四岁所生，45 号二十三岁所生，共计 23 例。绝大多数事主是长子或独子，属于母亲头胎所生。这其中二十岁年龄段生育的 6 例，其中 5 例在二十五岁以下，应是婚后不久生育；30 岁年龄段生育的 15 例，占到总数的一半强，其中 7 例是三十五岁以下，育龄不算太大；40 岁年龄段生育的 2 例，育龄偏大。多数事主是母亲三十多岁生育的。

在有事主父亲年龄资料的场合，50 号是父亲五十七岁所生，45 号四十一岁所生，35 号四十岁所生，44 号三十九岁所生，12 号、39 号、46 号都是三十四岁所生，11 号三十一岁所生，36 号二十九岁所生，20 号二十八岁所生，6 号二十四岁所生，以上共计 11 例，五十岁以上 1 例，四十岁以上 2 例，三十岁以上 5 例，二十岁以上 3 例，可见当时三十多岁的父亲得子属于普遍现象。

生育情况。有的记载婚后无生育，有 5 例：如 11 号薛泳盛三十岁，没生子女。17号殷茂林五十岁，三次结婚无子女。19号王可有二十六岁，没生子女。23号舒青达三十三岁，没生子女。37号何纪坤三十一岁，妻子邓氏，并无儿女。有2例的记载没有儿子，或许是说没孩子，也有可能另有女儿，如16号殷仁安二十九岁，妻子茅氏，没儿子。28号顾富之三十八岁，妻子已故，没生儿子。也有资料未提到其子女情况，推测或无子女，如39号任和大十九岁，娶妻周氏，52号华阿三年二十岁，娶妻唐氏，这二例没提到子女情况，鉴于十九、二十岁已婚，应当均是新婚未生。以上无生育的11例中，二十岁年龄段的有4例，三十岁年龄段的有4例，五十岁年龄段的有1例。推测当时婚后未生子女现象比较普遍。

婚后生育子女的情况。1号金颖异二十二岁，生一子。2号狄史氏七十岁，只生狄麟一子。4号陈茂毕三十九岁，生一女。6号刘知三十一岁，生两女。7号唐亮揆六十一岁，生两子。12号姚印方二十八岁，生一子。13号周瑞凤五十二岁，有三女。18号席世德四十七岁，生有一子席喜林十五岁。21号樊受海三十五岁，有一子。29号刘葛氏四十三岁，有一子二女。30号张得成五十岁，有二子。35号张令方四十八岁，有一子。41号许升沅三十四岁，有二子。44号冯广生三十四岁，只生一女。46号华受生二十七岁，生一子。48号金士英三十八岁，生一子。51号赵炳咸四十二岁，生有一子。53号申奉求三十四岁，生二子。

以上18例中，资料记载的方式有所不同，多言有儿子，一般似可理解为儿子，不说女儿，或也可理解为子女数，有的情况下讲子女数，但也有谈到有女无儿的情形。生育子女数量上，生有二子的有7、30、41、53各号，共计4例；生有一子二女的有29号，共计1例；生有一子的有1、2、12、18、21、35、46、48、51各号，共计9例；生有一女的有4、44各号，共计2例。生有二女的有6号1例、三女的有13号1例。

由于不能断定生有一子或一女是终生生育数，故生育一子数量虽多，不可以将生一子作为生育的普遍选择。不过，如果一子不包括女儿，则在生育有女儿的情况下，生一子可能会成为一些家庭选择生儿子数量的考虑。生二子在清中叶的江苏应当也是较多的生育行为。[1]根据对于乾隆刑科题本的研究，男性当事人兄弟数量个案单位，弟兄数量特征是独子和两个兄弟家庭占绝大多数。全国水平的家庭平均成年男性子女数量为2.11个。[2]我们的看法与此结论也比较接近。

过继问题。没有子女或没有儿子，就需要过继。有的过继同姓，25号宝应县人王全父亲病故，母亲潘氏，年四十六岁，胞弟王兆承继王甲为子。有的过继本族，12号崇明县人姚印方兄弟三人，他于嘉庆六年嗣与缌麻族叔姚绍穆为子。还有的过继近亲，14号上海县人顾潮沅，自幼出继胞叔顾添如为子，承祧两房。[3]

---

1 按：多子的情形也存在，乾隆时杭维恭忤逆致继母杭石氏自缢身死案，杭维恭的亲母江氏生有维恭等5子。郑秦、赵雄主编：《清代“服制”命案——刑科题本档案选编》，第357页。

2 王跃生：《十八世纪中国婚姻家庭研究》，法律出版社2000年，第235—238页。

3 按：江苏出继的事例，乾隆五年傅宗四戳死堂兄傅宗三案，傅宗四自幼出继堂伯傅朝二为子。郑秦、赵雄主编：《清代“服制”命案——刑科题本档案选编》，第61页。《清代土关于再婚问题。女性改嫁比较普遍，[1]一些事例是父故随母改嫁，14号顾潮沅二十八岁，父故母嫁。48号案例中高邮州人金士英年三十八岁，父亲已故，母亲尹氏已经改嫁。改嫁的妇女往往带有原夫的子女，其中情况又不尽一致。[2]32号案例中毛哥子年二十岁，父亲毛三已故，母亲杨氏改嫁袁得贵为妻，他随母过门。21号樊朱氏先嫁焦会沅，乾隆四十六年焦会沅故后，改嫁樊受海的族人樊文淋为妻。樊文淋又于乾隆五十一年病故，儿子焦阿大因本宗并没近房依靠，跟随樊朱氏居住。此外，改嫁的还有童养媳，3号案例中就有改嫁的童养媳杨氏。男性续娶的事例，如6号刘知三十一岁，母亲已故，继母丁氏。17号殷茂林五十岁结婚三次。

女性守寡有相当的难度。[3]32号的江苏海州民妇刘葛氏因被

地占有关系与佃农抗租斗争》载有3例：睢宁县吴洪基贱价买地后每年许给卖主钱文，吴洪基供："小的儿子吴克咸，原是异姓，领养大的。后来小的有了亲生儿子，把他分开另住了。"（上册312页）武进县陈德山有二子，长子陈五章"自幼出嗣胞兄陈福山为子"（下册第470页）。太仓州人艾昌兄弟二人，弟弟艾宝从幼出继叔叔为嗣，各自居住（下册第746页）。

1 按：乾隆朝江苏改嫁的事例，刘华文戳伤胞兄刘明文身死案，刘明文为寡居堂妹说合，转醮为妻。郑秦、赵雄主编：《清代"服制"命案——刑科题本档案选编》，第261页。

2 郑秦、赵雄主编《清代"服制"命案——刑科题本档案选编》记载江苏携子女改嫁的3个事例，如乾隆时顾滔殴死伊妻徐氏案，顾滔娶孀妇徐氏为妻，徐氏与前夫所生二女随母过门抚养。（第104页）王锦山奸占继女王大姑复行谋杀案，"李氏带女大姑再醮王锦山为妻"。（第309页）六合县叶士凤杀死伊妻潘氏并其前夫之子拳仔案，潘氏因贫携幼子拳仔改嫁叶士凤（第356页）。此外，邳州李氏带儿子嫁于刘姓（《清代地租剥削形态》上册，第172页）。靖江县周永茂本姓朱，随母改嫁到周家（《清代土地占有关系与佃农抗租斗争》，下册第625页）。

3 ［日］夫马进：《明清时期寡妇的地位及逼嫁习俗》，张国刚、余新忠主编《新近海外中国社会史论文选译》，天津古籍出版社，2010年，第46—68页。

强迫改嫁打死故夫无服族弟刘广沅案，海州人刘葛氏，年四十三岁。丈夫刘广寒已故六年，儿子刘原年十六岁，在外帮工，还有两个女儿，大女儿已嫁，小女儿年七岁。她同小女儿在家过活。刘广沅是故夫的无服族弟，他常劝刘葛氏改嫁遭拒。嘉庆六年十二月初六日黄昏时分，刘广沅同他侄子刘学牵了一头驴到刘葛氏家门首，叫她上驴，说今晚送你到一处好地方去，可以终身依靠，刘葛氏不肯。刘广沅就用带在身边的铁尺打了她胳膊一下，强把刘葛氏抱上驴背，同刘学架住她并搀幼女一同行走。娶主郑明魁前来迎娶，刘葛氏就把不愿改嫁、被刘广沅强抢打伤的话向郑明魁告知，郑明魁方知受骗。他说刘葛氏既不愿改嫁不便到我家里，就送到附近颜如锦家暂住。刘广沅恃强逼醮，险些成功。

兄弟同居与分家问题。资料中有一些兄弟分家另过的事例，1号金颖异二十二岁，兄金颖宽分居各爨；7号唐亮揆六十一岁，胞兄唐秀文分居；10号葛大顺四十九岁，葛大兴是兄弟，久已分居；47号王六年三十九岁，兄长王三、王五，兄弟王七，久已分居。这4例之外，更多的情况下是只讲兄弟几人，未言是否分居。这些未说是否同居的事例中婚姻情况如何呢？依据当事者年纪较轻，都是二十多岁，推测是未婚者有3例，16号殷仁安二十九岁，兄弟殷仁复年二十五岁。26号陆六德二十七岁，弟兄三人。50号韩世科十九岁，弟兄五个。

明确是未婚者有8例。15号陈良孙三十八岁，兄弟陈培孙、陈九孙、陈芽孙，没妻子。20号张兴二年四十二岁，兄长张兴，大兄弟张兴三，并无妻子。24号翟大沅六十一岁，没妻子，兄弟翟二沅，弟媳肖氏。27号陶七幅三十六岁，没娶妻，胞兄陶应陇、陶开泰。36号殷腊生二十一岁，兄弟殷茂沅，并没妻子。38号宋长发二十岁，兄长宋春广，没妻子。43号陈起万二十七岁，兄长陈起沅，没妻子。45号李魁二十四岁，弟兄三个；一个十九岁，两个年还幼小，没娶妻子。上述未婚者，兄弟一般并未分居，这可能与普通男性婚姻比较困难，晚婚或不婚，导致不分居。前面提到的不少人年纪较大超过三十岁未婚独身的事例，可以证明这种推测。

已婚的事例有8例。21号樊受海三十五岁，兄弟樊受禄、樊受德，妻王氏一子。28号顾富之三十八岁，弟兄三人，妻子已故，没生儿子。35号张令方四十八岁，兄弟张鹤伦已经成丁。妻子王氏，儿子张来吉。37号何纪坤三十一岁，兄何物希，妻子邓氏，并无儿女。46号华受生二十七岁，兄长华绍伦。娶妻金氏，一子华大宝。51号赵炳咸四十二岁，兄弟赵四倌，年二十岁。娶妻毛氏，生有一子。52号华阿三年二十岁，弟兄四人，居三。娶妻唐氏。53号申奉求三十四岁，兄弟申宝和已经成丁，娶妻金氏，生两子。这些已婚事例，揆情度理，有未分居的，也有同居的，应当是民间比较普遍的现象。

有的叙述较详，帮助我们理解同居的事例。如1号案例中金自然生有四子，乾隆十八年析居，各分地六顷，外余地一顷四十亩，祖父分给三子金文光为庆吊人情之费，公单为凭。这是正常分家的事例。6号案例中萧县人刘知年三十一岁，父亲刘志玉年五十五岁，母亲已故，继母丁氏，长兄早故，他居次，还有两个兄弟是继母所生。他娶妻孟氏，生有两女。父亲因其不务正业，把他同妻女分居另爨，每月给米三斗。视为本欲同居不得已而分家的事例。清中叶江苏兄弟成人或成家分居与同居可能都占有相当大的比例。[1]

纳妾与童养媳的事例都有。海州人郁球的家务是他的妾郁朱氏掌管。[2]宝山县人周二住在嘉定，年四十五岁。父母妻子俱故。他的儿子周阿虎在日，自幼聘妻杨氏过门做童养媳，并没成婚。儿子故后，因没儿女，杨氏母家无人，仍把杨氏抚养了几年。嘉庆二十一年十二月，凭陈和尚、陈四做媒说合，嫁于陈大庆的儿子陈小狗为继妻。[3]

总之，清中叶江苏不少人年纪较大超过三十岁未婚独身。江苏人活到六七十岁是普遍现象，甚至活到八十岁以上，女性高寿者多于男性，且最长寿者也属于女性。当时父母亲三十多岁得子

---

1 按：兄弟结婚仍共爨同居的江苏事例，如雍正十二年顾鉴与弟妇王氏通奸案，“鉴与弟顾珍各娶妻室，共爨同居”。郑秦、赵雄主编：《清代“服制”命案——刑科题本档案选编》，第 19 页。

2 郑秦、赵雄主编：《清代“服制”命案——刑科题本档案选编》记载了江苏纳妾的 2 个事例，如小大等帮同家长吴肇墀谋死正妻徐氏案，肇墀与徐氏结婚二十余年，生有子女，雍正十二年“肇墀价买小大为妾”。（第 21 页）朱常女砍死继祖之妻刘姜氏案，朱吴氏“再醮为妾”。（第 179 页）

3 郑秦、赵雄主编《清代“服制”命案——刑科题本档案选编》记载乾隆时江苏童养媳的 4 个事例，如顾滔殴死伊妻徐氏案，顾滔后妻徐氏带来的女儿周二姐嫁出“为养媳”（第 104 页）。唐龙海戳死陈生案，唐龙海家“领刘氏为养媳”（第 115 页）。朱常女砍死继祖之妻刘姜氏案，朱常女被“过门童养”（第 179 页）。王锦山奸占继女王大姑复行谋杀案，大姑被童养（第 309 页）。施永全殴伤姻亲陈秀珑身死案，“陈秀珑童养尚未成婚”（第 362 页）。

徽州古村落呈坎

较为普遍，生二子的较多。没有子女的要过继，有过继同姓、过继本族、过继近亲等类型。女性随嫁比较普遍，多是父故随母改嫁事例。兄弟成人或成家分居与同居可能都占有相当大的比例。纳妾与童养媳现象普遍存在。婚姻与继嗣的这些情形有助于认识江苏的社会，似应值得注意。

家风家训二谈

清白家风远胜财富

家风是家庭成员的行为特色，家风依靠传承而形成，家长的言传身教影响家风。古代的家庭、宗族甚至制订家训、家规，约束家族成员，形成一定的风范。个人的行为一定程度上代表着家教、家风，对一个人或家庭的评价，也将家风作为标准。

家风体现家庭的价值，反映家庭的生活追求。新时代的家风，应当兼容新的价值观与传统文化。就传统文化而言，家风有何特点？如何简单明了地加以概括呢？似乎众所周知的问题，其实一时还不知从何说起。

我认为，在儒家文明主导的中国传统社会，一般而言，家风的衡量标准不脱主流意识形态，儒家的伦理道德作为衡量家风的标准，孝悌是儒家思想的核心，父慈子孝、兄友弟恭为人赞扬。明清之际的学者孙奇逢就有《孝友堂家训》，传播甚广。以“孝友”衡量家风，着眼于家庭人际关系，与意识形态一致，人所共知，并不新奇，甚至有些说教味。

还有一种认定家风的标准，是从做人的品行衡量的，其标准是“清白”，更具丰富内涵与抽象意义。不过似乎人们还没有对于“清白家风”认真探讨过，我在这里谈些看法，希望对于认识中国传统社会的良好家风有所助益。

为人清白是做人标准

最流行的词语工具书《辞海》收录“清白”一词，主要释义是：操行纯洁，没有污点。又说旧社会称未操所谓卑贱职业的。据我所知，文献中第一个用“清白”评价的人物可能是战国时期的屈原。他留下的千古名篇《离骚》抒发了自己的情感，其中说道：“屈心而抑志兮，忍尤而攘诟；伏清白以死直兮，固前圣之所厚。”即：心志受委屈和压抑啊，还要忍受指责和侮辱；保持清白和忠直的气节而死啊，这本是古代圣贤所称颂的。东汉学者王逸评价屈原：“不忍以清白久居浊世，遂赴汨渊自沉而死。”

后世评价人物清白者不绝如缕。例如东汉蔡邕的父亲“棱，亦有清白行”（《后汉书》）。高诩“在朝以清白方正称”，第五伦“修行清白”（《东观汉记》）。南朝褚球仕齐为溧阳令，“在县清白，资公奉而已”（《南史》）。宋朝“叶嘉真清白之士也”（苏轼《叶嘉传》）。明朝温纯“清白奉公”（《明史》）。这些人被认为是品行纯洁之人，特别是“清白奉公”又强调廉洁，不贪污。明朝爱国者于谦的品格，也从他的诗作《咏石灰》反映出来：“千锤万凿出深山，烈火焚烧若等闲。粉身碎骨全不怕，要留清白在人间。”于谦以石灰喻自己做人的追求：宁肯粉身碎骨，也要保持崇高的

长宜子孙四神纹镜（西汉）

品格。

清白为传家之宝

南朝任过吏部尚书的徐勉，《梁书》记载他虽然位居要职，但无心经管产业，家中无甚积蓄，薪俸所得分别赡养亲族中贫困的人家。弟子和老友劝他要为家人着想，徐勉答道："人遗子孙以财，我遗之以清白。"他将"清白"视为比财富更宝贵的遗产留给子孙。南宋官员陈俊卿的《示二子》也说："遗汝子孙清白在，不须厦屋太渠渠（深广貌）”，表达了留给后代“清白”精神遗产的追求。

古人认为，清白品行的养成，基于俭德。保持节俭，才可传承清白家风。北宋著名政治家、史学家司马光给儿子司马康的《训俭示康》一文，堪称家训的典范。此文开头便说：“吾本寒家，世以清白相承。吾性不喜华靡，自为乳儿，长者加以金银华美之服，辄羞赧弃去之”，强调代代继承廉洁、朴素的家风。他还认为“古人以俭为美德，今人乃以俭相诟病”，并告诫其子不要只是自己履行节俭，还“当以训汝子孙”，使他们了解前辈的生活风尚。也就是说，司马光将“清白”作为传家宝。

司马光的上述主张影响深远。明朝礼部尚书、广东南海人霍韬于嘉靖十五年著《家训续编》，篇目是雍睦、友爱、敦睦、家教、婚娶、子弟、子侄、俭德、慎德、嗣世、世载秽德、奕世儒宗、奕世清德、阴骘、先德。其中《俭德》开宗明义，说：“俭德始于保身，中于保家，终于保家族保子孙，至要至切”，以“俭德”为切要。在列举的众多事例中，就有前述司马光《训俭示康》开头的那段话。

明代担任过户兵二部尚书的山西洪洞人韩文，因反对宦官刘瑾载誉于世。《洪洞韩氏重修家谱》收录韩文的家训、七十九岁时所作《垂教遗言》，说到他以北宋中期的四大名相韩琦、范仲淹、文彦博、富弼为榜样，“实心自誓，惟以清白传家，为我子孙贻安悠久之计”，将“清白传家”作为传家之宝。洪洞韩氏的发展，依照传统文化来看，是阐祖德善继述，韩氏祖德，渊源有自。

清白乃判断家风标准

中国的族规家训自宋以后不断发展，至清代更加普及，不少家族以“清白”为规训。北宋名相范仲淹以先忧后乐的精神胸怀天下，在原籍苏州置办义田赡养族人，为人称道。范氏在元代还建有义学，祀范仲淹于其中，会讲之堂挂有“清白”匾额，可见该族不仅将范仲淹作为“清白”典型，还以“清白”培养教育族人。

清代浙江海宁查氏《酌定规条》有助婚规定：年过二十五岁业已定婚贫不能娶者，于每年清明、十月朝祭扫后，本支近房三人提出申请，开列女家姓名及“身家清白”字样，告知族尊、司事等，查明年岁属实，助婚费拾千文，距娶期五日内方准支付。就是说，只有“身家清白”之人才能享受宗族补助结婚费用的待遇。

宗族对倡导族人保持“清白”家风有说明。四川唐氏同治修《唐氏族谱》要求大家庭内外有别、男女有别、上下有别，认为：“一切严禁，庶免他患，由此家法肃而家声振，乃不失清白之家规也。”

宋代以后，形成了新的门当户对的择配原则。各地婚配风俗一般都是综合考虑双方家庭各方面状况的“论门第”，被政府和舆论认可。论门第最主要的内容是不计资财，而是强调对方的家庭修养，以对方的家风为尚。如民国《荥阳郑氏续修大统宗谱》

记载了江苏无锡郑氏规定：娶妇、嫁女，不论大家、小家，“必细访其门户清白”，祖、父正直诚谨之人，其子女必多贤良，切勿只贪财物，不问家风，以后妇或悍妒，婿多奢侈，其害非小。如此，“门户清白”成为判断家风的标准。婚姻论门第包含了对择配对象道德品质的要求，核心是家风是否清白。这里的“门当户对”可使双方的生活方式一致，家庭和谐，婚姻较为美满，有它的合理性。

综上所述，无论是宋明家训还是清代族规，都有要求家族成员恪守“清白”的事例，并将“清白”作为判断家风的标准。家族为了保证家风清白，制订了一些行为准则，特别是择偶也将对方“清白”作为基本标准，显示出对于清白家风的重视。

清白家风靠传承保持，俭德保身、保家、保家族、保子孙，清白相承，清白传家，清白是留给子孙最重要的遗产。在传承清白之家看来，清白家风远胜财富，廉洁自持，不贪不腐，力戒奢侈，不从事不正当职业，戒除不正当的行为，都是清白家风的突出表现。

自古以来，我国不乏品行纯洁的清白之士，其中不乏爱国者、政治家、大学者，还留下了千古名篇，坦露清白心迹，遗泽后人。屈原《离骚》的“伏清白以死直兮”，司马光《训俭示康》的“世以清白相承”，于谦《咏石灰》的“要留清白在人间”，可歌可泣，回肠荡气，激励着后人。更多的是芸芸众生，普通民众，传承的是清清白白做人，老老实实做事，上对得起天，下对得起良心，不能有辱祖先，做一个好人。这就是好的家风，清白

《霍渭厓家训》

家风。如此家风犹如冬日的梅花，南宋词人张道洽说得好："清白家风不染尘，冰霜气骨玉精神。"

儒家文明与社会现实：明代霍韬《家训》的历史定位

在明代历史上，霍韬官至礼部尚书，以嘉靖年间"议大礼"中支持世宗而闻名，清修《明史》为其立传；在广东的历史上，南海人霍韬的宗族与地方文化建设引人注目，其所作《霍渭厓家训》流传于世。

霍韬制订家训及其实践，与霍韬的家族在南海西樵山的活动有关，也可以说是西樵文化的重要组成部分。霍韬所撰《家训》，实际上有两个系统。一个是《霍渭厓家训》单行一卷本。另一个系统是霍韬子与瑕于万历四年（1576 年）所刊《渭厓文集》本家训，收入的《霍渭厓家训》分为《家训前编》与《家训续编》两个部分。《家训前编》的“序”反映出霍韬制定家训的核心思想“保家”，《家训续编》则重在“诲谕之意”。霍韬是以同居共爨的义门作为追求保家的目标，这自然需要治家才能实现。“雍睦第一”是霍韬这种追求最集中的体现，将家众能忍、家长治家作为保家之道。

事实上，《霍渭厓家训》更是霍韬应对家族现实的需要。霍韬出身于没有功名的庶民家族，从霍韬开始，霍氏向文化家族转变，他讴歌能传家学之族，在于保持自己家族的兴盛。

霍韬《家训》也是作为宗族制度建设的一环出现的，属于族规家法。石头霍氏在霍韬之前，“仍处于代代分家析产的发展阶段，还没有发展成为一个完备的宗族的组织形态”。嘉靖四年（1525 年）正月，霍韬创建了石头霍氏大宗祠。霍氏还建立了由宗子、家长以及田纲领、司货组成的宗族组织。他还创立“考功”“会膳”制度，以增强宗族的凝聚力。嘉靖年间霍韬建立了两个书院，一个是石头书院，即社学，建立在大宗祠之左，教育乡里子弟；另一个是建在西樵山的四峰书院，专收霍氏子弟，实为族学。

明代中后期是中国宗族史上的重要时期，宗祠的普及以及宗族乡约化即完成于这一时期。其中嘉靖十五年（1536）礼部尚书夏言请求民间祭祀始祖与官员设立家庙祭祖获得通过，引发了兴建宗祠的热潮。南海的士大夫因为议大礼登上了政治巅峰，在家乡倡导宗族建设，佛山地区的宗族制度就是确立于此时。霍韬《家训》以及其家族的宗族建设稍早于当地宗族的制度化，霍韬的宗族建设既是该地区宗族制度化的先导，又带有过渡的性质。就霍韬《家训》而言，内容杂糅，体现出霍氏应对社会现实，尝试宗族组织化的痕迹。为我们了解明代中期宗族如何组织起来，如何制定规范提供了一个很好的事例。

霍韬《家训》反映出一个受到儒家思想渗透的基层社会家族，在经济上升期，特别是出现高官引起朝野重视的家族，如何保持不败，如何从经济富有家族转变为文化家族，或者说做望族的努力过程。霍韬怀着“作个好样子与乡邦视效”的理想，为佛山宗族建设提供了一种模式。16世纪以后的明代，正处于“社会转型”过程中，商品经济发展，儒学普及，人们的生活发生了很大的变化，霍韬《家训》应对转变的经济、社会与文化，作出了回应，即使在今天看来，或许对我们也有启示。霍韬《家训》的核心思想在于“保家”，如用司马光《家范·纲领》中的话说，则是“正家以正天下者也”。

附录

改革开放以来中国女性与婚姻家庭史研究概述

20世纪80年代特别是1986年国内开展中国社会史研究以来，有关中国女性与婚姻家庭史研究成果卓著，以下试以专著为主，分女性史、婚姻家庭史两大部分予以介绍。

一、女性史

20世纪90年代有三部妇女史值得注意。刘士圣的《中国古代妇女史》（青岛出版社1991）探讨了妇女地位以及杰出女性、妇女政策、婚姻和后妃制度等。武舟的《中国妓女生活史》（湖南文艺出版社1990）是继王书奴之书后又一部全面系统论述历代娼妓生活的专著。高世瑜的《中国古代妇女生活》（商务印书馆1996）论述了妇女生育、劳动、教育、婚恋、交际、文娱、妆饰等。进入21世纪，性别史的意识进一步增强，杜芳琴、王政主编《中国历史中的妇女与性别》（天津人民出版社2004）是一部专题性的女性史，收录了有关专家的论述，计有赵宇共的“史前时期的社会性别：多学科的历史考察”，杜芳琴的“父系制延续与父权制建立：夏商周妇女与社会性别”，高世瑜的“中古性别制度与妇女”，邓小南的“‘内外’之际与秩序格局：宋代妇女”，臧健的“宋元至明清时期族规家法与两性关系”，定宜庄的“清代妇女与两性关系”，吕美颐、郑永福的“近代中国：大变局中的性别关系与妇女”。还出现了大型的妇女史，陈高华、童芍素主编《中国妇女通史》（杭州出版社 2010）以时代为序，分为 10 卷，约 500 万字，各卷作者如下：王子今、张经著先秦卷，彭卫著秦汉卷，张承宗、陈群著魏晋南北朝卷，高世瑜著隋唐五代卷，方建新、徐吉军著宋代卷，张国庆、韩志远、史金波著辽金西夏卷，陈高华著元代卷，陈宝良著明代卷，郭松义著清代卷，郑永福、吕美颐著民国卷。

通论性的妇女史入门、读本出现。邓小南、王政、游鉴明主编《中国妇女史研究读本》（北京大学出版社 2011）推荐的 19 篇论文，分别从妇女地位、性别与身体、书写妇女、妇女形象建构、媒体与性别、恋爱与婚姻六个方面，对中国历史上各个时期的妇女史进行了独特而深入的研究，试图为中国妇女史提供新的研究方向。李志生著《中国古代妇女史研究入门》（北京大学出版社 2014）从当前古代妇女史研究的理论框架、主要材料、研究现状出发，对古代妇女史研究中经济地位、法律身份、后妃、女教书等关键问题，妇女身体史和以文本解读妇女历史等前沿领域，进行了系统全面的讲解，概述了中国古代妇女史研究的现状与方法。

集体或个人的文集出版较多。杜芳琴的研究引人瞩目，她的《发现妇女的历史》《中国社会性别的历史文化寻踪》（天津社会科学院出版社，1996，1998）是两部中国妇女史的论文集。李小江主编《历史、史学与性别》（江苏人民出版社 2002）是一部重要论文集，收集了众多社会史学者的作品，表明社会史学者对于性别史相当关注。王子今《古史性别研究丛稿》（中国社会科学文献出版社 2004）用性别研究的方法分析了先秦至汉晋的一些神秘主义文化现象，包括鲁迅所说的“巫风”和“鬼道”、秦汉时期的性别关系，特别是女性作为社会角色在当时的特征和影响。作者利用张家山汉简和走马楼吴简等新发表的出土资料，对社会历史进行了多方位的性别考察。从性别关系的分析入手对文学史料进行的相关研究，也是有意义的尝试。蒲慕州主编《礼法与信仰：中国古代女性研究论考》［商务印书馆（香港）有限公司 2013］是一部以“女史”为专题的学术论文集，收录内地及香港多所大学的学者论文14篇，全书围绕中国古代女性与社会（包括法律、宗教等方面）的关系立论，内容涵盖了由周（公元前 1046 年）至宋（公元 1279 年）这两千年间，中国女性之社会地位、社会活动以及信仰活动的各个方面。本论文集设定了两个有关女性的研究方向，一是法律，是有关外在的处境；二是宗教信仰，是有关内在的感受。突破了传统观念，是对研究的对象和议题的重新思考。常建华《婚姻内外的古代女性》（中华书局 2006）对女性问题有所考辨。

断代研究方面，郑慧生的《上古华夏妇女与婚姻》（河南人民出版社 1988）重点探讨了原始社会、夏、商、周时期妇女在不同婚姻制度中的地位及其变化。曹兆兰《金文与殷周女性文化》（北京大学出版社 2004）认为，商周三代是女权旁落、男权兴起并演进的关键时期，作者从政治、经济、社会和家庭婚姻等多角度，论述当时的女性活动的环境与女性地位变迁的轨迹，说明女性问题产生的社会根源。焦杰著《性别视角下的易礼诗妇女观研究》（中国社会科学出版社 2011）在对传统笺注融会贯通的基础上，广泛联系礼制、民俗、价值观念、思维模式、审美倾向等项大胆解释，还专谈《周易》《礼记》《诗经》中的妇女观。

较长时段考察女性问题，有刘淑丽《先秦汉魏晋妇女观与文学中的女性》（学苑出版社 2008），由每一时代人们对女性类型与身份的喜好，可以看出这一时代人们的总体精神风貌。

汉代女性研究持续发展，[1]彭卫对汉代女性的研究有新意，他认为：汉代女性工作的领域相当宽泛，没有被限制在“男耕女织”或“男耕女爨”的范围内，以“内”与“外”来区分汉代两性工作的不同是不确切的；由于汉代女性被排斥在公共管理领域之外，女性工作界域的广泛并不意味着女性拥有与男性相近的权利和地位；普通人家妇女的劳作是家庭经济收入的重要来源，如果一个女性成为家庭经济的主要支撑者，她可能在家中拥有更大的发言权；商业活动对汉代女性地位有着怎样的影响还比较模糊；由王制改为帝制，这种从先秦到秦汉国家体制的转变，并没有对汉代女性在社会和家庭中的位置造成大的影响或变化。[2]他还探讨了汉代女性的身体形态和疾病状况。[3]田艳霞《汉代女性研究》（河南人民出版社 2013）内容包括汉代女性教育、汉代女性婚姻、汉

1　姚琪艳：《汉代女性研究综述》，《中国史研究动态》2015 年第 1 期。
2　彭卫：《汉代女性的工作》，《史学月刊》2009 年第 7 期。
3　彭卫：《汉代女性的身体形态与疾病》，《浙江学刊》2009 年第 6 期。

代女性的离婚与再嫁、汉代女性生育习俗、汉代女性化妆习俗、汉代女性情感生活、汉代女性在家庭中的地位和权利等。吴从祥《汉代女性礼教研究》（齐鲁书社 2013）主要内容包括：从男女分工到女无外事、从礼正夫妇到妇顺妇教、从美女破国到美色祸水、汉代女性礼教发展历程、西汉前期渐兴时期、西汉后期积极倡导时期、东汉前期法规化时期、东汉中后期自觉化时期等。陈长虹《汉魏六朝列女图像研究》（科学出版社 2016）对早期列女图像的产生、题材范围、图像范式、功能、各地列女图像的地域性和共性等问题进行了探讨，归纳出中国古代女性题材绘画的几个重要母题，并探讨了它们在历史上的演变。

魏晋南北朝女性史亦有进展。[1]

唐宋女性史成果突出。高世瑜的《唐代妇女》（三秦出版社 1988）论述了唐代妇女各个阶层的状况，在政治、文学、艺术等方面做出的业绩，婚姻、娱乐、妆饰等生活，揭示了唐代妇女在中国古代社会里的特殊地位和独特风貌。段塔丽《唐代妇女地位研究》（人民出版社 2000）从女性视角出发，关注唐代妇女的主体性，论述了妇女由为人女、为人妻到为人母的角色转换以及社会参与、婚姻家庭、文化教育、体育锻炼、文化价值等问题。张金桐著《唐代妇女与唐代小说》（中国文史出版社 2002）内容包括唐代后妃、姬妾、婢女、妓女、才女、侠女与小说，唐代妇女婚爱与小说，唐代寡妇再嫁与小说等。徐有富著《唐代妇女生活与诗》

1　张东华：《近十余年来魏晋南北朝女性史研究述评》，《史学月刊》2003 年第 8 期。

（中华书局 2005）探讨了唐代后妃、公主、仕女、妓女、劳动妇女等各阶层妇女生活的方方面面以及她们的内心世界，其中宫怨、闺怨以及公主和亲的社会反映与劳动妇女的精神面貌是讨论的重点。张菁著《唐代女性形象研究》（甘肃人民出版社 2007）提出，唐代妇女形象就其社会角色和社会阶层而言，可以划分为许多类型，有皇族、贵族、官僚、农妇、商妇、侠女、征妇、女尼、女道士、妓妾等，其中还包括大量以女性形象出现的精灵鬼怪。作者以唐代的诗歌小说和墓志为主要线索，选择几个具有代表意义的类别形象进行分析。姚平《唐代妇女的生命历程》（上海古籍出版社 2006）阐述了唐代规范性观念对妇女生活的界定；妇女生活与唐代政治、社会、经济制度的关系；唐代妇女的自我标识以及影响她们角色认同的因素；唐代妇女生活与唐代社会变迁的互动关系等内容。陈弱水著《隐蔽的光景——唐代的妇女文化与家庭生活》（广西师范大学出版社 2009）不仅重构妇女生活的实态，还设法深入妇女的心灵，揭露女性生活的意义层面。唐代的妇女文化并不完全潜藏丁家庭之中，唐代前期女性介入政治极深，还出现了中国历史上唯一的女皇帝武则天，在这一历史过程中存在不少深具文化意涵的政治行动，本书也有考论。

邓小南主编《唐宋女性与社会》（上海辞书出版社 2003）所选论文分为“文本：性别的表现与解读”“女性书写：闺训与篇什”“女性生活：门内与户外”“图像：风格与风貌”“性：身体与文化”“宗教：信仰与供奉”“性别意识：认同与错位”“变迁：性别与社会”八类。一方面是关注对象的接近，另一方面又充分体现出研究视角和方法理路的多元。铁爱花著《宋代士人阶层女性研究》（人民出版社 2011）明确界定“宋代士人阶层女性”的概念，从秩序、规范与女性的实际生活入手。按照从社会到家庭到个人三个层面的逻辑顺序进行组织，广泛考察宋代国家，士人社会、地方乡里以及士人家庭等对女性的规范，系统研究宋代士人阶层女性的生活实然，并从多角度、多层面透视宋代社会秩序、规范与士人阶层女性生活之间的关系。

宋代女性与文学的研究较多。苏者聪《宋代女性文学》（武汉大学出版社 1997）论述了宋代女作家生活的时代特征，才华、情操、命运，诗词的艺术特色，宫廷女诗人，官妇，与李清照齐名的魏夫人，李清照，婚姻不幸的女作家，朱淑真，李清照与朱淑真词的比较，姬妾奴婢，妓女。舒红霞《女性审美文化——宋代女性文学研究》（人民出版社 2004）分析了宋代女作家文学创作的思想文化环境、审美意象与审美时空、艺术形象与艺术形式，呈现了宋代女作家的内在审美心理和内心痛苦的审美体验。谢穑《宋代女性词人群体研究》（湖南人民出版社 2010）研究了宋代女性词人思想及其词作的共性和个性。

学者还从多种学科领域讨论宋代女性。方燕《巫文化视域下的宋代女性——立足于女性生育、疾病的考察》（中华书局 2008）从女性对巫术所持的态度与行为表现、女性婚育中的巫术意识与行为、巫术活动中的女性角色和女性观、妇科疾病的巫术疗法等方面进行探讨，揭示了巫术与宋代女性人生和宋代社会的关系状况。付黎明、许静《宋代女性头饰设计艺术探赜及其文化索隐》

（吉林大学出版社 2014）内容主要包括其溯源与流变的探寻、分层分类的展示、整体风貌的概括、美学特征的归纳、设计思维的推理等。王扬著《宋代女性法律地位研究》（法律出版社 2015）内容涉及宋代女性的婚姻家庭以及财产与刑事司法。许曼著、刘云军译《跨越门闾：宋代福建女性的日常生活》（上海古籍出版社 2019）重构了宋代女性在家庭内外的日常生活场景。

谭晓玲《冲突与期许——元代女性社会角色与伦理观念的思考》（南开大学出版社 2009）探讨了元代女性与婚姻家庭关系、教育、职业与宗教信仰等问题。

明清女性史成果较多。沈海梅《明清云南妇女生活研究》（云南教育出版社 2001）主要研究了云南的列女群。王雪萍著《16—18 世纪婢女生存状态研究》（黑龙江大学出版社 2008）认为，婢女是中国古代社会的一个特殊女性群体。十六世纪至十八世纪，婢女显现出一系列值得关注的特征。其身份、地位以及独特的社会角色和生存策略都构成这个时代女性和社会史中的重要课题。作者对十六世纪至十八世纪婢女生存状态进行较为系统化的分析。阿风著《明清时代妇女的地位与权利——以明清契约文书、诉讼档案为中心》（社会科学文献出版社 2009）以徽州文书、淡新档案等明清地方文书档案资料为中心，从法律规定与文书档案两个层面分析中国家庭的法律构造，探讨妇女的地位与权利。张杰《熟悉的陌生人——明清江南社会才女群体想象的社会学研究》（中国社科出版社 2015）从社会学的“陌生人”视角出发，探讨明清才女群体的兴起、存在与被容忍与其特定的社会空间建构的联系。谢雍君《〈牡丹亭〉与明清女性情感教育》（中华书局 2015）论析了《牡丹亭》所描述的经典阅读和自然感发两种情爱发生方式、感梦身亡和“发乎情止乎礼义”两种情爱实现方式，及其对明清女性可能产生的情感教育作用，从而揭示了明清戏曲女性情感教育的实施方式、文化内涵、功能特征、基本特色和社会意义。赵崔莉《被遮蔽的现代性：明清女性的社会生活与情感体验》（知识产权出版社 2015）从明清女性的生活、情感和体验出发，对明清女性的经济活动、文化才情、休闲娱乐、行旅生涯、宗教信仰、公益慈善、法律诉讼、参政议政以及社会属性等考察，塑造出明清女性不断创造、勇敢追求、具有独特审美和愉悦体验的群体形象，打造出鲜活生动而又不乏闲情逸致、妙趣天成的明清社会生活场景。刘正刚《明清地域社会变迁中的广东乡村妇女研究》（社会科学文献出版社 2016）将妇女置于明清广东社会经济发展、贸易国际化、文化传统的国家化、士大夫化等大背景中，揭示她们的生存状态、社会角色与社会地位等演变，为理解和认识明清区域社会变迁提供了新视角。刘正刚、乔玉红《明清珠江三角洲女性形象建构研究：以吴妙静、黄惟德、李晚芳为例》（社会科学文献出版社 2019）不仅展现珠三角女性自宋至清在社会经济中的独特角色，而且还呈现女性著书立说的面相。书中所论三位女性形象的建构，反映了岭南本土文化在士大夫不断改造下，逐步与王朝正统文化相融合。冯尔康先生《徽学研究》（天津人民出版社 2019）收录清代徽州女性研究一组论文 4 篇，主要取材于傅瑛主编的《明清安徽妇女文学著述辑考》（黄山书社 2010）一书，论述徽州贤媛的生存状况以及思想观念。长期以来，有关明清时期徽州女性的史学叙述，大多是将其作为封建宗法的牺牲品看待，特别是关注贞节烈女，事实上徽州女性多有识字才女，对其研究也较为薄弱。冯先生对于清代徽州女性的探讨，揭示出她们生活较为独立的另一面。

明代女性研究方面。陈超著《明代女性碑传文与品官命妇研究——以四库明人文集为中心的考察》（光明日报出版社 2013）利用“四库”明人文集中的女性碑传文，探讨了明代女性群体品官命妇。品官命妇是明代有政治身份的女性，作者厘清了明代品官命妇制度的来龙去脉，结合社会性别、社会等级、家庭伦理和宗法制度等多重侧面，全面考察品官命妇的社会角色、家庭生活以及她们的精神世界，突破以往研究中“男尊女卑”的单一形象，在多重视角下呈现品官命妇复杂、多样的生活面貌。台湾学者的明代女性研究值得注意。衣若兰《史学与性别：〈明史·列女传〉与明代女性史之建构》（山西教育出版社 2011）一方面从史学的角度考察，试图弥补妇女／性别史研究中史学史探讨之阙如；另一方面由性别的取径来研究中国史学史。著者还有《三姑六婆——明代妇女与社会的探索》（台北稻乡出版社 2002 年初版，上海中西书局 2018 年第 2 版）呈现“三姑六婆”的实际社会功能及其所反映的两性关系等问题。陈晓昀《明代女性复仇故事的文化史考察》（山西教育出版社 2011）首先考察中国传统文化对于“复仇”的种种理解和相应的报应观、果报观，铺陈中国“复仇报恶”的思想背景；再以富含伦理意义的法律文献、女教书以及正史与方志为主，分析女性复仇故事。

清朝多民族女性得到研究。满族妇女的论述有专门研究。王冬芳的《满族崛起中的女性》（辽宁民族出版社 1996）分类论述了满族历史上的妇女。定宜庄《满族的妇女生活与婚姻制度研究》（北京大学出版社 1999）研究深入，她的《最后的记忆：十六位旗人妇女的口述历史》（中国广播电视出版社 1999）则是采用新研究方法的尝试。吴才茂《清代苗族妇女的婚姻与权利：以清水江文书为中心》（贵州民族出版社 2017）探讨了清代黔东南地区的苗族婚姻和权利。利用文书研究女性史的还有陈瑛珣《清代民间妇女生活史料的发掘与运用》（天津古籍出版社 2010）一书。此外，李汇群《闺阁与画舫：清代嘉庆道光间的江南文人和女性研究》（中国传媒大学出版社 2009）重点考察清代嘉道年间江南文人与女性的交游唱和以及相应的文学创作。杨晓辉著《清朝中期妇女犯罪问题研究》（中国政法大学出版社 2009）探讨了清朝中期妇女的婚姻家庭生活与地位，清朝关于妇女犯罪的法律规定，清朝中期妇女犯罪类型及个案分析，清朝中期妇女犯罪的特点及原因分析，从清朝中期妇女犯罪看当时的妇女、法律与社会。

近代妇女方面，刘巨才的《中国近代妇女运动史》（中国妇女出版社 1989）分期研究了近代妇女运动。吕美颐、郑永福的《中国妇女运动（1840—1921）》（河南人民出版社 1990）更突出了性别与妇女运动的关系。郑永福、吕美颐的《近代中国妇女生活》（河南人民出版社 1993）论述了天足、服饰、婚嫁、宗教、城市妇女、农妇、女工等。马更存也著有《中国近代妇女史》（青岛出版社

1995）。陆德阳、王乃宁《社会的又一层面：中国近代女佣》（学林出版社2004）论述了自1840年至1949年的旧中国女佣的产生、生活以及与社会各阶层的关系。张秀丽《民国北京婢女问题研究》（北京师范大学出版社2016）以城市化为视角，利用北京市档案馆档案，剖析北京婢女的构成、买卖、日常生活、情感与婚姻、救助与安置、解放运动以及政府禁婢法令等问题，探讨社会转型和城市剧烈变动对婢女褪去传统色彩、向现代转型的影响。

二、婚姻家庭史

一些多卷本的大型中国社会史、生活史、风俗史，一般都有婚姻家庭的内容。如中国社会科学院历史所承担的国家社科基金项目“中国古代社会生活史”，1994年以来陆续出版断代社会生活史。龚书铎主编《中国社会通史》（山西教育出版社1996）共计八卷。上海文艺出版社2001年出版了陈高华、徐吉军主编的多卷本《中国风俗通史》，主要论述衣、食、住、行、婚育、丧葬、生产、节日、游艺等方面的社会风俗，可以视为一部社会生活史。其中各卷与执笔者为宋兆麟：原始社会卷，宋镇豪：夏商卷，陈绍棣：两周卷，彭卫、杨振红：秦汉卷，张承宗、魏向东：魏晋南北朝卷，吴玉贵：隋唐五代卷，宋德金：辽金西夏卷，徐吉军、方建新、方健、吕凤棠：宋代卷，陈高华、史卫民：元代卷，王熹：明代卷，林永匡：清代卷。钟敬文主编《中国民俗史》（人民出版社2008）主要内容包括：中国民俗史与民俗学史、物质生产民俗、物质生活民俗、氏族、宗族与人生礼俗、民俗信仰、民间工艺等。分为六册：先秦卷，晁福林著；汉魏卷，钟敬文主编；隋唐卷，韩养民等著；宋辽金元卷，游彪等著；明清卷，萧放等著；民国卷，万建中等著。

1. 婚姻研究

婚姻通史。陈鹏的《中国婚姻史稿》（中华书局 1990）是一部旧著大书，论述了婚姻形态、婚礼、定婚、结婚、离婚、媵妾、赘婚与养媳等。王革非《古代婚姻与女性婚服》（中国经济出版社 2016）论述了历代婚姻与女性婚服、少数民族婚俗及女性婚服。还有学者考察了较长时段的婚姻，邓伟志的《唐前婚姻》（上海文艺出版社 1988）是从《诗经》《左传》《汉书》、乐府民歌、唐代传奇探讨婚姻的著作。李金河《魏晋隋唐婚姻形态研究》（齐鲁书社 2005）重点考察了门阀士族婚姻。

先秦婚姻研究有专门综述。[1] 先秦婚姻与政治的关系是研究热点，崔明德《先秦政治婚姻史》（山东大学出版社 2004）尽可能地恢复先秦时期政治婚姻的全貌，勾勒出先秦时期各诸侯国关系的大致轮廓。刘丽《两周时期诸侯国婚姻关系研究》（上海古籍出版社 2019）试图通过《史记·十二诸侯年表》所见十四国联姻情况的探析，来发掘婚姻背后的政治运作机制，并以此来窥探两周盛衰之大指。耿超《性别视角下的商周婚姻、家族与政治》（人民出版社 2018）认为，两性关系的发展是商周社会发展的推动力之一，

1 张淑一：《近二十年的先秦婚姻史研究》，《华南师范大学学报》2009 年第 3 期。

其变化直接导致家族形态与家族制度、家族成员间等级地位的变化；亦使政治领域中的性别差异呈现不同的内容，商周不同历史阶段贵族妇女对政治的参与均与两性关系的存在状态有着直接的关系。

彭卫的《汉代婚姻形态》（三秦出版社 1988）论述了婚姻的等级性、地缘结构、婚龄、婚礼、妇女地位、原始婚俗、婚姻法、婚姻观等。

魏晋南北朝婚姻研究。薛瑞泽《嬗变中的婚姻——魏晋南北朝婚姻形态研究》（三秦出版社 2000）侧重婚姻形态。陈爽著《出土墓志所见中古谱牒研究》（学林出版社 2015）从六朝墓志中辑录到二百余件原始谱牒，每件少则数十字，多则数百字，世系记录完整，婚姻历官总字数多达数万字，内容涉及魏晋南北朝家庭结构、性别比例、婚姻状况、嫡庶之别等中古社会史的重要内容，从而拓展了中古社会史研究的学术视野。

牛志平、姚兆女的《唐代婚丧》（西北大学出版社 1996）反映了牛志平对唐代婚姻的研究成果。谭蝉雪的《敦煌婚姻文化》（甘肃人民出版社 1993）论述了唐宋时期沙州地区的婚嫁、生育习俗。金眉《唐代婚姻家庭继承法研究：兼与西方比较》（中国政法大学出版社 2009）分析了唐代婚姻家庭继承领域的制度建构、历史演变、司法实践及其地位和意义。孙玉荣《唐代社会变革时期的婚姻》（浙江大学出版社 2016）从婚姻原则、礼仪与习俗、女性婚姻地位、婚姻家庭关系、婚姻观念等方面揭示唐代婚姻的特点，探讨唐代婚姻变化与唐代社会变革的关系。谢思炜、王昕、燕雪平著

《唐代荥阳郑氏家族：世系与婚姻关系考》（上海古籍出版社 2019）尽可能完善地恢复荥阳郑氏各房支的世系，充分讨论其婚姻仕宦情况。

齐伟《辽代汉官集团的婚姻与政治》（科学出版社 2017）主要依据辽宁省出土墓志研究辽统治下的汉官集团，辽代汉官集团的婚姻关系、婚姻特点，对汉官集团婚姻关系的几点认识，婚姻关系对辽代社会的影响等。

张邦炜较早关注宋代的婚姻。他先出文集《婚姻与社会（宋代）》（四川人民出版社 1989）研究了宋代婚姻制度、妇女再嫁、婚姻观念、榜下择婿等问题。他还有《宋代婚姻家族史论》（人民出版社 2003）收录 21 篇论文，内容大致分为婚姻、妇女、家族、皇族四组。作者对宋代社会的研究，旨在说明唐宋时期的社会变迁，为唐宋变革论提供了不少实证研究的事例。此外，游君彦《宋代社会生活研究——以园林与婚姻为例》（四川大学出版社 2019）认为，财婚不仅是一场婚姻领域的变革，它对当时和后世带来的深远影响也能折射出宋代社会变革的内容。美国学者伊沛霞著《内闱——宋代的婚姻和妇女生活》（胡志宏译，江苏人民出版社 2010）影响很大，该书尽可能动态呈现了宋代女性的生活，如内外之别，祭祀庆典，安排婚嫁，侍奉公婆，养育后代，内闱争宠，守节再嫁等。

王晓清《元代社会婚姻形态》（武汉出版社 2005）论述了元代婚姻礼仪制度、元代人婚龄、元代婚姻形式、元代妇女社会地位、元代户婚律体系。

清代婚姻研究突出表现在利用档案文书上。郭松义《伦理与生活——清代的婚姻关系》（商务印书馆 2000）以资料雄厚和定量研究为特色，内容涉及婚姻地域圈、婚姻社会圈、婚龄、童养媳、入赘婚、妾、节烈妇女和贞女、妇女再嫁、婚外性关系等问题，是一部富有创见的高质量的学术专著。王跃生《十八世纪中国婚姻家庭研究》（法律出版社 2000）利用清代刑科题本婚姻家庭类二千余件档案进行研究，认为十八世纪中国的婚姻行为具有多样化的特征，即既有女性比较普遍的早婚，又有男性晚婚的大量存在。王跃生《清代中期婚姻冲突透析》（社会科学文献出版社 2003）多角度揭示了家庭的冲突方式，特别是对分爨、分产和立嗣继承的冲突表现加以分析，揭示中国传统社会大家庭难以维系的原因，可见父母兄弟之间的分爨是当时人们缓和家庭矛盾的重要手段。

吴正茂著《清代妇女改嫁法律问题研究》（中国政法大学出版社 2015）探讨了改嫁主婚权问题，不同情境下的妇女改嫁，许婚改嫁，由改嫁引起的人身和财产问题。

徐雁平编著《清代文学世家姻亲谱系》（凤凰出版社 2010）主要以清人传记资料为基础，揭示有清一代知名人士的嫁娶关系，对姻亲关系的选录，全书留意显现家族在文学领域共时性的交流和历时性的传承。全书上编“家族部分”汇合了一家族内多重姻亲关系，下编“单线部分”收录未能以家族含义汇合的姻亲关系，每条姻亲关系皆注明文献出处，便于学者核查并进一步研究。

近代社会变迁强烈，置于其中的女性受人关注。夏晓虹《晚清女性与近代中国》（北京大学出版社 2004 年初版，2014 年第 2 版）从晚清新兴的报章文字中选取女性社会、女性典范、女性之死三个视角，透过对晚清女界生活与观念的考察，具体探讨晚清女性与近代中国社会、思想发展之间的复杂纠葛。乔素玲《教育与女性：近代中国女子教育与知识女醒（1840—1921）——近现代中国政治与社会变迁》（天津古籍出版社 2005）从教育透视中国女性之近代转型，揭示教育于女性之特殊意义。谷忠玉《中国近代女性观的演变与女子学校教育》（安徽教育出版社 2006）以中国近代三部学制及女子学堂章程的颁行作为分析的切入点，全面考察了女性观的演变与近代女子学校教育的互动关系。杨剑利《女性与近代中国社会》（中国社会出版社 2007）着眼于近代化中的女性。王晓丹著有《历史镜像——社会变迁与近代中国女性生活》（云南大学出版社 2011）一书。一些学者侧重从报刊杂志考察近代女性，曾越《社会 身体 性别——近代中国女性图像身体的解放与禁锢》（广西师范大学出版社 2014）考察从清代到民国初期的中国传统仕女画、年画、画报、期刊漫画、月份牌广告画等图像资料，结合近代中国女性解放运动的社会背景，可以发现，缠足由盛转衰（倡导“天足”）、提倡“天乳”与“曲线”的革命、女体的公开、近代女性服饰的选择，以及女性与家庭的关系，这几个方面尤其能够体现社会与男权对女性及其身体的塑造，女性的觉醒和自觉或不自觉的抵抗在这几点上也表现得最突出。李从娜《近代中国报刊与女性身体研究——以〈北洋画报〉为例》（中国社会科学出版社 2015）探讨近代中国由报刊媒体所展现的女性身体建构，并以此透视近代中国的社会转型与社会变迁。杜若松《近代女性期刊性别叙事研究》（中国社会科学出版社 2016）研究了清末民初女性知识群体在社会文化生活中的身份确认和性别叙事问题。还有学者从法律、比较的视野研究，温慧辉《传承与嬗变：中国近代女性财产继承权的变迁》（法律出版社 2015）通过梳理女性财产继承权的发展脉络，再现其衰落之中萌发新生的复杂历程。何玮《近代中国社会“新女性”的诞生——兼论与日本之比较》（厦门大学出版社 2018）探讨 20 世纪 20 年代中国社会“新女性”话语建构过程并剖析其被赋予的文化内涵。

梁景和探讨近代俗文化。他的《近代中国陋俗文化嬗变研究》（首都师范大学出版社 2009）认为，所谓陋俗文化是指特定时期内体现于风俗惯制上的并为传统人伦文化所认同的文化糟粕。本书分首论、婚姻、家庭四卷，论述了相关问题。梁景和《五四时期社会文化嬗变研究》（人民出版社 2010）共分十二个专题，大体上可归为婚姻、家庭、女性和性伦四大板块。

李慧波主编《北京市婚姻文化嬗变研究（1949—1966）》（社会科学文献出版社 2014）探讨了晚清、民国时期北京的婚姻状况，新式婚姻制度的建立，择偶的社会模式，婚姻的确立方式，个人、家庭和国家利益冲突下的婚礼仪式，婚姻的变异，评价及启示。

2. 家庭研究

家庭通史。王玉波从不同侧面探讨了中国家庭史，著有《中国家长制家庭制度史》（天津社会科学院出版社 1989）、《中国家庭的起源与演变》（河北科技出版社 1992）、《中国古代的家》（商务印书馆 1995）等。通论家庭问题的还有岳庆平的《中国的家与国》（吉林文史出版社 1990）、阎爱民《中国古代的家教》（商务印书馆 1997）等。家庭史的开展基本上是改革开放以后的事情。南开大学中国社会史研究中心成立后，首批课题就确立了“中国家庭史研究”，举办了专门的学术研讨会[1]，并出版了论文集[2]。中国家庭史研究取得重要进展，张国刚主编 5 卷本《中国家庭史》（广东人民出版社 2007）约 200 万字，上起原始社会，下迄民国时期，对中国家庭起源、发展和演变的历程进行了全面系统的考察，涉及不同时期的家庭制度、形态、结构、婚姻、生育、丧葬、生计安排等多方面的内容。

学者研究了不同历史时期的家庭。谢维扬的《周代家庭形态》（中国社会科学出版社 1990）借鉴人类学亲属研究的理论，从世系问题入手，然后依次考察婚姻、亲属称谓、世系集团等，最后论述了家庭关系。通过家庭研究，揭示出血缘关系在周代社会生活中的地位和影响。

李卿《秦汉魏晋南北朝时期家族宗族关系研究》（上海人民出版社 2005）从秦汉魏晋南北朝时期的家庭结构、乡里社区内居民的姓氏分布状况入手，着重探讨了这一时期家族宗族内部各成

1　2002 年 8 月 10—12 日在南开大学举行了“中国家庭史国际学术讨论会”，参见王利华的会议述评，载《历史研究》2003 年第 1 期；2003 年 9 月 12 日至 16 日在山东烟台召开了“中国历代农民家庭规模与农民家庭经济学术研讨会”，参见蒋文迪的会议综述，载《中国经济史研究》2003 年第 4 期。

2　张国刚主编《家庭史研究的新视野》三联书店 2004 年版。

员间在政治、经济和文化教育等方面的互动关系以及家族宗族关系对外部社会所产生的影响。阎爱民《汉晋家族研究》(上海人民出版社 2005) 考察了婚姻方式、亲属结构、祭祀礼仪和丧服制度、继嗣制度等方面。贾丽英《秦汉家庭法研究——以出土简牍为中心》(中国社会科学出版社 2015) 利用新出资料讨论了夫妻、父子、主奴法律关系这些中国古代社会通见的基本内容，也考察了秦汉律令中“同居”的概念和法律效力等具有时代色彩的法律规定，对以往研究注意不足的出嫁女与本家关系也进行了研究。贾丽英著《秦汉家族犯罪研究》(人民出版社 2010) 对秦汉家族犯罪进行了剖析：以 124 个族刑案为基础考证了秦汉时期的族刑；从法史角度辨析了三族、五族、七族、九族等概念；梳理了以家族为主体的犯罪；研究妨害家族关系犯罪，系统分析了不孝罪的起源、内容、背景、变迁等问题；总结了秦汉政府对家族犯罪的控制措施，以考古发掘为依据，探讨了家族集体性惩罚原因，认为不是由于古代统治者的野蛮和残暴所致，而是古代小政府控制大国土的有效手段。

杨际平、郭锋、张和平的《5—10 世纪敦煌的家庭与家族关系》(岳麓书社 1997) 使用了大量敦煌文书，深入、细致地探讨了魏晋南北朝隋唐时期敦煌的家庭结构、家庭功能、家庭关系与社会生活。家庭政治功能与聚族活动密切相关的敦煌边民的文化心态。蒋爱花《唐代家庭人口辑考——以墓志铭资料为中心》(中央民族大学出版社 2013) 在还原家庭结构形态的基础上，试图揭示唐代时期家庭的变化。张国刚著《唐代家庭与社会》(中华书局 2014)

探讨了唐代家庭形态的复合型特征，分家析产，家庭与家族关系，农村家庭生计，夫妻关系，妇女生活，男女婚嫁年龄，佛教戒律与家庭伦理，宗教生活，佛教信仰，婚姻礼俗与礼法文化等问题。张安福《唐代农民家庭经济研究》（中国社会科学出版社2008年初版、2018年第2版）研究了唐代农民群体的生活环境、社会构成、日常生活状况与国家赋税演变的关系等内容。邢铁著《唐宋分家制度》（商务印书馆2010）本书所说的各种不同状况的家庭，是按照用什么人来传继家庭门户划分的，因为传继家庭门户首先需要有人作“后代”；作为传继家庭门户的“后代”的人有三种，家庭也可以相应地归纳为三类：有亲生儿子继产承户的家庭、需要女儿继产承户的家庭和需要立嗣养子继产承户的家庭。本书就按这三类家庭依次分为上中下三篇，具体考察了各类家庭的分家过程和相关家庭之间的关系。

邢铁《宋代家庭研究》（上海人民出版社2005）分上、中、下三篇，分别阐述了“宋型家庭”的形成和内涵，论述了宋代户等制度对家庭经济的影响，家庭继承与家庭门户传继。柳立言《宋代的家庭和法律》（上海古籍出版社2008）从族谱和案例着手，研究宋代的家族、家庭，探讨宋代社会生产发展对宋人的社会生活产生的具体影响。王毅《宋代文学家庭》（湖南师大出版社2008）上编考证宋代文学家庭；下编议论宋代文学家庭，涉及宋代政治、经济、科举制度、出版业、地域文化、女性文化与家训文化等各个方面，对宋代文学家庭兴盛以社会文化阐释。田欣《宋代商人家庭》（社会科学文献出版社2013）着重介绍宋代商人家庭的居住环境、家庭生计、婚姻特色、父子间的代际变化、鬼神崇信、社会交往以及商人妇的家庭生活，从社会价值取向、家庭观念、生活理念三个方面对宋代商人家庭的历时性特点加以探讨。

张建伟《元代北方文学家族研究》（商务印书馆 2019）探讨了北方文学家族的地域分布、入元后处境与仕进出路、文学家族与元代政治的关系、文学家族之间的交往与创作以及个案研究。

郑振满的《明清福建家族组织与社会变迁》（湖南教育出版社 1992）重点探讨了继承式、依附式、合同式三种类型的宗族组织和宗族组织在福建不同地区的发展，对家庭结构、宗族组织的社会变迁的研究也占有相当篇幅。明代家庭史研究也颇有进展。[1]韩世明《明代女真家庭形态研究》（中国社会科学出版社 2006）主要研究了明代女真姓氏及姓氏集团、明代女真家庭、明代女真氏族集团、明代女真血缘集团等问题。赵园的《家人父子：由人伦探访明清之际士大夫的生活世界》（北京大学出版社 2015）从人伦和家庭关系入手，解剖士大夫们的日常生活。

张研、毛立平著《19 世纪中期中国家庭的社会经济透视》（中国人民大学出版社 2003）。全书分分家、生育、婚姻、生活（计上、下两章）社交 6 章，附录“19 世纪安徽家庭关系中的冲突与暴力”一文，加深了对家庭经济的认识。他们的著作，极大地改变了清代婚姻家庭研究的薄弱状况。吕宽庆著《清代立嗣继承制度研究》（河南人民出版社 2008）通过对立嗣继承宗祧现象的描

1　范喜茹：《近三十年明代家庭史研究述评》，《青海民族研究》2013 年第 2 期。

述和分析，企图揭示清代人们理念层面的信仰及其变化路径。钱泳宏著《清代“家庭暴力”研究：夫妻相反的法律》（商务印书馆 2015）梳理夫犯妻与妻犯夫两条线，对清代的夫妻关系、夫妻相犯的方式、社会各方面反应进行量化描述，勾勒还原清代夫妻相犯的原貌，认为律例的夫尊妻卑特征是造成清代夫妻相犯具有不同方式，及夫犯妻不能被遏制的法律原因；律例看似惩处较轻的“和奸”之文形同虚设，而“捉奸杀奸”的重惩奸罪规定又导致了“和奸”之妻“因奸杀夫”案件的频发。云妍、陈志武、林展《官绅的荷包：清代精英家庭资产结构研究》（中信出版社 2019）研究清代精英家庭的资产结构，并侧重考察有了一定经济财力后如何安排与组合自己的各项资产。

傅建成的《社会的缩影——民国时期华北农村家庭研究》（西北大学出版社 1993）深入分析了家庭成立过程中的择偶方式。婚姻规则、婚龄，以及家庭结构、家庭功能和家庭物质生活贫困化等问题。

当代家庭的研究也有重要成果，孙立坤《河南当代家庭变迁》（人民出版社 2004）论述了河南家庭结构形态及其功能的变迁，家庭与经济，家庭婚育，城乡女性，家庭精神生活和习俗，家庭关系。孙立坤编著《河南当代家庭变迁调查》（人民出版社 2004）这是作者因写作前书的资料集，内容包括：河南省发展概述（1949—2000），接受调查的单位和地区简介，家庭问题调查总体数据，城市居民家庭调查资料，农村居民家庭调查资料。王跃生的《中国当代家庭结构变动分析：立足于社会变革时代的农村》（中国社会科学出版社 2009）分析中国当代农村家庭在社会变革和转型过程中所发生的变动，通过剖析有代表性的家庭类型揭示家庭结构与家庭功能的关系，从人口迁移流动行为增多、出生人口大幅下降、人口老龄化程度逐渐提高等视角探讨家庭变动的原因和未来趋向。

态度与立场：关于中国古代婚姻家庭的若干看法

前些日子，《中国妇女报》编辑联系我，说是澎湃新闻发表了一篇蒋庆先生的访谈《只有儒家能安顿现代女性》，读者对此稿观点有些争议，希望我做一“正本清源”的工作。于是我拜读了蒋庆先生的访谈，以了解情况。读后获益良多，感受到新儒家学者对于中国传统文化的深厚热爱，以及对“五四”以来反传统文化所持的保留态度。这种尊重传统文化、反思百年来矫枉过正的态度是应有的，然而涉及婚姻家庭，思考问题的立场又显示出不自觉的男性本位，未能兼顾到人类的另一半：女性。因此，访谈中对于中国古代婚姻家庭的看法，似乎有进一步讨论的余地。我不揣谫陋，试就几个问题略述看法。

关于夫为妻纲

蒋庆先生不同意儒家所塑造的社会是把妇女完全束缚在“三纲五常”等礼教之中的说法，不认为“通过这种束缚，给妇女带来强大的压迫，使妇女丧失人格、丧失自由、丧失个性”。他重新解释“夫为妻纲”：“是指夫要承担主要的家庭责任，而不是说夫在家中大权独揽，压迫妻子。”并认为：“儒家的婚姻观则认为男要遵从男的理，女要遵从女的理，男女夫妻各自都要按照自己在社会关系中的不同名分生活。”

然而，如果我们系统考察儒家“夫为妻纲”礼教的形成系统，很难相信这是在讲男女各自的理，而不是男尊女卑。

成书于东周时代的《仪礼·丧服传》认为妇女是服从人的人，她们的人生有“三从”：未嫁从父，既嫁从夫，夫死从子。妇女一生从生到死都处于从属男子的地位。“既嫁从夫”的准则经过汉代一些文人的发挥而系统化、理论化，成为古代正统的婚姻思想。汉武帝时董仲舒从阴阳五行观念出发，认为各种事物都有上下、阴阳，在君臣、父子、夫妇这三对社会规范中，君、父、夫为上为阳，臣、子、妻为下为阴。下和阴受上与阳的支配，臣、子、妻分别服从于君、父、夫。夫尊妻卑是由“天道”决定的，是万世不变的永恒规则。要求妻子唯夫命是从，如果妻不奉夫之命，则夫妻关系就断绝了。上述夫尊妻卑的思想，到了西汉末年，由刘向继承和发展，提出了女子不事二夫、从一而终的观点。刘向在《列女传》中，特别强调贞、顺，“贞”的基本标识是夫死不改嫁，“顺”的含义是丈夫虐待妻子，妻子要忍辱负重。东汉初年，由于学者们对于儒家经典理解不一，分歧很大，章帝为了统一认识，建初四年（79年）在白虎观开会讨论，章帝亲自裁决，最后由班固总结成《白虎通义》一书。该书将董仲舒的思想进一步理论化，明确提出君为臣纲，父为子纲，夫为妻纲的“三纲”学说。“夫为妻纲”是古代夫妻关系的高度概括，要求妻子服从和受命于丈夫。

《白虎通义》影响了班固的妹妹班昭，班昭写了《女诫》，堪称中国古代第一部女学著作。主要内容是女儿对父亲、妻子对丈夫、女子对男人的规范。就夫妻关系而言，认为丈夫与妻子是“御”和“事”的关系，遵守德、言、容、功四方面的妇行，这就是所谓“四德”。她的“四德”说，同以前的“三从”说合称“三从四德”，成为古代女子的基本道德规范。

到了唐代，出现了仿照《女诫》而作的《女论语》。宋以后对于夫妻关系进行的规范就更多了，不过其思想基本上是继承汉代以来的，这在族规家训中有大量的反映。如宋代司马光制定的《家范》卷八《妻上》，规定了做媳妇的六条标准。清代陆圻所著《新妇谱》对妻子要求更加严苛。总之，古代的礼教要求女子既嫁从夫，夫尊妻卑，即夫为妻纲。

了解到这些事实，再看蒋庆先生的呼吁：“像汉代刘向编的《列女传》，以母仪、明贤、仁智、贞顺、节义、辨通等德行为标准，作为教化女性的教材，培养的都是中国伟大的女性，更不是奴才了。”恐怕要问问女性朋友，她们能接受吗?

关于妻妾制

蒋庆先生指出，“不要把儒家有关女性的义理和女性在传统社会中的生存状况完全等同起来”，我是同意的。不过，如果将纳妾说成与儒家义理无关，恐怕也未必。如人们耳熟能详的“不孝有三，无后为大”就出自儒家经典《孟子·离娄上》，即不娶无子，绝先祖祀，被认为是最大的不孝。因此娶妻生子属于天经地义，虽然并没有提到纳妾，但是根据儒家的孝道原理，无子纳妾生子才可以保证祖祀不绝，自然也是孝道行为。因此，可以说纳妾是合乎儒家义理的。

蒋先生还指出，“你要纳妾，就要保证她在法律上的独立人格，保证她对财产的合法继承权，保证她所生子女的合法地位，并且要走礼法程序，比如要有主婚人、要纳彩礼、要举行婚礼等”。这恐怕过高地估计了妾的法律地位与社会地位。唐代的法律就谈到夫死后，媵妾无权分得财产。《礼记·内则》说：妻是具备婚礼明媒正娶的，纳妾则不必拘泥婚姻六礼等仪节。郭松义先生《伦理与生活——清代的婚姻关系》说清代沿袭“纳妾不成礼”的惯例，“不讲求明媒正娶”。实际上妾是男家买来的，或是家仆之女；或是在战争中的被俘获者，或由他人赠送。

蒋先生又指出：“在家中，妾比正妻地位低，这主要是指家中主要事务与财政一般由正妻来管理，所以正妻又叫‘院君’。重要的事情，在正妻与诸妾商量后，最终由正妻定夺。如果正妻有病，或有其他原因，那么妾的地位就高了。如果正妻故亡，妾则有机会升为正妻。”将妾与妻看成比较和谐递进的关系。然而，儒家讲究等级名分，我们看到的是士大夫维护妻妾嫡庶关系的事例。

如明隆庆二年（1568 年）刊《珰溪金氏族谱》，是居住在徽州休宁县的金氏宗族之谱，谱中载有该族士大夫金瑶所作《陈俗》一文，谈到当时风俗变化剧烈，主张区别嫡庶问题。他说：“母有嫡庶，吾家前代庶出者多，未闻有尊庶为嫡者。迩来族中一二庶子遇嫡母死，即尊其母与嫡母齐。假之服饰，崇之居处。使其下之人与其子若孙以嫡母之呼呼之，死则尊其主与嫡母同床，祭则与嫡母同席，虽不敢正其名于人，人已然占其有无嫡之心。”认为庶子尊亲母为嫡是“徒使一身得罪于名教”。

金瑶强调妻妾名分的不同：“迩来族间人乃有妻死而跻妾为妻者，又有买人之妾而冒以为妻者。”这种行为：“名既不正，言亦不顺。以奉宗庙，则鬼神必不享；以理万事，则人情必不服；以齐食居，则吾心必自惭。”我们看到的是习俗有妻死尊妾行为，而恰恰是儒者维护名教，并上升到“奉宗庙”的义理高度的认识。

关于婚姻的幸福感

蒋庆先生认为“我觉得古代婚姻的幸福感相对要高一些”，显然这是古今对比后的感觉，但似乎更是男性的感觉，如果尝试站在女性的立场考虑问题，或许未必如此。我们知道，现代社会对于婚姻的最基本原则是男女平等，而传统婚姻是男尊女卑；现代婚姻是自由恋爱，古代是门当户对与婚姻论财。如果我们看士大夫写作的传记等文献，会发现不少夫妻和谐的事例，但是如果看有关处理刑事案件的档案等资料，就会看到大量古代婚姻不和谐、夫妻反目的事例。

王跃生先生著有《清代中期婚姻冲突透析》一书，主要利用中国第一历史档案馆所藏刑科题本婚姻奸情类档案中的 2000 例个案，对18世纪中后期中国婚姻家庭的冲突形式、冲突原因和冲突特征等作了多角度的分析。具体包括婚姻缔结和解体过程中的冲突，包办婚、早婚引起的冲突，包含多妻制的夫妻冲突，还分析了妇女婚外性行为等。作者指出："就普通民众而言，即使对婚姻生活有种种的不满意，也多以忍耐的方式将可能产生冲突的情绪压制住，从而保持家庭的表面和谐。若着眼于这一认识，或许认为命案资料是民间婚姻矛盾和婚姻冲突的特殊表现。我们觉得，档案资料的价值在于，人们可以透过婚姻状态的表面和谐氛围，了解当事者的婚姻心理和行为特征，进而对传统婚姻方式和婚姻道德作用程度有具体的把握。至少我们可以借此了解清代中期民众婚姻矛盾的基本内容。"作者呈现出普通大众日常生活当中的婚姻真实状态，我们很难从中读出清人婚姻的幸福感来。

其实，即便是士大夫笔下的婚姻也披露出不成功的事例。如清代文坛领袖之一袁枚的三个妹妹袁机、袁杼、袁赏都是才女，然而社会史专家冯尔康先生揭示了袁氏三姐妹的悲剧性命运。其中最悲惨的要数袁机。她生在读书人的家庭，父亲是幕宾，母亲是知识女性，闲暇喜欢读书吟诗。袁机自幼喜好读书，习字写诗。她生得皮肤白皙，身材高挑，端庄秀丽，是才貌双全的姑娘。她4岁的时候，袁父与高家给她定了亲。高家的儿子叫绎祖，相貌不扬，性情暴躁狠毒，不走正道，父亲气得把他打得死去活来，感到若让他和袁机成了亲对不住袁家，于是伪称孩子有治不好的病，商量退亲。袁机认为女子只能从一而终，表示夫婿有"疾，我字（侍）之；死，我守之"。她同时拿着订婚的金锁啼哭，不吃不喝，她的父母没了主意。后来高家只好又来说明高绎祖不成材的实情，希望袁机不要往苦海里跳，但她“闻如不闻”，仍坚持不退亲。袁机25岁成亲。

袁机早知高绎祖人品不端，更是恪尽妇道、孝敬公婆。然而高绎祖却残酷地虐待她，她则逆来顺受。高绎祖不愿意见她做针线，她就停止女红；高绎祖不要她写诗词，并把她的作品毁掉，她则不再吟哦；高绎祖赌博，拿她的嫁奁做赌资，输光了，拿棍子打她，拿火灼她，婆母来阻止，高绎祖竟把母亲牙齿打折；更严重的是高绎祖还要把她卖了抵账。袁机被逼无奈，逃到尼姑庵，请人报信给娘家。她的父亲和高家打官司，判决离异，把袁机领回杭州老家。这段不幸的婚姻维持了四年。堂弟袁树悼念她的诗中写到“少守三从太认真，读书误尽一生春”。认为袁机的悲惨命运，是她本人读书接受三从四德教育造成的。我们今天来看袁机的婚姻，不能不说她是古代社会婚姻伦理道德束缚人们精神的牺牲品。说不自由、男女不平等的古代婚姻比今人更有幸福感，我不敢相信。

我近日拜读学者赵园的《家人父子》，该书从人伦探讨明清之际士大夫的生活世界，细致考察了夫与妻妾关系。她总结说：“古代中国史上的‘妇女地位’问题，形成于‘五四’新文化运动的主流论述已遭遇挑战。在我看来仍然是‘挑战’而非‘颠覆’。”笔者深表赞同。

儒家为了维护稳定的社会秩序，强调身份等级秩序、男尊女卑、家长制，形成的价值体系、文明系统虽然需要拨乱反正，重新解释，而儒家作为文化传统也有其合理性，但其与现代社会价值的扞格之处也是明显的，将儒家作为唯一安顿现代女性的锦囊，我期期以为不可。

（《中国妇女报》2015 年 10 月 13 日 B03 版）

主要参考书目

陈东原:《中国妇女生活史》，商务印书馆，1928 年。

王书奴:《中国娼妓史》，上海生活书店，1934 年。

陈顾远:《中国婚姻史》，商务印书馆，1937 年。

马之骕:《中国的婚俗》，岳麓书社，1988 年。

冯尔康:《古人社会生活琐谈》，湖南出版社，1991 年。

（新版《去古人的庭院散步》，中华书局，2005 年。）

董家遵:《中国古代婚姻史研究》，广东人民出版社，1995 年。

邓伟志:《唐前婚姻》，上海文艺出版社，1988 年。

彭卫:《汉代婚姻形态》，三秦出版社，1988 年。

高世瑜:《唐代妇女》，三秦出版社，1988 年。

张邦炜:《婚姻与社会（宋代）》，四川人民出版社，1989 年。

（收入张邦炜《婚姻家族史论》，人民出版社，2003 年。）

冯尔康、常建华:《清人社会生活》，天津人民出版社，1990 年。

常建华:《宗族志》，上海人民出版社，1998 年。

常建华:《新时期中国社会史学》，天津人民出版社，2018 年。

图书在版编目（CIP）数据

中国古代女性婚姻家庭 / 常建华著. -- 北京：中国工人出版社，2020.8
ISBN 978-7-5008-7437-9

Ⅰ.①中… Ⅱ.①常… Ⅲ.①家庭—研究—中国—古代 ②婚姻制度—研究—中国—古代 Ⅳ.①D691.91

中国版本图书馆CIP数据核字（2020）第129851号

中国古代女性婚姻家庭

出 版 人 王娇萍
责任编辑 傅 娉
责任印制 黄 丽
出版发行 中国工人出版社
地 址 北京市东城区鼓楼外大街45号 邮编：100120
网 址 http://www.wp-china.com
电 话 （010）62005043（总编室）
（010）62005039（印制管理中心）
（010）62379038（社科文艺分社）
发行热线 （010）62005996 82029051
经 销 各地书店
印 刷 三河市东方印刷有限公司
开 本 880毫米×1230毫米 1/32
印 张 16.75
字 数 360千字
版 次 2020年10月第1版 2024年1月第3次印刷
定 价 98.00元